이사야서 I

이사야서 I

예언서의 왕자

류호준 지음

이 책을 나의 선생님과 사모님께 헌정합니다.

In Memory of

The late Prof. Dr. Henk Leene

&

Mrs. Johanna Leene

차례

제 2 부 열국 심판 신탁

제3부

소 묵시록

제4부

이스라엘과 유다에 대한 추가적 말씀들

제 5 부

시온의 운명

부록: 두 편의 설교

서문

거대한 여객선 이사야서 호(號)에 승선하신 여러분을 진심으로 환영합니다! 여러분은 앞으로 저와 함께 56강에 걸쳐 이사야서 호의 앞부분을 차근차근 탐색할 것입니다. 이사야서 호에 승선하면 살펴보아야 할 곳들이 많습니다. 침실은 물론이고 조타실과 기관실, 각종 사무실과 레스토랑, 다양한 크기의 컨퍼런스 홀과 어두컴컴한 창고들, 극장과 스낵바는 물론 수영장까지 있습니다. 비상 출입구와 구명정의 위치는 가장 중요한 정보 중 하나입니다. 배의 전체 구조와 기능을 미리 살펴보고 이리저리 다녀보시면 좀 더 즐거운 여행이 될 것입니다.

초대형 여객선 이사야서 호와 함께하는 여행이 얼마나 즐거울지는 여러분의 마음과 열정에 달려 있습니다. 이 여행이 기억에 남을 만한 뜻깊은 여행이 되기를 원하시나요? 그러려면 무엇보다 해당 본문을 차근차근 곱씹어 읽으면서 이사야서의 메시지를 가슴 깊이 새겨야 합니다. 제발 덮어놓고 읽지 말고 열어놓고 읽으십시오! 마치 최고급 스테이크를 맛볼 때 육즙이 입안 가득 퍼지도록 천천히 음미하면서 씹듯이, 말씀을 대할 때는 그 **내용**과 **형식**에 촉각을 곤두세워야 합니다. 성경을 읽을 때 우리는 "이게 무슨 뜻일까?"(내용), "왜 이렇게 말씀하실까?"(형식)라는 의문을 늘 지녀야 합니다. 이사야서를 대할 때도 "예언자 이사야 당시의 청중들과 독자들은 이 말씀을 어떤 의미로 받아들였을까?"라는 질문과 "하나님이 이 본문을 통해 오늘날 나와 우리 교회에 무엇을 말씀하실까?"라는 질문을 교차적으로 해보시기 바랍니다.

우리가 탐구할 이사야서는 성경에서 "예언서"(선지서)에 속합니다. 보통 "예언"이라고 하면 사람들은 "앞으로 될 일들을 미리 말하는 것"으로 생각합니다. 이에 해당하는 한자어는 豫言(예언)입니다. 그러나 성경의 예언은 "맡겨진 말씀"이라는 의미의 預言(예언)입니다. 그래서 예언자(선지자)는 하늘의 왕이신 하나님의 부르심을 받고 하나님의 말씀을 맡은 자로서 하나님을 대신하여 말하는 사람입니다. 그들은 하늘 왕국의 대변인이자 전령이요, 특사이자 대사입니다. 그러므로 그들이 말할 때 지상의 사람들은 옷깃을 여미고 귀를 기울여야 합니다.[1]

우리는 일차적으로 예언서가 고대 이스라엘의 여러 예언자를 통해 하나님이 그 당시 사람들에게 선포하신 말씀을 적어놓은 책이라는 사실을 잘 기억해야 합니다. 하지만 성경을 하나님의 말씀으로 믿는 우리는 예언서를 통해 하나님이 우리에게 **지금 여기서** 하시는 말씀을 발견해야 합니다. 이 책을 읽으며 이사야서를 탐구할 때도 우리를 향한 하나님의 음성을 듣고자 하는 마음의 준비를 하시기 바랍니다.

이 책의 사용법

이사야서 해설서인 이 책을 사용하는 방법과 유의점에 대해 몇 가지 이야기하겠습니다.

첫째, 우선 새로운 강론마다 처음에 소개되는 이사야서 본문을 소리 내어 여러 번 읽으십시오. 그 본문은 일종의 "메시지 단위"로서 각 장의 중심 내용을 파악하기 쉽게 하려고 정해놓은 것입니다. 그 단락의 전체적 분위기와 맥락이 여러분의 마음에 완전히 새겨질 때까지 반복해서 읽어야 합니다. 본문에서 간간이 우러나오는 육즙을 느끼면서 씹고 뜯고 맛보고 즐기십시오! 본문에 마음을 두고, 본문이 말하려는 것이 무엇인지 파악하기 위해 유념(留念)해야 한다는 것입니다. 성령은 이러한 "마음에 두기"(mindfulness) 과정을 통해서 우리의 마음에 울림과 깨달음과 이해력을 선물로 주십니다. 또 각 강론을 마친 후 해당 본문을 다시 살펴보면 더 풍성한 감동을 누릴 수 있을 것입니다.

둘째, 이 책을 효과적으로 사용하는 한 가지 방법은 "그룹 공부"입니다. 장년, 청년, 대학생 그룹을 포함한 성경 공부 모임에서 이 책으로 이사야서를 공부해보시기 바랍니다. 함께 모였을 때, 우선 개인적으로 성경을 묵상하듯이 각자 본문과 해설을 자세히 읽으며 뜻을 파악한 후에 새롭게 깨닫거나 결단한 내용, 공동체를 향한 메시지 등이 무엇인지를 서로 나눕니다. 이어서 말씀의 사회성에 주목하여 이 말씀이 우리의 공시적(共時的) 삶과 가정, 사회, 인간관계, 창조세계에 어떤 함의가 있는지 토론해보시기 바랍니다.

이런 방식은 복음이 단순히 개인적 차원에서만이 아니라 사회적 차원에서도 영향력이 있음을 보여주는 좋은 기회가 될 것입니다. 예를 들어 이사야서에 자주 등장하는 "종교성", "경건", "거룩", "회개", "믿음", "종말", "교만", "관성", "반역", "배도", "시련" 등의 신앙적 주제들은 물론이고, 더 나아가 "정의", "역사", "권력", "인간성", "갑질" 같은 시대적 주제에 대해서도 깊이 생각할 기회를 가져보시기 바랍니다. 이 과정에서 모임의 리더는 성령의 도우심을 구하며 신중하면서도 담대하게 토의를 이끄는 매우 중요한 역할을 감당해야 합니다.

셋째, 이사야서의 대부분이 "시"(詩)라는 사실을 기억하며 본문을 음미하십시오. 이사야서는 두 가지 형태의 장르로 구성됩니다. 하나는 "신탁"(神託, oracle)을 전하는 "시"이고, 다른 하나는 예언 당시의 역사적 상황이나 예언자 개인의 삶에 관한 이야기를 전하는 "내러티브"입니다. 이사야서에서 내러티브에 해당하는 부분은 극히 일부분(사 6-8, 36-39장)입니다. 이 내러티브 부분은 제3자적 관점에서 예언자 이사야를 둘러싼 사건에 대해 보고합니다. 그래서 많은 학자가 이 부분은 이사야가 아닌 다른 사람, 아마도 이사야의 제자(들)가 기록했으리라 추정합니다. 이 제자(들)가 자기 스승인 이사야가 겪은 당대의 중요한 사건들—신탁의 배경이기도 한—을 내러티브 형식으로 기록했다는 말입니다.

이사야서의 나머지 부분은 예언자가 전하는 야웨 하나님의 말씀인 "신탁"으로 이루어집니다. 이 신탁들은 원래 모두 히브리 시의 형태로 기록되었습니다. 따라서 우리가 이사야서의 메시지를 제대로 이해하려면 반드시 (히브리) 시의 특성에 주목해야 합니다. 시란 기본적으로 상징, 은유, 비유 등을 통해 함축적 언어를 사용하고 운율을 띱니다.[2] 하지만 아쉽게도 우리말 성경들은 시를 운문으로 처리하지 않고 산문처럼 빽빽하게 배열했습니다. 대다수 영어 성경(NIV, NRSV, ESV 등)을 확인해보면 이사야의 메시지(신탁)가 시의 형태로 배열(layout)되어 있음이 잘 드러납니다.

이 책에 소개한 이사야서 본문은 모두 제가 히브리어 원문에서 직접 번역하고 히브리어 원문의 시형을 살려서 배열한 것입니다. 이 과정에서 특별히 히브리 시의 특성인 "평행대구법"(parallelism)을 드러내고자 했습니다. 또한 원문의 의미에 충실하면서도 독자들이 쉽게 이해할 수 있도록 해야 한다는 점을 염두에 두었기 때문에 딱딱한 문자적 번역보다는 의미 전달을 우선하는 방법을 택했음을 밝힙니다. 제가 사용한 히브리어 성경은 마소라 본문을 바탕으로 한 BHS(Biblia Hebraica Stuttgartensia)이고, 우리말 성경을 비롯하여 영어와 독일어, 네덜란드어로 된 기존의 다양한 성경 번역본을 참조했습니다.[3] 이사야서 이외의 성경 본문 역시 제가 필요에 따라 기존 번역을 참고하여 풀어서 사용했습니다. 또한 이야기의 흐름에 따라 다양한 번역을 활용했다는 사실을 기억해주시기 바랍니다.

여기서 잠시 "평행대구법"(parallelism)에 대해 조금 더 설명하겠습니다. 히브리 시는 일반적으로 두 개의 소절(小節, colon)이 하나의 시행(poetic line)을 이룹니다. 각각의 소절들은 서로 다른 주제를 말하는 것이 아니라 한 가지 주제를 다른 표현으로 두 번 반복해서 말하며 하나의 시행을 이룹니다. 학계에서는 이 경우 두 소절이 이루는 관계를 "평행법", "병렬법", "대구법", "평행대구법" 등으로 다양하게 부릅니다.[4]

저는 이 책에서 이사야서의 평행대구법을 분명하게 드러내기 위해 첫 번째 소절은 내어 쓰고 그와 상응하는 두 번째 소절은 약간 들여 썼습니다. 이 책에 소개한 이사야서 본문을 읽을 때 이 사실을 염두에 두면 좋겠습니다. 평행대구법이라는 히브리 시의 특성에 익숙해지면 어떤 것에 대해 반복적으로 말하면서도 달리 표현하는 시적 창의성에 흥미를 느끼면서 본문의 뜻도 더욱 풍성하게 깨달을 수 있을 것입니다.

넷째, 예언자 이사야는 비록 기원전 8세기경에 남유다 왕국의 예루살렘에서 활동했지만 그가 남긴 메시지는 시공을 초월하여 지금 여기에 있는 그리스도의 교회를 향한 하나님의 말씀으로 받아야 합니다. 하나님의 말씀은 살아 있고 운동력이 있다는 사실을 기억하십시오(히 4:12). 이 책을 읽으면서 여러 차례 확인하겠지만 우리는 이사야라는 한 개인이 아니라 그를 통하여 우리에게 남겨진 "이사야서"라는 하나님의 말씀에 관심을 두어야 합니다. 즉 본문(텍스트)에 집중하여 본문이 이야기하는 것을 귀담아들어야 한다는 뜻입니다. 이는 성경을 존중하는 신자들의 기본적 태도이기도 합니다.

다섯째, 이사야서 본문과 함께 해설 부분을 읽으면서 머리와 가슴에 와 닿는 내용이 있으면 그것을 곱씹으며 되새기십시오. 이 책은 총 56개의 강론으로 구성됩니다. 일주일에 한 강론씩, 얼추 일 년 동안 집중하며 묵상하면 좋을 것입니다. 성경 본문과 해설 부분을 읽고 묵상한 다음 좀 더 확장하거나 심화하여 생각하고 싶은 내용과 주제들을 마음에 두고 반복해서 생각해보십시오. "개인 경건 일기"(spiritual journal)를 쓰는 것도 큰 도움이 됩니다. 그런 과정을 통해서 성령은 여러분에게 죄에 대한 깊은 탄식과 회개로 가는 은혜의 길을 허락해주실 것입니다. 또한 낙심한 자에게는 용기를, 고단한 순례자에게는 안식을, 앞이 깜깜하여 길을 잃어버렸다고 생각하는 사람에게는 희망의 빛줄기를, 넘어지고 쓰러진 자에게는 인내의 힘을 공급해주실 것입니다. 사도 바울은 (구약)성경에 대해서 "무엇이든지 전에 기록된 바는 우리의 교훈을 위하여 기록된 것이니 우리로 하여금 인내로 또는 성경의 위로로 소망을 가지게 함이니라"(롬 15:4)라고 말했습니다. 그렇습니다! 참으로 "주님의 말씀은 내 발에 등이요, 내 길의 빛입니다"(시 119:105).

여섯째, 이 책에서는 이사야를 "시인", "예언자", "설교자", "목회자"와 같은 다양한 호칭으로 부릅니다. 이사야를 시인이라고 부르는 이유는 그가 선포한 말씀(신탁, oracle)이 시로 기록되었기 때문만은 아닙니다. 오히려 그가 인습으로 찌든 무미건조하고 밋밋한 세상을 혁파하며 "대안적 세상"을 제시하는 창조적 목소리를 대변하기 때문입니다. 시인으로서 이사야가 신탁을 통해 보여주는 세상은 이 세상의 권력자나 정치가들이 만들어가는 세상을 뒤집어엎는 "전복(顚覆)적 세상"입니다. 이사야는 정의와 공의로 다스려지는 하나님의 왕국을 보여줍니다. 그의 전복적 메시지는 매우 강력하고 힘이 있습니다.[5]

또한 우리는 이사야를 예언자(선지자)라고 부릅니다. 이사야는 천상의 왕이신 야웨 하나님의 말씀을 유감없이 선포한 사람이었기 때문입니다. 더불어 이사야는 예루살렘 궁정에서 활동했던 "궁정 설교자"(court preacher)로서 예루살렘의 정치 지도자들에게 기관 목회자의 심정으로 신

앙을 가르치고 설교한 교역자였다고도 할 수 있습니다.[6]

마지막으로, 이 책에서 사용하는 몇 가지 고유 명칭에 관해 이야기하겠습니다.

① 구약성경에는 하나님의 고유한 이름이 등장하는데 소위 "거룩한 네 글자"(神聖四字, tetragrammaton)로 불리는 신명(神名)인 יהוה(YHWH)입니다. 이 호칭을 어떻게 발음하는지에 대한 논란이 많습니다. 우리나라에서는 대부분 관행에 따라 "여호와"라고 부르지만—그래서 "여호와의 증인"이란 이상한 단체도 있지만—학계에서는 "야웨"(Yahweh)라고 발음하는 것이 옳다고 봅니다. 학계의 논거가 상당히 설득력이 있으므로 이 책에서도 "여호와" 대신 "야웨"라는 용어를 사용했습니다.

② 고대 근동의 제국 중 우리말 성경에 "앗수르"라고 번역된 나라가 있습니다. 히브리어 발음대로라면 "앗수르"가 맞지만 이 책에서는 대다수 사전과 세계사 교과서의 용례를 따라 "아시리아"(Assyria)로 명명했습니다. 한편 우리말 성경에 등장하는 "애굽"의 현대 명칭은 "이집트"(Egypt)로서 고대 그리스어 "아이겁토스"(Αἴγυπτος)를 음역한 것입니다. 단 현대 국가 이집트와 혼동할 우려가 있으므로 이 책의 이사야서 본문에서는 "애굽"이란 용어를 그대로 사용하고, 해설 부분에서는 필요에 따라 "이집트"라는 용어를 사용했습니다. "구스" 역시 현대 명칭인 "에티오피아"로 바꾸지 않고 필요할 때만 혼용했습니다. "바벨론"도 "바빌로니아"(Babylonia)라는 현대 음역 대신에 "바벨론"이라는 용어를 그대로 사용했습니다.

이사야서의 탄생

이쯤에서 이사야서에 대한 학문적 논의에 대해 잠깐 언급해야 할 것 같습니다. 대다수 독자에게는 그리 중요하지 않은 문제이겠지만 혹시라도 이사야서라는 문헌이 어떻게 태어났는지 궁금해하는 경우가 있을까 하여 드리는 말씀입니다. 이사야서는 아주 오래전부터 우리가 지금 보는 형태로 전해져 왔습니다. 하지만 이런 형태의 이사야서가 처음에 어떻게 생기게 되었을까 하는 문제에 대해 학자들은 머리가 아플 정도로 많은 연구를 했습니다. 이는 이른바 문헌에 대한 "역사비평적" 문제입니다. 이 문제를 다루는 학술 활동을 "통시적(通時的, diachronic) 연구"라고도 합니다.

이 문제를 개괄적으로 설명해보겠습니다. 수십 년간 말씀 선포 사역을 한 이사야는 분명히 수많은 설교를 했을 것입니다. 그뿐 아니라 그에게는 제자들이 있어서 스승 이사야의 설교들을 수집하고 보존하며 상황에 맞춰 선택하고 수정, 보완해서 목회적인 차원에서 재활용했을 것입니다. 이런 일들은 고대 사회에서 흔한 일이었습니다(참조. 사 7:16). 적어도 이사야 1-39장까지의 기록들은 대부분 기원전 8세기의 예언자 이사야가 하나님으로부터 받은 말씀들이 대부분입니다. 그것들이 현재의 형태를 띠게 된 것은 당사자 이사야뿐 아니라 그 제자들의 수집 및 편집 노력의 결과임이 틀림없을 것입니다.

그런데 흥미롭게도 이사야 40장부터는 어느 곳에도 예언자 이사야에 관한 언급이 나오지 않습니다. 오히려 이사야 40장 이후의 내용은 기원전 8세기의 상황보다는 기원전 6세기의 바벨론 포로기를 반영합니다. 이런 이유로 학자들은 이사야 40장 이후 내용이 아마도 이사야의 후대 제자들이 스승 이사야의 스타일을 따라 기록한 결과물일 것이라고 추정합니다. 이에 관한 논쟁들은 이 책의 목적과 범위에서 벗어나는 문제이기에 더 다루지는 않겠습니다. 이런 문제들에 관심이 있는 분들은 이사야서의 본문 형성에 관한 역사비평학적 연구서들과 권위 있는 주석서들을 참조하시기 바랍니다. 참고로, 소위 서구의 대표적인 역사비평학적 주석들은 대부분 본문 해설보다는 본문이 어떻게 형성되었는지에 대한 논의로 가득하다는

사실을 기억해야 할 것입니다.[8]

이 책에서는 꼭 필요한 경우를 제외하고는 이사야서의 구성과 편집에 관한 논의는 하지 않으려 합니다. 그 대신 이사야서의 문학적 단락들이 기독교 공동체와 그 구성원에게 무엇을 전하는지에 관심을 집중할 것입니다. 그런 의미에서 이 책은 현대의 그리스도인들, 특별히 일반 교인들을 위한 이사야서 신앙 해설서라고 생각하면 좋겠습니다.

고마운 분들

앞서 말했듯이 이 책은 여러 사람의 영적 성장을 돕기 위해 저술한 이사야서 해설서입니다. 사실 이 책은 여러 해 전 백석대학교의 교직원들을 위한 경건 묵상집인 「매일양식」에 기고한 글에서 시작되었습니다. 그 어린 글들을 수정, 보완, 확대한 결과가 바로 이 책입니다. 특히 지난 일 년여 동안에는 제가 섬기는 평촌 무지개교회에서 매주 수요일 저녁마다 이사야서를 공부하며 이 책의 원고를 다듬을 기회가 있었습니다. 이 시대의 "남은 자"처럼 진지하게 이사야서를 공부하며 하나님의 말씀에 귀를 기울였던 수강자들에게 감사의 마음을 전합니다.

특별히 유병관, 김영식, 한상미, 김봉화, 이수정, 김정윤, 김미경, 이창옥, 배길문, 김정훈, 손성주, 정은주, 박금순, 황봉희, 김기범, 서수미, 이영옥 님에게 고맙다는 말씀을 전합니다. 이들은 눈이 오나 비가 오나 변함없이 수요일 저녁 모임에 참여하며 말씀을 사모하는 모범을 보여주었습니다. 그중 서예가이신 한상미 권사님은 기도하는 마음으로 이사야서 본문 전체를 붓글씨로 한지에 필사하여 이사야서 두루마리를 만들어주셨습니다. 강의를 마치던 날 멋진 이사야서 두루마리를 만져보며 느꼈던 신비로운 감촉은 두고두고 기억될 것입니다. 한상미 권사님, 고맙습니다.[9]

제가 이사야서에 남다른 관심을 두게 된 것은 오래전에 네덜란드의 암스테르담 자유대학교에서 유학할 때부터였습니다. 저의 지도 교수였던 행크 레이네(Henk Leene) 박사는 평생을 이사야서 전문 학자로 사셨는데, 늘 이사야서를 히브리어로 읽으며 아침을 열고 잠자리에 들 때도 이사야서를 읽을 정도로 이사야서를 사랑하셨습니다. 선생님은 특별히 이사야서 후반부에 자주 등장하는 "이전 것들과 새것들"이라는 문구의 의미를 통하여 이사야서의 전체 구성을 설명하고자 애쓰셨습니다.[10]

선생님의 영향으로 저는 당시 네덜란드와 벨기에의 구약학자들이 모여 만든 "이사야 워크숍"(De Jesaja Werkplaats)에 참석하는 즐거움을 누렸습니다. 그 워크숍은 행크 레이네 박사와 벨기에의 루뱅 가톨릭 대학교의 저명한 이사야 학자이자 신부인 빔 뷰큰(Wim A. M. Beuken) 박사가 중심이 되어 이끌던 모임이었습니다. 거기에 정기적으로 참여한 학자로는 이사야서 70인역 전문가인 아리 판 더 꼬이(Arie van der Kooij) 교수(레이던 대학교), 에입 탈스트라(Eep Talstra) 교수(암스테르담 자유대학교), 네덜란드 대학교 역사상 여성으로서는 최초로 구약학 정교수에 취임한 엘렌 판 볼데(Ellen J. van Wolde) 교수(틸부르흐 대학교)와 그의 동료인 히브리 시 전문가 하름 판 호롤(Harm W. M. van Grol) 박사, 그리고 당시의 박사 과정 동료로서 이제는 네덜란드와 벨기에의 주요 대학교에서 중견 교수로 일하는 핸드릭 얀 보스만(Hendrik Jan Bosman, 암스테르담 자유대학교), 안네마리케 판 더 바우데(Annemarieke van der Woude, 라드바우드 대학교), 미카엘 판 더 미어(Michael N. van der Meer, 흐로닝언 대학교), 아치발트 판 비어링헨(Archibald L. H. M. van Wieringen, 틸부르흐 가톨릭 신학대학원) 등이 있었습니다.

이사야 워크숍은 두 달에 한 번씩 네덜란드와 벨기에의 여러 캠퍼스에서 열렸기에 저는 설레는 마음으로 기차를 타고 두루 다니며 중부 유럽의 전원 풍경도 즐길 수 있었습니다. 이제는 소중한 추억이 된 그때의 이사야서 워크숍이 다시금 파노라마처럼 눈앞에 펼쳐지는 것 같습니다. 이 책을 쓰면서 이사야서 히브리어 원문을 뒤적일 때마다 재작년에 지병으로 소천하신 저의 박사 아버지, 행크 레이네(1936-2014) 선생님이 눈에 아른거렸습니다. 이 책은 선생님 덕분에 탄생했다고 해도 지나치지 않을 것입니다.

> "선생님, 저도 나이를 먹고 보니 선생님이 더욱 그리운 것은 어쩐 일인가요. 학위를 거의 마쳐가던 즈음에 종종 초대를 받아 선생님 댁에 설레는 마음으로 갔던 기억이 새록새록 떠오릅니다. 3층 다락방에 마련된 선생님의 서재를 둘러본 후 2층에 있던 자그마한 파이프 오르간으로 바흐의 푸가를 연주해주시던 멋지고 아름다운 모습과 감동을 결코 잊을 수 없군요. 이 책은 비록 평범하기 그지없는 이사야서 해설서이지만 선생님과의 아름다웠던 시절을 추억하며 고마운 마음으로 선생님과 사모님께 헌정합니다."

열악한 우리나라의 신학 출판 생태계에 신선한 자극을 주며 올바른 배움에 목말라하는 지성적 그리스도인들을 격려하기 위해 노심초사하는 새물결플러스의 대표 김요한 목사와 이 책을 그럴듯하게 만들어준 그의 신실한 직원들에게도 고마움을 표합니다. 마지막으로 이 책을 통해 "창조주이시며 구원자이신 야웨 하나님을 굳게 믿고 이 세상이 가하는 위협들 앞에서 결코 두려워하지 말라"는 설교자 이사야의 외침이, 혼란스러운 오늘을 사는 우리에게 생생하게 전달되기를 간절히 소원합니다. 주님, 날마다 주의 말씀으로 아득한 광야 길을 올곧게 걷게 하옵소서!

류호준 목사

2016년 성령강림절에

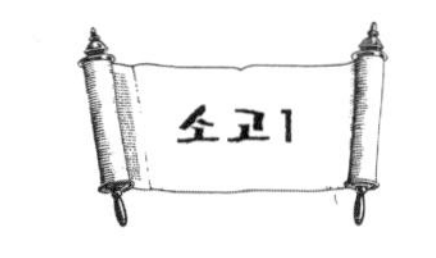

이사야 1-39장의 조감도[1]

이사야서는 기원전 8세기의 예언자 이사야에게 하나님이 보여주신 계시에 기초를 두고 있습니다. 이는 이사야서 서두 표제에 명시되어 있습니다.

> 유다 왕 웃시야와 요담과 아하스와 히스기야 시대에 아모츠의 아들 이사야가 유다와 예루살렘에 관하여 본 계시다(사 1:1).

여기서 보통 "계시"라고 번역하는 히브리어 "하존"은 사실 "환상"이라고 번역하는 것이 더 낫습니다. 그런데 이 환상은 예언자가 능동적으로 무엇인가를 보았다는 의미라기보다는 본인의 의도와는 상관없이 "보인 것"입니다. 즉 이사야서는 하나님이 이사야에게 보여준 바를 담고 있는 책입니다. 이런 의미에서 우리말 성경 대다수는 "하존"(환상, vision)을 "계시"라고 번역합니다.[2] 하나님은 계시를 통해 이사야에게 당시의 유다와 예루살렘의 영적 현황을 가감 없이 보여주신 것입니다.

이사야 1:1은 이사야가 네 명의 왕과 연결되어 있다고 기록합니다. 하지만 예언자 이사야는 남유다 왕국의 위대한 지도자 웃시야 왕이 서거했을 때 하나님의 부르심을 받았습니다(사 6장). 게다가 웃시야의 아들 요담 왕은 잠시 나라를 다스리다 일찍 서거했기 때문에 예언자 이사야가 실제로 예언 활동을 하며 모신 왕은 아하스와 히스기야 두 명이라고 보아야 합니다. 즉 이사야는 아하스와 그의 아들 히스기야 왕이 나라를 다스리던 시절에 예루살렘 궁중을 중심으로 활동했던 설교자였습니다.

우리가 이 책에서 다룰 이사야서의 전반부(1-39장)는 주로 이 두 왕(아하스, 히스기야)의 치세 기간에 일어났던 국가적 사건들의 소용돌이 가운데 선포된 메시지들을 담고 있습니다. 여기서 국가적 사건들이란 외국 군대의 침공으로 인한 국난과 그로 인해 발생한 정치적·종교적 혼란과 맞닿아 있습니다.[3] 유다의 왕들이 역사의 소용돌이 속에서 우왕좌왕하며 중심을 잡지 못할 때, 예언자의 입을 통해 하나님을 신뢰하라는 강력한 메시지가 선포되었습니다. 따라서 이사야서 전반부—후반부에서도 그렇지만—의 핵심 메시지는 "주변 환경이 어떠하든지 야웨 하나님만을 신뢰하라"는 믿음 촉구라고 할 수 있을 것입니다. 하나님에 대한 절대적 신뢰 촉구는 자연히 하나님이 아닌 다른 것들, 즉 군사력이나 정치력을 숭상하는 우상 숭배에 대한 질타로 표현되거나 하나님을 무시하는 불의한 공동체의 개인적 일상에 대한 진노 선언으로 표출되기도 합니다.

학자들은 총 66장으로 구성되는 이사야서 전체를 "대 이사야서"라고 합니다. 그리고 그 안에 내용과 주제에 따라 구분되는, 적어도 두 개의 커다란 뭉치 단락이 있다고 봅니다. 그중 이사야서의 전반부(1-39장)는 전통적으로 "심판의 책"이라고 부르고 후반부(40-66장)는 "위로의 책"이라고 부릅니다. 이 책에서는 이사야서의 전반부를 다룰 것인데 그 내용을 더 세분하면 다음과 같습니다.

① **이사야 1-12장**(제1부): 이 부분은 주로 예루살렘과 유다와 이스라엘에 관한 심판 신탁으로 구성됩니다. 이사야 1-5장은 주로 유다와 예루살렘의 슬픈 현실, 즉 패역과 배도와 불의가 가득한 유다의 심장 예루살렘의 민낯을 여과 없이 드러냅니다. 마치 법정에 선 피의자가 고소를 당

하듯이 그들의 죄가 낱낱이 드러납니다. 물론 2장에서는 예언자가 꿈꾸는 환상적 예루살렘의 모습이 잠깐 등장해 현재의 부패한 예루살렘에 대한 대안으로 제시되지만, 예루살렘의 추함과 더러움은 하나님이 내리시는 심판의 칼날을 피하지 못한다는 사실은 분명합니다. 하나님은 이런 추한 몰골을 한 예루살렘과 유다를 위해 심판과 회복의 메시지를 전하라고 이사야를 부르십니다(사 6장). 예언자로 부름을 받은 이사야가 처음 감당해야 할 임무는 국가적 위기에 직면한 유다의 왕 아하스를 만나 신앙적 권면을 하는 것이었습니다. 이사야 7-12장은 유다를 침공한 시리아-에브라임 동맹군의 위협 아래서 선포된 예언의 말씀입니다.

② **이사야 13-23장**(제2부): 이사야 1-12장이 주로 유다와 예루살렘을 향한 예언이었다면 13-23장은 범위를 넓혀 이방 민족들을 대상으로 하는 "열국 심판 신탁"을 전합니다. 남유다 왕국뿐만 아니라 주변의 모든 국가도 하나님의 주권 아래에 있습니다. 하나님은 단순히 가나안의 지방 신이 아니라 온 세상의 주권자이심이 열국 심판 선언을 통해 만천하에 드러납니다. 하나님이 심판하실 대상에는 아시리아, 블레셋, 모압, 시리아와 북이스라엘, 구스(에티오피아), 애굽, 바벨론, 에돔(두마), 아라비아, 두로 등이 포함됩니다. 이들은 모두 세계 역사의 주역으로 자처하며 오만방자하게 굴던 나라들입니다. 하나님은 정치력, 외교력, 경제력, 군사력을 자랑하던 그들의 오만불손한 교만을 그냥 내버려두지 않으셨습니다.

③ **이사야 24-27장**(제3부): 이 부분은 이른바 이사야서의 "소 묵시록"에 해당합니다. 앞선 열국 심판 신탁 단락은 특정한 나라들에 대한 하나님의 심판을 다루지만, 이 소 묵시록은 "세계 심판"을 다루며 우주적 규모의 전복(顚覆)을 그려냅니다. 하나님의 왕국이 이 세상 안으로 돌입할 때 우주적 공황 상태와 묵시론적 천지개벽이 발생합니다. 이처럼 하나님의 절대적 주권이 확립되는 과정에서 이스라엘의 원수와 대적들은 완전히

패망하고 이스라엘의 신실한 남은 자들은 온전히 회복하게 될 것입니다.[4]

④ **이사야 28-35장**(제4부): 이 부분은 이스라엘과 유다에 대한 추가적 말씀들을 담고 있습니다. 특히 이사야 28-33장은 독특한 예언문학 형식인 "아이고!"(상엿소리, 만가[輓歌]) 단락 여섯 개로 구성됩니다. 그중 처음 다섯 개의 "아이고!" 단락은 모두 이스라엘 안에 있는 신실하지 못한 자들을 향해 쏟아붓는 재앙 선언이고 마지막 "아이고!" 단락은 아시리아에 관한 불행 선언입니다. 마지막에 제시되는 아시리아의 불행은 궁극적으로 하나님의 백성에게는 복이 됩니다. 이어지는 34장은 추가적 심판 신탁으로 에돔을 다시금 지목합니다. 그와 대조를 이루는 35장은 이사야서 전반부에서 가장 아름답고 감동적인 장으로, 이스라엘의 미래에 도래할 시온의 구원과 회복을 한 폭의 수채화처럼 목가적으로 그려냅니다. 이사야 34장과 35장은 열국의 철저한 심판과 구속받은 자들의 환희와 기쁨을 렘브란트적인 강력한 명암 대조법으로 보여주는 두 폭짜리 병풍과 같습니다.[5]

이사야 34장과 35장의 위치와 관련하여 잠시 이사야서의 문헌적 특색에 대해 언급하겠습니다. 이사야서의 중심축은 예루살렘과 유다와 시온에 관하여 이사야가 본 환상으로서(사 1:1), 그 주된 내용은 유다에 임박한 하나님의 강력한 심판에 관한 것입니다. 하나님은 유다를 훈육하고 징계하기 위해 심판의 몽둥이, 즉 아시리아와 바벨론 제국을 사용하십니다. 이 두 강대국은 이사야서를 구성하는 중요한 소재들입니다. 거칠게 말하면 이사야 1-33장에서는 아시리아가 주로 등장하고 34-66장에서는 바벨론이 유다를 압제하는 강대국으로 주로 등장한다고 할 수 있습니다. 이런 흥미로운 문헌적 특색 때문에 최근 학계에서는 이사야서를 1-33장과 34-66장의 두 부분으로 나누기도 합니다.[6] 즉 34, 35장이 후반부를 여는 위치에 있다고 보는 것입니다.

⑤ **이사야 36-39장**(제5부): 이 단락은 이사야서 전반부의 결론 부분에 해당합니다. 이사야 40장 이후에는 이사야라는 인물이 전혀 등장하지 않는다는 사실을 염두에 둔다면, 이 단락은 이사야서에서 이사야를 역사적 배경과 함께 언급하는 마지막 부분입니다. 이사야 36-39장은 열왕기하 18-20장과 거의 일치하는 내용, 즉 히스기야 왕 당시에 일어났던 두 가지 중대한 사건을 다룹니다. 그중 하나는 아시리아의 예루살렘 침공과 패퇴 이야기이고 또 다른 하나는 히스기야 왕의 발병과 치유 이야기입니다. 이는 모두 신학적 안목에서 묘사되는 역사 이야기로서 이사야서의 앞부분(사 7-8장)에 나오는 아하스 왕 당시의 시리아-에브라임 동맹군의 침공 이야기와 대조적인 평행을 이룹니다(참고. 왕하 16장). 이런 평행 구조 때문에 독자들은 자연스레 아하스 왕과 그의 아들 히스기야 왕이 국가적 위기에 각각 어떻게 대처했는지를 비교하게 됩니다.

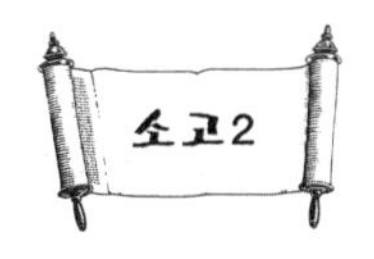

이사야와 예언, 그리고 이사야서

구약 예언서들 가운데 가장 위엄 있는 왕관을 쓴 예언서를 꼽으라면 당연히 이사야서를 꼽을 수 있습니다. 내용의 격정적 심오함과 고양된 시적 문체의 아름다움이 압권이기 때문입니다. 게다가 이사야서는 다른 예언서들보다 더 집중적으로 장차 하나님의 백성을 다스릴 메시아(그리스도)의 출현에 대해 언급하기에 어떤 이들은 이사야서를 종종 "이사야 복음"이라고 부르기까지 합니다.[1] 메시아의 출현에 관한 이사야서의 대표적인 구절로는 "고난받는 야웨의 종" 본문들(사 42:1-4; 49:1-6; 50:4-9; 52:13-53:12), 정의와 공의로 다스리는 메시아 시대의 도래를 묘사하는 이사야 9, 11, 35장, 유명한 "임마누엘" 본문인 이사야 7:14을 들 수 있습니다.

고전 음악의 어머니로 칭송받는 헨델(Georg Friedrich Händel, 1685-1759)의 오라토리오(oratorio) "메시아"에서도 이사야서가 14번이나 인용됩니다. 이는 다른 성경들보다 월등히 많은 횟수인데 그 구체적인 내용은 다음과 같습니다.

① "내 백성을 위로하라"(사 40:1-2): 오라토리오를 여는 테너 독창
② "골짜기마다 돋우어지리라"(사 40:4): 테너 독창
③ "주의 영광이 나타나리라"(사 40:5): 합창

④ "보라 처녀가 잉태하여 아들을"(사 7:14): 알토 서창(敍唱)

⑤ "아름다운 소식을 전하는 자여"(사 40:9): 알토 영창과 합창

⑥ "어둠이 땅을 덮으며"(사 60:2-3): 베이스 독창

⑦ "흑암에 행하던 백성이 빛을 보고"(사 9:2): 베이스 독창

⑧ "우리를 위해 한 아기가 나셨다"(사 9:6): 합창

⑨ "소경의 눈이 보이며"(사 35:5-6): 알토 독창

⑩ "목자같이 양을 먹이시며"(사 40:11): 알토 독창

⑪ "그는 멸시를 받아서"(사 53:3): 알토 독창

⑫ "그는 우리의 질고를 지고"(사 53:4-5): 합창

⑬ "그는 채찍에 맞아"(사 53:5): 합창

⑭ "우리는 다 양과 같아서"(사 53:6): 합창

이러한 인용 빈도만 보더라도 이사야서가 메시아의 도래와 얼마나 밀접한 관련이 있는지 알게 됩니다. 시간이 되신다면 인용된 구절을 음미하면서 오라토리오 "메시아"를 꼭 들어보시기 바랍니다. 큰 감동을 누리게 될 것입니다.[2]

한 권의 책으로서의 이사야서, 특별히 이사야서 전반부인 1-39장은 이사야라는 인물과 떼려야 뗄 수 없는 관계가 있습니다. 이사야는 기원전 8세기 팔레스타인의 남유다 왕국을 중심으로 일어난 일련의 격랑 속에서 예언자로 부르심을 받은 고위 관료였습니다. 그는 예루살렘의 상류 계층 출신으로 남유다의 네 왕—웃시야, 요담, 아하스(기원전 741-725년), 히스기야(기원전 725-697년)—이 대를 잇는 동안 서기관을 지냈던 정통파 고위 공직자였습니다. 요즘 말로 하면 대통령기록관장이었다고 할 수 있습니다(대하 26:22; 32:32).

전승에 의하면 이사야의 아버지 아모츠(예언자 아모스와는 다른 사람)는

유다 왕 아마샤의 형제입니다. 아마샤의 아들이 웃시야 왕이기 때문에 이사야는 웃시야 왕과 사촌 관계였습니다. 이런 이유로 이사야는 왕궁에서 일하게 된 엘리트 관료였던 것 같습니다. 이사야는 웃시야 왕이 죽던 해(기원전 739년)에 하나님의 부르심을 받고 예언자가 되었는데(사 6:1), 그 후에도 관직을 그대로 수행했던 것으로 보입니다. 이는 이사야가 히스기야 왕 밑에서도 서기관직을 수행했다는 사실에서 분명하게 드러납니다.

기간으로 따지자면 이사야는 40여 년(대략 기원전 740-700년) 동안 목회 사역을 했는데 그 기간에 남유다 왕국은 끊임없이 전쟁과 국난을 겪었습니다. 당시 아시리아는 중동의 맹주로 자처하며 팽창주의를 국가적 모토로 삼아 주변 약소국들을 줄기차게 공격해 영토를 확장했습니다. 이런 정세 속에서 남유다 왕국의 운명은 풍전등화와 같았습니다. 이사야의 사역 기간에 두 번에 걸친 엄청난 국가적 위기가 찾아왔습니다. 먼저는 아하스 왕 때 시리아(아람)와 북이스라엘(에브라임)이 반(反)아시리아 동맹을 맺고 유다를 침공한 사건이었고(기원전 735-733년), 그다음은 아하스 왕의 아들인 히스기야 왕 때 아시리아의 산헤립 왕(기원전 705-681년 재위)이 장군 랍사게를 보내 예루살렘을 포위한 사건이었습니다(기원전 703-701년). 이사야에서 내러티브 형식으로 기록된 부분은 이 두 사건을 다루는 7-8장과 36-39장뿐입니다.

그런데 유다 왕국은 어찌 되었든 이 두 위기를 무사히 넘겼습니다. 그래서 겉으로 보기에 유다의 상황은 대체로 나쁘지 않았습니다. 경제도 안정되었고 군사력도 그만하면 괜찮았습니다. 종교 제의는 말할 것도 없이 왕성했습니다(사 1:10-15). 그러나 하나님의 눈으로 예루살렘과 유다의 실상을 들여다보면 불편한 진실이 가득했습니다. 이제부터 우리는 기원전 8세기경 유다 왕국에서, 특히 수도인 예루살렘 궁정을 중심으로 하나님의 대변인 역할을 했던 위대한 설교자 이사야의 메시지를 통해 그 불편한 진실이 무엇인지, 그에 대한 하나님의 뜻은 무엇이었는지 살펴볼 것입니다.

설교자 이사야는 예언자답게 삶 전체를 통해 하나님의 뜻을 전했습니다. 그는 아들들의 이름을 통해서도 하나님의 뜻을 드러냈습니다. 이사야는 첫 번째 부인과의 사이에서 얻은 아들의 이름을 "스알야숩"이라고 지었습니다. 이는 "남은 자만 돌아가리라"는 뜻으로 매우 상징적인 이름이었습니다(사 7:3). 정확한 이유는 기록되지 않았지만 이사야는 첫째 부인과 사별하고 두 번째 부인을 얻은 듯합니다(사 8:3). 두 번째 부인과의 사이에서 얻은 아들의 이름은 "마헬-살랄-하스-바스"로서 "급속한 노략과 신속한 약탈"이 임한다는 경고가 담겨 있었습니다(사 8:1).[3] 하나님은 이사야 자신과 이사야의 자녀들이 이스라엘 중에서 징조와 예표가 되게 하신 것입니다(사 8:18).

남유다 왕국의 위대한 왕 웃시야가 죽던 해에 예언자로 부르심을 받은 이사야는 왕국 전체와 그 핵심 도시인 예루살렘을 향해 격정적인 설교를 쏟아냈습니다. 그의 설교는 여린 살갗을 가르고 환부를 도려내는 의사의 매서운 수술칼 같았습니다. 이사야는 시작부터 매우 암울한 장탄식을 내뱉습니다. 어쩌다가 예루살렘과 유다가 이 지경이 되었느냐는 한숨과 탄식과 회한이 가득한 신탁(神託, oracle)이 이사야서의 서두에 자리 잡고 있습니다(사 1:2-3). 설교자 이사야를 따라 하나님과 함께 탄식할 준비가 되었다면 이제 기원전 8세기의 예루살렘으로 들어가겠습니다.

제 1 부

예루살렘의 심판과 회복

이사야 1-12장

제1강

개만도 못한 자식!

이사야 1:1-3

"소는 그 주인을 알고
나귀도 그 주인의 구유를 안다. 그러나…"(사 1:3).

1:1 유다 왕 웃시야와 요담과 아하스와 히스기야 시대에 아모츠의 아들 이사야가 유다와 예루살렘에 관하여 본 환상의 내용이다.

2 들어보아라. 너 하늘들이여! 귀를 기울이라. 너 땅이여!
야웨께서 말씀하시기 때문이다.
내가 기르고 양육한 것은 자식들이었다.
그러나 그들은 내게 반항하였다.
3 소는 그 주인을 알고
나귀도 그 주인의 구유를 안다.
그러나 이스라엘은 알지 못하고
내 백성은 깨닫지 못하는구나!

장탄식으로 시작하는 이사야서

이사야서가 침울한 장탄식과 아울러 날카로운 비난과 고발로 시작하는 것은 매우 충격적입니다. "짐승만도 못한 자식", "개만도 못한 놈"이라고 책망하시는 하나님 아버지의 한숨과 탄식의 대상이 바로 선택받은 유다와 예루살렘이기 때문입니다. 이는 마치 개망나니 같은 자식 때문에 가슴앓이 하는 초로의 노인이 어떤 나그네에게 이렇게 말하는 것과 같습니다.

"여보시오, 내 말 좀 들어보소. 아니 글쎄, 내가 평생 먹을 것 입을 것 아끼면서 자식 하나 길렀는데, 그놈이 애비도 몰라보는 패륜아가 되었다오. 집에서 기르는 짐승도 그렇지는 않잖소? 아이고! 이 썩어가는 속을 누가 알겠소"(사 1:2-3).

이는 유다와 예루살렘의 영적 현주소를 제대로 보여주는 대목입니다. 누가 아버지인지, 누가 주인인지, 어디서 양식이 오는지 도무지 알지 못하는 그들의 영적 무지와 무감각은 주인을 알아보는 짐승보다 못한 상태였습니다.

그런데 이 단락은 백성이 아니라 하늘과 땅을 향해 귀를 기울여달라고 호소하면서 시작합니다. 하늘과 땅은 말없이 두 눈을 크게 부릅뜨고 유다와 예루살렘의 모든 악행을 목격하는 "증인"입니다. 법정에서 증인의 역할은 매우 중요합니다. 지금 예언자는 하나님을 대리하여 유다와 예루살렘을 천상의 법정에 세워 그들의 잘못과 죄악을 고소하는 검사의 위치에 있습니다. "하늘들이여, 땅이여, 들어보아라!"라는 외침은 청중들의 이목을 집중시켰을 것입니다.

또한 곁길로 나가는 방탕한 자식을 향해 탄식하는 아버지 하나님의 모습은 청중들의 동정적인 관심과 주의를 끌어냈을 것입니다. 우리의 보편적 경험이 말해주듯이 부모에게 자녀 문제처럼 살에 와 닿으며 심각한 화제가 또 어디 있을까요? 시인은 하나님을 향한 유다와 예루살렘의 반항과 패역을 분명하게 드러내기 위해 "아버지와 자녀", "주인과 가축", "왕과 백성"이라는 세 가지 은유를 사용합니다. 이에 대해서는 잠시 뒤에 자세히 살펴보겠습니다.

고대 "종주 계약"에 관하여[1]

여기서 잠시 본문의 배경이 되는 고대 근동 지역의 "종주 계약"에 대해 살펴보겠습니다. 고대 근동 지역에서 한 나라의 왕은 그 땅의 신민들과 일종의 계약—일명 "종주 조약"(Suzerain-Vassal Treaty)이라고 부르는—을 체결하는 풍습이 있었습니다. 히타이트 족이 근동을 지배하던 기원전 2천 년대 후반기에 작성된, 피지배국의 왕들과 정복 군주 사이에 체결된 일명 "히타이트 종주 조약 문서"는 다음과 같은 항목들로 구성되어 있습니다.

① 전문(前文, Preamble): 여기서 주권자의 이름을 밝힌다.

② 역사적 서문(Historical Prologue): 주권자는 그의 신민들과 맺은 역사적 관계에 대해 기술한다. 이때 주권자는 자신을 구출자/구원자(Deliverer/Savior)로 묘사한다.

③ 규례들(Stipulations): 주권자가 그의 백성들을 위해 제정한 다양한 규례들이 등장한다.

④ 저주들과 축복들(Curses and Blessings): 만일 봉신들이 이상의 규정들을 지킬 경우와 지키지 않을 경우 어떠한 결과가 초래되는가를 밝힌다.

⑤ 증인들(Witnesses): 태양, 달, 시내, 샘물 등 천지 만물을 이 엄숙한 조약의 증인들로 불러 세운다.

⑥ 문서 보관(Disposition of Document): 히타이트 전통에 따라 조약 문서를 2부 만들어 하나는 주권자가, 또 다른 하나는 봉신이 소유한다.

이러한 고대 근동의 종주 조약 체결의 문학적 전통은 구약성경 연구, 특별히 오경 연구 및 예언서 연구에 새로운 빛을 던져주었습니다. 즉 정경 외적 문서들이 보여주는 형식과 양식이, 주권자로서의 하나님과 그의 봉신으로서의 이스라엘의 관계를 이해하는 데 큰 도움을 준 것입니다.

종주 조약을 배경으로 한 성경의 전통에 의하면 이스라엘의 하나님은 "왕"이고 이스라엘은 그의 "백성"입니다. 이러한 관계는 출애굽 사건이라는 구체적인 하나님의 역사적 구원 행동에 의해 설정된 것입니다. 여기서 하나님의 "율법들"—다양한 종류의 규례들, 예를 들어 제사법, 시민법, 정결법, 사회법, 민사법, 형법, 가족법 등—은 그의 백성의 복리와 복지를 위해 제정해놓은 규례들이며 십계명은 이러한 규례들의 핵심을 이룹니다. 성경은 이러한 규례들을 순종적으로 지킬 경우에 얻는 축복(언약적 축복)들과 그렇지 못하고 파기하였을 때 닥쳐오는 재앙 및 저주(언약적 저주)에 관해 분명히 언급합니다(예. 신 27-28장). 예언자들이 하나님의 백성인 이스라엘을 비난하거나 책망할 때 자주 등장하는 "하늘과 땅"은 바로 이러한 계약(언약)에서 증인의 기능을 수행합니다. 이런 의미에서 신명기는 하나님이 그의 백성에게 주시어 보관하게 하신 언약 문서라 할 수 있습니다.[2]

언약 파기에 대한 제소

이스라엘의 반역과 패역을 비판하고 비난하는 이 단락이 하늘과 땅을 부르며 시작하는 것은 매우 특이합니다. 무슨 이유에서 이사야는 하늘과 땅을 부를까요? "하늘과 땅"을 불러내는 이유는 그들이 실제로 어떤 특별한 역할을 하기 때문이 아닙니다. 이미 성경은 창세기 초반부터 천지, 즉 하늘과 땅에 대한 "비신화화" 작업을 했습니다. 그래서 어떤 학자는 하늘과 땅이 하나님과 그의 백성 사이에 객관적으로 서 있는 존재이기 때문이라고 주장합니다. 하늘과 땅은 "어느 한쪽 편을 드는 일이 없이 항상 무뚝뚝하게 존재해오는 것을 대표"한다는 것입니다.[3]

그러나 대부분의 예언서가 그러하듯이 이사야서도 유다와 예루살렘의 죄악을 드러내고 하나님이 내리시는 심판의 정당성을 확보하기 위해 그들을 법정에 세워 기소하는 문학적 형식을 취합니다. 이것을 보통 "언약 파기에 따른 법적 소송 양식"(Covenant Lawsuit Pattern)이라고 부릅니다. 달리 말해 예언자 이사야는 법정 소송 형식(ריב[Rîb]-Pattern)이라는 독

특한 문학적 양식을 사용해 비난의 메시지를 풀어내는 것입니다.[4]

예언자 이사야는 이스라엘 백성을 언약 파기죄로 법정에 선 피고인으로 간주합니다. 여기서 우리는 예언자의 일차적 기능이 언약의 재강화자(covenant reinforcer)라는 사실을 발견할 수 있습니다. 특별히 본문에서 예언자는 야웨의 소송 대리인으로 등장합니다.[5] 이제 언약의 파기자로서 이스라엘 백성은 하늘 법정에 서서 그들의 원고인 동시에 소송자인 야웨의 기소 이유를 들어야만 합니다. 원고는 법정 소송의 정당성을 제시하기 위하여 증인을 불러냅니다. 달리 말해 원고는 피고와 맺은 계약 파기에 대해 증인을 채택함으로써 계약을 공개적으로 드러내고자 합니다.

고대 근동의 다른 민족들은 자연의 신성화된 세력들—예를 들어 산, 강, 샘, 바다, 하늘과 땅, 바람과 구름, 달과 별들—을 증인으로 내세웠는데 이는 그것들이 신적 존재라고 믿었기 때문이었습니다. 물론 구약 예언자들의 경우에도 비슷한 증인들을 내세우기는 하지만 이미 오경의 첫 책인 창세기의 선언을 통하여 이러한 천체나 자연 만물을 피조물로 격하시켰으므로 그것들의 등장은 계약의 "공개적" 및 "공적" 측면을 강조할 뿐입니다. 사실 하나님은 당신의 정죄를 뒷받침하기 위한 그 어떠한 증인도 필요로 하지 않으십니다. 그분 홀로 언약의 저주들이 이스라엘 위에 임하는 것을 허락하시며 그에 대해 홀로 책임을 지십니다. 따라서 자연 세력을 증인으로 호출하는 것은 일종의 "수사학적 도구"에 불과합니다.[6]

이제 법정에서의 피고에 대한 기소와 비난은 세 가지 은유를 중심으로 구성됩니다. ① 부성애를 지닌 아버지에 대항하는 패역한 아들, ② 농부와 무지한 가축, ③ 왕에 대해 불충한 백성들.

아버지와 패역한 자식

시인 이사야는 하나님과 그의 백성의 관계를 묘사하는 첫 번째 은유로 자애로운 아버지와 반항적인 아들을 부각합니다(사 1:2-3; 3:8; 30:1; 48:8-11).[7] 따스한 돌봄으로 아들을 기른 자비롭고 인애한 아버지와 그러한 애정 가운데서 양육을 받았으면서도 은혜를 잊고 오히려 반항하며 비뚜로 나가는 아들의 이야기는 성경에 자주 등장합니다. 먼저 에덴동산 일화에서 적나라하게 드러나듯이 인류의 대표인 아담은 아버지 하나님을 오해하고 반역했습니다(창 1-2; 눅 3:38). 또한 "하나님의 가정"에 형제간 살인의 비극을 불러일으켰던 가인(창 4:1-15), 무엇보다도 아버지의 집을 떠나 먼 곳으로 가버린 둘째 아들 탕자, 그리고 아버지의 집에는 있었으나 아버지의 품속에는 있을 수 없었던 의로운(?) "큰아들"(눅 15:11-32)까지 이들 모두는 잃어버린 아들들, 반항적인 자녀들이었습니다.

율법에 의하면 이사야가 묘사하는 인물과 같은, 강퍅하고 완악하고 패역한 아들은 성문의 장로들에게 넘겨 돌로 쳐 죽여야 했습니다(신 21:18-21). 물론 이러한 율법은 실제로 그렇게 적용하기보다는 어린 자녀들에게 순종을 가르치기 위한 목적으로 의도되었을 것입니다. 어쨌든 불순종하는 아들의 범죄가 사형에 해당한다면 반항적인 이스라엘 역시 마땅히 죽어야 합니다. 반(反) 언약적 반역은 멸망을 초래합니다. 언약의 주체이신 하나님께 대한 반항은 하나님 아버지에 대한 범죄이며 그 결과는 곧 아들 이스라엘의 죽음뿐입니다.

농부와 가축

두 번째 은유는 왜 이스라엘이 언약 파기로 인해 하늘 법정에 서야 하는지, 왜 무서운 형벌을 받아야만 하는지를 설명합니다. 첫 번째 은유가 불효라는 모티브를 "반항의 수사법"으로 사용했다면,[8] 두 번째 은유는 짐승의 일반적 행위에 대한 관찰을 통해 "무지의 수사법"을 개발하여 사용합니다. "부모-자녀"의 예가 인간의 보편적이고 정서적인 측면을 사용한 은유라면, "주인-가축"의 예는 일반적 상식에 근거한 자연 현상에 호소하는 은유입니다.

이 비유의 핵심은 한마디로 이스라엘 백성이 짐승보다 못하다는 것입니다. 인간은 짐승에게 없는 종합적인 이해력과 판단력을 가지고 있습니다. 그런데 인간을 가축과 비교하다니요? 농경 문화에서 소와 나귀는 소중한 자산입니다. 시인 이사야는 무지한 이스라엘을 그들에게 친숙한 소와 나귀에 빗대어 비아냥대며 나무랍니다. 그렇다면 이사야는 어떤 특징 때문에 소와 나귀를 언급했을까요? 그것은 본문의 히브리 시 형태를 살펴보면 분명해집니다.

소는 주인에게 온전한 충성을 바치는 가축입니다. 소는 주인을 잘 알아봅니다. 고삐의 감촉을 통해 주인의 통제를 따릅니다. 껌뻑거리는 큰 눈망울은 애잔해 보일 정도입니다. 반면 나귀는 주인에 대한 충성이 소만 못합니다. 보통 중동 지방에서 나귀는 소에 비해 좀 덜떨어지고 멍청한 가축으로 여겨집니다. 때로는 주인도 잘 알아보지 못하기 때문입니다. 그런데도 한 가지만은 잘 압니다. 자기의 밥그릇 말입니다! 미련한 나귀도 언제 식사가 나오는지, 어디에 밥그릇이 있는지는 잘 압니다. 주인이 누구인지는 별로 개의치 않지만 살기 위해서 먹이가 차려지는 때와 장소 정도는 분명히 아는 것입니다.

이처럼 소와 나귀는 대조적으로 묘사되지만 한 가지 공통점이 있습니다. 그것은 "안다"는 것입니다. 충성스러운 소는 주인이 누군지를 알고, 멍청해 보이는 나귀도 자기 밥그릇이 어디 있는지 압니다. 그런데 하나님의 백성인 이스라엘은 도무지 알지 못합니다. 이것이 바로 본문의 강조점입니다. 이사야는 이스라엘의 무지를 강조하기 위해 인간을 가축과 비교한 것입니다.

먹을 때가 되면 제때 나타나 주인이 주는 먹이를 먹는 가축들은 그들의 존재가 주인에게 전적으로 의존적임을 보여주는 좋은 예입니다. 그에 비하면 이스라엘 백성은 보통 무지한 게 아닙니다. 그렇습니다! 가축보다 더 똑똑하고 영리한 인간은 더욱 분명하게 자신의 존재가 어디에 의존하고 있는지 알아야 합니다. 특히 오랫동안 하나님의 돌보심을 받은 이스라엘은 훨씬 더 온전한 판단력과 이해력을 갖추어야 했습니다. 그들은 자신들의 주인이 오직 야웨 하나님이시라는 사실을 잘 알아야만 합니다. 하나님의 백성에게 무지는 크나큰 죄악입니다. "이 백성이 지식이 없어 망한다"라는 호세아의 탄식은(호 4:6) 아버지 하나님에 대한 몰이해가 멸망의 원인이 됨을 분명하게 보여줍니다.

왕과 백성

세 번째로 당시 보편적이었던 왕정 체제는 이스라엘과 하나님의 관계를 묘사하는 더할 나위 없이 좋은 은유를 제공합니다. 즉 "왕과 백성의 은유"입니다. 물론 세 번째 은유는 앞의 두 은유처럼 본문에서 수사학적으로 분명하게 사용된 것은 아닙니다. 하지만 그 존재를 부인할 수는 없습니다. 특별히 왕궁적이며 법정적인 분위기가 문학적 양식을 통해 표출되고 있다면 야웨 하나님은 분명히 하늘의 왕이며 하늘의 법정에 좌정하신 재판장으로 인식되어야 합니다.

백성인 이스라엘은 왕이신 하나님께 복종하며 그의 계명과 규례들을 잘 지켜야 합니다. 그렇게 하려면 우선 그들은 왕이 누구인지, 그들의 왕이 어떤 분인지를 알아야만 합니다. 또한 그분의 통치는 어떻게 시행되며, 그 통치의 골격과 기초는 무엇인지에 대해서도 알아야 합니다. 그들의 왕에 대한 앎은 곧 순종을 의미합니다. 이는 성경의 "앎"에 대한 이해이기도 합니다. 하나님 나라가 정의와 공의에 기초한다는 인식은 정의롭고 공의로운 사회 유지를 위해 그 백성에게 부과되는 책임의 완수로 이어집니다. 그리고 이것은 곧 사회의 복리와 안녕과 같은 삶의 질과도 직결되는 문제입니다.

이스라엘은 그들이 어디서 양식을 얻을 수 있는지, 평안한 안식을 얻을 처소가 어디인지 올바로 알아야 했습니다. 하지만 그들은 자신들의 삶이 전적으로 주인이신 야웨 하나님께 속해 있고 그들의 생명이 그분에게 전적으로 의존적이라는 사실을 인식하지 못했을 뿐만 아니라, 오히려 그분의 다스림과 통치를 무거운 짐과 멍에, 속박으로 생각했습니다. 이러한 무지, 판단력의 결핍, 어리석음은 죽음에 이르는 무서운 병입니다. 순종 대신에 반항을, 감사 대신에 불평을, 보은 대신에 패역을 자행하는 아들이 길거리에서, 이방 나라에서, 낯선 객지에서 불행한 죽음을 맞는 것은 당연한 결말입니다. 이스라엘의 멸망은 이미 예견되기 시작한 것입니다.

우리가 이번에 살펴본 단락은 양식비평학적으로는 "비난", "고소"로 분류되지만 실제로는 "탄식"의 느낌을 배제할 수 없습니다. 아버지에게 대항하고 반항하는 자식을 향해 잘못을 지적하고 비난하지만 이러한 비난과 책망의 이면에는 하나님 아버지의 깊은 탄식이 배어 있습니다. 못된 자식을 법정에 세워야만 하는 부성(父性)이 있다면 그것은 잔인하고 냉정한 성품이 아니라, 아들 때문에 자책하고 고통받으며 괴로워하는 부성임이 틀림없습니다. 이러한 사실은 본 단락에서 사용되는 단어들을 보면 좀 더 분명해집니다. 하나님은 통렬한 비난 가운데서도 패역하고 반역적인 이스라엘을 가리켜 자신의 "아들들"이라고 부를 뿐만 아니라, 애정 어린 표현을 사용해 "나의 백성"이라고 호칭하기 때문입니다. 이것은 하나님과 이스라엘의 관계를 설명해주는 단어이며 그들의 정체성을 보여주는 용어이기도 합니다. 물론 지금 그들 앞에 놓인 것은 "심판 선언"밖에 없어 보입니다. 하늘 법정에 이스라엘의 죄악과 잘못이 공소(公訴)되었으며 그들이 형벌을 받아야 할 이유에 대해 논고가 제출되었기 때문입니다. 하늘 법정에서의 이러한 "기소"(起訴)는 자연스럽게 그다음 단락의 "심판 선고"를 예기케 합니다.

겉으로 볼 때 예루살렘과 유다는 그럴듯해 보였습니다. 하나님의 성전이 그곳에 있었고, 그들에게는 하나님의 선택받은 민족이라는 강한 자부심이 있었습니다. 그러나 하나님이 보실 때 그런 것들은 아무런 의미가 없는 무용지물이었습니다. 혹시 우리들의 교회와 신앙도 그렇지 않은지 되돌아봅시다. 우리는 하나님께 배은망덕하지 않은지, 먹는 것에만 혈안이 되어 정작 그것을 주시는 분을 몰라보는 안면인식 장애가 있지는 않은지, 교회 일에 힘쓰다가 정작 신앙의 대상인 하나님을 잊고 사는 것은 아닌지 깊이 성찰할 때입니다. 우리는 결코 개보다 못해서는 안 됩니다. 지금이야말로 "인간됨"(humanity)의 의미를 회복해야 합니다. 하나님의 형상으로 지음 받은 인간, 그분께 반응하며 노래하는 인간, 그분께 기도하는 인간! 그런 인간성의 회복이 시급한 때입니다.

기도 아버지의 마음을 슬프게 하는 어리석은 자가 되지 않도록 채찍질하여 주소서. 아멘.

제2강

아이고, 어쩌다 이 지경이 되었나!

이사야 1:4-17

"왜 더 맞으려 하는가? 왜 고집스럽게 반역하는가?…
너희는 악행을 그치고 선행을 배우라"(사 1:5, 16-17).

1:4 아이고, 죄를 짓는 민족이여!
불의로 가득 찬 백성이여!
악한 씨앗들이여!
부패한 자식들이여!
그들이 야웨를 저버렸으며
이스라엘의 "거룩한 자"를 경멸하였으며
뒤돌아 떠나갔구나.

5 왜 더 맞으려 하는가?
왜 고집스럽게 반역하는가?
머리 전체가 병들었고
심장 전부가 약해졌구나.

6 발끝부터 머리까지
성한 데가 한 곳도 없구나.
상처들과 시퍼런 멍들,
새롭게 맞은 자국들뿐이구나.
닦지도, 싸매지도,
향유를 바르지도 않은 채로 말이다.

7 너희들의 토지는 황폐하였고
너희들의 성읍(城邑)들은 불에 타버렸구나.
너희들 눈앞에 있던 너희들의 땅,
그 땅을 이방인들이 삼켜버리고 있구나.
이방인들의 폐허더미처럼 흙더미가 되었구나.

8 딸 시온의 남아 있는 모습이

마치 포도원의 오두막 같고

오이밭의 원두막 같고

포위된 성읍 같구나.

9 만일 만군의 야웨께서

우리를 소수의 남은 자로 남겨두시지 않았더라면

우리는 소돔처럼 되었을 것이며

고모라 같이 되었을 것이다.

10 야웨의 말씀을 들어라.

너 소돔의 관원들이여!

우리 하나님의 율법에 귀를 기울이라.

너 고모라의 백성들아!

11 "너희의 많은 제물이 내게 무슨 상관이 있는가?"

야웨께서 말씀하신다.

"나는 수양의 번제(燔祭)에 배불렀고

살진 짐승의 기름에 물렸다!

수송아지나 어린 양이나 숫염소의 피를

나는 즐거워하지 아니한다.

12 너희가 내 앞에 보이러 오는데

누가 그것을 너희에게 요구하였단 말인가?

내 정원만 밟는 일을!

13 헛된 제물을 더 이상 가져오지 말라.

분향이 내게는 혐오스러운 짓이다.

월초(月初) 집회와 안식일 집회와 각종 대회의 소집들—

나는 사악(邪惡)과 함께 그런 엄숙함을 견딜 수 없다.

14 너희들의 월초 집회들과 너희들의 절기 예배들—

바로 그것들에 대해 내가 온몸으로 혐오한다.

그것들이 내 위에 짓누르는 짐이 되었으니

짊어지기에 내가 지쳤다.

15 너희가 손을 펼 때

내가 너희로부터 내 눈을 돌려버릴 것이며

심지어 너희가 기도를 많이 드릴지라도

내가 귀를 기울여 듣지 아니할 것이다.

너희 손안에 피가 가득하구나.

16 너희는 씻어 깨끗하게 하라.

너희는 내 목전(目前)에서

너희의 악한 행실들을 제거하라.

너희는 악행을 그치고

17 선행을 배우라.

너희는 공의를 추구하며

압제를 고치라.

너희는 고아를 위하여 정의를 베풀며

과부를 위하여 변론하라."

아이고!

이사야서가 날카로운 비난과 고발로 시작하는 것(사 1:2-3)은 매우 충격적이었습니다. 소는 충성스럽게 일하고 주인의 기침 소리에도 민감하게 반응하며 주인의 뜻을 받듭니다. 명청하기로 소문난 나귀도 주인이 주는 밥그릇이 어디에 있는 줄 알아 때가 되면 그리로 올 줄 압니다. 그런데 도대체 하나님의 백성이란 것들은 가축보다 못할 정도로 분별력과 이해력이 없으니 하나님의 가슴은 답답해서 터질 듯합니다. 속이 상해도 보통 상하는 게 아닙니다.

이제 시인 예언자는 “아이고!” 하며 침울한 탄식 소리를 내뱉습니다. 유다와 예루살렘이 이미 싸늘한 주검이라도 된 양 애곡합니다. 사실 개역개정 성경에서 “슬프다!”로 번역한 이사야 1:4의 히브리어 “호이”(הוי)는 주로 장례식에서 들을 수 있는 의성어로서 “아이고”에 가깝습니다.[1] 예언자는 그들이 왜 영적 죽음에 이르렀는지를 밝히며 길게 탄식합니다. 그들은 “죄를 짓는 민족”이며 “불의로 가득 찬 백성”이며 “악의 씨앗”이며 삶 자체가 썩은 “부패한 자식들”입니다. 한마디로 그들은 이스라엘의 “거룩한 자”이신 하나님을 저버리고 멀리 떠나간 탕자(蕩子)입니다.

이스라엘의 거룩한 자

여기서 잠깐 “이스라엘의 거룩한 자”라는 용어를 살펴보겠습니다. 하나님을 가리키는 이 용어는 다른 성경에는 거의 나타나지 않는, 이사야서만의 특별한 용어입니다(사 1:4; 5:19, 24; 30:11-12, 15; 31:1; 41:14, 16, 20; 43:3, 14-15; 45:11; 54:5; 55:5; 60:9, 14). 이 특수한 용어는 이스라엘 백성의 죄악과 대비되는 하나님의 거룩성을 반영하기 위해 사용된 듯합니다. 이스라엘의 죄악은 단순히 개인과 사회 차원의 도덕적 불의에 머물지 않습니다. 그들이 저지르는 사회적 불의와 종교적 배도는 궁극적으로 하나님의 거룩성을 침범하는 신성모독적인 행위로서 성경은 이것을 “교만”이라고 부릅니다. 달리 말해 교만은 단순히 도덕적·윤리적 개념이 아니라 본질적으로 하나님께 대항하는 종교적 개념입니다.

하나님은 당신의 신성(神聖)에 대한 침범을 결코 묵과하거나 좌시하지 않으십니다. 이런 관점에서 이사야서를 읽어 내려가면 이사야가 왜 치열하게 유다의 대외 정책을 비판하는지, 사회적 불의에 대해 철퇴를 가하는지, 종교 제의에 몰입하며 면죄부를 얻어내려는 기형적 신앙에 대해 날선 비판을 쏟아붓는지를 이해하게 될 것입니다. 이는 모두 이스라엘의 거룩한 자의 주권에 도전하는 행위이기 때문입니다.

이스라엘의 "거룩한 자"를 저버린 유다와 예루살렘은 누가복음 15장에서 예수님이 말씀하신 비유에 등장하는 탕자보다 더 탕자스럽습니다. 누가복음의 탕자는 삶이 힘들고 고단하게 되었을 때나마 아버지 집으로 돌아올 생각을 했습니다. 그러나 본문의 유다와 예루살렘은 실컷 얻어터지고 머리부터 발끝까지 만신창이가 되었는데도 더욱 완고하게 고집을 부립니다.

경화된 영성

사람의 마음은 일단 강퍅해지기 시작하면 걷잡을 수 없습니다. 이런 경화(硬化) 현상에는 가속도가 붙습니다. 애굽의 군주 바로가 이 사실을 분명하게 알려줍니다(출 5-14장). 그는 하나님의 경고를 수없이 들었고 모세를 통해 수많은 징조를 보았으면서도 돌이키지 않았습니다. 그의 마음은 점점 더 강퍅해져 갔습니다.

목이 곧거나 마음이 강퍅해지면 그 결과는 다름 아닌 "죽음"입니다. 자기 혼자만 죽는 것이 아니라 자기에게 속한 사람들도 죽음으로 내몰게 됩니다. 바로의 가문은 바로의 실정과 장자의 죽음으로 몰락하게 되었으며, 그가 자랑스럽게 생각했던 애굽의 전차 부대와 보병 사단은 홍해에 수장되는 비극의 주인공들이 되었습니다. 바로는 홍해에서 살아남았더라도 아마 화병이 들어 죽었을 것입니다.

예언자 에스겔은 하나님이 장차 새로운 이스라엘 백성에게 새로운 마음을 주실 것이라고 말했습니다.

> 내가 그들에게 한마음을 주고 그 속에 새 영을 주며 그 몸에서 돌 같은 마음을 제거하고 살과 같이 부드러운 마음을 줄 것이다(겔 11:19).

그 새 마음은 "살과 같이 부드러운 마음"입니다. 그것은 하나님의 가르침에 고분고분하게 반응하는 마음이며 그분의 율례를 받아들이는 수용성이 강한 마음입니다. 하지만 유다와 예루살렘의 거민들은 그런 마음을 갖지 못했습니다. 그들은 얻어맞으면서까지 돌이키지 않았습니다. 시인이자 예언자이자 설교자인 이사야는 형편없이 일그러진 영성을 지닌 유다와 예루살렘의 몰골을 다음과 같이 은유적으로 표현합니다.

> 발끝부터 머리까지
> 　　성한 데가 한 곳도 없구나.
> 상처들과 시퍼런 멍들,
> 　　새롭게 맞은 자국들뿐이구나.
> 닦지도, 싸매지도,
> 　　향유를 바르지도 않은 채로 말이다(사 1:6).

이러한 은유적 표현은 곧이어 실제적 묘사로 바뀝니다.

> 너희들의 토지는 황폐하였고
> 　　너희들의 성읍(城邑)들은 불에 타버렸구나.

너희들 눈앞에 있던 너희들의 땅,
그 땅을 이방인들이 삼켜버리고 있구나.
이방인들의 폐허더미처럼 흙더미가 되었구나(사 1:7).

본문이 묘사하는 내용—예루살렘 교외는 폐허가 되고 유다의 도시들은 불타버렸으며 오직 예루살렘만이 홀로 남아 고립된—으로 보건대 이 말씀은 아마도 기원전 701년에 있었던 아시리아의 예루살렘 포위 및 공략의 상황을 가리키는 것 같습니다(왕하 18:13-16).[2] 그때 하나님은 구원의 손길을 베푸셔서 예루살렘이 위기를 모면하게 해주셨습니다. 이에 예루살렘 주민들은 그들의 도시가 무조건 항복하는 굴욕을 당하지 않았다는 사실에 대해 안도의 한숨을 내쉬었습니다. 하지만 그들은 그 땅을 내리쳤던 청천벽력과도 같은 이 엄청난 사건의 심각성과 중대성을 깊이 인식하거나 파악하기 위해 성찰하지 않았습니다. 그 결과, 그들은 회개하고 돌이키려는 결단에도 이르지 못했습니다.

은혜의 징표

예언자 이사야는 이 사건의 심각성을 인식하고 바로 그때가 하나님께로 돌이킬 마지막 기회임을 알았습니다. 이 기회를 놓치면 안 됩니다. 이는 유다가 하나님께로 돌이킬 "마지막 기회"입니다. 예루살렘의 "마지막 남음"은 하나님의 심판이 이제 다 끝났다는 의미가 아니었습니다. 그러나 불행하게도 예루살렘의 주민들은 그렇게 생각했습니다. 이에 이사야는 산헤립의 침략에서 예루살렘이 생존하여 남은 것을, 하나님의 마지막 권고와 오래 참음의 "표시"이자 "징표"(sign)로 이해해야 한다고 촉구합니다.

예루살렘이 원두막처럼 남았다는 것은 두 가지 의미입니다. 첫째, 하나님이 내리시는 심판의 가혹함과 심각성을 드러냅니다. 폐허가 된 오이 밭에 남은 원두막은 흉물스럽습니다. 둘째, 그렇지만 원두막과 같이 외롭게 남아 있는 예루살렘은 새로운 시작을 가리키는 "징표"일 수도 있습니다. 원두막을 중심으로 새로운 농사를 시작할 수 있기 때문입니다. 예언자는 이러한 원두막 이미지를 사용해 예루살렘 주민들에게 사태의 심각성을 인지시키고 이런 불행을 초래한 그들의 삶과 행위를 돌이켜 하나님께로 돌아오라고 촉구합니다. 마치 "구걸하듯이" 하나님이 마지막 기회를 주셨다고 다시금 선언하는 것입니다.

하나님의 은혜는 사각(死角)을 통해 들어오기에 기상천외합니다. 진노 중에라도 긍휼을 잊지 않으시는 하나님의 손쓰심은 언제나 놀랍습니다. 폐허가 된 포도원에 아직 남아 있는 오두막처럼, 비록 포위되었지만 여전히 살아남은 성읍처럼, 하나님은 진노 중에서도 얼마만큼은 남겨두시는 분입니다. 바로 "남은 자"들이 그런 존재입니다. 시인 예언자는 하나님의 진노와 심판이 하나님의 언약적 사랑과 신실한 헌신을 결코 압도할 수 없다고 말합니다. 구원은 전적으로 하나님의 은혜로운 손길에서 나옵니다. 이것이 "오직 은혜로만"이란 구호의 참뜻입니다.

종교와 일상의 이혼

그런데 시인이자 예언자이자 설교자인 이사야는 은혜로 구원받는다는 문제는 잠시 뒤로하고 다시금 유다와 예루살렘의 병적 종교성에 대해 질타합니다(사 1:10-15). 예루살렘 주민들은 겉으로 보기에 매우 열정적인 신자들이었습니다. 그 누구도 그들의 실제 가슴과 손과 발이 있는 곳을 모를 정도였습니다. 오늘날로 말하면 그들은 교회 안에서는 열심이지만 실제 삶의 현장에서는 개차반인 신자들이었습니다. 일상에서의 정의롭고 공의로운 삶에 대해서는 까막눈이었지만 교회에서의 온갖 종교 생활에 대해서는 자동으로 몸이 움직이는 사람들이었습니다. 그들은 십일조는 물론이고 각종 감사헌금을 드립니다. 주일 예배는 물론이고 새벽기도회, 수요일 기도회와 금요일 심야 집회, 그리고 각종 성경 공부에 빠지지 않습니다.

그러나 마음속을 들여다보면 그들의 종교적 열정은 모두 자기중심적이었습니다. 그들의 종교 생활은 자기만족과 자기과시를 위한 위선적 행위일 뿐이었습니다. 그들은 정작 하나님이 무엇을 원하시는지에 대해서는 관심조차 없었습니다. 그 대신 하나님께 뇌물성 예물을 드림으로써 하나님의 눈을 멀게 할 수 있다고 생각했습니다. 일상의 삶 속에서나 직장 생활 및 인간관계에 있어서는 무슨 짓을 해도 괜찮다고 생각하면서도 종교 생활에는 심취했던 것입니다.

바로 이것이 이원론적 사고방식을 가진 신자들의 특징입니다. 그들은 온갖 종교적 프로그램으로 하나님을 기쁘게 할 수 있다고 생각하면서 그분을 종교의식 안에 가두어버립니다. 그리고 실제 일상의 삶에서는 공의에 대해 무감할뿐더러 바르게 사는 것이 무엇인지에 대해 생각조차 하지 않는 "무늬만 그리스도인"들입니다. 소위 "실천적 무신론자"(practical atheist)들이 바로 그들입니다. 이론적으로는 하나님의 존재를 인정하지만 실제 삶에서는 하나님의 존재를 인정하지 않는 것입니다. 그런 사람들은 하나님을 다락방 구석에 모셔놓고는 때가 되면 음식으로 봉양하면서도 하나님이 자기들의 일에 간섭하는 것은 싫어합니다. 하나님의 주권을 외치면서도 정의와 공의로 다스리는 하나님의 외침에 관해서는 관심이 없습니다.

이스라엘의 종교적 삶을 대표하는 "희생제사", "기도", "절기" 등의 예식들을 하나님이 확 뒤집어엎으셨다는 사실을 기억하십시오! 그분이 원하는 것은 "정의로운 삶"이었지 "경건한 종교의식"이 아니었습니다. 정의가 뒤따르지 않는 신앙생활은 자기만족이며 자기기만이며 신성모독입니다. 월요일부터 토요일까지의 일상에서 하나님의 정의와 공의를 드러내지 않고 사는 사람은 일요일에 예배에 참석해서 아무리 열정적으로 기도해도, 또 각종 모임과 봉사에 그 어떤 헌신적인 열심을 내도 하나님의 질타를 피할 수 없습니다. 그것은 하나님과 전혀 관계가 없는 자아 중심적 종교 행위에 불과하기 때문입니다.

통탄스럽게도 오늘날 교회 안에는 이런 그리스도인들이 가득합니다. 하지만 겉보기에 신앙이 아무리 그럴듯해 보여도 일상이 정의롭지 못하면 아무 소용이 없습니다. 그런 종교적 경건이나 열정은 모두 위선이며 하나님의 분노만을 촉발할 뿐입니다. 기억하십시오! 정의로운 삶은 참된 예배로 들어가는 대문입니다.

기도 우리의 삶이 공평과 정의로 가득하도록 복 내려주옵소서. 아멘.

제3강

신실한 도시와 창녀의 도시

이사야 1:18-31

"보라! 어찌하여 신실하던 도시가 창녀가 되었는가!…옛날처럼 내가 다시 너의 판관들을 세우고 처음에 한 것처럼 모사들을 다시 세우겠다. 그런 다음에야 너는 의로움의 도성, 신실한 성읍이라고 불릴 것이다"(사 1:21, 26).

1:18 “오라, 우리가 서로 이야기해보자.”
야웨께서 말씀하신다.
“너희 죄들이 주홍빛 옷처럼 붉더라도
눈(雪)처럼 희어질 것이며,
너희 죄들이 진홍색 같더라도
양털처럼 희어질 것이다.

19 너희가 기꺼이 순종하면
땅에서 나는 좋은 작물(作物)을 먹을 것이다.

20 그러나 너희가 거역하고 반역하면
칼이 너희를 삼킬 것이다.”
야웨의 입이 친히 하신 말씀이다.

21 보라! 어찌하여 신실하던 도시가
창녀가 되었는가!
그 도시(그녀)는 한때 공평으로 가득 찼고
정의가 그 도시 안에 살고 있었는데
이제는 살인자들이 살고 있구나.

22 너희들의 은들은 찌꺼기가 되었으며
너희의 좋은 포도주에는 물이 섞였구나.

23 너희들의 지도자들은 반역자들이며
도둑들과 똑같은 자들이다.
그들 모두가 뇌물을 사랑하고
상납금을 밝히는구나.
고아들을 위하여 변호하지 않으며

과부들의 사건은 거들떠보지도 않는구나.

24 그러므로 야웨, 만군의 야웨,
이스라엘의 전능하신 분이 선언하신다.
"보라! 내가 내 원수들 위에 내 노(怒)를 쏟아부을 것이며
내 적대자(敵對者)들을 쑥밭으로 만들겠다.

25 내가 너를 향하여 내 손을 들어 칠 것이다.
잿물로 씻어내듯 너의 찌꺼기를 싹 씻어내겠으며
너의 모든 더러움을 제거하겠다.

26 옛날처럼 내가 다시 너의 판관(判官)들을 세우고
처음에 한 것처럼 너의 모사(謀士)들을 다시 세우겠다.
그런 다음에야 너는 '의로움의 도성(都城)',
'신실한 성읍(城邑)'이라고 불릴 것이다."

27 시온이 공평(公平)으로 구속함을 얻을 것이요,
그녀의 참회하는 자들은 정의(正義)로 구원받을 것이다.

28 그러나 반역자들과 죄인들은 모두 멸망하고
야웨를 저버린 자들은 망할 것이다.

29 그토록 좋아했던 상수리나무들로 인하여
너희가 부끄러움을 당할 것이며
열렬히 사모했던 제단 정원들로 인하여
너희가 수치를 당할 것이다.[1]

30 너희는 잎사귀가 시들어가는 상수리나무 같이 될 것이며
물이 없는 정원처럼 될 것이다.

31 힘센 자는 불쏘시개 나무토막처럼 되며
그가 하는 일은 불티와 같이 될 것이다.
그것 모두가 다 불타버릴 것이니
그 불을 끌 사람이 없을 것이다.

이름값

일반적으로 부모가 자녀에게 이름을 지어줄 때는 그 이름에 걸맞게 살라는 부탁과 소원을 담습니다. 그래서 사람들은 "이름값도 못한다"라는 표현을 사용하기도 합니다. 대한민국 사람이면 어디를 가든지 대한민국 사람답게 행동해야 합니다. 그리스도인이라면 어디서든지 그리스도를 따르는 제자답게 살아야 합니다.

그렇다면 유다의 수도 예루살렘은 어때야 합니까? 예루살렘이라는 이름은 "평화의 도시"라는 뜻입니다. 예루살렘은 평화의 도시로 의도되고 디자인되었습니다. "평화"에 해당하는 히브리어는 "샬롬"입니다. 히브리 문화에서 샬롬은 단순히 전쟁이 없는 소극적 평화의 상태를 말하지 않습니다. 샬롬은 모든 것이 가득하고 넉넉하며 번성하고 건강한, 모든 것이 올바르고 질서 있는 적극적인 상태를 가리킵니다.

어떻게 이런 평화가 가능할까요? 하나님이 주권자로서 예루살렘에 보좌를 정하시고 공평과 정의로 다스리시면 됩니다. 정의와 공의는 한 나라의 초석입니다. 정의와 공의가 바로 서야 진정한 평화가 도래합니다. 따라서 예루살렘은 하나님의 통치 수단인 정의와 공의가 숨 쉬는 마을이며 도시여야 합니다. 예루살렘은 그렇게 하나님의 의도에 충실하게 존재할 때 제 이름값을 하는 도시가 될 것입니다.

정의와 공의로 기초를 삼으라

하나님이 다스리시는 가정과 사회와 교회와 국가와 세계는 정의롭고 공의로워야 합니다. 어떤 이유로도 착취나 학대, 압제가 있어서는 안 됩니다. 특히 억울한 사람이 생기면 안 됩니다. 억울한 사람은 정의와 공의가 바로 서지 못했기 때문에 생겨납니다. 정의란 무엇입니까? 누군가에게 돌아가야 할 몫을 그에게 제대로 주는 것이 정의입니다. 그렇게 해야 억울한 사람이 없습니다.

지금도 비슷하지만 고대 사회에서 억울한 일을 당하는 사람들은 대부분 사회적 약자들이었습니다. 신분이 낮거나 문벌이 좋지 않은 사람들, 기본적 자격도 없고 돈도 없는 사람들, 연줄이 없거나 학벌이 없는 사람들이 억울한 일을 당했습니다. 구약성경은 이런 사람들의 대표로 아버지가 없는 고아, 남편이 없는 과부, 외국인 이주 노동자들을 꼽습니다(참조. 신 10:17-19).[2] 그들은 언제라도 착취와 학대의 대상이 될 수 있는 사람들로서 모두 사회적·법적 보호에서 소외되기 쉬운 약자들이었습니다.

그렇다면 그들을 적극적으로 보호해야 할 책임이 누구에게 있습니까? 권력을 쥔 고관들이나 재판을 담당하는 법관들이 아닙니까? 문제는 권력자들과 판관들이 뇌물을 밝히며 개인의 이익을 탐했다는 것입니다. 정의로워야 할 예루살렘에 탐관오리(貪官汚吏)들이 득실거렸습니다(사 1:23). 그들은 살인자였고 도둑이었습니다.

부끄러운 줄 알아야

하나님은 당신의 모든 백성과 가정과 학교와 교회와 나라가 정의롭기를 바라십니다. 이사야는 하나님의 정의를 가볍게 여기는 예루살렘을 창녀와 나란히 놓습니다(사 1:21). 그의 애달픈 탄식은 "어쩌다"라는 영탄사로 시작합니다. "어쩌다 한때는 신실했던 도시가 이제 와서는 수치스러운 창녀가 되었는가!" 하며 절규합니다.[3] 고대에서 도시는 보통 여성명사로 의인화되어 지칭됩니다. 전통적으로 예루살렘 역시 처녀에 비유되었습니다. 그래서 성경은 종종 "(처녀) 딸 시온", "딸 예루살렘"이란 호칭을 사용합니다. 그런데 한때는 신실하게 정조를 지켰던 순결한 처녀 예루살렘이, 이제는 뻔뻔스럽고 수치를 모를 정도로 양심이 무뎌진 창녀가 되었다는 것입니다.

그 도시 안에는 남을 등쳐먹는 조폭들, 다른 사람의 하얀 피를 흘려 아무도 모르게 재산을 갈취하는 도둑놈들, 뇌물을 주고 정의를 굽게 하는 화이트칼라의 변호사들, 그럴듯해 보이지만 뇌물을 받고 판결을 굽게 하는 검사와 판사들, 칼과 총만 들지 않았을 뿐 다른 사람들의 인격을 무참히 짓밟는 강도 같은 권력자들이 그득했습니다. 겉으로는 평화의 도시, 평안의 성읍이라고 자칭하는 예루살렘이었지만 속에서는 시체 썩는 냄새가 진동했습니다.

이 문제가 매우 심각한 이유는 그들 모두가 하나님을 믿는 사람들이라고 자처했기 때문입니다. 요즘 말로 하자면 이름만 대면 알 만한 교회의 목사와 장로, 집사로서 사회적으로 힘 있는 직위를 가진 사람들—교단의 기관장, 대기업 사장이나 임직원, 공공기관의 장, 대통령이나 장차관 등의 고급 공무원, 의사나 교수들, 판검사와 같이 권력을 가진 사람들—이 그들의 실제 생활과 직장에서는 정의와 공의를 우습게 여기고 영리영달을 탐했다는 말입니다. 우리는 우리 교회의 교인 중에는 이런 사람들이 없는지 경계해야 합니다. 내놓고 악한 짓을 하지는 않겠지만 정의와 공의를 약간 비틀어 교묘하고 은밀하게 자기의 이익을 추구하는 사람들이 있습니다. 그런 사람들을 허용할수록 하나님의 순결한 처녀 딸 교회는 더럽고 추하게 변질되어가는 것입니다.

하지만 하나님은 사람이 은밀하게 행하는 모든 것을 보고 계십니다. 하나님은 악인이 반드시 죗값을 치르게 하시는 분이십니다. 하나님은 예루살렘의 악한 자들을 손을 들어 치고 잿물로 씻어내듯 그들의 찌꺼기를 싹 씻어내 그 모든 더러움을 제거하겠다고 말씀하십니다(사 1:25). 그리고 다시 시작하겠다고 선언하십니다. 옛적 이스라엘 역사의 초기에, 왕정 제도는 물론이고 변변한 사회적 기간 산업이나 사회적 안전망도 없었을 때 하나님이 하나님의 영으로 충만한 판관(사사)들을 세워 나라를 다스렸듯이 그렇게 새롭게 시작하겠다고 말씀하십니다. 그렇게 새로워진 예루살렘은 공평과 정의를 사회적 주춧돌로 삼아 건강하게 번성하는 도시로 거듭날 것입니다. 그때 비로소 예루살렘은 "의(義)로움의 도성", "신실한 성읍"이라는 명칭을 다시 얻을 수 있습니다.

정의와 거룩함을 함께

정의(正義)는 "거룩함"(holiness)을 요청합니다. 정의로워야 거룩해집니다. 깨끗하고 성결하고 거룩한 삶을 살려면 정의는 필수적입니다. 신자들의 삶은 먼저 정의로워야 합니다. 그런 사람들만이 거룩하신 하나님께 예배드릴 자격이 있습니다. 월요일부터 토요일까지 일상에서 하나님의 주권을 신봉하고 정의롭고 공의롭게 살려고 애쓰는 사람만이 주일에 거룩하신 하나님께 나아가 참된 예배를 드릴 수 있습니다. 대다수 한국교회에서 믿음, 은혜, 사랑, 구원이란 용어는 흔하게 쓰입니다. 하지만 정의와 공의, 공평과 의로움에 대한 인식은 많이 부족합니다. 이는 매우 좋지 못한 징조입니다.

정의에 대한 하나님의 깊은 관심은 심판을 통해서라도 이스라엘을 거룩한 백성으로, 정의로운 나라로 만들어가겠다는 강력한 의지 속에 잘 드러납니다(사 1:24-26). 우리도 마찬가지입니다. 지금이야말로 그 어느 때보다 공평과 정의로 가득한 삶을 만들어가려는 노력이 절실하게 필요한 때입니다. 정의로운 교회, 정의로운 그리스도인, 정의로운 기독 실업인, 정의로운 주부, 정의로운 정치가, 정의로운 노동자, 정의로운 판검사와 변호사, 정의로운 환경미화원, 정의로운 의사와 교수, 무엇보다 정의로운 청년들이 그리워지는 시절입니다.

기도 하나님, 당신이 우리에게 붙여주신 정결하고 거룩한 이름에 걸맞게 살아가겠습니다. 아멘.

제4강

예언자가 꿈꾸는 세상

이사야 2:1-4

"그들이 그들의 칼을 쳐서 쟁기를 만들 것이며
그들의 창들을 녹여 낫을 만들 것이다"(사 2:4).

2:1 이것은 아모츠의 아들 이사야가 유다와 예루살렘에 관해 본 말씀이다.

2 마지막 날들이 오면
　야웨의 성전이 서 있는 산이 우뚝 설 것이다.
많은 산 중에 주봉(主峰)처럼 우뚝 설 것이며
　모든 언덕 위에 높이 솟을 것이다.
그리고 모든 민족이 그리로 쏟아져 모여들며
3 　백성들이 와서 말하기를
"갑시다, 우리가 야웨의 산으로 올라갑시다.
　야곱의 하나님의 집으로 올라갑시다.
그가 우리에게 그의 길들을 가르치십니다.
　우리로 그 길로 걷게 하려 하심입니다" 할 것이다.
율법이 시온에서 나오며
　야웨의 말씀이 예루살렘에서 나오기 때문이다.
4 그가 나라들 사이에서 판단하시고
　많은 민족 사이에서 중재(仲裁)하실 것이다.
그들이 그들의 칼을 쳐서 쟁기를 만들 것이며
　그들의 창들을 녹여 낫을 만들 것이다.
다시는 나라가 나라를 대항하여 칼을 들지 않을 것이며
　더 이상 전쟁을 위하여 훈련하지 않을 것이다.

분쟁으로 몸살을 앓는 세상

우리가 사는 사회는 다툼과 분쟁이 끊이지 않습니다. 우리가 살아가는 세상은 다툼과 분쟁으로 심한 몸살을 앓고 있습니다. 가정에서부터 지역 사회까지, 작은 국가에서부터 국제 사회까지 성한 곳이 없을 정도로 일그러지고 깨어져 있습니다. 모든 사람이 "분당"(分堂, broken world)에 사는 셈입니다. 평화와 안녕은 머나먼 미래의 꿈처럼 아득하기만 합니다.

지구 상의 수많은 분쟁 지역 가운데 대표적인 곳 하나가 바로 중동입니다. 중동은 일촉즉발의 긴장이 상존하는 화약고입니다. 이스라엘과 주변 아랍 국가 사이의 원한은 매우 오래되었으며 그들의 응어리진 마음은 남극과 북극 사이만큼이나 멀리 떨어져 있습니다. 이 긴장은 종종 무력 충돌과 전쟁으로 이어졌고 수많은 사람이 살상을 당했습니다. 중동의 갈등과 분쟁은 단순히 영토 문제의 차원을 넘어 뿌리 깊은 종교적 근원에 닿아 있어서 해결하기가 쉽지 않습니다. 그러나 유대교와 이슬람교의 종교·문명적 충돌은 결과적으로 당사자 모두와 인류 전체에 파괴적인 영향을 끼칠 수밖에 없습니다. 이에 세계의 수많은 지도자가 중동의 평화를 위해 각고의 노력을 쏟아부어 왔습니다. 그런데도 평화는 매우 느린 속도로 오는 것 같습니다.

이츠하크 라빈 수상

"언제쯤이면 다시는 국가가 국가를 대항하여 칼을 들지 않으며, 언제쯤이면 나라들이 군사 훈련을 그만둘 것인가?" 이는 갈등과 분쟁으로 신음하는 세상에서 우리가 반복해서 던지게 되는 질문입니다. 1993년 10월, 이스라엘의 수상이었던 이츠하크 라빈(Yitzhak Rabin, 1922-1995)과 팔레스타인 해방기구(PLO) 의장인 아라파트(Yāsir ʻArafāt, 1929-2004)가 천신만고 끝에 "중동 평화 협정 플랜"을 선언했습니다. 이는 일명 "오슬로 협정"(Oslo Accords)으로 널리 알려진, 팔레스타인 지역의 분쟁 종식을 논의한 평화 협정의 결과였습니다.

그 선언이 있기 한 달 전인 9월 13일, 두 지도자는 당시 미국 대통령 빌 클린턴(William Jefferson Clinton, 1946-)을 중재자로 삼아 백악관 남쪽 정원에서 만나 세기의 악수를 나눴습니다. 이어서 세 명의 지도자들이 각각 연설을 했는데 빌 클린턴은 달변가처럼 멋진 연설을 했고, 아라파트 역시 평화를 이뤄야 할 이유에 대해 열변을 토했습니다. 그러나 제 마음에 가장 깊은 감동을 남긴 연설은 라빈 수상의 연설이었습니다.

라빈 수상의 연설은 그렇게 길지 않았습니다. 그러나 그 안에는 강력한 힘이 꿈틀거렸습니다. 그의 연설 가운데 일부를 옮기겠습니다.

> 팔레스타인 사람들에게 말씀드립니다. 우리는 같은 흙, 같은 땅에서 함께 살도록 운명 지어진 사람들입니다. 피로 물든 채로 전쟁터에서 돌아온 군인인 우리, 눈앞에서 친척과 친구들이 살해되는 것을 보아온 우리, 그들의 장례식에 참석하지만 그 부모의 눈을 감히 쳐다볼 수 없었던 우리, 부모들이 자녀들의 시신을 묻은 곳에서 돌아온 우리, 팔레스타인인 당신들과 싸워온 우리…. 이제 오늘 우리는 당신들에게 목소리를 높여 분명하게 외칩니다. 이 정도의 피와 눈물이면 됐습니다. 이제 그만합시다(Enough of blood and tears. Enough).

이는 사람들의 마음속에 평화가 얼마나 소중한지, 평화를 이루지 못하면 얼마나 많은 값을 치러야 하는지를 알리는 예언자적 외침이었습니다. 그리고 그는 장차 올 환상적인 세상을 소망했습니다. 라빈 수상은 다른 연설에서 웬만한 지식인이라면 알 만한 이사야서의 한 구절을 인용했습니다.

> 그들이 그들의 칼을 쳐서 쟁기를 만들 것이며 그들의 창들을 녹여 낫을 만들 것이다. 다시는 나라가 나라를 대항하여 칼을 들지 않을 것이며 더 이상 전쟁을 위하여 훈련하지 않을 것이다(사 2:4).

이 얼마나 멋진 환상이며 새로운 세상에 대한 놀라운 청사진입니까! 그에 비해 이 세상은 분쟁과 분열과 자기주장으로 가득합니다. 저마다 높아지겠다고 뽐내면서 서로를 견제하고 죽이기까지 하는 세상입니다. 서로가 주봉(主峰)이 되겠다고 아우성치는 세상입니다. 정글의 법칙만이 통용되는 약육강식의 땅이며 적자생존의 영토입니다. 이런 사회에서는 정의와 공평, 생명과 평화, 행복과 공영 같은 가치들은 설 자리를 잃게 됩니다.

예언자 이사야는 종교적 열심과 신앙적 허영으로 가려진 예루살렘의 불의와 어둠, 착취와 폭력을 보면서 깊이 탄식하고 분노했습니다(사 1장). 이제 그는 불의한 사회에 대한 대안(代案)으로 샬롬의 세상을 그려냅니다(사 2:1-4). 샬롬의 세상은 어떤 세상일까요? 어떤 세상이 우리가 살아가는 이 세상, 즉 탐욕스러운 죄성(罪性)으로 더럽혀지고 비뚤어진 세상에 대한 대안이 될까요?

대안적 세상을 꿈꾸기

샬롬의 세상은 삶의 방식이 하나님의 교훈(율법)으로 형성되고 운영되는 세상입니다. 하나님이 가르치고 인도하시는 세상입니다. 그가 보여주시는 길(道)로만 걷는 세상입니다. 좌우로 치우치지 않고 오로지 하나님을 향한 거룩한 여정 중에 있는 세상입니다. 하나님이 주권자와 통치자와 재판장이신 나라, 정의와 공의로 다스려지는 나라입니다. 군비 경쟁이나 핵무기 확산, 헤게모니 쟁탈전이 없는 나라입니다.

그런 세상에서는 정의로운 판결을 기대할 수 있습니다. 정의로우신 하나님이 왕국의 중심부에 좌정하고 계시기 때문입니다. 수많은 세상의 통치자와 군주가 그토록 목청 돋워 약속했던, 그러나 실상 그 약속과는 정반대의 길로 갔던 그 샬롬의 세상을 꿈꿉시다. 총을 녹여 삽을 만들고 포신(砲身)을 녹여 굴착기를 만드는 세상, 이 나라와 저 나라가 다시는 서로에게 미사일을 쏘지 않고 다시는 전쟁을 연습하지 않는 세상 말입니다.[1]

기도 평화를 갈망하는 마음이 날마다 깊어지게 하옵소서. 팽창하고 정복하려는 우리의 치졸한 욕망들을 불태우고 하나님이 다스리시는 샬롬 왕국의 도래를 기다리게 하옵소서. 아멘.

제5강

인생은 한 줌의 흙

이사야 2:5-22

"너희는 그의 호흡이 그 코에 있는 인간을 신뢰하지 말아라. 인간에게 무슨 셈할 가치가 있단 말인가?"(사 2:22)

2:5 자, 야곱의 집이여!
야웨의 빛 가운데로 걸어가자.

6 주님! 당신은 당신의 백성,
곧 야곱 집을 버리셨습니다.
그들에게는 동방의 풍습이 가득하기 때문입니다.
그들은 블레셋 사람들처럼 점(占)을 치고
외국인들과 약정을 맺습니다.
7 그들의 땅에는 은과 금이 가득하고
보물이 셀 수 없이 많습니다.
그들의 땅에는 말(馬)이 가득하고
마병거(馬兵車)도 셀 수 없이 많습니다.
8 그들의 땅에는 우상이 가득하고
그들은 자기 손으로 만든 것들에 절하며
자기 손가락으로 만든 것을 섬기고 있습니다.
9 그래서 인간들이 비천해지고
사람들이 모두 초라해질 것입니다.
주님, 그들을 용서하지 마십시오!

10 너희는 야웨의 진노(震怒)와
그의 무서운 위엄(威嚴)을 피하여
바위틈에 들어가라.
땅속에 숨어라!

11 거만한 자들의 눈(眼)이 낮아질 것이며
교만한 자가 고개를 숙일 것이다.
그러나 그날에 야웨만이 홀로 높임을 받으실 것이다.

12 전능자 야웨가 한 날을 계획하셨으니
그날에 거만한 자들과 교만한 자들,
높임을 받는 자들을 치시고
(그날에 그들이 낮아질 것이다.)
13 레바논의 크고 높이 솟은 백향목들과
바산 지역의 우람한 상수리나무들을 꺾으시고
14 우뚝 솟은 모든 산과
높은 언덕을 낮추시며
15 모든 높은 망대와
모든 성벽을 허무시고
16 다시스의 모든 배(船)들과
아름다운 배들을 가라앉히실 것이다.
17 인간의 오만함은 낮아질 것이며
교만한 자가 고개를 숙일 것이다.
그러나 그날에 야웨만이 홀로 높임을 받으실 것이며
18 모든 우상은 완전히 사라질 것이다.
19 그가 일어나 땅을 뒤흔드실 때,
사람들이 야웨의 진노(震怒)와
그의 무서운 위엄(威嚴)을 피하여
바위틈 동굴 속으로 피할 것이며
땅속에 구멍을 파고 숨을 것이다.

20 그날에 사람들은 그들이 섬기려고
금과 은으로 만들었던 그들의 우상들을
박쥐와 두더지에게 던질 것이다.
21 그가 일어나 땅을 뒤흔드실 때,
그들이 야웨의 진노(震怒)와
그의 무서운 위엄(威嚴)을 피하여
바위틈 굴속으로 피하거나
절벽에 난 틈 사이로 숨을 것이다.
22 너희는 그의 호흡이 그 코에 있는
인간을 신뢰(信賴)하지 말아라.
인간에게 무슨 셈할 가치가 있단 말인가?

집단적 우상 숭배

국가로서 유다는 하나님을 향하여 집단적으로 죄를 지었습니다. 그들은 그 땅에 살던 다른 민족들의 이교적 풍습을 따르며 천상의 대왕이신 그분께 대적했습니다. "동방의 풍습이 가득"(사 2:6)하다는 말은 그들이 아시리아와 바벨론 지역에서 성행하던 점성술이나 주술을 그대로 받아들였다는 뜻입니다. 그들은 천체(天體)의 움직임을 살피며 인간의 운명을 점치는 이교적 행위를 자연스레 받아들였습니다.

그들은 분명 야웨를 섬기는 백성으로 알려졌습니다. 그러나 그것은 이름뿐이었고 실제로는 이교 풍습에 한쪽 발을 담근 이중적 존재들이었습니다. 다시 말해 그들은 위선자들로서, 입으로는 천지를 만드신 하나님을 믿는다고 고백하면서도 실제로는 돈과 재물을 숭상하는 물신 숭배 사상에 깊이 물들어 있었습니다. 이교 사상에 물든 그들은 국가의 안보 역시 힘을 키움으로써 보장될 수 있다고 믿었습니다. 외교력을 동원해 경제력과 군사력을 증대시키는 것이 안전과 안보의 열쇠라고 생각한 것입니다. 그러나 바로 이것이 우상 숭배입니다. 하나님 이외에 다른 것을 삶의 우선순위에 놓는 것이야말로 우상 숭배의 본질이기 때문입니다.

우상이란?

우상이란 무엇입니까? 우상은 눈에 보일 수도 있고 보이지 않을 수도 있습니다. 사람이 무언가를 스스로 만들어놓고 그 앞에 절하며 섬기는 것이 바로 우상입니다. 자기가 만들어놓은 것이 자기를 구원하리라고 믿는 행위는 얼마나 어리석습니까? 그런데도 수많은 사람이 스스로 만들어 세워놓은 것들—재물, 학벌, 군사력, 경제력, 연줄 등—이 자기를 구원하거나 미래를 보장해줄 수 있다고 믿습니다. 이 얼마나 자기 모순적이며 바보스럽고 어리석은 일인지요!

하지만 인간이 얼마나 쉽고 빠르게 우상 숭배로 치우치기 쉬운 존재인지는 곰곰이 생각해보면 금방 깨닫게 되는 불편한 진실입니다. 우상 숭배의 악덕들은 인간 자신에 대한 근거 없는 신뢰와 확신에서부터 나온 구체적인 열매들입니다. 그러나 인간에 대한 신뢰와 확신은 근본적으로 잘못된 것으로서 무엇보다 창조주 하나님에 대한 심각한 도발이며 반역입니다. 인간을 신뢰하고 하나님을 신뢰하지 않는 것이 바로 죄입니다.

하늘을 쳐다볼 수 없는 병

하나님 없이, 하나님의 통치를 받지 않고 살겠다는 모든 인간적 노력은 교만의 표출입니다. 교만은 언제나 하나님과의 관계에서만 설명되는 용어입니다. 하늘을 쳐다보지 못하는 것, 언제나 눈을 내리깔고 아래만 내려다보는 것이 교만입니다. 이사야 2:13-16에 등장하는 소재들, 즉 하늘을 찌를 듯이 높이 자란 레바논의 백향목, 바산 지역의 울창한 삼림, 난공불락의 철벽 요새들, 위용을 자랑하는 궁궐들과 건축물들, 다시스의 번창한 해운업과 거대한 상선들은 모두 하나님 없이 미래를 스스로 일구어 내겠다는 인간의 교만한 행태를 상징합니다. 요즘 말로 하자면 교만한 학자들이 쌓아 올린 바벨탑과 같은 상아탑, 위대한 건축물과 예술품들, 강력한 무기들과 막강한 경제력, 자기과시용 학벌과 스펙, 대형 교회당과 교세, 자랑스레 건네는 명함 등이 모두 자기를 위하여 만든 우상에 해당할 수 있습니다.

하나님의 방문

그러나 기억하십시오. 언젠가 하나님은 반드시 이 땅을 방문하실 것입니다. 예언서에서는 하나님이 방문하시는 날을 가리켜 "야웨의 날"이라고 부릅니다. 야웨의 날은 강도 9 이상의 대지진이 일어나 지금까지 쌓아온 모든 것들, 결코 흔들리거나 무너져 내리지 않으리라 생각했던 것들이 졸지에 무너져 내리는 날입니다. 높은 자가 낮아지며 교만한 자가 굴복하고 야웨 하나님만이 홀로 높임을 받으시는 날입니다.

실제로 유다는 기원전 748년경에 있었던 큰 지진으로 막대한 손실을 입었습니다. 그때는 아모스가 예언자로 부름 받기 2년 전이었는데(암 1:1), 이사야 역시 기원전 742년경에 예언자로 부름을 받았기에 이 대지진을 생생하게 기억했을 것입니다. 그는 유다의 왕 웃시야가 세웠던 수많은 망대와 요새들이 속절없이 무너져 내리는 것을 목격했습니다. 사람이 애써 세운 것들이 한순간 허망하게 붕괴하는 대격변을 두 눈으로 직접 확인한 것입니다.

이러한 붕괴와 파멸은 단순히 교만한 자들의 몰락만을 의미하지 않습니다. 하나님이 "지진"을 통해 인간의 교만한 업적과 거들먹거리는 성취를 흔들어놓는 것은 하나님만이 홀로 존귀해지기를 바라시기 때문입니다. 하나님만이 하나님이 되신다는 것을 만천하에 드러내기 위함입니다. 이런 의미에서 그리스도인들은 하나님의 "흔들어놓으심"을 경험하고 그분 앞에서 자기를 낮추는 겸손한 자들입니다. 하나님만이 높임을 받으시는 삶을 살기로 결심한 자들, 자신의 삶과 예배를 통해 하나님만이 존귀함을 받으시도록 하는 자들이 진정한 그리스도인들입니다. 신약성경의 용어로 말하자면, 그리스도인들은 그리스도와 함께 자기의 모든 죄성(罪性, sinful nature)을 죽이고, 그리스도와 함께 새로운 부활의 생명체로 다시 태어나는 사람들입니다. 선물로 주어진 새 생명의 은혜로 인하여 하나님을 높이고 그분만을 섬기고 경배하기로 마음먹은 사람들이 진짜 그리스도인들이라는 말입니다.

인생은 흙덩이

그러므로 우리는 지혜자의 경구를 귀담아들어야 합니다.

> 너희는 인생을 의지하지 말라. 그의 호흡은 코에 있나니 셈할 가치가 어디 있느냐?(사 2:22, 개역개정)[1]

흙덩어리에 불과한 인생, 바람이 불면 덧없이 날아가 버리는 먼지 같은 인생, 숨이 넘어가면 시체로 변할 수밖에 없는 썩어질 인생, 세월의 무게 앞에 시들어가는 인생…. 그런 인생을 신뢰하고 의지하는 일이 얼마나 불행한지에 대해 예레미야도 다음과 같이 말했습니다.

> 무릇 사람을 믿으며 육신으로 그의 힘을 삼고 마음이 야웨에게서 떠난 그 사람은 저주를 받을 것이라(렘 17:5, 개역개정).

하나님과의 관계 회복보다 인간적인 연결 고리를 중요시하는 사람들은 마치 "사막의 떨기나무 같아서 좋은 일이 오는 것을 보지 못하고 광야 간조한 곳, 건건한 땅, 사람이 살지 않는 땅에 사는"(렘 17:6) 불행한 존재들입니다.

하나님께 영광을 돌리지 않는 모든 인간적 성취들은 헛됩니다. 오래전 한 시인이 말한 것과 같이, 덧없는 "인생은 그 날이 풀과 같으며 그 영화가 들의 꽃과 같습니다. 그것은 바람이 지나가면 없어지는데 그 있던 자리도 다시 알지 못할" 지경입니다. 그러나 "야웨께서 그의 보좌를 하늘에 세우시고 그의 왕권으로 만유를 다스리시는 것"을 알고 그분을 경외하는 자에게는 "야웨의 인자하심이 영원부터 영원까지 이르며 그분의 의는 자손의 자손에게 이를 것입니다"(시 103:15-19).

적어도 이사야서 전체를 놓고 볼 때도 이사야 2:22은 우리의 가슴을 두드리는 핵심 구절입니다. 단순히 개인적인 차원이 아니라 국가적 차원에서 드러나는 이 구절의 깊이와 강력함을 생각해보십시오. 아하스 왕으로 대표되는 유다와 예루살렘은 국가적 위기에 당면하여 결단을 내려야 했습니다. 천지를 지으신 창조주이시며 인간 역사의 주권자이신 야웨 하나님을 신뢰하고 그의 안내를 받을 것인가, 아니면 한갓 흙으로 돌아갈 수밖에 없는 인간의 지혜에 기대어 영원할 리 없는 국가 권력과 군사력을 의존할 것인가? 답은 너무나도 분명합니다. 우리 모두 "가멸(可滅)적 인간

(mortal being)을 의지하지 말라"는 설교자 이사야의 우레와 같은 선포에 숨을 죽이고 옷깃을 여미며 고개 숙여 순복해야 할 것입니다.

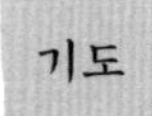

창조주 하나님! 우리가 사람임을, 우리가 흙으로 지음 받은 연약한 인간임을, 우리가 죽을 수밖에 없는 가멸적 존재임을 매일같이 기억하게 하옵소서. 아멘.

제6강

의지할 것을 의지해야!

이사야 3:1-12

"전능하신 야웨께서 예루살렘과 유다로부터
모든 자원과 지원을 없애버리실 것이다"(사 3:1).

3:1 자, 보라! 전능하신 야웨께서 예루살렘과 유다로부터

모든 자원과 지원을 없애버리실 것이다.

곧 모든 식량과 물,

2 모든 영웅들과 용사들,

판관들과 예언자들,

점쟁이들과 원로들,

3 군대 지휘관(오십부장)과 고관들,

모사(謀士)와 기술자와 마술사들을 없애버리실 것이다.

4 내가 소년들을 그들의 지도자로 세우고

한갓 어린아이들로 그들을 다스리게 하겠다.

5 사람들이 서로를 억압하고

사람이 사람을, 이웃이 이웃을 향하여 그러할 것이다.

젊은이들이 노인들에게 대들고

낮은 사람이 높은 사람에게 대항할 것이다.

6 한 사람이 자기 아버지 집에서

자기 형제 가운데 하나를 붙잡고

"네가 겉옷을 가졌으니 우리의 지도자가 되어다오.

이 폐허더미를 해결해주오"라고 말할 것이다.

7 그러나 그날에 그 형제가 외치기를

"나는 아무런 대책이 없소.

내 집에는 음식도 없고 옷도 없소.

그러니 나를 당신들의 지도자로 세우지 말아주시오" 할 것이다.

8 예루살렘이 비틀거리고
유다가 쓰러진다.
그들이 말과 행동으로 야웨를 대항하며
그분의 영광스러운 현존에 공공연히 도전하기 때문이다.
9 그들의 얼굴이 그들이 죄인이라는 것을 드러낸다.
그들은 그들의 죄를 숨기지 않는다.
마치 소돔 사람들처럼 드러내놓고 죄를 짓는다.
아이고, 그들이여!
그들이 스스로 재앙을 불러들였다.

10 의로운 사람에게 그들은 괜찮을 것이라고 일러주어라.
그들이 그들의 행한 대로 그 열매를 먹을 것이기 때문이다.
11 아이고, 너 악인들이여! 재앙이 닥치고 있구나!
너희 손으로 저지른 일에 대해 되갚음을 받을 것이다.

12 아이들이 내 백성을 억누르며
여자들이 내 백성을 다스린다.
나의 백성들아, 네 안내자들이 너를 잘못 인도한다.
그들이 너희를 길에서 벗어나게 한다.

궁극적 안전

세상을 살면서 모든 사람은 무엇인가를 의지하고 살아갑니다. “기대고 산다”는 말입니다. 사람들이 무엇인가에 기대려는 이유는 무엇일까요? 불확실한 미래에 대한 “두려움”이 가장 큰 이유일 것입니다. 기댈 것이 없으면 왠지 불안하고 걱정스럽습니다. 그리하여 언제라도 삶이 무너질 것 같은 두려움 속에서 사람들은 온갖 안전장치를 만듭니다.

자신이 의지하는 안전장치가 무엇인지는 각 사람이 곰곰이 생각해보면 어렵지 않게 깨닫게 됩니다. 돈, 명예, 학연, 지연, 건강, 인간관계, 자기 능력이나 재능이 모두 그 후보입니다. 개인뿐 아니라 가정이나 단체, 각급 기관이나 국가는 물론이고 교회들도 안전장치를 구축하려고 애씁니다. 비 오는 날을 위해 우산을 준비하듯 사람들은 불확실한 미래를 위해 무언가 준비해놓고 그것을 의지합니다.

어떤 사람들은 자신이 저질렀던 과거의 실패들이 반복될지도 모른다는 두려움 때문에 무엇인가에 의지하려고 합니다. “나는 실패자(looser)야, 다시 해도 안 될 거야”라고 생각하며 어두운 과거에 사로잡힌 사람들이 바로 그들입니다. 이런 두려움에서 벗어나기 위해 때론 광기 어린 결정을 내리기도 하고 인간적인 보호막을 찾아 이리저리 헤매기도 합니다. 그러나 기억하십시오. 그런 것들이 우리에게 “궁극적 안전”을 가져다준다고 생각한다면 큰 오산입니다.

모래 위에 세운 집

하나님의 백성으로 자처했던 유다와 예루살렘은 온갖 인간적인 것들을 의지했습니다. 그들은 군사력을 강화하고 사법 제도를 개선하며 탁월한 종교인들에게 자문하거나 이교의 점술가를 찾았습니다. 그런 방편들을 통해서라도 국가와 사회와 가정의 몰락을 막아보겠다고 발버둥 쳤다는 말입니다. 하지만 이는 자신이 할 수 있는 일을 신뢰하는 모습에 지나지 않습니다. 아무리 그 목록이 인상적이고 강력해 보여도 그것들은 한 가정이나 사회, 국가를 보호하거나 구원해내지 못할 것입니다.

재앙의 날, 불행의 때—예언서의 "야웨의 날"—가 도래하면 야웨 하나님 이외에 다른 어떤 것도 그들에게 힘을 공급해주거나 도움이 되지 못합니다(참조. 시 18:18). 위기가 닥치면 모든 인간적 리더십이 붕괴해서 힘을 상실하고 외부에서도 진정한 도움의 손길은 오지 않습니다. 하나님이 모든 인간적인 확신과 제도, 힘들을 파괴하시기 때문에 사회 구조가 완전히 뒤집히고 무정부 상태가 찾아올 것입니다. 아이들이 나라를 다스리고 소년들이 고관이 되며 아이가 노인에게, 비천한 자가 존귀한 자에게 대항하는(사 3:4-7) 세상이 바로 그런 세상입니다. 정말 기가 막힌 상황이 도래한다는 경고가 아닐 수 없습니다.

실천적 무신론자

하나님의 분노의 포도주 잔을 마신 유다는 비틀거리다 쓰러질 것입니다. 그 이유는 분명합니다. 그들이 말과 행동으로 야웨께 반역하였기 때문입니다. 그들은 언행심사(言行心思)로 하나님의 주권(sovereignty)을 무시하는 반역의 무리가 되었습니다. 우리는 그들을 가리켜 "실천적 무신론자"(practical atheist)라고 부릅니다. 입으로는 하나님을 찬양하고 정규적으로 종교 생활을 하면서도 실제 삶에서는 하나님이 계시지 않은 것처럼 그분을 무시하는 사람들이 바로 실천적 무신론자들입니다.

그들은 반드시 자신들이 심은 것을 거두게 될 것입니다. 그들이 패망하는 원인은 "그들의 언어와 행위가 야웨를 거역하여 그의 영광스러운 눈을 범하였기 때문입니다"(사 3:8). 여기서 특별히 "하나님의 눈을 범하였다"는 표현은 하나님의 위엄스럽고 권세 있는 섬뜩한 "포스"를 완전히 무시하는 행위를 가리킵니다. 이 얼마나 무례하고 기가 막힌 행위입니까?

믿음은 현재진행형 동사

그러나 놀랍게도 악인과 죄인과 오만방자한 자가 주류를 이루는 사회 안에도 경건하고 신실하게 믿음을 지켜가는 사람들이 있습니다. 성경은 그들을 "의인"(義人)이라고 부릅니다. 그들을 의인이라 부르는 것은 그들이 도덕적으로나 윤리적으로 흠이 없기 때문이 아니라 배도와 변절과 타협으로 점철된 세상 속에서도 하나님에 대한 궁극적 믿음과 신뢰를 저버리지 않고 끝까지 한길로 가는 사람들이기 때문입니다. 의인이란 올바른 사람, 한길로 가는 사람, 변함없는 사람, 지조와 충절을 지키는 신실한 사람—시편 1편에 등장하는 의인을 기억해보라—을 가리킵니다. 이사야서는 이런 사람을 "남은 자"라고 부릅니다. 그렇습니다! 믿음은 고정적인 명사가 아니라 **현재진행형** 동사입니다.

참 신앙은 다른 인간적인 것들을 의지하지 않습니다. 하나님만을 의지하고 신뢰합니다. 오래전 한 경건한 성도의 고백을 들어보십시오.

> 나의 재앙의 날에 내 원수들이 내게 들이닥쳤습니다. 그러나 야웨는 나의 의지가 되셨습니다(시 18:18).

그는 하나님만이 그가 기댈 수 있는 마지막 언덕임을 다음과 같이 표현합니다.

나의 힘이신 야웨여!…야웨는 나의 반석이시요, 나의 요새시요, 나를 건지시는 이시요, 나의 하나님이시요, 내가 그 안에 피할 나의 바위시요, 나의 방패시요, 나의 구원의 뿔이시요, 나의 산성이십니다(시 18:1).

기도 불신앙으로 가득한 세상 속에서도 신앙의 지조를 잃지 않게 도와주소서. 아멘.

제7강

재판정에 입실하신 하나님

이사야 3:13-4:1

"야웨께서 법정에 자리를 잡으시고
백성을 심판하시려고 일어서신다"(사 3:13).

3:13 야웨께서 법정에 자리를 잡으시고
백성을 심판하시려고 일어서신다.
14 야웨께서 자기 백성의 장로들과 지도자들을
심문하시려 한다.
"내 포도밭을 폐허가 되게 한 자는 바로 너희다.
너희 집에는 가난한 사람들에게서 빼앗은 것이 가득 차 있다.
15 어찌하여 너희가 내 백성을 짓밟느냐?
어찌하여 가난한 사람들의 얼굴을 맷돌질하느냐?"
—전능하신 주님, 야웨의 말씀이다.

16 야웨께서 말씀하신다.
"시온의 여인들은 교만하여
목을 꼿꼿이 세우고 다니며
흘리는 눈으로 쳐다보면서
잘랑 잘랑 소리를 내는 발찌를 차고
요사를 떨면서 걷는다.
17 그러므로 주님께서 시온의 여인들 머리에 상처가 생기게 하시며
야웨께서 그들의 머리털이 다 빠지게 하신다.

18 그날에 주님께서 그들의 모든 장식품, 곧 발목 장식과 머리띠와 달 모양 목걸이와 19 귀고리와 팔찌와 면사포와 20 목도리와 발찌와 허리띠와 향수병과 부적과 21 반지와 코걸이와 22 고운 옷과 겉옷과 목도리와 지갑과 23 거울과 모시옷과 머릿수건과 너울을 다 빼앗아 없애버리실 것이다.

24 향수 냄새 대신 썩은 냄새가,
고운 허리띠 대신 밧줄이,
곱게 장식한 머리 대신 대머리가,
고운 옷 대신 거친 상복이,
아름다움 대신에 수치가 있을 것이다.

25 너의 남자들은 칼에 맞아 쓰러지며
너의 용사들은 전쟁에서 죽을 것이다.

26 시온의 성문들이 탄식하며 애곡할 것이니
시온이 모든 것을 잃고 땅에 주저앉은 여인처럼 될 것이다.

4:1 그날에 일곱 여인이
한 남자를 붙잡고
말하기를 "우리가 우리 음식을 먹고
우리가 우리 입을 옷도 댈 테니
그저 당신의 호적에 올려주세요.
제발 우리의 수치를 거두어주세요" 할 것이다.

정의는 살아 있어야 해!

우리는 주일 예배 때마다 사도신경(使徒信經, Apostles' Creed)으로 신앙을 고백합니다. 사도신경은 기독교 신앙이 무엇인지를 일목요연하게 보여줍니다. 사도신경을 통해 우리는 "승천하여 하나님의 우편 보좌에 앉아계신 예수께서 장차 언젠가 산 자와 죽은 자를 심판하러 오신다는 사실을 나는 믿습니다"라고 고백합니다. 예수님이 역사의 마지막 날에 최후의 심판을 하러 오신다는 것입니다. 이는 정말 엄숙하고 심오한 신앙고백입니다.

왜 우리는 이 고백을 주일마다 하는 것일까요? 반드시 정의로운 최후의 판결자가 있다는 확신을 마음속 깊이 새기기 위함입니다. 우리가 사는 세상에는 억울하고 이해할 수 없는 일들이 너무 많습니다. 사필귀정(事必歸正)의 확신이 없다면 내일이라는 희망도 없을 것입니다. 성경은 정의롭지 못한 이 세상, 억울한 일이 너무도 많은 이 세상이 이대로 끝나지 않을 것이라고 가르칩니다. 하나님이 모든 것을 바로잡으시리라는 확신과 고백 없이 어떻게 이 불의한 세상을 살아갈 수 있겠습니까?

표면적으로 볼 때 "심판", "재판", "판단", "판결"이라는 용어는 잘못을 저지른 사람들에게는 두려움과 공포를 의미하지만, 억울한 일을 당한 사람이나 불의를 보고 탄식하는 사람들에게는 "굽은 것을 펴다", "억울한 일을 해결해주다", "정의가 마침내 수립되다"처럼 긍정적인 의미로 다가옵니다. 하나님의 심판도 마찬가지입니다. 하나님의 예고된 심판은 짐승의 세계처럼 약육강식의 법칙만 존재하는 불의한 세상이 이대로 끝나는 것이 아니라, 마침내 정의가 승리하고 굽은 것이 다시 펴지며 억울한 이들이 눈물을 씻는 새로운 세상이 올 것이라는 희망을 줍니다. 우리는 그 희망 안에서 살아갈 용기를 얻습니다. 이러한 정의로운 세상의 주권자는 바로 하나님이십니다.

정의로운 하나님

이런 이유로 성경은 종종 하나님을 "공의로운 재판장"으로 묘사합니다. "야웨께서 변론하시러 일어나시며 백성들을 심판하려고 서신다"(사 3:13)라는 말씀은 법정을 배경으로 합니다. 재판정에 앉아 판결을 내리시는 준엄하신 하나님, 억울한 일을 당한 자의 눈물 어린 호소를 들으시는 정의로운 하나님, 교만한 자를 엄히 꾸짖고 엄정한 판결을 선언하시는 공의로운 하나님, 굽은 것을 똑바로 펴고 약자를 보듬으시는 의로운 하나님, 가난하고 비천한 자를 학대하거나 착취하는 자를 향해 맹렬히 분노하시는 하나님, "과부와 고아와 외국인 거주자"의 후견자가 되시는 하나님…. 이 모든 이미지는 정의와 공의와 공평으로 세상을 다스리시는 하나님을 묘사합니다. 성경의 하나님은 영원히 **약자 편**에 서시는 정의로운 하나님이십니다.

노블레스 오블리주

하나님의 심판이 강력하고 교만한 이방 나라들과 그 군주들만을 향한 것이라면 얼마나 통쾌하겠습니까? 그러나 그분은 자기 백성부터 심판하겠다고 말씀하십니다. 특히 그의 진로는 원로급 인사들과 사회의 거물들, 권력을 잡은 고관들과 관료들 위에 쏟아질 것입니다(사 3:14). 이들은 소위 사회의 기득권층 혹은 지도층입니다. 어느 사회나 지도층 인사들은 거기에 걸맞은 의무와 행동 양식을 요구받습니다. 그래서 우리는 높은 사회적 신분에 상응하는 도덕적 의무를 말하는 "노블레스 오블리주"(Noblesse Oblige)를 자주 언급합니다.

사회 지도층에게는 정의를 바로 세우고 평안과 번영을 누리는 사회를 만들어갈 의무가 자연스레 부과됩니다. 이스라엘의 모든 권력자와 재판관들은 정의를 구현하고 샬롬으로 충만한 사회를 만들 책임이 있었습니다. 그런데 그들은 자신들의 권력과 지위, 신분을 이용하여 사회적 약자를 억누르고 착취하면서 개인적 이득을 탐하였습니다. 이에 대해 의로운 재판장이신 하나님은 "어찌하여 너희는 나의 백성을 짓밟으며, 어찌하여 너희는 가난한 사람들의 얼굴을 마치 맷돌질하듯 짓뭉갰느냐?"(사 3:15)라고 준엄하게 질타하십니다.

하나님의 심판에는 이유가 있습니다. 가혹한 심판을 당한 사회는 그만큼 철저하게 부패한 것입니다. 사회의 지도급 인사들부터 부정과 부패와 권력 남용으로 축재(蓄財)에 힘쓰니 사회 전체의 도덕이 급속도로 해이해질 수밖에 없습니다. 돈과 향락, 사치와 방종이 유다와 예루살렘 거리에 물결치듯 넘실댔습니다. 예언자 시인은 예루살렘의 압구정동 로데오 거리를 이렇게 묘사합니다. "시온의 딸들이 목을 길게 빼고 다니며, 호리는 눈짓을 하고 다니며, 꼬리를 치고 걸으며, 발목에서 잘랑 잘랑 소리를 내는구나!" 예언자 시인은 눈꼬리를 치며 육감적으로 거리를 활보하는 예루살렘 여인들의 모습을 살펴보았습니다. 진한 화장을 한 그들의 손에는 명품 가방이, 머리와 발에는 화려한 장식이, 어깨에는 흰 망사로 된 값비싼 너울이 둘리어 있었습니다. "발목 장식, 머리 망사, 반달 장식, 귀고리, 팔찌, 머리쓰개, 머리 장식, 발찌, 허리띠, 향수병, 부적, 가락지, 코걸이, 고운 옷, 겉옷, 외투, 손지갑, 손거울, 모시옷, 머릿수건, 너울"(사 3:18-23) 따위의 목록이 끝없이 이어집니다. 한마디로 그 거드럭거리는 꼴이 가관(可觀)이었습니다. 유다의 사회 지도층 인사들의 불의한 교만과 예루살렘 여인들의 허세는 하늘을 찌를 정도였습니다. 그들의 사치는 모두 불의한 삶으로 얻은 재물로 이루어졌습니다. 그들의 장신구들 뒤에는 수많은 사람의 눈물과 원망과 억울함이 웅크리고 있었습니다.

정의로운 하나님이 이런 상황을 견디실 수 있겠습니까? 하나님은 정의가 깨어지는 것을 결코 방관하거나 넘어가지 않으실 것입니다. 그들이 혹시 종교적 열정을 다해 하나님을 자기편으로 만들려 하거나 뇌물성 예물로 하나님을 매수하려 들지라도 하나님은 그런 것에 넘어가는 어리석은 분이 아니십니다. 하나님을 조작하거나 통제하려 들지 마십시오! 사회적·종교적 기득권층은 언제나 이 사실을 명심하고 겸손해야만 합니다.

그렇지 않으면 그에 따르는 형벌을 받게 될 것입니다. 시온의 영광이 수치로 바뀌고 사방에 썩는 냄새가 진동할 것입니다. 유다의 젊은이들은 전쟁터에서 목숨을 잃고, 그들이 자랑스럽게 생각했던 시온은 황폐화하며, 허세를 부리던 여인들은 다 과부가 되어 혹시 기댈 만한 남편을 얻으려고 자기들끼리 다투어도 여의치 않을 것입니다(사 3:24-4:1). 정의를 무참히 밟는 자, 그들을 하나님도 그렇게 밟으실 것입니다. 하나님의 심판은 철저하기 때문입니다. 그분은 실로 정의로운 재판장이십니다.

기도 정의로우신 하나님, 우리를 정의 실현의 도구로 사용해주소서. 아멘.

제8강

정련의 불을 통과하면서

이사야 4:2-6

"주님께서…심판의 영과 불의 영으로
예루살렘에서 그 핏자국을 말끔히 닦아내실 것이다"(사 4:4).

4:2 그날에, 야웨의 가지가
아름답고 영화로울 것이다.
그 땅에서 나는 열매가
이스라엘의 남은 자들에게 자랑과 영광이 될 것이다.
3 시온에 살아남은 자들과
예루살렘에 살아남은 사람은,
곧 예루살렘에 살아 있는 자 중에 이름이 기록된 사람들은
모두 "거룩한 자들"이라고 불릴 것이다.
4 주님께서 시온의 여인들에게서
더러운 것을 씻어내시리니,
그가 심판의 영(바람)과 불의 영(바람)으로[1]
예루살렘에서 그 핏자국을 말끔히 닦아내실 것이다.
5 그때에 야웨께서 시온 산 위와
그곳에 모이는 집회 위에
낮에는 자욱한 구름으로,
밤에는 밝은 화염 빛으로 덮으실 것이다.
그 모든 영광 위에 천막(차양[遮陽])이 있을 것이다.
6 그리고 초막(草幕)이 있어서
낮에는 그늘이 되어 뜨거운 햇볕을 막아주고
피신처와 숨는 곳이 있어서
폭풍과 비를 피할 수 있게 해줄 것이다.

인생을 의지한다고?

더러움이 있으면 씻어내야 합니다. 잘못이 있으면 바로잡아야 합니다. 죄악이 있으면 태워버려서라도 없애야 합니다. 비싼 값을 치르더라도 그래야 합니다. 그것만이 사는 길이기 때문입니다. 무엇이 죄악입니까? 가장 근본적인 죄악은 하나님 외에 다른 것을 의지하고 믿는 것입니다. 예언자 이사야는 "너희는 인생을 의지하지 말라. 그의 호흡은 코에 있나니 셈할 가치가 어디에 있느냐?"(사 2:22)라고 묻습니다. 예언자 이사야는 참된 믿음과 올바른 신앙에 대해 무던히도 강조합니다.

믿음과 신앙은 무엇인가를 의지하고 신뢰하는 것입니다. 개인적인 차원에서 사람들이 의지하고 믿는 것들이 있습니다. 권력과 힘, 연줄이라 부르는 인간관계, 재물과 능력, 업적과 재능, 학식과 미모, 잘난 자식이나 가문 따위가 바로 그것입니다. 국가적인 차원에서도 의지의 대상이 있습니다. 강력한 군사력과 경제력, 외교력 등입니다. 이런 것들은 모두 의지의 대상인 동시에 자랑하거나 뽐낼 거리입니다. 의지하면서 자랑하고 자랑하면서 의지하는 것들입니다.

이처럼 사람들이 의지하고 자랑하는 것을 가리켜 예언자 이사야는 "인생을 의지하는 것"이라고 합니다. 인생을 의지하는 것은 교만입니다. 하나님 외에 다른 무엇을 자랑하거나 의지하는 것이 곧 교만이기 때문입니다. 그러므로 교만은 매우 "종교적인 특징"을 지닙니다. 우리는 보통 겉보기에 남보다 잘난 체하는 사람을 교만하다고 합니다. 그러나 그 밑바탕에는 자기 자신을 높이는 마음이 있습니다. 은근히 자신을 드러내고 높이다 보면 결국 하나님도 안중에 없는 것처럼 생각하고 행동하게 됩니다. 그래서 교만은 "종교적"입니다. 여기서 하나님이 교만을 제일 싫어하시는 이유가 분명하게 드러납니다. 그분은 교만을 싫어하시는 정도가 아니라 아주 혐오하십니다.

그러므로 하나님은 그의 언약 백성들이 "교만하게" 사는 꼴을 못 보십니다. 한 줌의 흙밖에 안 되는 존재가 거들먹거리고 다니는 모습을 보지 않겠다고 말씀하십니다. 그렇다면 하나님은 어떻게 하실까요? 하나님은 맹렬한 불과 폭풍우와 지진 같은 심판으로 그들의 "교만 죄악"을 싹 쓸어버리겠다고 예고하십니다. 예언자들은 종종 그런 심판의 날을 일컬어 "야웨의 날"이라고 불렀습니다. 그날은 야웨께서 불과 지진과 염병과 칼과 전쟁으로 심판을 거행하시는 무서운 날입니다. 야웨께서 친히 전사(divine warrior)가 되어 나타나시는 날입니다. 그분이 휘두르시는 심판의 칼날은 모든 "교만한 자"들을 가차 없이 내려칠 것입니다(사 2:5-4:1).

심판은 정련의 불이어라!

그렇다면 모두가 진멸(盡滅) 당한다는 말인가요? 그렇지는 않습니다. 하나님은 "남아 있는 자들"에 대해서 말씀하십니다. 심판의 화덕에서도 살아남는 자가 있으리라는 소식입니다. 과연 살아남는 자는 누구일까요? 사실 이들은 "남은 자들"이라기보다는 "남겨진 자들"이라고 부르는 것이 더 타당합니다. 궁극적으로 이들은 하나님이 다음 세대를 위해 "남겨놓은 씨"이기 때문입니다. 진노 중에도 긍휼을 잊지 않으시고 자기가 사랑했던 예루살렘의 완전한 멸망을 원치 않으시는 하나님이 "남겨주신" 씨가 바로 그들입니다. 그러나 동시에 그들은 악하고 부패한 예루살렘 안에서 신앙의 정조를 지키며 하나님을 신실하게 따르고 의지했던 소수의 사람들이었습니다. 그들은 맹렬한 심판의 불 가운데서 오히려 하나님께 가까이 나아온 자들로서, 한마디로 말해 불 가운데서 정련된 정금과 같은 이들이었습니다.

예루살렘과 유다 전역에 세차게 불어닥친 무서운 심판의 광풍과 불태우는 듯이 강렬한 진멸의 열풍은 더러운 시온의 딸들을 씻기고 온갖 불의와 폭력으로 피에 물든 예루살렘 도시를 깨끗하게 하는 긍정적인 결과를 가져옵니다(사 4:4). 이 사실이 우리에게 큰 위로가 됩니다. 하나님의 진노는 적어도 그의 백성들에게 매우 유익합니다. 하나님은 자기 자녀를 죽으라고 때리는 것이 아니라 살라고 때리십니다. 못된 아버지는 자신의 분노를 조절하지 못하고 자식을 때려 "죽이려고" 하지만 참된 아버지는 잘못을 저지른 자식을 때려서라도 "살리려고" 합니다.

하나님은 왼손에는 심판의 칼을, 오른손에는 회복과 치료의 약을 가지고 계십니다. 그리고 언제나, 마침내 하나님의 오른손은 왼손을 덮습니다. 재앙과 심판이 하나님의 마지막 말씀이 아니라는 뜻입니다. 여기에 우리의 희망이 있습니다. 심판 중에서도 긍휼을 잊지 않으시는 하나님을 기억하십시오. 그분은 깨어지고 상처투성이가 된 자기 백성에게, 특히 하나님을 향한 신실함을 잃지 않고 끝까지 붙어 있는 "남은 자"들에게 희망의 메시지를 주시며 일명 "회복의 프로그램"에 대해서 말씀하십니다. 이는 하나님이 계획하고 꿈꾸고 실현하시려는 세상에 대한 청사진입니다.

예언자이자 설교자인 이사야는 종종 하나님의 백성을 묘사하면서 우람하지만 쓰러진 나무들(사 2:13), 혹은 풍성한 수확을 기대하였지만 다 삼킨 바 된 포도원의 포도나무에 비유했습니다(사 3:14). 그러나 이사야는 뜨거운 마음으로 찬란한 회복에 대해서도 선포했습니다. 다시 말하지만 심판이 하나님의 마지막 제시어, 즉 종결어가 아닙니다. 장차 어느 날엔가 야웨의 가지(싹)가 나타나서 큰 나무를 이루고 풍성한 열매를 맺게 될 것이라는 메시지에는 희망이 서려 있습니다.

길고 긴 재난의 겨울을 지나면서 모든 것이 다 얼어붙었습니다. 땅도 하늘도 모두 시퍼렇게 죽어 있는 듯 보입니다. 그런데 어디선가 미풍이 불기 시작합니다. 만물이 기지개하는 소리가 속삭이듯 들려옵니다. 눈밭에서 크로커스의 새순이 지표를 뚫고 솟아오릅니다. 가지마다 물이 오르고 파릇한 새순들이 여기저기서 돋아납니다. 이것들은 생명의 도래를 알리는 환상적인 전령들입니다. 그것을 보는 순간 우리는 은총으로 주어지는 생명의 아름다움 때문에 솟구치는 감격과 감동에 휩싸입니다. 예언자 이사야는 이런 이미지를 이용해 야웨의 싹(가지)이 아름답고 찬란하고 영화롭게 트고 있다고 표현합니다. 그 싹은 점점 자라 큰 과일나무가 되어 많은 사람에게 즐거움과 기쁨을 주고 영혼의 만족을 누리게 할 것입니다(사 4:2).

은혜의 수여

과연 누구에게 이런 놀라운 은총이 주어질까요? 하나님은 심판 가운데서 살아남은 지치고 고단한 사람들에게 다시금 활기찬 삶을 선물로 주시겠다고 말씀하십니다. 이것이 하나님의 은혜입니다. 하나님의 심판은 자녀들에게 죽음을 선사하는 불구덩이가 아니라 다시 회복시키고 새롭게 하는 정련의 용광로입니다. 우리도 마찬가지로 고난을 통과하면서 영혼이 맑아지고 깨끗해지는 것을 경험합니다. 아마 같은 이유로 시편의 한 시인도 "고난 당하기 전에는 내가 그릇 행하였더니 이제는 주의 말씀을 지키나이다.…고난 당한 것이 내게 유익이라. 이로 말미암아 내가 주의 율례들을 배우게 되었나이다"(시 119:67-71, 개역개정)라고 고백했나 봅니다. 죄악으로 인해 더러워졌던 사람도 하나님의 정련의 불을 통과하면서 깨끗하게 씻김을 받아 거룩해지고 흠이 없어집니다(사 4:3-4).

하나님은 한때 불순하고 더러웠던 시온과 그 가운데 거하는 백성을 정련의 불을 통해 거룩하게 만드신 후에 그들과 함께 거하기로 작정하십니다. 마치 출애굽 하던 이스라엘 백성이 뜨겁고 메마른 광야에서 구름

기둥과 불기둥을 통한 하나님의 인도와 보호를 경험했던 것처럼 새롭게 만들어진 하나님의 백성은 그들 삶의 전(全) 영역에서 하나님의 임재와 현존을 경험하면서 살게 될 것입니다. 하나님의 임재가 구속을 입은 시온 전체에 덮개처럼 드리워지면 시온 전체가 하나님의 "성소"(sanctuary)가 됩니다. 모든 일상적인 삶의 영역 전체가 하나님의 성소로서 하나님이 거하시는 곳이 된다는 말입니다. 동시에 하나님 자신이 우리의 피난처가 되시며 환난 중의 대피소가 되어주실 것입니다. 하나님이 거하시는 성소가 피난처와 대피소가 아니라면 다른 그 어디가 피난처나 대피소이겠습니까? 하나님의 백성은 광야에서도 임마누엘 하나님을 찬양합니다. 가사를 음미하면서 찬송가 70장 "피난처 있으니"를 불러보십시오. 눈물 어린 고백이 마음속 깊은 곳에서 용솟음칠 것입니다.

피난처 있으니 환난을 당한 자 이리 오라
땅들이 변하고 물결이 일어나 산 위에 넘치되 두렵잖네

이방이 떠들고 나라들 모여서 진동하나
우리 주 목소리 한 번만 발하면 천하에 모든 것 망하겠네

만유 주 하나님 우리를 도우니 피난처요
세상의 난리를 그치게 하시니 세상의 창검이 쓸데없네

높으신 하나님 우리를 구하니 할렐루야
괴롬이 심하고 환난이 극하나 피난처 되시는 주 하나님

기도 하나님, 당신은 우리의 영원한 피난처와 대피소이시며 덮개와 보호막이십니다. 아멘.

제9강

포도원의 노래

이사야 5:1-7

"내가 내 포도원을 위해 무엇을 더 해야 한단 말인가?"(사 5:4)

5:1 내가 나의 사랑하는 자에 관하여 노래 부르리니

그의 포도원에 관한 나의 사랑하는 자의 노래로다.[1]

자, 한 포도원이 나의 사랑하는 자에게 있었는데

기름진 언덕에 있었다.

2 그가 그 땅을 파고 그 땅에서 돌들을 제거하였고

가장 좋은 포도나무를 심었다.

그가 포도원 한가운데 망대를 세웠으며

또한 그 안에 술 틀을 팠다.

그는 좋은 포도 열매 맺기를 기다렸다.

그러나 그것은 들포도를 맺었다.

3 "이제 너 예루살렘의 주민들이여, 유다의 사람들이여!

제발 나와 내 포도원 사이에서 판단해보라.

4 내가 내 포도원을 위해 무엇을 더 해야 한단 말인가?

그것을 위해 내가 하지 않은 것이 무엇이 있단 말인가?

나는 좋은 포도 열매가 맺히기를 기다렸다.

그러나 그것은 들포도를 생산하였다.

5 이제 내가 너희들에게 말하련다.

내가 나의 포도원에 대해서 어떻게 행할 것인가에 관해서 말이다.

그 울타리를 걷어낼 것이니

그것이 무너져 내릴 것이다.

그 담을 헐어버리리니

그것이 짓밟히게 될 것이다.

6 내가 그것을 황무지로 만들 것이다.

더 이상 가지 치는 일도, 북을 돋우는 일도 없을 것이다.

그 대신 가시 풀과 가시덤불만이 자랄 것이다.

내가 구름들에게 명령하여

그 위에 비를 내리지 못하게 할 것이다."

7 그렇다! 만군의 야웨의 포도원은

이스라엘의 집이며

유다의 사람들은

그가 즐거워하는 정원이다.

그가 공의(公義)를 기대했으나 보라, 폭력이로구나!

정의(正義)를 기다렸으나 보라, 비명이로다!

좌절과 배신의 경험

당신이 무엇인가에 모든 것을 다 쏟아부었다고 가정해봅시다. 그것을 위해 상당한 돈을 투자했으며 땀과 눈물도 많이 흘렸습니다. 밤을 지새우며 지극 정성을 다해 그것이 성공하기를 바랐습니다. 그것은 어떤 인간관계나 새로 시작한 사업, 자녀의 교육이나 직장에서의 승진일 수 있습니다. 다른 사람들이 휴가를 즐길 때도 당신은 그 일에 몰두했습니다. 비가 오고 바람이 부는 날씨도 아랑곳하지 않고 당신은 애지중지하며 아끼고 사랑하는 그것을 위해 에너지를 다 쏟았습니다. 고진감래(苦盡甘來)를 신앙고백처럼 마음에 품고 밝은 미래를 꿈꾸며 고생을 달게 여겼습니다.

세월이 흘렀습니다. 그러나 당신이 기도하고 기대하며 애썼던 그 일은 이루어지지 않았습니다. 오히려 모든 것이 뒤틀려 최악의 상태가 되어버렸습니다. 개선하려 했던 부부 관계는 더욱 안 좋아져 회복 불능의 상태이고 자녀들은 속을 썩이며 사업은 부도 직전입니다. 회사에서는 승진은 커녕 해고 일보 직전이니 하늘이 무너져 내리고 강물이 목까지 차오르는 것 같습니다. 좌절과 절망과 분노만이 허공에 메아리칩니다.

하나님도 이와 비슷한 경험을 하셨습니다. 아니, 지금도 하고 계실지 모릅니다. 하나님이 그토록 애지중지하며 키우시는 당신의 백성 때문입니다. 예언자 이사야는 하나님을 포도원 농부에 비유하여 이 사실을 적나라하게 그려냅니다. 본문은 포도원 농사에 모든 것을 다 바친 어떤 농부에 관한 슬픈 이야기를 소개합니다. 일명 "포도원의 노래"입니다.

포도원의 노래

농부는 당도 높고 질 좋은 포도를 얻기 위해 극상품 포도나무를 심었습니다. 그는 자신이 할 수 있는 모든 노력을 다 쏟아부었습니다. 휴가도, 외출도, 그리 흔한 가족 외식도 한 번 없이 이른 아침부터 저녁 늦게까지 포도원을 돌보았습니다. 주변 사람들이 그를 보며 수군거렸지만 그에게 포도원은 그의 사랑이자 보물이며 삶 전부였습니다. 그러나 이게 웬일입니까? 그 수고는 물거품이 되고 말았습니다. 포도나무가 시금떨떨한 야생 포도를 맺었기 때문입니다. 농부는 분명히 극상품 포도나무를 심고 그가 할 수 있는 모든 정성과 노력을 기울였는데 이제 보니 아무짝에도 쓸 수 없는 시고 떨떠름한 들포도, 형편없는 열매를 맺은 것입니다. 농부는 순간 맥이 탁 풀렸습니다. 허탈하면서도 분노가 치밀어 올랐습니다. 그는 분노에 휩싸여 소리를 지릅니다.

내가 내 포도원을 위하여 행하지 않은 것이 뭐가 더 있단 말인가?(사 5:4)

유다와 예루살렘 사람들이 맺은 시어빠지고 떨떠름한 포도는 다름 아닌 그들의 포악과 학대, 착취와 불의한 행동이었습니다. 한마디로 정의가 없는 삶이 바로 그들의 형편없는 열매였던 것입니다. 하나님이 바라신 것은 "공평"(미쉬파트)이었습니다. 그러나 그들은 "포악"(미스파흐)을 생산했습니다. 하나님은 그들에게 "정의"(체다카)를 기대하셨지만 그들의 삶 속에서 들려오는 소리는 학대받는 약자들의 "울부짖음"(체아카)이었습니다. 그들은 하나님의 기대와는 달리 정의와 공의가 사라진 미친 사회를 만들어냈습니다. 그 결과 이제 그들은 하나님의 분노의 포도주잔을 들이켜야만 하는 시간을 맞았습니다.

이사야서는 하나님의 언약 백성들의 삶을 토라(가르침)라는 내시경(內視鏡)으로 들여다보고 그 결과를 기록한 건강검진 결과 보고서라 할 수 있습니다. 겉으로 멀쩡해 보이는 어떤 사람이 있다고 가정해봅시다. 그는 평소 건강 관리에 소홀했습니다. 기름진 육류를 과하게 좋아하고 정신을 혼미케 하는 술을 입에 달고 살았습니다. 회사의 접대 자리에서 폭탄주를 즐겨 마셨으며 그 술자리에서는 각종 이권 청탁이 이루어졌습니다. 또한 탁자 밑으로는 온갖 뇌물이 오갔습니다. 이렇게 사는 동안 그의 지방간 수치는 점점 높아졌고 당 수치도 걷잡을 수 없을 정도로 요동쳤습니다. 혈관은 좋지 않은 콜레스테롤로 인해 경화(硬化)되기 시작했습니다. 그래도 그에게는 아무런 예후(豫後)가 보이지 않았습니다. 그러다 이런저런 이유로 마지못해 종합검진을 받게 되었습니다. 중년에 들어선 그에게 내시경 검사는 필수였습니다. 그런데 웬걸, 검사 결과는 참혹했습니다. 치명적인 악성 암세포들이 그의 온몸에 퍼져 있었던 것입니다. 전이는 시간문제였고 그를 기다리는 것은 죽음뿐이었습니다. 하나님이 예언자 이사야를 통해 유다와 예루살렘의 내면을 내시경으로 들여다본 결과가 바로 이와 같았습니다.

정의를 요구하시는 하나님

이게 어디 옛날 유다와 예루살렘에만 국한된 이야기겠습니까? 오늘날 우리 사회는 물론 교회 역시 이 모습과 많이 다르지 않습니다. 근자에 한국교회의 도덕성은 바닥을 치고 있습니다. 물신 숭배, 대형화 추구, 목회자들의 경건성과 신실성의 추락, 기업형 문어발식 교세 확장, 끊이지 않는 성 추문, 거짓말을 밥 먹듯 하는 위선, 교회 재산과 주도권을 둘러싼 끊임없는 법정 소송들, 기독교 사업가들의 탈세, 약자에 대한 교묘한 착취 행태 등 불명예스러운 죄목은 끝이 보이지 않습니다. 이런 증상들은 정의와 공의를 우습게 보고 가볍게 여김으로써 생겨난 불행한 결과들입니다.

하나님은 공의와 정의로 이 세상을 다스리시는 분입니다. 그래서 그리스도인들은 몸을 낮추어 하나님을 경외합니다. 하나님은 지금도 우리 가정과 사회, 학교와 국가가 정의롭고 공평하기를 원하십니다. 정의와 공의를 상실한 사회는 하나님이 분노하시는 대상입니다. 이사야와 동시대 예언자인 아모스의 유명한 외침에 귀를 기울여보십시오.

> 정의를 끊임없는 강물 같이, 공의를 마르지 않는 개울 같이 흐르게 하라!(암 5:24)

기도 우리의 삶에 정의와 공평의 열매가 맺히도록 도와주소서. 아멘.

제10강

재앙이 너희에게 내린다!

이사야 5:8-23

"아이고, 아이고, 아이고, 아이고, 아이고, 아이고"(사 5:8, 11, 18, 20, 21, 22).

5:8 아이고! 재앙이 임한다. 집에 집을 더하고

밭에 밭을 더하여

아무 땅도 남기지 않고

너 홀로 이 땅 가운데 살려고 하는 자여!

9 전능자 야웨가 내게 이렇게 말씀하셨다.

"그렇다! 큰 집들이 버려진 집들이 되고

아름다운 저택들이 아무도 살지 않는 빈집이 될 것이다.

10 만 평도 넘는 포도밭에서 겨우 포도주 한 통밖에 나오지 않을 것이며,

씨 열 되를 심어도 곡식은 반 되밖에 나오지 않을 것이다.

11 아이고! 재앙이 임한다. 아침에 일찍 일어나

독한 술을 찾는 사람과

밤늦도록 있으면서

포도주에 취한 사람들이여!

12 그들은 잔치를 베풀어 수금과 거문고와

탬버린과 피리를 연주하며 포도주를 마시지만,

야웨의 행적(行蹟)에 관해서는 관심이 없고

그의 손으로 하신 일에 대해서는 거들떠보지 않는다.

13 그러므로 내 백성이 지식(앎)이 없기 때문에

사로잡혀 끌려갈 것이며,

귀족들은 굶주림으로 죽어가고

평민들은 목이 말라 죽어갈 것이다.

14 그러므로 무덤(스올)이 식욕이 왕성하며
그 입을 크게 벌릴 것이다.
그리로 귀족들과 평민들이
싸움하는 자들이나 흥청대는 자들과 함께 내려갈 것이다.

15 이렇게 인간들이 비천해지고
사람들이 모두 초라해질 것이며
교만한 자의 눈이 겸손해질 것이다.
16 그러나 전능자 야웨는 공의(公義)로 높임을 받으실 것이며
거룩하신 하나님은 정의(正義)로 거룩함을 나타내실 것이다.
17 그때에 양들은 자기들의 초장(草場)에서 풀을 먹고
어린 양들이 폐허가 된 부자들의 집터에서 풀을 뜯어 먹을 것이다.

18 아이고! 재앙이 임한다. 줄로 잡아당기듯이
거짓의 줄로 죄를 잡아당기는 자들아!
19 "하나님께 서두르시라고 하자.
하나님, 빨리 하시는 일을 끝내십시오.
우리가 그것을 좀 보았으면 합니다.
빨리 이루어졌으면 좋겠습니다.
이스라엘의 거룩하신 분의 계획이 빨리 끝나
우리가 그것을 좀 알았으면 좋겠습니다" 하는 자들아!

20 아이고! 재앙이 임한다. 선한 것을 악하다고 하고
악한 것을 선하다 하는 자들아!
어둠을 빛이라 하고

빛을 어둠이라 하는 자들아!

쓴 것을 달다고 하고

단 것을 쓰다고 하는 자들아!

21 아이고! 재앙이 임한다. 자기 눈에 스스로를 지혜롭다고 하고

자기 눈에 스스로 똑똑하다고 하는 자들아!

22 아이고! 재앙이 임한다. 포도주를 마시는 데 으뜸이며

폭탄주를(온갖 술을 섞어) 마시는 데 탁월하며

23 뇌물을 받고 죄인을 놓아주며

결백한 자를 공평하게 재판하지 않는 자들아!

하나님은 자기와의 언약을 파기하고 하나님이 요구한 가치와 덕목을 가벼이 여기는 백성을 그냥 두지 않으십니다. 이사야 5:8-23에는 6번에 걸쳐 하나님의 분노가 표출됩니다. 모두 "아, 재앙이 임한다!", "화가 있을 것이다!"로 번역된 히브리어 "호이"로 시작되는 단락들입니다(사 5:8, 11, 18, 20, 21, 22). 앞서 살펴보았듯이 원래 어 단어는 장례식장에서 들리는 애곡 소리로서 "아이고!" 하며 슬퍼 탄식하는 소리입니다.[1] 예언자들은 이스라엘의 죄악을 비난할 때 이 단어를 사용하곤 했습니다. 그렇다면 하나님이 혐오할 정도로 싫어하시는 불의는 무엇입니까? 오늘날 우리도 조심해야 하는 그 죄악들을 하나씩 살펴보겠습니다.

탐욕

하나님의 저주가 임하는 죄악의 목록은 "탐욕"으로 시작됩니다(사 5:8-10). 유다의 탐욕스러운 상류층 사람들은 약한 자들의 토지를 교묘하게 빼앗아 자신의 것으로 만들어버렸습니다. 때로는 대규모 토지개발 사업을 벌여 수많은 영세 소작인들에게 경제적·사회적 불이익을 끼쳤습니다. 그들은 토지 문제가 단순히 경제적·정치적 이슈가 아니라 영적이고 신학적인 문제라는 사실을 간과했습니다. 성경의 관점에서 보면 모든 **토지는 하나님의 것**입니다. 특히 이스라엘의 토지는 하나님이 지파와 가문에 따라 나눠주신 것이었습니다. 그 어떤 개인도 토지가 자기 것이라고 주장해서는 안 되었습니다. 따라서 그것을 통해 이득을 보려는 것은 분명한 탐욕입니다. 토지의 경계를 없애고 과도한 토지를 소유하는 것은 하나님의 뜻을 무시하는 죄였습니다.

우리 시대에 만연한 탐욕의 전형적인 모습은 2007년에 미국 뉴욕 증권가에서 발원한 "비우량주택담보대출사태"(subprime mortgage crisis)에서 찾아볼 수 있습니다. 우리나라에서는 리먼브라더스홀딩스라는 대형 국제 금융사의 몰락으로 더 잘 알려졌는데, 이는 빚을 내서라도 많은 것을 소유하려고 한 개인들과 부실한 담보를 잡고서라도 더 많은 이윤을 보려 한 금융사들이 만들어낸 합작품이었습니다. 이 사건으로 말미암아 미국만이 아닌 수많은 국가가 연쇄적인 경제 위기를 겪어야 했습니다. 사실 그런 비극의 밑바탕에 인간의 탐욕이 자리하고 있었다는 것은 모두가 아는 비밀이었습니다. 앞으로 인류가 공멸한다면 그 원인은 전쟁이나 핵무기가 아닐 것입니다. 오히려 끝 모를 인간의 탐욕이 인간을 멸망으로 이끌 것입니다.

그런데 탐욕이라는 치명적 죄에 빠진 사람이 결국 아무것도 손에 쥐지 못한 채 허망하게 끝난다는 사실을 알려주는 이야기가 있습니다. 러시아의 대문호 톨스토이(Lev Nikolayevich Tolstoy, 1828-1910)가 러시아 민화집에 남긴 "사람에게는 얼마만큼의 땅이 필요한가?"라는 이야기입니다. 잠시 귀를 기울여보십시오.

파홈이라는 농부에게는 한 가지 불만이 있었습니다. 바로 자신이 소유한 토지가 너무나 적다는 것이었습니다. 때마침 파홈은 러시아 볼가 강 너머 바슈키르인들이 사는 곳에 새로운 정착지가 생긴다는 소식을 접하게 됩니다. 그곳에서 매우 싼 값의 땅을 무한정 판다는 것이었습니다. 그는 새로운 곳에서 새로운 행운을 잡기로 마음먹습니다. 현재 그가 소유한 땅으로는 도저히 만족할 수 없었기 때문입니다.

그는 가족을 집에 두고 하인 한 명을 데리고 길을 떠났습니다. 약 480km나 가야 하는 머나먼 여행이었습니다. 바슈키르인의 땅에 도착한 그는 그곳 지방관을 만나서 물었습니다.

"땅값이 얼마요?"

지방관이 무뚝뚝하게 대답했습니다.

"하루에 1,000루블이요."

파홈은 땅 시세를 잘 몰랐기 때문에 되물었습니다.

"그래 그것이 도대체 얼마나 되는 땅덩어리요?"

"우리는 그런 식으로 계산하지 않소. 우리는 하루씩 계산하여 땅을 팝니다. 당신이 하루 동안 걷는 만큼 당신의 땅이 될 것입니다. 이것이 우리의 계산법이요. 그 가격이 하루에 1,000루블이요."

이 믿지 못할 소리에 파홈은 혼자 중얼거렸습니다.

"무엇이라고? 하루 동안 걷는 만큼 자기 땅이 된다!"

이어서 지방관이 엄숙하게 말했습니다.

"그러나 한 가지 경고할 것이 있소. 당신이 출발한 그곳으로 해가 지기 전에 돌아오지 못한다면 당신은 1,000루블을 잃을 것이요."

그다음 날 아침, 지방관과 파홈은 각각 사환 한 명씩을 데리고 동네에서 가장 높은 언덕으로 올라갔습니다. 눈앞에 내려다보이는 광활한 푸른 초장이 파홈의 눈에는 아마 에덴처럼 보였을 것입니다. 그때 지방관이 모자를 벗어 파홈 앞에 놓았습니다.

"자, 이곳이 출발점이요. 여기다 돈을 넣으시오. 당신의 하인은 이곳에 머물고 나의 하인과 당신이 이곳에서 출발해서 다시금 이곳으로 돌아와야 합니다."

아주 이른 아침부터 파홈은 큰 희망을 품고 태양이 뜨는 쪽을 향하여 걷기 시작했습니다. 그는 점심도 걸렀습니다. 한낮의 뜨거운 태양이 러시아의 평원을 달구기 시작하자 파홈은 옷을 벗었습니다. 무거운 부츠도 벗었습니다. 그는 혼잣말로 중얼거렸습니다.

"한 시간의 고통은 한 세기의 이익이라!"

그러나 해가 저물기 전에는 돌아와야 했습니다. 그는 태양이 저무는 서쪽을 향해 부지런히 달리기 시작하였습니다. 다시 돌아오기에는 너무나도 먼 거리를 걸어갔기 때문이었습니다. 견디기 힘들 정도로 다리는 부어올랐고 지칠 대로 지친 그는 흐느적거렸습니다. 그래도 그는 사력을 다해 지평선 너머로 빠르게 넘어가는 태양을 향하여 달렸습니다. 바슈키르인들의 지껄이는 소리가 어렴풋하게 귀에 들려왔습니다. 땀으로 범벅된 그의 눈가에는 희미하게나마 언덕 위에 있는 모자가 아른거리며 들어오기 시작했습니다. 지방관이 모자 옆에 우뚝 서 있는 것도 보였습니다. 마치 죽음의 사자처럼 서 있던 그 사람의 그림자는 더욱 진하게 보였습니다.

웅장한 태양이 붉게 대지를 더듬거리고 있을 때 그는 겨우 그 언덕 아래에 도착했습니다. 그리고 온 힘을 다해 언덕 위로 기어오르기 시작했습니다. 필사의 순간이었습니다. 도착점에 다다른 순간 그는 발을 헛디뎌 넘어집니다.

하지만 아래로 굴러떨어지면서 손을 내밀어 간신히 모자를 잡았습니다. 그렇게도 바라던 그 모자를 잡은 것입니다. 결국 그는 해내긴 했습니다!

"아하, 여보시게나! 정말로 많은 땅을 얻게 되었군."

그러나 파홈은 그 소리를 들을 수 없었습니다. 그의 하인이 그를 일으켜 세우자 그는 긴 숨을 몰아 쉬었습니다. 그리고 아무런 인기척이 없었습니다. 지방관이 땅에 놓인 삽을 집어 들어 무덤덤한 표정으로 파홈의 하인에게 건네주었습니다.

"그를 여기다 묻으시오."

그렇게 하여 몸덩이 하나 묻기에 "무지무지하게 충분한 땅"에 그의 하인은 자기의 주인을 묻었습니다. 탐욕의 결말은 한 평도 안 되는 관이었습니다!

쾌락 추구

하나님이 분노하시는 두 번째 죄는 "쾌락 추구"입니다. 하나님의 백성이라고 하는 이스라엘 사람 중에는 흥청망청 쾌락을 일삼으면서 하나님이 원하시는 정의 사회 구현에 관해서는 눈곱만큼도 관심이 없는 이들이 있었습니다(사 5:12). 아침부터 술을 퍼마시고 밤이 깊도록 파티를 즐기면서도 불우한 이웃들의 신음에는 전혀 무감각한 자들이 예루살렘 거리에 차고 넘쳤습니다. 하나님은 그런 자들에게 재앙이 임할 것이라고 엄중하게 경고하십니다.

오늘날 우리 사회도 쾌락 문화에 깊이 빠져드는 것 같아 무척이나 염려스럽습니다. 대도시뿐 아니라 전국 곳곳에 널려 있는 러브호텔들은 도대체 무엇을 말하는 것일까요? 성적 쾌락만 문제가 아닙니다. 자기만족을 위해서 쾌락을 추구하는 것은 결국 자기중심적 우상 숭배입니다. 가정 파괴와 사회 분열, 공동체 와해와 같은 파멸이 바로 이 죄악에서 말미암습니다. 더 무서운 것은 쾌락 추구가 그리스도인의 삶과 예배 가운데 누룩처럼 은밀하게 밀고 들어오는 암적 요소라는 사실입니다. 예배 행위 역시 쾌락 추구의 한 방편으로 전락할 수 있다는 말입니다. 쾌락 사랑과 하나님 사랑을 대조해서 말하는 바울의 권고를 예사롭게 흘려들어서는 안 됩니다.

> 말세에 고통 하는 때가 오리니…쾌락을 사랑하기를 하나님 사랑하는 것보다 더하게 된다!(딤후 3:4)

거짓

세 번째 죄악은 "거짓"입니다. 그리스도인 중에는 하나님이 모든 일을 빨리빨리 처리해주신다고 철석같이 믿는 사람들이 있습니다. 그들은 하나님이 천천히, 심지어 때론 매우 느리게 일하신다는 사실을 기꺼이 받아들이지 못합니다. 그리고는 다른 사람들에게 "하나님은 당신의 일을 속속히 이루시어 우리에게 보게 하신다"라고 말하기를 좋아합니다. 그런 신앙은 참을성도 없고 기다림의 의미도 모르는 단세포적인 신앙입니다. 때로 그들은 어려운 문제를 앞두고 걱정하거나 고난의 늪에서 허우적거리는 사람에게도 "하나님의 응답이 곧 올 테니 너무 걱정하지 말라"면서 위로하기도 합니다.

하지만 그들은 하나님의 권위와 능력을 우습게 여기며 하나님이 당신의 계획에 따라 일하고 계신다는 사실에 대해서는 콧방귀를 뀌며 냉소하는 자들입니다(사 5:19). 왜냐하면 그들은 하나님의 시간과 계획을 자기 편의에 맞춰 임의로 해석하기 때문입니다. 바로 이런 태도, 즉 하나님의 뜻을 자기 편의에 맞춰 말하는 것이 "거짓"입니다. 그리고 이런 거짓은 수레를 끄는 줄과 같아서 이런저런 죄악들을 다발로 묶어 끌고 가는 무서운 괴력을 발휘합니다. 따라서 거짓은 큰 재앙을 불러옵니다. 거짓을 멀리하십시오! 특별히 하나님의 계획과 시간에 대한 거짓된 발설은 치명적인 화를 초래할 것입니다.

이번 단락(사 5:8-23)의 바로 앞이 포도원의 농부에 관한 비유(사 5:1-7)였다는 사실은 우리에게 하나님의 "계획"(plan)에 관해 중요한 교훈을 줍니다. 농부는 밭을 갈고 씨를 뿌리고 기다립니다. 추수할 때도 모든 열매와 곡식을 한꺼번에 추수하지 않습니다. 과실마다 곡식마다 추수 때가 다르기 때문입니다. 하나님이 세우신 계획도 마찬가지입니다. 그가 계획하신 일들은 다 각각의 때가 있습니다. 동시에 각각의 일들은 연결된 전체와의 관계 속에서 포괄적인 의미를 가지며 방대한 계획을 이룹니다. 사람은 하나님이 세우신 계획의 전모를 알 수 없습니다. 그분이 하나씩 열어서 보여주셔야만 그 계획의 뜻과 의미를 알게 됩니다. 하나님이 이 세상의 역사와 나라와 민족들을 다루어가시는 방식이 그렇습니다. 심판의 때가 있고 구원과 회복의 때가 있습니다. 그러므로 우리는 겸손하게 그분의 계획들이 어떻게 전개되어가는지를 살펴보고 그분의 메시지가 선포될 때 겸허하게 귀담아들어야 합니다.

변덕

네 번째 재앙 선언은 "변태성 도덕적 판단"에 내려집니다(사 5:20). 어떤 이들은 자신의 취향에 따라 도덕적 판단을 내립니다. 악을 선하다 하고 선을 악하다 하며 어둠을 광명이라 하고 광명을 어둠이라 하는 자들, 쓴 것을 단 것이라 하며 억지를 부리는 자들입니다. 그들은 절대적 진리이신 하나님이 계시다는 사실을 개의치 않는 실천적 무신론자들이며 도덕적 편의주의자들입니다. 하나님은 토라(율법)를 통해 분명한 가치 판단의 기준을 알려주셨습니다. 그러나 타락하고 부패한 인간들은 도덕적 기준을 자기의 편의에 둡니다. 자기 기분과 자기 이익에 기준을 맞추다 보니 언제나 변태적 판단을 내릴 수밖에 없습니다.

자기 신봉

다섯 번째 저주는 "자기를 신봉하는 자들"을 향합니다(사 5:21). 그들은 "스스로 지혜롭다 하며 스스로 명철하다 하는 자들"입니다. 당시 유다와 예루살렘에는 하나님을 신뢰하는 대신 자신을 믿고 자신의 지혜와 학벌과 업적을 의지하는 풍조가 만연했습니다. 정말 꼴불견이 아닐 수 없습니다. 오늘날에도 혼자 잘난 척하며 다른 사람들을 무시하고 우습게 여기는 사람들이 있습니다. 자아도취형 인간들입니다. 다른 사람들이 그들을 지혜롭고 현명하고 분별력이 있다고 평가해주는 것이 아닙니다. 어쩌다가 일궈낸 아주 자그만 성취에 스스로 탄복하고 스스로 놀랄 뿐입니다. 소위 "자뻑" 증세가 심한 병자들입니다. 자기 연민에 취해 연못에 빠져 익사한 그리스 신화의 나르시스처럼 결국에는 그들 역시 자기 지혜의 덫에 걸려 죽게 될 것입니다.

부정부패

마지막 여섯 번째로 거론되는 죄는 "부정부패"입니다. 유다의 검사와 판사들 가운데는 힘깨나 쓰는 토호(土豪) 세력들과 결탁하여 그들의 뇌물을 받아먹고 판결을 굽게 하는 자들이 종종 있었습니다. 특히 한 지역에서 수십 년간 근무하는 향판(鄕判, 지역 법관)들 가운데 그런 사람들이 많았습니다. 그들은 서로 형님, 동생 하고 지내거나 한 줄 건너 다 아는 사이였습니다. 요정에서 거한 향응을 즐기고 폭탄주를 돌려 마시며 연대감을 과시합니다. 고가의 포도주나 시계가 뇌물로 오갑니다. 골프 회원권을 지원받거나 여행 경비를 대신 내게 합니다. 그리고는 재판을 굽게 합니다.

연줄도 없고 돈도 없고 힘도 없는 사람들은 언제나 억울하게 당할 수밖에 없습니다. "그들이 뇌물을 받고 악인을 무죄 처리하고 무고한 양민에게서는 정당한 판결을 빼앗기"(사 5:23) 때문입니다. 한마디로 "유전무죄, 무전유죄"입니다. 이런 상황을 보시며 정의로운 재판장이신 하나님은 얼마나 속이 뒤집히시겠습니까? 하나님이 이런 죄악을 가만 놔두실 수 있겠습니까? 부정부패는 거룩하신 하나님에 대한 도전이요, 정의롭지 못한 삶은 신성모독입니다. 정말 통탄할 세태입니다. 옛날이나 지금이나 하등 달라진 것이 없으니 어찌 서글프지 않겠습니까?

하나님은 당신의 백성들이 어떻게 살아야 하는지에 대한 지침(guideline)으로 십계명을 주셨습니다. 부정부패는 십계명의 두 번째 돌판을 완전히 박살 내버리는 것이나 마찬가지인 죄입니다. 하나님에 대한 의무를 다루는 십계명의 첫 번째 돌판이 깨지지 않았다는 사실에 안도하는 사람들이 있습니까? 그들은 하나님을 향한 수직적 신앙과 사람을 향한 수평적 사랑을 차별하거나 분리하는 사람들입니다. 달리 말해 종교적 "열심이 특심"하면서도 정의로운 삶에 대해서는 별로 관심이 없는 사람들입니다. 그런 사람들은 하나님이 만유의 주님이라고 고백하면서도 하나님을 종교적 영역에 가두는 일을 서슴지 않고 당당하게 행합니다.

그러나 하나님은 십계명 전부를 주신 분이십니다. 하나님은 우리처럼 수직적 신앙과 수평적 사랑을 구분하지 않으십니다. 십계명의 후반부를 깨뜨리는 것도 근본적으로는 정의로운 하나님에 대한 반역이자 도전입니다. 예언자 이사야가 조목조목 짚은 6가지 죄악들은 유다가 하나님과 맺은 언약을 파기했다는 증표들입니다. 이것이 하나님께 대한 도전이 아니고 무엇이겠습니까?

하나님은 예언자들을 통하여 "재앙이 있을 것"이라고 선언하셨습니다. 그 재앙 선언은 유다를 무참히 짓밟으며 초토화시킨 강대국들의 침입으로 현실화되었습니다. 아시리아는 기원전 722년에 북이스라엘을 멸망시켰고, 701년에는 남유다를 공격해 멸망 직전까지 몰고 갔습니다. 유다는 하나님의 도우심으로 위기를 모면했지만 기원전 605년부터 시작된 바벨론 제국의 침공은 견뎌내지 못했습니다. 아시리아와 바벨론은 하나님이 사용하신 심판의 도구였습니다.

하나님은 하나님과 맺은 언약을 우습게 여기고 무시하는 죄를 그냥 두지 않으십니다. 하나님은 언제라도 우리가 잘 알지 못하는 낯선 사람들을 심판의 도구로 사용하여 죄로 물든 우리 삶의 영토를 초토화하실 수 있습니다. 두렵고 떨리는 마음으로 이 말씀 앞에 서야 할 것입니다.

기도 하나님, 정의롭고 거룩한 삶을 추구하겠습니다. 연약한 우리를 도와주소서. 아멘.

제11강

하나님의 맹렬한 분노

이사야 5:24-30

"이렇다고 해서 그의 분노가 누그러진 것은 아니다.
아직도 그분이 손을 들고 있기 때문이다"(사 5:25).

5:24 그러므로 불의 혀가 지푸라기를 삼키고

마른풀이 불에 타듯이

그 뿌리가 썩고

그 꽃들이 말라 죽어 티끌처럼 흩날린다.

그들이 전능자 야웨의 율법(토라)을 저버리고

이스라엘의 거룩하신 분의 말씀을 멸시하였기 때문이다.

25 그러므로 야웨의 분노가 그 백성을 태우며

그가 손을 들어 그들을 내려치시니

산들이 무서워 떨고

사람의 시체들이 쓰레기처럼 거리에 나뒹군다.

이렇다고 해서 그의 분노가 누그러진 것은 아니다.

아직도 그분이 손을 들고 있기 때문이다.

26 하나님이 깃발을 드시고 먼 곳의 한 나라를 부르시고,

신호를 보내셔서 땅끝에 사는 한 백성을 부르신다.

여기 그들이 달려오고 있다.

신속하고 빠르게 온다!

27 그들 가운데 아무도 지치거나 쓰러지는 사람이 없고

아무도 졸거나 잠자는 사람이 없다.

허리띠가 느슨한 사람도 없으며

신발 끈이 풀어진 사람도 없다.

28 그들의 화살은 날카롭고

그들의 모든 활은 쏠 준비가 되어 있다.
그들이 탄 말(馬)들의 말발굽은 바위처럼 단단하고
그들의 마병거(馬兵車) 바퀴는 회오리바람처럼 움직인다.
29 그들의 함성은 마치 사자의 울부짖는 소리 같고
새끼 사자의 으르렁거리는 소리 같다.
그들이 먹이를 잡았을 때처럼 으르렁거리며
먹이를 움켜잡으면 아무도 그것을 빼앗을 수 없다.
30 그날에 바다의 파도처럼
그들이 함성을 지를 것이다.
사람들이 그 땅을 바라볼 때는
오직 어둠과 고통만 보일 것이다.
심지어 빛도 짙은 구름에 가려 어두워질 것이다.

언약 공동체

성경의 전통에 따르면 하나님의 백성은 "언약 백성"이라고 불립니다. 하나님과 언약을 맺은 사람들의 집단이라는 말입니다. 억압과 압제의 땅이었던 애굽에서 나오던 날 밤, 히브리인들은 유월절 예식을 지킴으로써 하나님과 피로 맺는 언약을 체결했습니다. 유월절 예식은 어린 양을 죽여 그 피를 집의 문설주에 바르는 것으로 시작합니다. 하나님이 보낸 죽음의 천사가 문설주의 피를 보면 그 집을 "지나쳐 간다"는 의미에서 "유월"(逾越, Passover)이란 용어가 사용되었습니다(출 12장).

사실 하나님과 사람 사이의 언약 체결은 쌍방 간의 합의에 따른 것이라기보다는 일방적이라고 해야 맞습니다. 즉 언약 체결 예식으로서의 유월절은 하나님이 자기 백성의 구원을 위해 일방적으로 선사하신 구원의 방편입니다. 사람은 그저 하나님이 베푸시는 일방적인 구원의 은혜를 감사함으로 받을 뿐입니다. 히브리인들은 단지 매년 유월절 예식을 지킴으로써 하나님의 은혜를 기념하고 감사하면 되었습니다. 이처럼 히브리인들은 하나님의 일방적 은혜로 출애굽을 경험하고 하나님만을 그들의 주군(主君)으로 섬기는 백성이 되었습니다. 결국 그들의 국가는 근본적으로 "언약 공동체"였던 것입니다.

구약의 유월절이 갖는 의미를 고려하면 예수님이 유월절 기간에 제자들과 식사를 하면서 언약을 맺으신 것은 우연이 아님을 알 수 있습니다. 예수님은 십자가에 달리기 직전에 유월절 예식을 치르며 제자들과 최후의 만찬을 가지셨습니다. 그 자리에서 예수님은 떡과 포도주를 나눠주고 "새 언약"을 제정하심으로써 자신이 유월절 어린 양과 같음을 보여주셨습니다. 거기서 예수님과 함께 있었던 열두 제자로 대표되는 신약의 교회 역시 예수님의 피로 언약을 맺어 새롭게 탄생한 "새 이스라엘"로서 하나님의 언약 백성이 됩니다. 구약의 이스라엘이 차지했던 지위가 신약의 교회에 이양되었다는 말입니다. 따라서 신약의 교회 역시 하나님만을 섬겨야 할 "언약 공동체"입니다.

약속을 소중하게

언약 백성인 그리스도인들은 언약과 약속을 매우 소중하게 생각해야 합니다. 그리스도를 통해 하나님과 맺은 언약과 약속뿐만 아니라 사람들과 맺은 약속도 소중하게 생각하는 사람이 그리스도인입니다. 때로는 손해가 나는 것 같아도 맺은 언약과 약속은 지켜야 합니다. 결혼식에서 결혼 당사자들은 "건강할 때나 병들었을 때, 부할 때나 가난할 때, 성공할 때나 실패할 때, 죽음이 두 사람을 갈라놓을 때까지 서로를 사랑하겠습니다"라고 결혼 서약을 합니다. 하나님과 함께 살아가는 삶은 결혼 서약을 한 부부처럼 상대방에 대한 사랑과 신실함, 충성과 지조(志操)와 절개(節概)를 지켜나가는 삶입니다.

가장 가깝게 지냈던 사람이나 가장 사랑했던 사람들로부터 배신을 당한다면, 애지중지하며 길렀던 자녀가 부모를 저버린다면, 등록금을 대주며 공부시켰던 제자가 스승에게 등을 돌린다면, 믿었던 부하가 상관을 향해 총부리를 들이댄다면, 평생 반려자가 되겠다던 배우자가 부정을 저지른다면…. 아픔을 겪은 사람의 마음은 까맣게 타버린 재처럼 폭석 가라앉거나 지표를 뚫고 솟구치는 용암처럼 지글지글 끓어올라 흘러내립니다. 배신감, 좌절감, 허탈감, 그리고 타오르는 분노가 폭풍처럼 한꺼번에 휘몰아칠 것입니다.

성경의 하나님도 그처럼 쓰린 경험을 수없이 반복해서 하셨습니다. 온전한 관계를 요청하시는 하나님과, 하나님이 아닌 다른 것에서 해답을 찾으려 하는 이스라엘의 관계에는 언제 터질지 모르는 활화산 같은 긴장이 있었습니다. 이런 팽팽한 긴장은 이스라엘의 전체 역사에 걸쳐 계속되었습니다. 그리고 결국에는 팽팽하던 언약의 고리가 한쪽 끝에서부터 끊어지면서 이스라엘 사회와 국가의 기반이 무너져 내리는 굉음(轟音)이 천지를 진동하게 됩니다.

배신과 하나님의 분노

성경은 하나님의 "분노"나 "화"에 대해 반복적으로 말합니다. 그분의 분노를 가볍게 여겨서는 안 됩니다. 예언자 이사야는 분노하시는 하나님의 무서운 심판을 탁월한 시적 언어로 눈앞에 보이는 것처럼 생생하게 묘사합니다. 불꽃이 지푸라기에 닿듯이, 바싹 마른 풀숲에 작은 불꽃을 댕기듯이 사회의 기반이 급격하게 무너지고 그들의 찬란한 업적과 명성은 시들어버릴 것입니다. 하나님의 분노의 포도주잔을 들이키고 혹독하게 취할 날이 다가오고 있습니다.

왜 이런 일이 일어납니까? 하나님을 우습게 여기는 자들, 일상 속에 하나님이 통치하고 계시다는 어떤 흔적도 남기지 못하는 자들, 불의한 행동을 일삼으면서 만취한 자처럼 자기 판단에 좋을 대로 사는 자들이 가득하기 때문입니다. 그들은 하나님의 거룩성을 무참히 짓밟고 안하무인의 태도로 사는 사람들입니다. 자신들의 지혜와 권력, 돈과 재물을 하나님 대신 섬기며 사는 교만한 사람들입니다. 그런 사람들이 가득한 사회와 국가에 대해 하나님은 부들부들 떨리는 손으로 분노하십니다.

> 야웨께서 자기 백성에게 노를 발하시고 그들 위에 손을 들어 그들을 치신지라. 산들이 진동하며 그들의 시체는 거리 가운데 분토 같이 되었도다. 그럴지라도 그의 노가 돌아서지 아니하였고 그의 손이 여전히 펼쳐져 있느니라(사 5:25).

토라 경시와 그 결과

하나님이 이처럼 분노하시는 또 다른 이유는 무엇입니까? 설교자 이사야는 직설적으로 그들이 "만군의 야웨의 율법을 버리고 이스라엘의 거룩하신 이의 말씀을 멸시했다"(사 5:24)라고 비난합니다. 여기서 "율법"으로 번역된 히브리어는 "토라"로서 "가르침", "교훈"이라는 의미를 포함합니다. "율법"이나 "말씀"은 우리가 좌로나 우로 치우치지 않고 똑바로 걸어갈 수 있도록 올바른 방향을 가리키며 안내해주는 이정표와 같습니다.

하나님의 교훈과 가르침과 말씀을 경홀히 여기는 자는 불행을 자초하는 사람입니다. 하나님이 진노하시면 아무도 건질 자가 없기 때문입니다(사 5:29).

앞서 언급했듯이 이스라엘을 향한 하나님의 분노는 현실화되었습니다. 약속의 땅을 무참히 짓밟으며 초토화시킨 강대국들의 침입으로 이스라엘과 유다는 역사에서 자취를 감추고 말았습니다. 하나님은 하나님을 모르는 강대국, 하나님과 관계가 없는 것처럼 보이는 낯선 사람들을 도구로 사용하여 심판을 실행하실 수 있습니다. 하나님과 맺은 언약의 내용을 우습게 여기거나 무시하면 안 됩니다. 하나님의 심판이 우리 삶의 영토를 초토화시킬지도 모릅니다. 두렵고 떨리는 마음으로 이 말씀을 듣고, 혹여 자신이 어떤 방식으로 하나님을 무시하는지 돌아보십시오.

기도 성령님, 하나님을 무시하거나 멸시하는 죄를 짓지 않도록 우리를 도우소서. 아멘.

제12강

하나님의 부르심을 받을 때

이사야 6:1-13

"내가 여기 있나이다. 나를 보내소서"(사 6:8).

6:1 웃시야 왕이 죽던 해에 내가 높이 들린 보좌에 앉으신 주님을 보았는데 그 옷자락은 성전에 가득 차 있었다. 2그 둘레에는 스랍들이 있었는데 각각 여섯 날개를 갖고 있었으며 그 날개 둘로는 그 얼굴을 가리고, 다른 둘로는 그 발을 가리고, 또 다른 둘로는 날았다. 3그들이 서로에게 불러 말하기를

"만군의 야웨는 거룩하시다! 거룩하시다! 거룩하시다!

그분의 영광이 온 땅에 충만하다."

4 그들의 부르짖는 소리로 인하여 문지방들의 터가 흔들리며, 그 성전이 연기로 가득 찼다.

5 내가 부르짖기를

"아이고, 나여! 나는 파멸이로구나!

나는 입술이 부정한 사람이며

내가 입술이 부정한 백성들 가운데 살고 있기 때문이다.

나의 눈들이 만군의 야웨이신 왕을 보았기 때문이다."

6 그때 스랍들 중에 하나가 부젓가락으로 활활 피어오르는 숯 하나를 제단에서 집어 들고 내게로 날아와 7 내 입에 대면서 말하기를

"보라! 이것이 네 입술에 닿았으니

네 악이 제거되었고 네 죄가 깨끗하게 되었다."

8 그때 내가 주님께서 말씀하시는 소리를 들었다.

"내가 누구를 보낼까? 누가 우리를 위하여 갈까?"

그때 내가 대답하였다.

"내가 여기 있나이다. 나를 보내소서!"

9 그가 말씀하시기를

"가서 이 백성들에게 말하라.

'너희가 듣기는 들어도 깨닫지 못할 것이며
    너희가 보기는 보아도 알지 못할 것이다.'

10 이 백성의 마음으로 둔하게 하라.
    그 귀들로 막히게 하라.
    그 눈들로 보지 못하게 하라.
그렇지 않으면 그 눈들로 볼 것이요,
    그 귀로 들을 것이요,
그 마음으로 깨달으며
    돌아와 치료함을 얻을 것이다."

11 그때 내가 말하기를 "오, 주님! 언제까지입니까?"
    그러자 그가 대답하셨다.
"성읍들이 황폐되어 주민이 없고
    집에는 사람들이 없고
    밭들은 완전히 황폐하게 될 때까지다.

12 야웨가 사람들을 멀리 보내시고
    버림받은 땅들이 이 땅 가운데서 많아지게 될 때까지다.

13 비록 십 분의 일이 그 땅에 남아 있다 하더라도
    그것도 다시금 폐허가 될 것이다.
베임을 당하더라도 그 그루터기가 남아 있는
    밤나무, 상수리나무처럼 말이다."
거룩한 씨가 그 땅에 그루터기다!

예언자 이사야가 활동하던 당시 남유다에는 웃시야라는 위대한 왕이 있었습니다. 그의 통치 기간에 남유다 왕국은 외세로부터 독립을 유지했습니다. 나라는 강성했고 경제 상황도 나쁘지 않았습니다. 종교적 열정은 하늘을 찌를 듯이 높았고 예루살렘 성전은 언제나 순례자들로 문전성시를 이루었습니다.

그러나 현미경으로 예루살렘 주민들의 삶을 들여다보기 시작하면 이야기가 달라집니다. 사회 전반에는 부정부패가 만연했습니다. 사회 지도층 인사들과 종교 지도자들의 권력 남용, 종교적 조작 행위는 도를 넘어섰습니다. 정의로워야 할 하나님의 도시에는 불의와 폭력이 난무했으며 하나님의 백성이라는 자들의 삶에서는 거룩함의 흔적을 찾아보기 힘들었습니다. 엎친 데 덮친 격으로 어느 날 위대한 왕 웃시야가 서거합니다. 정국은 공황 상태로 빠져들었고 국가의 앞날은 어두웠습니다. 유다는 강대국인 아시리아의 군사적 영향력 아래 편입되기 일보 직전이었습니다.

바로 이때 이사야가 하나님의 부르심을 받습니다. 학자들은 이사야가 하나님의 부르심을 받는 장면을 기록한 이사야 6장을 "소명 내러티브"(Call Narrative)라고 부릅니다.[1] 지금까지 이사야는 유다 왕국에서 잘나가는 고위 관료로서 요즘의 대통령기록관장쯤 되는 지위에 있었습니다(대하 26:22; 32:32). 그런 그에게 하나님의 왕국을 위해 일하라는 부르심이 임했습니다. 그때 이사야는 지상의 왕국도 있지만 하늘의 왕국도 있다는 사실을 분명하게 깨닫습니다. 지상의 왕국은 영원하지 않지만 천상의 왕국은 영원하다는 사실을 하나님이 친히 보여주셨기 때문입니다.

두 왕국의 교차

그는 지상의 왕이 죽었을 때 하늘 궁전에 계시는 천상의 왕을 보게 됩니다. 하늘 보좌에 좌정하셔서 세상 역사를 주관하시는 위대한 왕이 실존한다는 사실을 온몸으로 깨닫게 됩니다. 거룩하신 하나님을 만나는 경험은 적어도 이사야 자신에게는 천지개벽과도 같은, 아마도 예언자 이사야의 신학이 형성된 결정적인 경험이었을 것입니다. 이는 신약에서 사도 바울이 다메섹으로 가던 길 위에서 부활하신 예수 그리스도를 만난 경험과 비견될 만한 사건입니다. 사도 바울의 신학 주제가 바로 그때 다메섹 도상에서 잉태된 것과 같다는 말입니다.[2]

이사야는 거룩하신 하나님의 현존을 경험한 후에 천상의 어전 회의(divine council)에 참석하는 영예를 얻게 됩니다. 그는 거기서 예루살렘과 유다와 이방 나라들의 운명에 대한 하나님의 계획(경륜)을 듣습니다. 이사야서 전체에 걸쳐 펼쳐지는 하나님의 계획들—시온의 심판과 구원, 의로운 나라의 표상인 다윗 왕조의 영원성, 심판의 도구인 열강들의 발흥과 궁극적 패망, 하나님 왕국의 궁극적 도래—이 바로 천상의 어전 회의에서 그에게 알려진 것입니다.[3] 이사야에게 이것은 자신이 알고 있던 세상의 종말을 경험하는 사건이기도 했습니다. 즉 이사야는 자신이 실재의 전부라고 믿어왔던 세상이 무너져 내리는 경험을 했다는 말입니다.

여기서 한 가지 짚어야 할 것은 이사야가 주도적으로 "본" 것이 아니라 그에게 "보인" 것이라고 해야 한다는 사실입니다. 하늘을 가리고 있던 휘장이 열리면서 그 안의 광경이 이사야의 시야에 들어왔습니다. 그에게 보인 광경의 첫 번째 묘사에는 왕궁을 연상시키는 "보좌"라는 독특한 용어가 나타납니다. 그는 생전 처음으로, 그것도 자신이 섬기던 지상의 왕이 죽던 바로 그때 천상 어전(御殿)의 광경을 보고 그곳에 참예하게 되었습니다. 하나님이 천상의 대왕으로서 보좌에 자리를 잡으셨고 그 발 앞에는 천사들이 만조백관(滿朝百官)처럼 조아리고 서 있었습니다. 참으로 장엄하고 위엄 있는 광경이었습니다.

"'보좌'에 앉으신 하나님의 옷자락이 '성전'에 가득하였다"라는 묘사는 하나님이 좌정하신 곳이 왕궁이면서 동시에 성전이라는 사실을 환기해줍니다. 천상의 존재(천사)들은 서로에게 화답하면서 "거룩하다! 거룩하다! 거룩하다!"라고 노래하기 시작합니다. 그 소리에 이사야는 거룩한 두려움에 사로잡힙니다. 공포에 질린 두려움이 아니라 무한히 거룩하여 누구도 감히 그 앞에 설 수 없다는 두려움이었습니다. 그런 두려움 가운데 그는 비로소 자신이 얼마나 더럽고 추한 존재인지를 명확하게 깨닫습니다. 이사야는 "화로다! 나여, 망하게 되었도다. 나는 입술이 부정한 사람이요, 나는 입술이 부정한 백성 중에 거주하면서 만군의 야웨이신 왕을 뵈었음이로다"(사 6:5)라고 외칩니다.

하나님의 성스러움(신성[神聖])과 거룩함을 경험해본 사람들은 언제나 자신의 부적격성과 부정함을 고백하게 됩니다. 사람은 자신의 추함과 더러움과 죄성을 스스로 알 수도 없고 발견할 수도 없습니다. 오직 찬란하고 영원한 빛이 추한 몰골을 조명할 때만이 파산 직전인 자신의 처지를 알게 됩니다. 이런 의미에서 신앙은 하나님을 뵙고 경험하는 일로부터 시작됩니다. 물론 여기서 "경험"이라 함은 단순히 어떤 외적이고 감각적인 황홀 상태에 들어가는 것을 의미하지 않습니다. 오히려 하나님의 무한한 거룩성 앞에 자신이 얼마나 몹쓸 죄인이며, 따라서 구원받아야 할 존재인지를 알게 되는 것이 그런 경험의 핵심입니다.

지상의 왕궁에서 종종 왕을 알현해본 경험이 있던 이사야는 이제야 천상의 왕을 알현하는 것이 얼마나 무섭고 두려운지를 체득하게 됩니다. "만군(萬軍)의 하나님"은 구약에서 하나님을 가리킬 때 자주 사용하는 칭호입니다. 이는 군사적인 용어로서 천사들을 군대로 거느리고 계시는 하나님의 위엄을 드러냅니다. 그 하나님 앞에서 이사야는 사명을 받습니다. 그가 받은 사명은 지상에 있는 하나님의 백성들을 더럽고 추악한 길, 즉 죄악이 가득한 삶의 방식에서 돌려세우는 것이었습니다. 그 일을 위해 그는 하나님의 심판과 회복의 말씀을 대언(代言)하는 자가 되어야 합니다.

그러나 하나님을 대신하여 말하기 위해서는 먼저 자신의 입이 깨끗해야만 했습니다. 입(口)은 말씀 사역자에게 가장 중요한 도구입니다. 입은 마음의 생각이 바깥으로 나오는 대문입니다. 입을 숯불로 지진다는 것은 마음속에 똬리를 튼 죄성(sinful nature)을 완전히 소멸하고 제거한다는 뜻입니다. 그래서 천상 어전의 한 천사가 부젓가락으로 달궈진 숯을 가지고 이사야의 입술에 대며 "보라! 이것이 네 입에 닿았으니 네 악이 제하여졌고 네 죄가 사하여졌느니라"라고 말한 것입니다. 말 그대로 죄 사함, 즉 속죄(贖罪)가 이루어졌습니다.

사명자의 길

이렇게 이사야는 하나님의 부르심을 받고 사명자의 길, 목회자의 길로 들어섰습니다. 그가 들어선 사역의 길은 하나님이 주신 메시지를 들고 현실 속으로 들어가야 하는 것이었습니다. 이 점은 새롭게 강조해도 될 듯합니다. 베스터만(Claus Westermann)이라는 학자가 적절하게 지적했듯이, 하늘 성전에서 자신의 더러움과 죄악성을 발견한 이사야가 가야 할 곳은 제의가 한창인 지상의 예루살렘 성전일지도 모릅니다. 즉 이사야는 천상의 예배 의식을 지상의 예루살렘 성전 제의에 옮겨 심는 개혁적 제사장의 길을 걸어갈 수도 있었다는 말입니다. 그러나 그런 일은 일어나지 않았다는 것이 중요합니다. 그 학자의 말을 직접 살펴보겠습니다.

> 여기 구약성경의 한가운데서, 하나님의 거룩하심을 노래하는 찬양은 지상의 성전 예식 가운데 그 자리를 잡은 것이 아니라, 메신저의 사역 즉 하나님의 말씀을 선포하는 사역 속에서 제자리를 찾았습니다. 신약성경에서 변화산 이야기도 이와 같은 방향을 가리킵니다.[4]

소명을 받은 이사야는 삶의 현장으로 돌아옵니다. 이제 그 현장은 완전히 새로운 세상이 되었습니다. 이사야는 자신이 누구를 위해 하나님의 부르심을 받았는지 확실하게 압니다. 그는 하나님의 말씀의 대언자로서 세상 속으로 들어갑니다. 그는 종교적 제도권에 눌러앉지 않습니다. 그의 세계관도 바뀌었습니다. 그는 이제 천지와 인간의 모든 것들을 실제로 누가 다스리고 통치하는지 알게 되었습니다. 이처럼 하나님의 부르심(소명)은 전복(顚覆)적입니다. 소명을 받은 사람은 전에 가보지 않은 새로운 길로 들어서게 됩니다.

예언자 이사야는 자신을 새로운 길로 부르시는 하나님의 목소리를 듣습니다. 그런데 하나님이 당신 자신을 가리키시는 방법이 매우 독특합니다. "내가 누구를 보내며 누가 우리를 위하여 갈꼬?"라는 물음에는 "내가"라는 1인칭 단수와 "우리"라는 1인칭 복수가 모두 사용됩니다. 여기서 우리는 부르시는 성부와, 속죄하시는 성자, 사명을 부여하고 보내시는 성령이 이루시는 삼위일체의 자취를 느끼게 됩니다.

이사야는 "내가 누구를 보내며 누가 우리를 위하여 갈꼬?"라는 하나님의 말씀에 "내가 여기 있나이다. 나를 보내소서"라고 지체하지 않고 즉시 응답합니다. 이처럼 우리가 하나님께 드리는 고백은 언제나 "1인칭 고백"이어야 합니다. 이런 이사야의 고백 장면을 떠올릴 때마다 종교개혁자 칼뱅(Jean Calvin, 1509-1564)의 멋진 모토가 생각납니다.

> 주님, 내 심장을 당신께 드립니다. 즉시 그리고 신실하게![5]

고단한 사역자의 길

그러나 설교자 이사야가 받은 사명의 길은 결코 즐겁거나 행복한 길이 아닙니다. 그는 패역하고 완악한 백성에게 심판과 형벌의 메시지를 전해야만 했습니다. 사실상 그런 메시지는 아무도 좋아하지 않습니다. 게다가 하나님은 그 백성들이 메시지를 들어도 마음이 둔하여 깨닫지 못할 것이라고 말씀하십니다.

여기서 (마음이) "둔하다"라는 말은 원래 비만을 묘사하는 형용사로 감각 상실의 상태를 가리킵니다. 이사야가 설교를 하면 할수록 설교를 듣는 그들의 마음은 오히려 더욱 완고하고 완악해질 것입니다(사 6:9-10). 그들은 하나님의 말씀을 제대로 수납할 수 있는 영적 기관이 고장 난 사람들입니다. 마치 출애굽 당시 하나님이 자기 백성을 구출하기로 작정하셨다는 메시지를 여러 번 듣고도 마음이 강퍅해졌던 애굽 왕 바로처럼, 이사야가 선포하는 메시지를 듣는 이들의 마음에는 일종의 경화(硬貨) 현상이 나타나 아무런 효과도 발생하지 않을 것입니다. 어떤 면에서는 이런 현상 자체가 유다의 죄악에 대한 하나님의 심판으로 빚어진 결과입니다.

그렇다면 유다의 죄악은 무엇일까요? 본문의 위치를 고려하면 이사야 1-5장에 언급된 죄들을 상기해야 합니다. 그 죄들을 종합해서 크게 두 가지로 요약하면 "우상 숭배"와 "사회적 불의"입니다. 전자는 하나님 외에 다른 것, 특히 눈멀고 귀먹은 우상들을 섬기는 죄이고, 후자는 하나님을 무시함으로써 나타나는 각종 편취와 독점, 불법적 권력 향유 등을 말합니다.[6] 이런 죄에 대한 일차적 심판은 말씀에 대한 강퍅한 마음으로 나타납니다. 우리도 마찬가지입니다. 혹시 선포되는 하나님의 말씀에 반항하고 싶거나 듣고 싶지 않은 마음이 든다면 우리의 영적 기관이 심각하게 경화된 것이 아닌지 돌아보아야 합니다.

설교자 이사야는 유다 백성의 입맛에 맞는 설교를 하도록 부르심을 받은 자가 아니었습니다. 그는 부수고 허물고 깨뜨리고 뽑는 설교를 해야만 합니다. 완전히 굳어져 버린 내면의 토양을 싹 다 갈아엎지 않고는 새로운 세계에 걸맞은 새로운 삶이라는 결실을 기대할 수 없기 때문입니다. 온전한 회복의 은혜는 진정한 패배와 깨어짐과 내려놓음이 선행될 때 비로소 시작됩니다.

이 원리가 이사야 6:11-13에 나타납니다. 언제까지, 어느 정도로 깨어지고 부서지는 일이 있어야 합니까? 성읍들이 완전히 황폐해질 때까지, 명목을 유지할 수 있는 미미한 희망조차 끊기도록 완전히 황폐해질 때까지입니다. 이는 새로운 집을 짓기 위해 이전의 가옥이 서 있던 기초까지 모두 들어내는 것과 같습니다. 죄에 대한 심판은 이처럼 철저한 죽음, 완전한 파멸로 임합니다. 뒤집어 말하면 죄의 심각성과 파괴적 영향력을 결코 가볍게 여기지 말아야 한다는 뜻입니다. 죄의 중대함에 대한 인식이 있는 사람만이 은혜의 무게감을 온전히 느껴 하나님께 압도될 수 있습니다.

그런 의미에서 예수 그리스도의 오심은 "인간 개량" 혹은 "도덕적 개선"을 위해서가 아니었다는 사실을 이해하는 것이 중요합니다. 신앙이란 근본적으로 개량이나 개선의 과정의 아니라 일종의 장례 절차를 포함합니다. 우리는 예수님과 함께 죽고 다시 사는 것을 경험합니다. 십자가의 어두운 길을 통하지 않고 찬란한 부활의 아침으로 갈 수는 없습니다.

전혀 예기치 못한 하늘의 은혜

그렇다면 죽음과 파멸이 선포의 끝말일까요? 파괴로 모든 것이 끝이란 말인가요? 죽음에서 벗어날 방도는 없다는 말입니까? 없습니다! 적어도 사람에게는 어떤 부활도, 구원도 스스로 만들어낼 능력이 없습니다. 부활과 재생은 오로지 위로부터 주어지는 은총입니다. 그래서 우리는 "은혜"(恩惠)에 대해 이야기합니다. 우리는 이사야 6장의 마지막 절(13절)을 자세히 살펴보아야 합니다.

"비록 십 분의 일이 그 땅에 남아 있다 하더라도
그것도 다시금 폐허가 될 것이다.
베임을 당하더라도 그 그루터기가 남아 있는
밤나무, 상수리나무처럼 말이다."
거룩한 씨가 그 땅에 그루터기다!

심판이 임하면 주민의 십 분의 일이 그곳에 남는다 해도 아무 소용이 없습니다. 그들도 폐허가 될 수밖에 없습니다. 철저한 파멸입니다. 철저한 파멸과 멸망을 표현하기 위해 시인 이사야는 베임을 당해 그루터기만 남은 나무들의 이미지를 사용합니다. 그루터기는 심판이 휩쓸고 간 자리에 남은 예루살렘의 주민들을 가리킵니다.

소명을 받은 이사야는 "언제까지 하나님의 심판이 계속되겠습니까?"라고 물었습니다(사 6:11). 이 물음에 대해 야웨 하나님은 완전한 멸망을 말씀하십니다. 이는 11절 후반부에서 시작되어 13절 거의 끝 부분까지에 인용되어 기록되었는데 인용부호가 어디에서 닫히는지 자세히 보십시오. "…밤나무, 상수리나무처럼 말이다"라는 문장 뒤에서 닫힙니다.[7]

이제 외롭게 남은 것은 "거룩한 씨가 그 땅에 그루터기다"라는 위대한 선언입니다. 이 놀라운 문장에서 우리는 생명과 죽음, 거룩함과 불의가 한 호흡으로 이어지는 불가사의한 현상을 목격하게 됩니다. 그루터기는 파멸이 휩쓴 자리에 마지막으로 남은 자들을 일컫는 희망의 대명사입니다. 그러나 그 희망마저 완전히 사라져버린다고 하지 않았습니까? 그런데 그런 철저한 파멸에 처한 그루터기를 가리켜 "거룩한 씨"라고 부르는 분이 계십니다. 정말 충격적입니다. 뒤통수를 맞은 듯한 반전이 깃든 놀라운 말씀이며 생명의 씨앗이 죽음 속에 숨겨져 있다는 시적 역설입니다.

우리는 이사야 6장에서 죄악 중에 출생한 이사야와 거룩하신 하나님의 극명한 대조를 봅니다. 도무지 함께 어울릴 수 없는, 신과 인간의 극단적 비대칭이 드러납니다. 그런데 이러한 비대칭이 거룩한 씨와 파멸한 그루터기 사이에서 다시 드러납니다. 하나님이 육신을 입고 사람이 되어 우리 가운데 거하시는 성육신의 비밀을 여기서 볼 수 있는 것입니다. 이것이 놀라운 은혜가 아니고 무엇이겠습니까? 진노 중에도 긍휼을 잊지 않으시는 하나님의 모습이 선하게 떠오릅니다. "다 불에 타 죽을 것이다. 그러나 죽음 한가운데 거룩한 씨를 심어놓을 것이다!"[8] 아멘.

삼위일체 하나님의 사역

본문을 통해 하나님이 우리에게 사명을 주어 일하게 하시는 과정을 살펴보면 성부·성자·성령의 삼위일체 하나님의 사역이 확연하게 드러납니다. 성도의 부르심과 보내심 사이를 구성하는 일련의 과정—부르심, 하나님을 대면함, 죄의 인식, 속죄, 거듭남, 소명에의 응답—을 이끄시는 분은 삼위일체 하나님이십니다. 성부 하나님이 부르시고, 성자 하나님을 통하여 죄를 씻으시고, 성령 하나님이 세상으로 보내십니다.[9] 이런 의미에서 선교(mission, 사명)는 삼위일체 하나님이 하시는 일입니다. 하나님은 당신의 일을 시작하시고 끝내 이루실 것입니다. 부르심을 받은 자들은 그 일의 성공 여부와 관계없이 자신에게 맡겨진 사명에만 신실하게 "올인"하면 됩니다. 결과는 그분의 몫입니다.

기도 주님, 당신께서 부르실 때 저도 응답하게 하옵소서. 아멘.

제13강

위기 속에서 빛나는 믿음

이사야 7:1-9

"만일 너희가 믿음 안에서 굳세지 못하면 너희는 결코 견디지 못할 것이다"(사 7:9).

7:1 웃시야의 손자이며 요담의 아들인 아하스가 유다 왕으로 있을 때, 아람 왕 르신과 르말리야의 아들인 이스라엘 왕 베가가 예루살렘을 치러 올라왔다. 그러나 예루살렘을 무너뜨리지는 못했다.

2 그때 "아람이 에브라임과 동맹을 맺어 연합하였다"는 소식이 다윗 왕가에 전해졌다. 그러자 아하스와 온 백성의 마음이 마치 삼림의 나무들이 바람에 흔들리듯이 흔들렸다.

3 그때 야웨께서 이사야에게 말씀하셨다. "너는 네 아들 스알야숩을 데리고 '세탁자의 밭'으로 가는 길에 있는 '윗연못'의 수로(水路) 끝에서 아하스를 만나라. 4 그리고 그를 만나 '깊이 생각하고, 마음을 가라앉히고, 두려워 말라'고 일러주어라. 아람의 르신과 르말리야의 아들이 심하게 분노한다고 하여도 낙심하지 말라. 그 두 사람은 타다 만 부지깽이와 같다. 5 아람과 에브라임 그리고 르말리야의 아들이 너를 파멸시키려고 음모를 꾸미면서 6 '자, 우리가 유다를 공격하자. 그 나라를 갈라서 우리끼리 나누어 가지자. 그리고 다브엘의 아들을 왕으로 세우자'고 말한다. 7 그러나 전능한 야웨가 말한다.

그런 일은 일어나지 않는다.
　그런 일은 발생하지 않을 것이다.
8 왜냐하면 아람의 머리는 다메섹이며
　다메섹의 머리는 기껏해야 르신이기 때문이다.
육십오 년 안에
　에브라임이 흩어져 다시는 나라를 이루지 못할 것이다.
9 에브라임의 머리는 사마리아이며
　사마리아의 머리는 기껏해야 르말리야의 아들이다.

만일 너희가 믿음 안에서 굳세지 못하면
너희는 결코 견디지 못할 것이다."

"믿음이란 무엇인가?", "믿음은 명사일까, 동사일까?", "믿음의 진가(眞價)는 언제 드러나는가?", "참된 믿음인지 가짜 믿음인지 언제 알아볼 수 있을까?" 오늘의 본문은 이런 질문들을 제기합니다. 단도직입적으로 말하자면 믿음은 보이지 않는 하나님의 약속에 인생을 거는 것입니다. 위대한 도박입니다. 도박 중에서도 가장 위험천만한, 그리고 가장 즐거운 도박입니다.

본문의 배경을 살피며 이야기를 시작해보겠습니다. 예언자 이사야가 예루살렘 왕궁의 설교자로 활동할 때, 남유다를 다스리던 왕은 아하스(기원전 735-715년 재위)였습니다. 당시 남유다 왕국은 북이스라엘 및 시리아와 더불어 대제국 아시리아를 종주국(宗主國)으로 섬기고 있었습니다. 예나 지금이나 팔레스타인 지역은 전략적 요충지입니다. 당시에도 그 지역은 애굽과 아시리아가 부딪치는 거대 세력들의 각축장이었습니다. 아시리아는 애굽과의 충돌을 완화할 수 있는 완충지대이자 지중해 진출을 위한 교두보인 팔레스타인 지역에 대한 지배권을 절대 포기할 수 없었습니다.

시리아-에브라임 전쟁

그런데 당시 아시리아는 국력이 점점 쇠퇴하기 시작했습니다. 내정은 불안했고 종속 민족들의 불만과 연대는 점점 더 커다란 위협이 되어갔습니다. 또한 지리적으로 멀리 떨어진 속국(屬國)들에 대한 장악력 역시 약화하고 있었습니다. 늘 주변 강대국의 정황에 민감한 남유다와 북이스라엘 및 시리아는 이런 상황을 자국의 독립을 추구하는 계기로 삼게 됩니다. 시리아와 북이스라엘은 발 빠르게 동맹을 맺고 반아시리아 전선을 이루었습니다. 그리고 남유다도 동참할 것을 요구해왔습니다.

이에 유다 왕 아하스는 깊은 고민에 빠졌습니다. 계속해서 아시리아의 핵우산 밑에 있어야 할지 아니면 북이스라엘과 시리아와 공조하여 반아시리아 전선에 가담해야 할지 결정해야 했습니다. 아하스 왕정의 고위 관료들 역시 갈팡질팡했습니다. 한쪽은 친아시리아파, 다른 한쪽은 친애굽파로 나뉘어 당쟁과 열띤 논쟁으로 시간만 보내고 있었습니다. 이런 미지근한 태도와 우유부단함을 못마땅해하던 시리아와 북이스라엘은 급기야 남유다를 침공하기에 이릅니다. 시리아의 왕 르신과 북이스라엘의 왕 베가가 반아시리아 동맹 결성에 비협조적인 아하스를 폐위시키려고 연합군을 만들어 남유다를 공격한 것입니다. 이렇게 시작된 전쟁이 바로 "시리아-에브라임 전쟁"(Syro-Ephraimite War, 기원전 735-732년)이었습니다. 이사야 7-12장은 이 전쟁을 배경으로 합니다. 그런데 이사야 7:1은 그들의 침공이 결국 성공하지 못했다고 기록합니다.

> 유다의 아하스 왕 때에 아람의 르신 왕과 르말리야의 아들로 이스라엘의 왕인 베가가 올라와서 예루살렘을 쳤으나 능히 이기지 못하였다(사 7:1).

한편 열왕기하 16장과 역대하 28장은 시리아-에브라임 전쟁뿐 아니라 아하스 왕에 대한 신학적 평가를 자세히 기록합니다. 다음은 아하스 왕에 대한 역대기 저자의 촌철 평입니다.

> 아하스가 왕위에 오를 때 나이가 이십 세라. 예루살렘에서 십육 년 동안 다스렸으나 그의 조상 다윗과 같지 아니하여 야웨 보시기에 정직하게 행하지 아

니하고 이스라엘 왕들의 길로 행하여 바알들의 우상을 부어 만들고 또 힌놈의 아들 골짜기에서 분향하고 야웨께서 이스라엘 자손 앞에서 쫓아내신 이방 사람들의 가증한 일을 본받아 그의 자녀들을 불사르고 또 산당과 작은 산위와 모든 푸른 나무 아래에서 제사를 드리며 분향하니라(대하 28:1-4, 개역개정).

두려워하지 말라

시리아(다메섹)와 북이스라엘(에브라임)의 연합군이 예루살렘을 침공하자 아하스 왕과 백성의 마음은 거센 바람에 흔들리는 숲처럼 요동쳤습니다(사 7:2). 국가의 지도자로서 위기에 처한 아하스는 중대한 기로에 서게 됩니다. 이 난국을 어떻게 헤쳐나갈 것인가? 국방부 장관을 불러 전선의 동향을 파악하고 군사력을 점검하도록 해야 할 것인가? 국정원장을 불러 국제 정세에 대한 보고를 받아야 할 것인가? 이런저런 생각에 골몰해 있을 때 하나님은 이사야를 보내어 "두려워 말라! 낙심하지 말라! 그들은 별것 아니다. 연기 나는 두 부지깽이에 불과하다"라는 약속의 말씀을 주셨습니다.

"두려워하지 말라"라는 문구는 이사야서에서 매우 중요한 의미를 갖습니다. 이 문구는 구약에서 특별히 "거룩한 전쟁"(성전[聖戰])이라는 개념을 통해 잘 설명될 수 있습니다.[1] 거룩한 전쟁에서 하나님은 친히 위대한 용사가 되어 자기 백성을 위해 전쟁에 나가 원수의 나라를 물리치십니다. 따라서 이스라엘 백성은 비록 잘 훈련된 군사들과 첨단 무기가 없다 하더라도 자기들을 위해 대신 싸우시는 전쟁의 용사이신 하나님을 믿고 두려움 없이 전쟁에 나갈 수 있습니다.

전쟁에 나서면 제일 먼저 찾아오는 감정이 두려움입니다. 그런데 하나님은 두려워하지 말고 당당하게 전쟁에 임하라고 말씀하십니다. 왜냐하면 하나님이 친히 전사(戰士, divine warrior)가 되시기 때문입니다. 하나님이 예언자 이사야를 통해 유다 왕 아하스에게 "두려워 말라"라고 말씀하신 데는 바로 이런 배경이 있었습니다. 하나님이 전쟁에 나서신다면 시리아와 에브라임이 동맹을 맺고 유다를 침공해도 별것 아니니 두려워할 필요가 없습니다. 하나님이 아하스 왕에게 요구하신 것은 다름 아닌 "믿음"이었습니다. 하나님은 "이 전쟁이 야웨께 속해 있다고 믿는다면 너는 두려워할 필요가 없다! 너는 오로지 나만 믿으면 된다. 내가 너에게 하는 말을 신뢰만 하면 된다"라고 말씀하신 것입니다.

"두려워 말라"라는 말씀은 신약성경에도 자주 등장합니다. 특별히 복음서는 예수님의 제자들이 갈릴리 바다를 항해하는 기사를 여러 번 소개합니다. 제자들은 갈릴리를 건널 때마다 폭풍과 풍랑으로 인해 죽을 고생을 합니다. 놀랍게도 그때마다 예수님은 주무시거나 그들과 떨어져 다른 곳에 계십니다. 세차게 몰아치는 풍랑 속에서 제자들은 두려움에 압도되어 "패닉"(panic) 상태에 빠집니다. 죽음에 대한 공포로 두려워 떱니다. 그런데 살기 위해 죽을힘을 다해 노를 젓는 제자들에게 예수님은 "나다! 두려워 말라!"라는 짧지만 매우 강렬한 말씀으로 다가오십니다. 구약에서 야웨의 이름 뜻이 "나는 나다!"인 것처럼 예수님은 자신을 천지를 창조하고 만물을 통제하는 하나님으로 알리시면서 구약의 "거룩한 전쟁"(聖戰)을 배경으로 하는 "두려워 말라!"라는 말씀을 통해 혼돈과 암흑과 죽음의 세력이 아무리 강해도 두려워하지 말고 믿기만 하라고 결단을 촉구하시는 것입니다.

아무리 세상의 파도가 높고 전쟁의 포연이 하늘을 뒤덮어도 우리는 "두려워 말고" 하나님을 신뢰하며 인생의 노를 저어 앞으로 나아가야 합니다. 사도 바울도 신앙을 전쟁에 비유하지 않았습니까? 전쟁터에 나가는 군인은 전신갑주를 잘 갖추어야 합니다. 신앙의 싸움을 하는 자에게 필요한 것은 두려워하지 않고 공중의 권세 잡은 세력들과 정사와 권세들 및 어둠의 영들과 "맞짱"을 뜨는 용기입니다(참조. 엡 6:10-17).

믿음과 두려움

이처럼 "두려워하지 말라"라는 하나님 말씀의 의미는 "세상살이의 궁극적 마스터키(master key)는 나에게 있다!", "내가 역사의 주권자다! 이것을 믿어라!" 하는 것입니다. 이는 우리 그리스도인들에게 신앙이 무엇인지에 대한 본질적이고 근본적인 질문을 던지게 합니다. 대다수 그리스도인은 보이는 현실과 보이지 않는 하나님의 약속 사이에서 갈등할 수밖에 없습니다. 그리스도인의 신앙은 갈등과 고민, 의심 속에서 자라가기 마련입니다. 그러나 믿음이란 궁극적으로 하나님의 약속을 굳세게 붙잡는 것입니다. 비록 그것이 현실과 동떨어져 보인다 하더라도 그렇습니다. 하나님은 설교자 이사야를 통해 아하스와 우리 모두가 귀담아들어야 할 말씀을 하셨습니다.

> 만일 너희가 믿음 안에 굳게 서 있지 않으면 너희는 결코 서 있지 못할 것이다!(사 7:9)

어떤 믿음입니까? 하나님을 신뢰하는 믿음입니다. 하나님을 창조주로 신뢰하고 하나님을 구원자로 신뢰하는 믿음입니다. 창조주 하나님이 자신의 창조세계를 붙들고 계시다고 믿는 사람은 세상이 흔들려도 결코 깨어지거나 흐트러지지 않을 것이라는 확신 속에 거합니다. 또한 하나님을 구원자로 믿는 사람은 고난의 심연 가운데 빠질지라도 결코 두려워하지 않습니다. 하나님에 대한 이런 신뢰는 우리가 직면하는 소란과 요동과 위기 속에서 빛을 발하게 될 것입니다. 사도 바울의 신앙고백 중 한 구절이 떠오릅니다.

> 우리가 사방으로 우겨 쌈을 당하여도 싸이지 아니하며 답답한 일을 당하여도 낙심하지 아니하며 박해를 받아도 버린 바 되지 아니하며 거꾸러뜨림을 당하여도 망하지 아니하고(고후 4:8-9, 개역개정).

그렇지만 이러한 믿음은 결코 하루아침에 쌓이지 않는다는 사실을 기억하십시오. 물론 세월이 지난다고 해서, 그냥 시간을 보낸다고 해서 신앙이 튼튼해지는 것도 아닙니다. "세월의 수레바퀴"를 의미하는 한자어 年輪(연륜)이 가리키는 것처럼, 신앙도 세월의 온갖 풍상(風霜)과 거친 지형들을 거치면서 단단하고 견실하게 자라갑니다. 참된 신앙은 위기 속에서 빛나는 법입니다. 험악한 세월을 버티며 거친 광야 길을 지나려면 영적 힘과 강인한 신앙심이 필요합니다. 지속적인 운동과 훈련을 통해서만 근육이 자라가듯이 정규적인 기도 생활과 말씀 읽기는 신앙의 위기를 헤쳐나가는 영적 체력을 기르는 데 필수적인 요소일 것입니다.

기도 주님, 위기의 상황에서도 당신에 대한 믿음을 저버리지 않게 하소서. 아멘.

제14강

어리석은 사람

이사야 7:10-25

“나는 징조를 구하지 않겠습니다. 나는 야웨를 시험하지 않겠습니다”
(사 7:12).

7:10 야웨께서 다시 아하스에게 말씀하셨다. 11 "네 하나님 야웨께 저 깊은 곳이든지, 아니면 저 하늘 높은 곳이든지 징조(徵兆, sign) 하나를 요청하라." 12 그러자 아하스가 대답했다. "나는 징조를 구하지 않겠습니다. 나는 야웨를 시험하지 않겠습니다." 13 그러자 이사야가 말했다. "자, 당신 다윗의 자손아! 잘 들어라. 당신은 사람들의 인내심을 시험하는 것으로도 부족해서 이제는 하나님의 인내심까지 시험하느냐? 14 그러므로 주님께서 친히 징조를 주실 것이다. 한 처녀가 임신하여 아들을 낳고 그 이름을 임마누엘이라 부를 것이다. 15 그 아이가 악한 것을 버리고 착한 것을 선택할 줄 알 때 즈음에 그는 버터와 꿀을 먹을 것이다. 16 그러나 그 아이가 선한 것과 악한 것을 구별할 줄 알기 전에 두 왕의 국토는 황무지가 될 것이다. 17 야웨께서 당신과 당신의 백성들, 그리고 당신 조상들의 집안에 에브라임이 유다로부터 떨어져 나간 후 발생한 그 어떠한 때보다 심한 때가 닥치게 할 것이다. 야웨께서 아시리아 왕을 보낼 것이라는 말이다."

18 그날에, 야웨께서 신호를 보내시어 이집트의 먼 시내들에서 파리 떼를, 아시리아 땅에서 벌 떼들을 불러들일 것이다. 19 그것들이 몰려와 골짜기와 바위틈과 가시나무 덤불과 샘물 곁에 진을 칠 것이다. 20 그날에, 야웨께서 저 강 너머에서 빌려온 면도칼—아시리아의 왕—을 이용해 네 머리털과 다리털을 밀고, 수염까지 밀어버리실 것이다. 21 그날에, 비록 한 사람이 어린 암소 한 마리와 양 두 마리밖에 키우지 못해도 22 그것들이 내는 젖이 넉넉하여 버터를 만들어 먹을 수 있을 것이다. 그 땅에 남아 있는 모든 사람이 버터와 꿀을 먹을 것이다. 23 그날에, 은 십 킬로그램 가량의 가치가 있는, 포도나무 천 그루의 포도밭이 잡초와 가시나무로 뒤덮일 것이다.

24 그 땅이 잡초와 가시나무로 덮여 있을 것이기 때문에 사람들이 활과 화살을 가지고 그리로 갈 것이다. 25 한때 괭이로 경작하였던 모든 언덕에는, 사람들이 잡초와 가시나무가 무서워 더 이상 가지 않을 것이다. 그곳은 모두 소 떼나 양들이 밟고 다니는 땅이 될 것이다.

위선과 신앙

남유다의 왕 아하스는 위선적인 신앙인의 대표격입니다. 그는 속으로는 하나님을 불신하면서도 겉으로는 안 그런 척하는 사람이었습니다. 시리아-에브라임 동맹군이 유다를 치러 왔을 때 그를 포함하여 온 백성은 매서운 겨울바람에 떠는 사시나무처럼 떨었습니다. 국가적 위기를 두고 걱정하는 것은 당연합니다. 하나님은 그것을 나무라시지 않습니다. 그래서 설교자 이사야를 보내 확신을 심어주고 용기를 북돋워주고자 하셨습니다. 그리고 위기를 모면할 방법까지 알려주셨습니다.

그러나 불행하게도 아하스 왕은 하나님의 약속의 말씀을 **믿지 못**했습니다. 출렁이는 파도를 보며 물속으로 빠져 들어가던 베드로처럼 말입니다. 그는 다시금 기회를 주시면서 "징조"(sign)를 구해보라는 하나님의 두 번째 요청마저 위선적인 모습으로 흘려버립니다. "나는 야웨를 시험하지 않겠습니다"라고 대답한 것입니다. 이 말은 매우 신앙적이고 겸손하게까지 들립니다. 그러나 아하스의 마음속을 이미 들여다보고 계신 하나님은 이사야를 통해서 불편한 심기를 드러내셨습니다.

다윗의 자손아! 잘 들어라. 너는 사람들의 인내심을 시험하는 것으로도 부족해서 이제는 나 하나님의 인내심까지 시험하느냐?(사 7:13)

야웨를 시험하지 않겠다는 아하스의 말은 실상은 하나님의 오래 참으심을 시험하는 위선적 신앙의 표출이었습니다. 아하스의 위선에 어느 정도 화가 나신 하나님은 곧이어서 아하스가 구하지 않겠다는 "징조"를 그에게 일방적으로 알려주셨습니다. 원래 징조는 보는 것이지 듣는 것은 아닙니다. 그런데 하나님은 아하스에게 징조를 들려주셨습니다. 그 징조의 내용은 어떤 여인이 아이를 임신하여 아들을 낳고 그 아이의 이름을 임마누엘이라고 짓게 된다는 것이었습니다. 이사야 7:14에 기록된 이 징조는 소위 "임마누엘-예언"으로 널리 알려졌습니다.

징조로서의 임마누엘

여기서 우리는 임마누엘이란 이름을 가진 아이의 출생에 관한 이야기가 아하스 왕에게 "징조"(sign)로 주어졌다는 사실에 주목해야 합니다. 이사야서 본문에서 "처녀가 아이를 낳게 된다"는 말은 어떤 기적과 같은 출산 방법에 대해 말하는 것이 아닙니다. 본문의 "처녀"는 단지 가임(可姙) 여성을 말할 뿐입니다. 이사야서의 맥락에서 이 징조의 핵심은 아이의 출생과 작명에 있습니다. 즉 예루살렘에 거주하는 한 여자가 임신해서 남자아이를 낳게 되는데 그 아이의 이름이 "임마누엘"이라는 것이 중요합니다. 우리가 잘 알 듯이 임마누엘은 "하나님이 우리와 함께하신다"는 뜻입니다.

여기서 거론되는 처녀가 정확히 누군지는 알 수 없습니다. 사실 그녀가 누구인지는 별로 중요하지 않습니다. 어떤 학자들은 그녀가 아하스의 왕비나 이사야의 아내를 가리킨다고 추측합니다. 하지만 성경 본문은 그저 한 여성이라고만 말할 뿐 그녀의 이름이나 출신, 나이나 가족 관계에 대해서는 말하지 않습니다. 단지 임마누엘이라는 이름이 밝히 말하듯이 "하나님이 우리와 함께 계시기 때문에" 하나님을 믿고 신뢰해야 함을 강조할 뿐입니다. 이는 지금의 국가적 위기에서 반드시 벗어나게 된다는 하나님의 약속을 확신시켜주는 징조입니다. 언제 위기가 끝나느냐고요? 그 아이가 젖을 떼고 음식(버터와 꿀)을 먹을 때 즈음이 되면, 달리 말해 아기가 자라서 서너 살 정도가 되면 지금의 국가적 위기가 해소되고 유다를 침공한 두 나라인 시리아와 북이스라엘은 패망의 길을 걷게 될 것입니다(사 7:15-16). 그렇다면 아하스 왕은 앞으로 적어도 서너 해 정도를 인내하며 하나님을 신뢰해야 합니다. 이처럼 이사야서 자체의 맥락에서 임마누엘 예언은 무엇보다 하나님에 대한 "믿음과 신뢰"에 관한 것으로서, 처녀가 아이를 낳는 초자연적 기적에 대한 관심이 드러나지는 않습니다.[1]

어쨌든 아기 임마누엘의 출생은 아하스에게 좋은 소식(복음)이었습니다. 그러나 아하스는 불행하게도 그에게 주어진 복음을, 그에게 주어진 마지막 기회를, 즉 "우리와 함께하시는 하나님"(임마누엘)이라는 "이름-징조"를 놓쳐버립니다. 절호의 기회를 의심과 위선의 바람에 날려 보낸 것입니다. 위선적인 믿음으로는 하나님의 약속을 붙잡을 수 없다는 사실을 기억합시다. 믿음은 위기 가운데서도 진실하게 하나님의 약속을 붙잡는 것입니다. 믿음은 현재진행형 동사입니다.

하나님은 당신의 백성을 훈육하고 책망하고 심판하실 때 언제나 두 손을 모두 사용하십니다. 한 손으로는 심판의 회초리를 들고 다른 한 손으로는 상처를 싸맬 붕대와 연고를 드십니다. 그렇지 않다면 아마도 우리는 이미 예전에 사라졌을 것입니다. 심판과 용서, 채찍과 붕대, 분노와 은혜, 추방과 귀향, 십자가와 부활은 언제나 함께 가는 짝꿍 단어들입니다. 그러나 그 순서는 언제나 정해져 있습니다. 그렇다면 이사야 당시는 심판의 때였을까요, 용서의 때였을까요? 본문은 유다가 아직도 혹독한 심판의 계절을 지나는 중임을 알려줍니다. 그들은 자신들의 불신앙에 대한 값비싼 대가를 지불해야 합니다.

아하스 왕으로 대표되는 유다가 하나님을 신뢰하지 않고 주변 강대국들의 눈치를 살필 때 하나님은 몹시 불쾌해하셨습니다. 그렇지만 그 불쾌감을 감추고 마치 아이를 달래듯이 하나님을 신뢰할 것을 요청하셨습니다. 그뿐 아니라 그들이 두려워하는 눈앞의 국가적 위기가 별것 아니라고 말씀하시며 두려워 떠는 그들을 안심시키셨습니다. 그러나 불행하게도 아하스는 하나님을 신뢰하지 않았습니다. 이에 하나님은 징조를 구해보라고 요청하셨습니다. 그렇게 해서라도 아하스와 유다에 확신을 심어주고자 하셨습니다. 그런데 아하스는 결코 하나님을 시험하지 않겠노라고 말합니다. 이는 겉으로 볼 때 매우 믿음이 좋은 고백인 듯했지만 사실은 위장된 거짓 믿음이 드러나는 말일 뿐이었습니다. 그는 속으로 하나님이 실제로 구원을 베푸실 수 있을지에 대해 의심했습니다. 이에 대해 하나님은 네 가지 심판을 선언하십니다. 아하스는 완전 "곱빼기 심판"을 초래한 것입니다.

그날에

본문은 심판의 날을 가리켜 "그날"이라고 부릅니다(사 7:18, 20, 21, 23). "그날"은 임박한 재난의 때를 가리킵니다. 그날에는 어떤 일들이 일어날까요? 첫째, 전형적 강대국들인 애굽과 아시리아가 파리 떼나 벌 떼처럼 날아와 유다 전역을 덮어버릴 것이라고 말씀합니다. 그들의 군대는 거친 골짜기, 바위틈, 가시나무 울타리, 샘 곁 초장 등 어느 곳 하나 가리지 않고 진주할 것입니다(사 7:18-19). 그들이 휩쓸고 간 자리에는 폐허만 남습니다. 둘째, 이사야는 아시리아의 침공을 이발사의 삭도에 비유합니다(사 7:20). 날카롭게 날이 선 삭도로 머리털부터 다리털까지 싹 밀어버리듯이, 하나님이 아시리아를 심판의 도구로 삼아 유다 전역을 싹 쓸어버리실 것이라는 말씀입니다. 여기서 특히 머리털을 민다는 표현은 패배와 추방으로 인한 슬픔과 굴욕을 상징합니다. 셋째, 모든 것이 폐허가 되므로 사람들은 근근이 목축을 하면서 생존하게 될 것이라고 말씀합니다. 그런데도 그 땅에 살아남은 자들은 우유와 엉긴 젖과 꿀을 풍성하게 먹을 것입니다. 이는 진노 중에도 긍휼을 베푸시는 하나님의 은혜를 가리키는 말씀입니다. 마지막으로, 온 땅이 저주받은 땅이 되어 황폐화된다고 말씀합니다. 하나님의 심판은 철저할 것입니다. 하나님이 펼치신 진노의 손에 빠져 들어가는 것이 얼마나 무서운 일인지 기억하십시오. 하나님의 징계는 불신앙의 죄를 깨닫게 해주는 도구일 수 있습니다.

기도 하나님의 진노의 손안에 빠지지 않도록 정신을 단단히 차리고 살게 하소서. 아멘.

제15강

잔잔히 흐르는 물

이사야 8:1-10

"이 백성이 잔잔히 흐르는 실로아의 물을 버리고는…"(사 8:6).

8:1 야웨께서 내게 말씀하셨다. "너는 큰 두루마리를 가져다 그 위에 보통 글씨체로 '마헬살랄하스바스'라고 써라. 2 내가 믿을 만한 증인인 제사장 우리야와 여베레기야의 아들 스가랴를 불러 증언하도록 하리라." 3 그 뒤에 내가 그 여자 예언자를 가까이했더니 그녀가 임신하여 아들을 낳았다. 그때 야웨께서 내게 말씀하셨다. "그의 이름을 마헬살랄하스바스라 하라. 4 그 아이가 커서 '아빠, 엄마'라고 부르기 전에 다메섹과 사마리아의 모든 재물이 아시리아 왕에게 빼앗겨 갈 것이다." 5 야웨께서 다시 내게 말씀하셨다.

6 "이 백성이 잔잔히 흐르는 실로아의 물을 버리고는
르신과 르말리야의 아들 앞에서 두려워 떠니,
7 그러므로, 보라! 나 주가 그들을 칠 것이다.
세차게 흐르는 유프라테스 강물을 몰고 올 것이다.
아시리아 왕과 그의 모든 군대를 몰고 올 것이다.
그 강물이 수로를 넘어 흐르고
강둑 위로 넘쳐흘러
8 유다 땅을 휘감아 흘러 덮치고,
유다의 목까지 차오를 것이다.
오, 임마누엘아!
그 펼친 날개로 네 온 땅을 뒤덮을 것이다."

9 모든 민족들아, 전쟁의 함성을 높여보아라. 그리고 망하거라.
땅 끝에 있는 모든 나라들아, 잘 들어라.
싸울 준비를 하여라.
그리고 망하거라!

싸울 준비를 하여라.
　그리고 망하거라!
10 너희 전략을 세워보아라. 그러나 실패할 것이다.
　계획을 짜보아라. 그러나 성공하지 못할 것이다.
하나님이 우리와 함께 계시기[임마누엘!] 때문이다.

이사야서는 그 어느 예언서보다 "믿음"을 강조합니다. "너희는 인생을 의지하지 말라. 그 호흡이 코에 있는 인생에게 어디 셈할 가치라도 있는가?"(사 2:22), "너희가 굳세게 믿으면 결코 무너지지 않으리라"(사 7:9) 등이 이사야서의 대표적인 말씀입니다. 설교자 이사야에게 믿음과 신앙은 "하나님을 신뢰하다", "하나님을 의지하다"라는 뜻입니다.

이사야서는 당시의 국가적 위기 상황 앞에서 유다의 왕과 백성이 어떻게 대처했는지를 신앙의 렌즈를 통해 평가합니다. 아쉽게도 아하스 왕과 그의 백성은 하나님을 의지하거나 신뢰하지 않았습니다. 그래도 하나님은 설교자 이사야를 통해 유다의 왕 아하스에게 굳센 믿음을 가지라고 반복해서 말씀하셨습니다. 하나님은 설교자 이사야의 아들들에게 특이한 이름을 지어주시면서 그 이름을 통해 아하스 왕에게 믿음을 가지라는 메시지를 전하셨습니다. 이제부터 하나님이 어떻게 설교자 이사야가 낳은 아들들의 이름을 통해 믿음을 촉구하셨는지 살펴보겠습니다.

스알야숩

설교자 이사야에게는 이미 "징조(sign)-이름"을 가진 아들이 있었습니다. 바로 "스알야숩"이 그 아들이었습니다. 또 다른 징조-이름을 갖게 된 아이는 아마도 "임마누엘"이었을 것입니다. 이 둘은 모두 시리아-에브라임 동맹군이 남유다 왕국을 침공하면서부터 시작된 국가적 위기와 재난의 시대에 태어난 아이들이었습니다. 그들의 이름은 두려워 떨고 있었던 유다의 왕 아하스와 그의 백성들에게 주신 구원의 메시지를 담고 있습니다.

첫 번째 징조-이름인 "스알야숩"은 "남은 자만 돌아가리라"는 뜻입니다. 이 이름이 어떻게 아하스 왕에게 믿음을 촉구하는 메시지가 되었을까요? 하나님은 이사야에게 아들 스알야숩을 데리고 예루살렘 성안의 상수도 공사를 지휘하던 아하스 왕을 만나러 가라고 하셨습니다(사 7:3).[1] 이 공사는 예루살렘 성 바깥에 있는 샘에서 시작되는 물길을 궁궐 가까이로 끌어들이는 대형 공사로서 전쟁과 같은 위기 상황에 활용할 식수를 확보하기 위한 것이었습니다.

시리아-에브라임 동맹국의 남침이 임박하자 아하스 왕은 다급해져서 직접 현장에 나와 공사를 진두지휘했던 모양입니다. 그런데 막대한 자금과 인력이 투입되는 국가 정책 사업 현장에 어린아이 하나를 대동하고 나타난 이사야는 시리아-에브라임의 공격이 실패할 것이라는 하나님의 메시지를 전해줍니다. 이 메시지는 이사야가 데리고 간 아이의 이름을 통해 더욱 강화됩니다. 왜냐하면 그 아이의 이름 "스알야숩"은 "오직 남은 자만 돌아가리라"는 뜻으로서 시리아-에브라임 동맹군 중에 오직 소수의 군사만이 살아남을 것을 보여주기 때문이었습니다. 아하스 왕은 지금 두 눈으로 이사야의 아들 "스알야숩"을 통해 하나님이 적군을 파멸시켜 살아남은 군사들만 간신히 맨발로 도주하게 하신다는 시각적 메시지를 전해 들은 것입니다. 아하스는 스알야숩의 이름 안에 들어 있는 이 구원의 메시지에 대해 믿음으로 응답해야 했습니다.

임마누엘

두 번째 "징조-이름"은 "임마누엘"이었습니다. 이 이름 역시 당시의 국난에 대한 하나님의 메시지를 잘 드러내 줍니다. 임마누엘은 "하나님이 우리와 함께하신다"는 의미입니다. 험악한 국난의 폭풍우 가운데서도 하나님이 우리와 함께하신다면 두려워할 필요가 없습니다. 근본적으로 하나님이 함께하신다는 말씀보다 격려가 되고 용기를 불어넣어 주는 메시지가 어디 있을까요? 이처럼 임마누엘이라는 아이의 이름은 시리아-에브라임 동맹군의 침공으로 인해 두려워 떨던 아하스 왕과 백성들에게 구원이 하나님으로부터 오는 것임을 가르치고 그분만을 신뢰하라고 촉구하는 메시지 그 자체였습니다.[2]

마헬살랄하스바스

이렇게 하나님은 두 징조-이름인 "스알야숩"과 "임마누엘"의 의미를 통해 아하스에게 믿음을 갖고 두려워하지 말 것을 반복해서 말씀하셨습니다. 그런데도 아하스는 하나님에 대한 믿음을 갖지 못했습니다. 하나님은 그런 아하스에게 세 번째 징조-이름을 통한 메시지를 전하셨습니다. 만일 이번에도 듣지 않는다면 그는 "삼진아웃"을 당할 것입니다.

설교자 이사야는 하나님으로부터 상징적인 행동을 하라는 명을 받습니다(사 8:1). 커다란 서판에 방을 써 붙이듯이 "마헬-살랄, 하스-바스"라고 써서 누구라도 쉽게 알아보도록 하라는 것이었습니다. 이 히브리어 문구는 "약탈에 빠르고, 탈취에 신속하다"는 뜻입니다. 이는 시리아와 북이스라엘이 머지않아 침략을 당하게 되어 유다 왕국이 그들의 압박에서 벗어나게 된다는 구원의 약속을 가리킵니다. 물론 시리아와 북이스라엘을 신속하게 패퇴시켜 무기력하게 만들 나라는 아시리아입니다.

하나님은 아시리아를 심판의 도구로 삼아 시리아와 북이스라엘을 징벌하시고 유다에게는 구원을 주시겠다고 약속하셨습니다. 그리고 이 약속을 공증하기 위해 제사장 신분의 두 증인까지 세웠습니다(사 8:2). 하지만 마음을 잡지 못하고 이리저리 흔들리는 유다 왕국의 상황은 시간이 흘러도 나아지지 않았습니다. 그러던 중 이사야는 또 다른 아들을 낳게 됩니다. 추측에 의하면 설교자 이사야는 "스알야숩"을 낳은 첫째 부인과 사별하고 재혼을 한 것 같습니다. 그는 이번에 낳은 아들의 이름을 "마헬살랄하스바스"라고 지었습니다. 지난번 서판에 썼던 문구를 아들의 이름으로 삼은 것입니다. 앞서 말했듯이 이 이름은 시리아-에브라임 동맹군의 위협으로부터 유다가 신속하게 구출될 것을 가리키는 예언적 이름이었습니다.

얼마나 감사한 일입니까? 하나님은 한두 번이 아닌 세 번씩이나 아하스 왕과 유다 백성을 설득하셨습니다. 다른 것을 생각하지 말고 오직 당신만을 신뢰하라고 끈질기게 강청하셨습니다. 하나님 앞에서 시리아와 에브라임 동맹군은 불에 타다 남은 부지깽이에 불과합니다! 하나님의 능력과 주권을 불신하던 유다 왕 아하스도 이 정도면 회개하고 돌아서야 하지 않을까요? 그러나 그런 것 같지 않습니다. 진한 아쉬움이 남는 대목입니다.

이제 하나님은 세상의 세력을 의존하고 하나님을 불신하는 아하스와 유다를 심하게 꾸짖으십니다. 아하스와 유다는 아람(시리아) 왕 르신과 에브라임(북이스라엘) 왕 르말리야의 아들(베가)을 기뻐했기 때문입니다(사 8:6). 여기서 "기뻐했다"는 말은 아부했다는 뜻입니다. 그러면서도 속으로는 그들을 심히 두려워하였습니다. 이는 하나님의 백성인 유다의 왕이 취할 행동은 아니었습니다.

실로아의 물

세상 나라들과 역사의 주관자가 야웨 하나님이라고 믿는다면 지금 코앞에 고난이 닥쳤더라도 결코 흔들리지 않는 확신이 있어야 하는 것 아닙니까? 더구나 아하스에게는 하나님의 말씀을 전해주는 이사야가 있지 않았습니까? 그런데도 아하스 왕과 유다는 하나님에 대한 믿음과 신뢰를 헌신짝처럼 저버렸습니다. 이사야의 시적(詩的) 표현에 따르자면 그들은 "잔잔히 흐르는 실로아의 물"을 버린 것입니다(사 8:6). 실로아의 물은 예루살렘 성 바깥 기혼 샘에서 솟아 예루살렘 성내의 실로암 못까지 천천히 흐르던 수로입니다. 이처럼 잔잔히 흐르는 실로아의 물은 분명히 하나님의 "지속적인 보호하심"을 상징합니다. 천천히 부드럽게 소리 없이 흐르는 실로아의 물! 그와 같이 하나님의 구원은 고요히, 조용히, 잔잔히 부드럽게 이루어집니다.

하나님은 큰 소리를 내며 일을 하시지 않습니다. 하나님은 하늘이 열리고 천둥 번개가 치며 지진이 일어나는 사건 속에서 자신을 드러내기를 즐기시는 분이 아닙니다. 하나님의 구원은 힘이 없어 보이고 큰 소리가 나지 않으며 시끄럽지도 않습니다. 때로는 오랜 시간이 걸릴지도 모릅니다. 그러나 가랑비에 옷이 젖듯이 하나님의 일하심은 분명히 효력이 있습니다.

우리는 허세가 가득하고 외형이 좋아 보이는 성취 속에서 하나님의 구원을 찾아서는 안 됩니다. 하나님이 일하시는 방식과 시간에 대해 마음을 여십시오. 잠잠히 그분의 구원을 기다려야 합니다. 하나님의 일은 인간적 구호나 외침으로 성취되지 않습니다. 가뭄에도 끊이지 않고 흐르는 시냇물처럼 하나님의 지속적이고 끊임없는 보호만이 우리 구원의 원천(源泉, *fontes*)입니다. 천천히 부드럽게 흐르는 실로아의 물만이 전쟁의 포화 속에서 우리가 마셔야 할 생명수입니다. 하나님만이 우리의 영생수이십니다. 목마른 사슴이 시냇물을 찾기에 갈급함과 같이 우리의 영혼이 생명수의 근원이신 하나님을 찾기에 갈급하기를 바랍니다. 원천으로(*ad fontes*) 돌아가야 합니다.

하나님의 백성은 자신의 잘못과 죄로 인해 하나님의 심판을 받을 때라도 하나님의 궁극적인 보호하심이 있을 것이라는 확신에서 물러서면 안 됩니다. 하나님의 구원 약속을 굳게 붙들고 당당하게 외쳐야 합니다. 하나님의 백성은 아시리아로 대표되는 강력한 세상 나라들을 향해 당당하게 말할 수 있는 존재입니다. "당신들의 세력이 아무리 강하더라도 반드시 패망할 것이며, 당신들의 계획이 아무리 뛰어나다 하더라도 시행되지 못할 것이다. 왜인 줄 아는가? 하나님이 우리와 함께 계시기(임마누엘!) 때문이다." 그렇습니다! 사망의 음침한 골짜기로 다닐지라도 해악을 두려워하지 않을 것은 우리에게 "임마누엘"이 약속으로 주어졌기 때문입니다. 하나님은 아하스로 대표되는 유다의 불신과 두려움에도 불구하고 반복해서 "임마누엘"의 약속을 주시는 신실한 분입니다(사 8:8, 10).

기도 잔잔히 흐르는 하나님의 보호하심 앞에서 조급해하지 않게 하소서. 아멘.

제16강

구원의 약속 붙잡고 살기

이사야 8:11-15

"그가 성소가 될 것이다. 그러나…사람을 걸려 넘어지게 하는 돌도 되고 그들을 걸려 넘어지게 하는 바위도 된다"(사 8:14).

8:11 야웨께서 그 강한 손을 내 위에 얹으시고 이 백성의 길을 따라가지 말라고 경고하면서 말씀하셨다.

12 "이 백성이 음모라고 부르는 것 모두를
음모라 부르지 말라.
그들이 두려워하는 것을 두려워하지 말고
무서워하지 말라.

13 만군의 야웨, 그는 너희가 거룩하게 여겨야 하는 자다.
그는 너희가 두려워할 자이고
그는 너희가 무서워할 자다.

14 그가 성소(聖所)가 될 것이다.
그러나 이스라엘의 두 집안에는,
그는 사람을 걸려 넘어지게 하는 돌도 되고
그들을 걸려 넘어지게 하는 바위도 된다.
예루살렘 거주민들에게
그는 함정도 되고 올가미도 된다.

15 그들 중 많은 사람이 걸려 넘어진다.
그들이 넘어지고 다치기도 한다.
그들이 덫에 걸려 붙잡히기도 한다."

넓은 길

하나님은 풍전등화의 위기에 처한 나라를 위해 사역 중이던 이사야의 믿음을 다시금 굳세게 하시면서 사람들의 의견이나 평가, 음모나 협박을 두려워하지 말라고 당부하십니다. 하나님이 설교자 이사야를 강한 손으로 붙잡으신 것입니다(사 8:11). 하나님이 "강한 손을 얹으셨다"는 것은 강하게 임하시는 성령의 감화를 말합니다. 우리에게도 이와 같은 하나님의 인도와 지도가 필요합니다. 우리는 너무도 쉽게 다른 사람의 의견에 동요하거나 휩쓸리기 때문입니다. 이 세상에는 유행이나 상식, 대중의 의견이라는 이름 아래 하나님의 뜻에 반하는 것들이 얼마나 많은지요? 그러나 그런 것들을 따라가는 길은 위험천만합니다. 멸망으로 인도하는 문은 크고 그 길이 넓어 그리로 들어가는 자가 많습니다.

이런 의미에서 설교자 이사야는 당시의 백성들과는 대조되고 대응되는 길을 걸어가야 했습니다. 하나님은 이사야에게 너는 "이 백성의 길을 따라가지 말라"라고 분명하게 말씀하셨습니다(사 8:11). "이 백성의 길"이란 무엇입니까? 대중이 들짐승처럼 떼를 지어 우르르 몰려가는 길입니다. 그들은 지금 무슨 일이 일어나는지, 무엇이 문제인지, 어떻게 해야 하는지 깊이 성찰하거나 이해하려고 하지 않습니다. 주변 사람들이 뭐라고 하면 그런가 보다 하며 덮어놓고 따라갑니다. 소위 "하더라 신앙"입니다. 소문에 "뭐가 좋다고 하더라" 하면 그것의 진위와 가치는 따져보지도 않고 따라갑니다. 마치 머리를 땅에 박고 앞에 가는 두목의 뒷발만 쳐다보면서 덮어놓고 달려가는 아프리카 대평야의 짐승 떼와 같습니다.

당시 남유다 백성들과 그들의 왕 아하스는 북이스라엘과 시리아가 동맹을 맺어 남유다를 무너뜨리고 꼭두각시 왕을 옹립하려는 "음모"(개역개정 성경에서는 "반역자")에 온통 신경을 곤두세우며 그 문제에 몰두하고 있었습니다. 그들은 겨울철 북풍에 사시나무 떨듯 두려워하며 떨었습니다. 그러나 하나님은 얼마나 자주 설교자 이사야를 통해 그들에게 "두려워하지 말라"고 하셨습니까? 하나님은 설교자 이사야에게 사람들이 "이게 앞으로 일어날 무시무시한 일들(음모)이야"라고 말해도 귀담아듣지 말고 무시하라고 알려주십니다. 두려움과 공포에 떨고 있는 그 백성들은 이미 하나님의 말씀을 우습게 여기던 자들이기 때문입니다.

사실 그들이 두려워해야 할 대상은 시리아도 북이스라엘도, 그들의 강력한 연합군도 아니었습니다. 하나님은 이미 그들의 운명이 정해져 있다고 말씀하시지 않았습니까? 기껏해야 불티 몇 개를 공중에 휘날리다 사라져버릴 연기 나는 부지깽이라고 하지 않았던가요? 그렇습니다! 국난과 같은 어려운 일들이 한꺼번에 몰려올 때라도 우리의 눈은 오로지 야웨 하나님께만 초점을 맞추어야 합니다. 이것이 신앙인의 올바른 태도입니다. 물론 그런 태도를 유지하기란 결코 쉽지 않습니다. 그런 믿음은 하루아침에 생겨나지 않습니다. 하지만 신앙의 훈련을 통해 우리는 우리의 눈길을 창조주이시며 구원자이신 하나님께 맞춰야 할 것입니다. 옛날에 바다를 항해하던 배가 풍랑에 휩쓸려 항로를 잃어버렸을 때 북극성을 바라보았던 것처럼, 시험과 시련이 닥칠 때일수록 당장 시급한 일들을 처리하기보다는 먼 곳에 시선을 고정해야 합니다. 저 하늘 높이 떠 있는 고정별을 바라보라는 말입니다.

남유다의 백성들과 왕이 두려워했던 시리아와 북이스라엘의 음모는 사실 별문제가 아니었습니다. 그들이 진정 두려워해야 할 음모는 하나님이 그들을 향해 품고 계신 음모였습니다. 달리 말해 왕국의 운명과 미래는 북이스라엘과 시리아의 손에 달린 것이 아니라 하나님의 계획에 달려 있다는 사실을 기억해야 했습니다. 그러나 그들은 하나님의 뜻과 계획—그들을 치시려는 음모—에 대해서는 주의를 기울이지 않았습니다. 우리의 삶에서 제일 중요한 요소는 무엇입니까? 우리의 삶에서 누가 제일 중요한 위치를 차지하고 있습니까? 정말로 하나님이십니까? 우리의 삶을 향한 하나님의 계획—때론 하나님의 음모—이 우리가 어떤 결정을 내리거나 어떤 생각을 할 때 가장 중요한 요인으로 작용합니까?

유일한 피난처

우리는 결단해야 합니다. 하나님만 신뢰하고 묵묵히 길을 걸어가는 자에게 하나님은 성소(sanctuary)가 되시지만, 그를 불신하는 자에게는 거치는 돌과 걸음을 방해하는 바위가 되십니다. 여기서 성소는 안식처, 보호소, 대피소, 피난처의 의미도 갖습니다. 반면에 하나님을 신뢰하지 않는 자들에게 하나님은 함정과 올무와 덫이 되어 결국 그들을 파멸에 이르게 하십니다. 신약성경에서는 그리스도께 이 개념을 적용합니다(롬 9:33; 벧전 2:6). 그리스도이신 예수님을 받아들이고 그분을 신뢰하면 그분은 환난 날에 구원을 주는 피난처와 대피소가 되십니다. 하지만 그분을 무시하거나 불신하면 그분은 걸려 넘어져 크게 다치게 하는 모난 돌이 되십니다.

허접한 대중 신학

이사야 당시의 유다 백성들은 예루살렘 성전을 의지하면서 "하나님이 함께하신다", "다윗 왕조는 영원할 것이다"라는 하나님의 약속을 맹목적으로 되뇌었습니다. 당시 가장 대중적인 신학은 소위 "성전 신학"과 "시온 신학"이었습니다. 그런데 그들은 하나님을 신뢰하고 의지해야만 하는 어려운 현실에 직면하자 다른 출구를 찾아 이리저리 헤맸습니다. 한 번 받은 하나님의 구원 약속은 영원하다는 잘못된 구원관에 사로잡혀 실제로는 하나님을 의지하지도 않고 신뢰하지도 않는 불신앙에 빠져 있었던 것입니다.

오늘날에도 많은 그리스도인은 하나님이 "성소"(안식처, 보호소, 대피소,

피난처)가 되신다는 약속에 호감을 보입니다. 이 약속에 대해 거의 맹목적인 집착을 보이기도 합니다. 물론 그리스도인은 당연히 그런 약속을 확실하게 붙잡아야 합니다. 그러나 그 약속은 자동으로 작동하는 기계 장치가 아닙니다. 하나님을 정말로 신뢰하고 의지하는 삶을 살지 않으면 그 약속은 반응하지 않는다는 말입니다. 이 점에서 우리는 이사야서가 왜 그토록 "믿음", "신앙", "신뢰", "의지"라는 용어를 강조하는지 기억해야 합니다. 그리고 왜 이사야서가 반복적으로 언약의 백성들에게 "두려워하지 말라", "무서워하지 말라", "놀라지 말라"고 명령하는지 유념해야 할 것입니다.

한 길로만!

어쨌든 우리의 신앙은 좌로나 우로나 치우치지 말아야 합니다. 양극단의 결과는 불신자와 신자 모두에게 경고를 던져줍니다. 불신자들은 불신앙을 고집하는 것이 마치 발뒤꿈치로 가시덩굴을 차는 것처럼 어리석은 일이라는 사실을 깨달아야 합니다. 한편 신자들은 신앙과 관계없는 대중에게 소외당하거나 핍박당하는 일을 두려워하지 말고 오직 한 분 하나님을 붙잡아야 합니다. 우리 함께 어려울 때일수록 주님을 의지하는 일에 매진합시다. 가사를 음미하면서 찬송가 543장을 불러보시기 바랍니다.

어려운 일 당할 때 나의 믿음 적으나
의지하는 내 주를 더욱 의지합니다

세월 지나갈수록 의지할 것뿐일세
무슨 일을 당해도 예수 의지합니다

성령께서 내 마음 밝히 비춰주시니
인도하심 따라서 주만 의지합니다

세월 지나갈수록 의지할 것뿐일세
무슨 일을 당해도 예수 의지합니다

밝을 때에 노래와 어둘 때에 기도로
위태할 때 도움을 주께 간구합니다

세월 지나갈수록 의지할 것뿐일세
무슨 일을 당해도 예수 의지합니다

생명 있을 동안에 예수 의지합니다
천국 올라가도록 의지할 것뿐일세

세월 지나갈수록 의지할 것뿐일세
무슨 일을 당해도 예수 의지합니다

기도 세간의 이목이나 평판보다는 하나님의 길을 따르는 자가 되겠습니다. 아멘.

제17강

지옥으로 가는 길

이사야 8:16-22

"만일 그들이 이 말씀에 따라 말하지 않는다면 그들에게는 새벽녘이 없을 것이다"(사 8:20).

8:16 증거(證據)를 꼭 싸고

내 제자들이 보는 앞에서 율법을 봉인(封印)하여라.

17 야곱의 집안에 자신의 얼굴을 숨기시는 야웨를

나는 기다릴 것이다.

나는 그를 바랄 것이다.

18 보라! 나와 및 야웨께서 내게 주신 자녀들이 여기 있다. 이들은 시온 산에 계시는 만군의 야웨로부터 온 이스라엘 백성을 위한 표적이며 증거다.
19 사람들이 너희에게 "소곤거리고 중얼거리는 무당과 점쟁이들에게 물어보라. 사람들은 마땅히 그들의 신들에게 물어보아야 하지 않는가? 살아 있는 자들을 위하여 죽은 사람에게 물어보아야 하지 않는가?"라고 말한다. 20 그러나 율법과 증거를 보라! 만일 그들이 이 말씀에 따라 말하지 않는다면 그들에게는 새벽녘이 없을 것이다. 21 그들은 비탄과 굶주림 속에서 이 땅을 헤맬 것이다. 그들은 굶주림을 이기지 못해 분노하며 위를 쳐다보며 자기들의 왕과 하나님을 저주할 것이다. 22 그때 그들이 땅을 둘러보겠지만 오직 고통과 흑암과 무서운 그늘만 보일 것이다. 그들은 칠흙 같은 흑암 속으로 내몰릴 것이다.

애쓰는 설교자

설교자 이사야는 당시 유다가 직면한 국가적 위기 상황에 대해 아하스 왕과 백성들에게 "하나님을 신뢰하고 결코 두려워하지 말라"고 수없이 외쳤습니다. 또한 시리아와 북이스라엘이 아무리 강하게 나오더라도 걱정하지 말라고 권고했습니다. 왜냐하면 그 모든 일을 궁극적으로 다루시는 분은 하나님이시기 때문입니다.

아하스 왕과 백성들에게 필요한 것은 강력한 군사력의 증대나 사회적 안전망의 확충, 경제력 강화가 아니었습니다. 그들에게 필요한 것은 "오직 믿음"이었습니다. 물론 덮어놓고 믿는 믿음이 필요했다는 말은 아닙니다. 역사의 주관자가 하나님이시라는 믿음, 세상일이 보이는 대로만 돌아가는 것이 아니라는 통찰, 창조주이자 구원자이신 하나님에 대한 신뢰가 필요했습니다.

설교자 이사야는 유다의 왕과 백성들을 격려하고 설득해 확신을 심어주기 위해 여러 가지 노력을 기울였습니다. 그중 눈에 띄는 방법은 하나님의 명령대로 "징조-이름"들을 사용하여 하나님의 뜻을 곱씹도록 했다는 것입니다. 여기서 다시 한 번 징조-이름을 간단하게 정리하면 다음과 같습니다.

① **스알야숩**(남게 된 자만 돌아가리라, 남게 된 자는 돌아오리라): 시리아와 북이스라엘이 침공한다 하더라도 그들은 결국 패배하여 도망하게 될 것인데, 전투에서 간신히 살아남은 자들이 맨발로 도주하여 그들의 고국으로 돌아가게 된다는 뜻이다.

② **임마누엘**(하나님이 우리와 함께하신다): 시리아와 북이스라엘의 동맹이 아무리 강하더라도 하나님이 유다와 함께하시니 결코 두려워하지 말라는 뜻이다.

③ **마헬살랄하스바스**(약탈에 빠르고 탈취에 신속하다): 시리아와 북이스라엘의 침공으로 인한 전쟁은 2-3년 만에 마치게 되는데, 그때 아시리아 제국이 시리아와 북이스라엘 동맹국을 무너뜨리고 시리아

의 재물과 북이스라엘을 약탈한 노략물을 모두 아시리아로 가져가리라는 뜻이다.

하나님은 위기 앞에서 흔들리는 유다의 믿음을 강하게 하시려고 이사야를 통하여 한두 번도 아니고 여러 차례 여러 모양으로 부단히 애를 쓰며 말씀하셨습니다. 이사야가 막내아들 마헬살랄하스바스를 낳기 전에는 커다란 서판에 "마헬살랄하스바스"라는 글자를 써서 모든 사람이 읽을 수 있게 하셨습니다. 심지어 증인을 두 명이나 세우기도 하셨습니다. 그 진실한 증인은 바로 제사장 우리야와 스가랴였습니다(사 8:2; 참조. 왕하 16:10-11).

사람들의 고집스러움에도 좌절하지 않는 사역자

이사야는 하나님의 메시지를 절실한 마음으로 왕과 백성들에게 전했습니다. 그러나 그들은 고집을 부리며 듣지 않았습니다. 하나님 말씀에 냉담한 반응을 보이며 완고하게 거부했습니다. 그쯤 되니 메시지를 더 전할 필요가 없었습니다. 듣지 않는데 무엇하러 전한다는 말입니까? 결국 이사야는 시리아-에브라임 전쟁 기간에 전했던 메시지들—이사야 7-8장에 기록된 내용들—을 모두 접겠다고 선언합니다. 달리 말하면 하나님은 이사야에게 "증거의 말씀"—아시리아는 반드시 멸망하고 유다의 남은 자에게는 구원의 소망이 있다는 말씀—을 이제 제자들에게 넘겨주라고 하신 것입니다(사 8:16).

아마도 설교자 이사야에게는 그를 따르는 제자들이 있었던 듯합니다. 그 제자들은 예언자 이사야의 설교와 메시지를 신실하게 기록으로 남기고 그것을 반복해서 읽으며 연구하고 묵상했던 것 같습니다.[1] 또한 이사야의 사역을 곁에서 지켜보면서 말씀의 수종자인 이사야의 담대함과 확신을 체험하고, 동시에 예언자 개인의 고뇌와 번민도 느꼈을 것입니다. 그들은 아마 "제자로서 살아간다"라는 말의 의미를 스승의 생활과 몸을 통해 실제로 배웠을 것입니다.

어쨌든 설교자 이사야는 사역을 잠시 쉬게 된 셈이었습니다. 아무래도 대중의 배척과 거절, 왕의 소심함과 우유부단함이 그에게 큰 상처와 회의감을 안겨주었을 것입니다. 우리가 그런 상황에 봉착했더라면 크게 낙심하여 뒤로 물러섰을 가능성이 큽니다. 수년간의 고된 사역에도 불구하고 아무런 열매도 없이 초라하게 사역을 끝내야 한다면 누가 실망하지 않겠습니까?

그러나 설교자 이사야는 그가 전한 하나님의 말씀이 대중의 반응을 얻지 못했음에도 낙심하지 않았습니다. 그는 단지 그가 전한 말씀이 성취될 미래를 바라보며 만족했습니다. "나는 야웨를 기다리며 그를 바라보리라"(사 8:17)는 그의 고백에 귀를 기울여보십시오. 그는 장차 하나님이 야곱의 집인 이스라엘을 외면하실 뿐 아니라 그들 위에 분노의 포도주잔을 쏟으시리라는 사실을 확신했습니다. 그래서 그는 하나님을 기다립니다. 그리고 그 누가 뭐라고 해도 하나님을 신뢰하고 의지하겠다는 생각을 공공연히 드러냅니다. 우리도 마찬가지입니다. 낙망이 몰려오고 어려움이 클수록 주님을 의지하는 일에 매진해야 합니다.

마지막으로 찾아야 할 곳

많은 사람이 힘든 일이나 어려운 일을 당하면 자연스럽게 초자연적인 것에서 답을 찾으려 눈을 돌립니다. 오늘날 같은 최첨단 시대에도 미신과 무당, 운세 등이 여전히 유행하는 이유입니다. 특히 중병에 걸리거나 재산상의 파산, 중요한 인간관계의 파국과 같은 치명적인 위협을 당한 사람은 누군가 홀리듯이 어디에 가보라고 하는 말에 귀가 솔깃하기 마련입니다. 그 "어디"가 도대체 어디일까요? 성경의 용어를 빌려 말하자면 신접한 자나 용한 점쟁이, 신통한 마술사나 혼령을 불러내는 자가 있는 곳입니다. 그런 유혹의 소리는 가까운 친지나 친구가 건네는 권고이기도 하지만 어느 때는 연약한 내면에서부터 들려오는 소리이기도 합니다. 이럴 때 여러분이라면 어떻게 하시겠습니까? 지푸라기라도 잡는 심정으로 그런 곳에 가시겠습니까? 그러면 절대 안 됩니다.

예언자 이사야는 분명하고 단호한 어조로 말합니다. "신자라면 자기의 하나님께 물어야 하지 않겠느냐?", "어떻게 살아 있는 자를 위하여 죽은 자에게 물어보느냐?", "어떻게 살아 있는 사람의 문제를 죽은 자의 혼령에게 물어볼 수 있느냐?" 그는 이렇게 다그치며 꾸짖습니다. 그리고는 모든 신자가 반드시 따라야 할 명쾌한 대안을 제시합니다. "영험하다는 것들을 추구하거나 따르지 마시오!", "이미 당신들에게는 평소에 주어진 하나님의 말씀들과 율법들과 가르침들이 있지 않소?", "하나님의 지시와 가르침을 따르시오!", "하나님이 경고하신 말씀들과 증거들을 귀담아들으시오!"

이런 경고들을 따르지 않는 사람은 계속해서 어둠 가운데 헤매는 자입니다. 그에게는 영적 여명(黎明)이 오지 않습니다. 하나님의 말씀과 가르침을 가볍게 생각하거나 거기서 벗어나는 사람에게는 곧이어 영적 기근이 찾아오고 영적 암흑이 사방을 둘러칩니다. 그렇습니다! 하나님과 그분의 가르침을 떠나면 "춥고 배고프게" 될 것입니다. 춥고 배고픈 상황은 언제나 어둡고 깜깜한 밤과 같이 찾아옵니다. 그런 의미에서 본문은 하나님을 떠난 사람들의 마음의 눈이 어두워져 제대로 길을 찾지 못하고 점점 더 수렁 속으로 빠져들게 된다고 말하는 것입니다. 그들에게는 새벽 여명이 밝아오지 않습니다. 새벽이 없는 세상을 생각해보십시오. 새벽이 오지 않는다는 것은 어둠과 암흑 같은 혼돈 상태가 지속된다는 말입니다.

> 땅을 굽어보아도 환난과 흑암과 고통의 흑암뿐이리니 그들이 심한 흑암 가운데로 쫓겨 들어가리라(사 8:22, 개역개정).

이것은 하나님의 말씀과 가르침과 지시를 배척하거나 우습게 여기는 자들이 처할 종국적 상태입니다. 이런 상태야말로 지옥이 아니고 무엇입니까? 지옥은 이처럼 하나님이 싫어서 그로부터 멀리 떠난 사람들이 가는 곳입니다. 고통과 절망, 두려운 암흑과 혼돈의 세계가 지옥입니다. 이제 우리는 밝은 곳으로, 삶의 여명이 밝아오는 곳으로 나아가야 합니다. 그곳은 하나님의 가르침과 말씀, 하나님의 증거가 있는 곳입니다. 힘들고 어려울 때일수록 신앙의 정도(正道)를 걸으십시오. "길(道)이며 진실이시며 생명이신" 예수 그리스도만이 우리의 마지막 대피소요, 피난처요, 성소입니다.

기도 하나님이 역사의 주관자이심을 믿고 신앙의 정도를 걸어가겠습니다. 아멘.

제18강

어린아이가 다스리는 세상

이사야 9:1-7

"그가 지금부터 영원까지 다윗의 보좌와 그 나라에 앉아 정의와 공평으로 그 나라를 세우고 굳게 할 것이다. 만군의 야웨의 열정이 이 일을 이루실 것이다"(사 9:7).

9:1 그러나 고통 가운데 있었던 자들에게는 더 이상 어둠이 없을 것이다. 처음에는 그가 스불론 땅과 납달리 땅으로 수치를 당하게 하셨지만, 나중에는 지중해에서부터 요단 강까지, 그리고 북쪽으로는 이방인들이 사는 갈릴리까지, 그 모든 지역을 영광스럽게 만드실 것이다.

2 어둠 속을 걷던 백성이
큰 빛을 보았다.
죽음의 그림자가 드리운 땅에 살던 자들,
그들 위에 새벽이 밝아왔다.

3 "당신께서 그 민족을 번창케 하시고
기쁨을 크게 하셨습니다.
마치 추수 때의 기쁨처럼
그들이 당신 앞에서 기뻐합니다.
마치 전쟁의 포획 물건을 나눌 때처럼
그렇게 기뻐합니다.

4 당신은 그들을 짓누르는 멍에와
그들의 어깨를 누르던 무거운 막대기,
압제자의 몽둥이를 부숴버리셨으니
마치 미디안이 패배할 때처럼 그렇게 하셨습니다."

5 전쟁터에서 사용된 전사들의 신발과
피로 얼룩진 옷들이 모두
땔감이 되어 불에 타버릴 것이다.

6 한 아이가 우리에게 태어나고
한 아들이 우리에게 주어졌다.

정사(政事)가 그의 어깨에 달려 있고

그의 이름은 "번뜩이는 모사(謀士)", "전능하신 하나님",

"영원하신 아버지", "평화의 왕"이라 불릴 것이다.

7 그의 다스림은 광대하고

평화는 끝이 없이 이어질 것이다.

그가 지금부터 영원까지

다윗의 보좌와 그 나라에 앉아

정의와 공평으로

그 나라를 세우고 굳게 할 것이다.

만군의 야웨의 열정(熱情)이

이 일을 이루실 것이다.

환상가 예언자

예언자들은 환상가, 즉 꿈을 꾸는 자들이었습니다. 비록 시대는 어둡고 암울했어도 예언자들은 "긍정적 낙천주의자들"로서 살아갔습니다. 그들의 낙천주의적 기질은 자신의 힘이나 지혜에서 나온 것이 아니었습니다. 그들의 "긍정의 힘"은 "하면 된다!"와 같은 "자기 주술(呪術)형 확신"과는 달랐습니다. 보통 사람들은 자신의 자원을 총동원하여 그것을 제대로 사용만 한다면 좀 더 나은 세상을 만들 수 있다고 생각하지만—이것이 인본주의적 "긍정의 힘"입니다—예언자들은 그렇게 생각하지 않았습니다. 그들이 밝은 미래를 꿈꿀 수 있었던 것은 하나님이 당신의 세상을 절대로 내버리시지 않는다는 사실 때문이었습니다. 비록 유다와 이스라엘이 형편없는 잘못을 저질렀어도 하나님은 자기의 집과 자녀를 내버려두지 않으십니다. 그것을 허물고 다시 짓는 한이 있더라도 새롭게 하십니다. 예언자들은 이 사실을 분명히 알았습니다. 새로움은 위로부터 시작되는 것이지 결코 아래로부터 시작될 수 없다는 사실 말입니다.

희망의 빛이 비치리라!

설교자 이사야는 자신들의 잘못과 죄로 인하여 고통과 괴로움을 당하게 된 이스라엘의 대표적 두 지역인 스불론 땅과 납달리 땅을 거명합니다. 이 두 지역은 지중해를 끼고 이집트에서 시리아에 이르기까지 길게 늘어선 북쪽 해안의 내륙 쪽으로 위치한 북이스라엘의 영토들입니다. 우리나라로 치자면 평안남북도의 내륙쯤 된다고 할 수 있습니다.

지중해 연안의 스불론과 납달리 지역은 기원전 734년과 732년, 북쪽에서 아시리아의 디글랏빌레셀 3세가 공격해 왔을 때 가장 큰 피해를 본 지역이었습니다(왕하 15:29). 그런데 이사야는 그 큰 고통과 멸시를 당한 이 지역에 광명의 날이 밝아오게 되리라는 소식을 전합니다. 놀랄 만한 희망의 메시지, 즉 "흑암 속에서 걷던 백성이 큰 빛을 보고 사망의 그늘진 땅에 거주하던 자들에게 빛이 비친다"는 소식이었습니다.

그렇다면 언제 이런 일이 일어날까요? 그때는 바로 하나님이 자기 백성들을 위해 나서시는 때입니다. 하나님은 흑암의 권세와 세력들을 깨부수고, 억눌림 당하는 자들의 어깨에 놓인 무거운 멍에들을 깨뜨리고, 그들의 등을 향해 내려쳐 진 채찍과 몽둥이들을 부러뜨리고, 더는 군화와 군복에 짓밟히지 않는 세상을 만드시겠다는 결연한 의지를 표명하십니다. 이사야 10:26-27에서도 설교자 이사야는 하나님이 아시리아의 군대가 이스라엘의 목에 씌운 멍에를 부러뜨리실 것이라고 선포합니다. 실제로 아시리아는 기원전 701년에 엄청난 패배를 맛보게 됩니다(참조. 사 37:36-38). 오래전 사사

기드온이 미디안의 큰 군대를 무찔렀듯이(삿 7:22-25) 객관적인 전력 차이에도 불구하고 하나님이 구원을 주신 것입니다.

하나님의 경륜

그런데 여기서 정말 놀라운 일은 이러한 구원이 한 아이의 출생을 통해 이루어진다는 사실입니다. 이는 설교자 이사야 자신도 의아해할 정도의 놀라운 사건입니다. 아기의 출생을 통한 새로운 나라의 도래! 이것이 하나님이 설교자 이사야에게 드러내신 놀라운 구원의 경륜(經綸)입니다.

신약성경에서 "경륜"으로 번역하는 그리스어는 "오이코노미아"입니다. 이 단어는 "집"을 의미하는 "오이코스"와 "법"을 의미하는 "노모스"에 어원을 둔 단어로서 여기서 영어 "이코노미"(economy; 경제, 질서, 섭리)가 유래했습니다. 집과 가정에도 규칙이 있어서 규모 있게, 질서 있게 집을 가꾸어갈 때 우리는 "살림살이를 잘한다"고 칭찬합니다.

그와 마찬가지로 하나님은 자신이 만든 집(창조세계, 자신의 백성)을 다스리시면서 그것이 무너졌을 때는 회복시켜 새로 지으려고 하십니다. 우리는 이것을 구원의 경륜, 구원의 계획이라고 부릅니다. 즉 "구원의 경륜"(economy of salvation)은 무너진 당신의 집을 다시 세우시겠다는 하나님의 회복 계획입니다. 이러한 개념은 위대한 (재)창조의 역사가 하나님의 주도(initiative)로 시작된다는 것을 가르쳐줍니다.

어린아이가 다스릴 것이다!

이사야는 하나님의 구원 계획을 선포합니다. 그 놀라운 구원의 경륜은 무엇입니까? 아이 하나를 주신다는 것입니다. 도무지 이해하기 힘든 그 계획에 대해 이제부터 자세히 살펴보겠습니다.

> 한 아이가 우리에게 났고 한 아들을 우리에게 주신 바 되었는데
> 그의 어깨에는 정사(政事, government)를 메었고
> 그 이름을
> 기이한 지략가(Wonderful Counselor, 모사[謀士])라,
> 강력한 신(Mighty God)이라,
> 영원한 아버지(Everlasting Father)라,
> 평강의 왕자(Prince of Peace)라 할 것임이라(사 9:6).

이 구절을 암송할 때마다 헨델의 오라토리오 "메시아"가 떠오릅니다. 이사야 9:7을 노래하는 합창—12번째 곡, "우리를 위해 한 아기가 나셨다"(*For Unto Us A Child is Born*)—은 절묘한 화음과 환희의 분위기로 메시아의 오심을 장엄하게 그려냅니다. 한번 시간을 내어 11번째 곡인 베이스 영창 "흑암에 행하던 백성이"(*The People That Walked in Darkness*, 사 9:2)와 함께 12번 합창을 여러 번 들어보시면 큰 영적 유익을 얻을 것입니다.

아기 왕에게 부여된 4가지 칭호는 그가 나라를 어떻게 다스릴지를 알려줍니다. 먼저 "기이한 지략가(모사)"는 "환상적 지략가"로 바꾸어 말할 수 있습니다. 그의 통치 능력은 특별히 전쟁에 탁월한 전략가인 데서 나타납니다. 그래서 그를 가리켜 두 번째 칭호인 "강력한 신", 즉 "전능한 용사"로 표현하는 것입니다. 고대 사회에서 왕들은 전쟁 시에 전시 사령관 노릇을 했습니다. 왕들은 자기가 믿는 신이 함께한다는 믿음 위에 굳건히 서서 전쟁을 수행해야 했습니다. 아하스 왕처럼 우유부단하거나 비겁한 왕은 새로운 왕국에서 설 자리가 없습니다. 하나님 나라의 왕들이 전쟁에 나서는 이유는 영토 확장이 아니라 하나님의 공의와 정의를 확장하기 위

해서입니다.

아기 왕에게 수여된 세 번째 칭호는 "영원한 아버지"입니다. 이는 가정을 돌보는 자애롭고 근면한 아버지상을 보여줍니다. 그에게 마지막으로 부여되는 칭호는 "평강의 왕" 혹은 "평화의 방백"입니다. 여기서 왕과 방백은 권력을 마음대로 휘두르는 전제군주(專制君主)가 아니라 자기에게 부여된 임무를 성실하게 감당하며 백성의 삶을 돌보는 지방 행정관에 가깝습니다. 즉 평강의 왕은 자기를 부인하고 진정한 왕이신 하나님을 섬기며 그 뜻에 따라 정의와 공의로 맡겨진 백성들을 섬기는 자입니다.

광명의 나라가 도래하리라!

설교자 이사야를 포함하여 성경의 예언자들은 렘브란트적인 묘사법의 대가들로서 어둠과 빛, 흑암과 광명, 고통과 회복, 학대와 해방, 압제와 구원 등을 생생하게 대조적으로 그려냅니다. 그리고 이런 급진적 전환의 핵심에는 "하나님의 오심"이 자리 잡고 있습니다. 불의와 압제와 억울함과 포악이 지배하지 않는 세상, 정의와 공의와 기쁨과 즐거움으로 가득한 세상의 도래를 꿈꾸며 어둠 가운데 살아가는 사람들에게 그 세상을 손에 잡힐 듯이 제시한 사람들이 바로 예언자들이었습니다. 그들은 꿈이 없는 세상에서 꿈을 꾸게 하고, 절망하는 세상에서 희망을 품게 하고, 무법천지의 세상에서 하나님의 정의로운 통치가 실현될 것을 바라보게 했습니다. 그들은 언제나 희망의 사도들이었고 진노 중에도 긍휼을 잊지 않으시는 하나님을 대변하는 사람들이었습니다.

어두운 세상에 빛이 비치고 사망과 고통의 그늘진 땅에 살던 사람들에게 광명이 온다면 이보다 더 큰 기쁨이 어디 있겠습니까? 이런 세상은 칼과 창의 힘(무력[武力])이나 돈과 재물의 힘(재력[財力]), 사람의 지혜로 도래하지 않습니다. 오직 하나님의 영원하신 지혜가 그 열쇠입니다. 천지창조의 순간을 기억해보십시오. 하나님은 말씀으로 흑암과 혼돈을 물리치고 빛을 지으셨습니다. 바다 괴물들을 물리치며 질서를 세우고 빛의 나라를 창조하셨듯이, 하나님은 마지막 날에 그의 아들 예수 그리스도를 통하여 악과 어둠과 공중의 권세 잡은 영들이 지배하는 이 세상을 부수고 의(義)의 나라를 새롭게 건설하셨습니다.

그분이 하신 위대한 일 중 하나는 어둠 가운데 있던 사람들을 광명의 나라로 옮기신 일입니다. 애굽에서 종노릇하던 이스라엘 백성을 하나님의 자유로운 백성으로 삼으셨듯이 죄에 종노릇하고 불의의 압제 아래 있는 사람들에게 해방을 주시는 분이 하나님의 아들 예수 그리스도이십니다. 사도 바울은 이에 대해 다음과 같이 기록했습니다.

> 우리로 하여금 빛 가운데서 성도의 기업(基業, 대대로 전해오는 사업과 재산)의 부분을 얻기에 합당하게 하신 아버지께 감사하십시오. 그가 우리를 흑암의 권세에서 건져내시고 그의 사랑의 아들의 나라로 옮기셨습니다. 이것이 그 아들 안에서 우리가 속량, 곧 죄 사함을 얻었다는 뜻입니다(골 1:12-14).

또한 그분은 수고하고 무거운 짐 진 자들에게 쉼과 힘을 주시는 분이십니다(마 11:28). 그러므로 누구든지 그분께 나아가 모든 무거운 짐들을 내려놓고 그분의 통치를 받으면 참된 안식과 쉼을 누리게 될 것입니다. 그의 나라는 정의와 공의로 유지되는 평화(샬롬)의 나라이기 때문입니다.

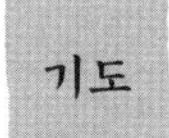

모든 것들을 내려놓고 평강의 왕이신 예수 그리스도께 나아가겠습니다. 아멘.

제19강

하나님의 펼쳐진 손

이사야 9:8-10:4

"그러나 그래도 야웨의 진노는 가라앉지 않았으며 여전히 손을 들어 백성을 치려 하신다"(사 9:12).

9:8 주님께서 야곱을 치시는 메시지를 보내셨으니
그것이 이스라엘 위에 임할 것이다.
9 모든 백성들이 그것을 알 것이다.
에브라임과 사마리아의 거주민들이 그것을 알 것이다.
그들은 교만하고 거만한 마음으로 말하기를
10 "벽돌이 무너져 내렸지만
우리가 다듬은 돌로 다시 쌓을 것이며
뽕나무들이 찍혔지만
우리가 그것을 백향목으로 다시 심을 것이다" 하는 자들이다.
11 그러나 그들을 치려고 야웨께서 르신의 대적자들을 강하게 하셨으며
그들의 원수들을 격려하셨다.
12 동쪽에서 아람인들이, 서쪽에서는 블레셋인들이 와서
그 입을 벌리고 이스라엘을 삼켰다.

그러나 그래도 야웨의 진노는 가라앉지 않았으며
여전히 손을 들어 백성을 치려 하신다.

13 그런데도 이 백성이 그들을 치신 분께로 돌아오지 않고
만군의 야웨를 찾지도 않았다.
14 그러므로 야웨께서 이스라엘에서 머리와 꼬리를 자르시고
야자수 가지와 줄기를 하루 사이에 찍어버리실 것이다.
15 머리는 장로들과 귀족들이며
꼬리는 거짓말을 하는 예언자들이다.

16 이 백성을 인도하는 사람들이 백성을 잘못된 길로 인도하니
　인도함을 받는 사람들이 망하게 된다.

17 그러므로 주님께서 그들의 젊은이에게 자비를 베풀지 않으시며
　고아와 과부를 불쌍히 여기지 않으실 것이다.
모든 백성이 하나님을 떠나 악한 짓을 하고
　그들의 입은 상스러운 말을 하기 때문이다.

그러나 그래도 야웨의 진노는 가라앉지 않았으며
　여전히 손을 들어 백성을 치려 하신다.

18 그렇다! 악은 불처럼 태운다.
　잡초와 가시를 삼킨다.
빽빽한 숲을 불태운다.
　연기 기둥을 이루어 하늘로 올라간다.
19 만군의 야웨께서 진노하시니
　땅이 불에 타버릴 것이며
백성은 불에 타는 쏘시개가 될 것이다.
　아무도 자기 형제를 구하려 하지 않을 것이다.
20 오른쪽으로 돌아서, 사람들이 많이 먹어도
　여전히 배고플 것이며
왼쪽으로 돌아서, 사람들이 음식을 먹어도
　배부르지 않을 것이다.
각 사람이 자기 자식을 잡아먹을 것이다.
21 므낫세는 에브라임을, 에브라임은 므낫세를 잡아먹을 것이다.

그리고 둘이 합하여 유다를 칠 것이다.

그러나 그래도 야웨의 진노는 가라앉지 않았으며
여전히 손을 들어 백성을 치려 하신다.

10:1 아이고, 악한 법을 만들어내는 자들아!
백성을 괴롭히는 법령을 선포하는 자들아!
2 너희가 가난한 자들의 권리를 빼앗고
내 백성 중 압박받는 자들을 불공평하게 판결하며
과부들을 먹잇감으로 삼고
고아들을 강도질하는구나.
3 계산하는 날이 오면 너희가 어떻게 하려고 그러는가?
재난이 먼 곳에서 올 때 너희가 어찌하려는가?
너희가 누구에게 도망하여 도움을 청하겠는가?
어느 곳에 너희의 재산을 숨길 것이냐?
4 포로들 가운데 끼어 구부리고 있거나
아니면 살해(殺害)당한 자들처럼 죽는 것밖에 다른 길이 없다.

그러나 그래도 야웨의 진노는 가라앉지 않았으며
여전히 손을 들어 백성을 치려 하신다.

분노하시는 하나님

하나님이 화를 내시면 얼마나 오래도록 화를 내실까요? 하나님의 분노는 얼마나 집요할까요? 그분의 분노를 잠재울 길은 없을까요? 그분의 분노는 즉흥적일까요, 아니면 이유가 있는 정당한 분노일까요? 전통적으로 이스라엘 백성들은 "하나님의 분노"라는 개념에 익숙했습니다. 그들은 하나님이 노하기를 더디 하신다고 알고 있었습니다. 왜냐하면 하나님이 스스로 그렇게 말씀하신 적이 있기 때문입니다.

출애굽한 이스라엘 백성이 광야에서 금송아지 우상을 만들어 하나님의 분노를 촉발하였을 때, 하나님은 크게 진노하여 그들을 진멸하고자 하셨습니다. 이때 모세가 목숨을 걸고 중재자로 나서서 하나님의 진노를 멈추고자 하였고 이에 하나님은 뜻을 돌이켜 화를 내리지 않으셨습니다. 그런데 산에서 내려와 금송아지를 실제로 본 모세는 분노를 참지 못하고 하나님께 받은 십계명 돌판을 산 아래로 던져 깨뜨렸습니다(출 32:10, 14, 19). 돌판을 다시 받기 위해 모세가 그다음 날 시내 산에 올랐을 때 하나님은 모세에게 자신의 성품에 대해 이렇게 말씀하셨습니다.

> 나는 야웨로다. 야웨로다. 자비롭고 은혜롭고 노하기를 더디 하고 인자와 진실이 많은 하나님이라(출 34:6).

하나님은 쉽게 분노하는 분이 아니시라는 선포입니다. 그 후로 이스라엘 백성은 이 구절을 신앙고백으로 암송하였습니다. 민족 전체가 하나님이 어떤 분이신지를 가슴 깊이 새기려고 한 것입니다.

여러분과 제가 믿는 하나님은 쉽게 분노하지 않으시는 하나님, 노하기를 더디 하시는 하나님, 참을성이 아주 많으신 하나님이십니다. 그러므로 그분이 화를 내거나 분노하실 때는 진짜 화가 나고 심하게 분노하신 것입니다. 찔러보기 식 위협이 아니라는 말입니다. 따라서 성경에서 하나님이 분노하신다는 말씀이 나오면 숨죽이며 두려움 속에 움츠리고 있어야 합니다.

분노의 이유

그렇다면 하나님은 왜 분노하시는 것일까요? 그것은 하나님의 백성이 그분의 메시지를 우습게 여기거나 가볍게 다루기 때문입니다. 이는 하나님을 우습게 보는 것과 같습니다. 정말 무서운 교만입니다. 그들에게 하나님은 안중(眼中)에도 없습니다. 사실 설교자 이사야가 사역하던 당시에 이스라엘 백성들—에브라임, 사마리아 주민들—은 그들에게 선포된 심판의 메시지가 무슨 의미인지 단번에 알아챘을 것입니다.[1] 그러나 그들은 마음속으로 그 메시지를 우습게 여겼습니다. 이는 "그들이 교만하고 완악한 마음으로 말하기를"(사 9:9)이란 표현에 잘 나타납니다. 겉으로는, 머리로는 하나님이 그들에게 하신 말씀을 다 이해하고 안다고 하면서도 마음속으로는 다른 생각을 한 것입니다.

> 벽돌이 무너졌으나 우리는 다듬은 돌로 쌓고 뽕나무들이 찍혔으나 우리는 백향목으로 그것을 대신하리라(사 9:10, 개역개정).

이게 말이 되는 소리입니까? 어떻게 저렇게 교만스럽고 거만하게 말할 수 있단 말입니까? 그들은 하나님이 사람의 부패하고 썩은 마음속까지 읽어내는 분이시라는 사실을 간과하는 어리석은 바보들입니다. "하나님이 부수시더라도 우리가 다시 세울 수 있다"는 것보다 교만한 생각이 어디 있을까요? 교만은 언제나 하나님을 향한 신성모독입니다.

여기서 한 번 더 하나님께 인내를 요구하는 것은 어불성설입니다. 여러분이 하나님이라면 이처럼 무시당하고 우스갯감 취급당하는데도 가만히 있겠습니까? 오래 참으시고 노하기를 더디 하시는 하나님이 더 견딜 수 없을 정도의 수모를 당하셨습니다. 드디어 그분의 엄청난 분노가 폭발

합니다. 하나님을 건드리지 마십시오. 그분의 메시지를 우습게 여기지 마십시오. 그분의 말씀을 경홀히 취급하지 마십시오. 하나님의 인내심에도 한계가 있다는 사실을 기억하십시오.

본문 안에는 "하나님의 펼쳐진 손"이란 문구가 반복되며 후렴구처럼 등장합니다(사 9:12, 17, 21; 10:4). "그럴지라도 야웨의 진노가 돌아서지 아니하며 그의 손이 여전히 펴져 있으리라"라는 말씀은 누군가를 내려치기 위해 하나님이 손을 번쩍 들어 올리신 모습을 표현한 것으로서 참을 수 없는 하나님의 분노를 표현하는 히브리적 관용구입니다. "(누구를) 손보다"라는 우리말과 뜻이 유사하다고 생각하면 이해하기 쉽습니다.

본래 이 문구는 매우 긍정적인 의미로 사용되었습니다. "하나님의 강한 손과 펼쳐진 팔"은 출애굽 사건을 묘사할 때 자주 사용되는 문구로서, 하나님이 이스라엘을 애굽의 노예 생활에서 구출하여내실 때처럼 구덩이에 빠져 있는 불쌍한 먹잇감을 손을 길게 펼쳐서 끄집어내듯이 그렇게 이스라엘을 건져내셨다는 사실을 보여주는 회화적 표현구입니다(출 6:6; 신 4:34; 렘 21:5). 따라서 이스라엘 백성들에게 "하나님의 강한 손과 편 팔"은 언제나 구원과 구출, 보호와 해방을 가리키는 상징어였습니다. 그런데 설교자 이사야는 이 표현을 사용해 하나님이 자기 백성 이스라엘을 내려치려고 손을 높이 추켜올리셨음을 묘사합니다. 이스라엘이 하나님의 무서운 심판의 대상이 되어버린 것입니다. 이제 하나님은 그들의 구원자가 아니라 적대자이십니다.

왜 하나님이 분을 못 이기고 화를 내실까요? 앞서도 강조했지만 하나님은 사람처럼 성질을 부리지 않으십니다. 그때그때 변덕스럽게 화를 내거나 짜증을 내는 분이 아니십니다. 그분이 분노하실 때는 분명한 이유가 있습니다. 특히 어느 누구라도 그분의 주권을 침해하거나 멸시할 때는 진노의 뇌관을 건드리는 격이라는 사실을 알아야 합니다. 그분의 분노는 언제나 그분의 의로우심에서 시작됩니다. 달리 말해 그분의 성품인 정의로움과 공의로움이 깊은 상처를 입거나 공격을 받을 때 그분은 의분에 사로잡히십니다.

정의와 분노

하나님은 이 세상 속에서 일어나는 억울한 일들, 불의한 일들을 참지 못하십니다. 사회적 약자가 이런저런 이유로 기득권 세력이나 가진 자에게 압제 받거나 고통당할 때 하나님은 견디지 못하십니다. 예를 들어 가난한 자가 돈이 없다는 이유로, 혹은 뇌물을 주지 않았다는 이유로 불공평한 판결을 받아 부당하게 권리를 박탈당할 때, 힘이 없는 과부가 협박에 못 이겨 돈을 뜯길 때, 법정 후견인이 없는 어린 고아가 억울하게 착취당할 때 하나님은 그들을 함부로 대하면서 착취하고 통제하는 힘깨나 쓰는 권력자들과 세도가(勢道家)들을 저주하십니다(사 10:1-2). 더 나아가 불의한 일들을 눈감아주고 권력자들과 결탁하여 이익을 챙기는 종교인들, 잘못된 신학으로 진실을 호도하여 백성들의 눈을 가리고 악한 길로 가게 하는 거짓 종교 지도자들도 하나님이 내리시는 심판의 불을 피하지 못할 것입니다(사 9:15-16).

생선이 썩으면 어디서부터 썩습니까? 대가리입니까, 꼬리입니까, 아니면 몸통입니까? 성경적으로 보자면 "대가리"가 정답입니다! 우리 속담에도 "윗물이 맑아야 아랫물이 맑다"고 했습니다. 이사야 9:15에 따르면 모든 책임을 져야 할 사람들은 정치·사회 분야의 지도급 인사들과 종교인들입니다. 그들은 사람들을 미혹하여 파멸의 길로 인도하는 자들이었습니다. 특히 하나님의 뜻을 올바로 전달해야 할 예언자들(목사들과 신학자들)은 하나님 말씀이 아닌 자기 생각과 사상을 전하는 자들로 변질했습니다. 그들은 거짓을 가르치며 개인적인 이득을 챙기기에 바빴습니다. 그러니 국가와 사회가 제대로 돌아갈 리 있었겠습니까?

이스라엘의 부패와 타락은 총체적이었습니다. 머리부터 발끝까지 전체가 썩어버렸습니다. "부패 공화국"이라 불러도 과언이 아닐 정도였습니다. 정치, 종교, 사법, 행정, 교육, 시장, 가정 등 곪지 않은 곳이 없었습니다. 하지만 하나님의 가르침을 가볍게 여기는 자들, 정의와 공의를 추구하지 않는 자들, 자신의 권력이나 재물 및 학벌을 믿고 사회적 약자를 멸시하거나 착취하며 함부로 대하는 자들은 하나님이 펼치신 분노의 손길을 피하지 못할 것입니다. 하나님의 율법은 안중에도 없는 그들이 바로 교만하고 완악한 마음을 가진 사람들입니다(사 9:9). 우리는 하나님의 분노의 포도주잔이 어디로 향하여 기울어지는지 깊이 살펴보아야 합니다.

기도 지도자들이 지극히 겸손하여 하나님을 두려워하게 하소서. 아멘.

제20강

힘의 과신과 역사의 주인

이사야 10:5-19

"내가 내 손의 힘으로 이런 일들을 해냈다. 내 지혜로 이런 일들을 해냈다. 나는 총명하기 때문이다"(사 10:13).

10:5 아이고! 아시리아 왕, 나의 분노의 막대기여!
그 손에 내 분노의 몽둥이가 들려 있는 자여!
6 내가 그를 보내어 한 불경건한 민족을 치게 하였으며
나를 화나게 한 백성을 치게 했다.
그렇게 한 것은 그들을 약탈하고 탈취하고
그들을 거리의 진흙처럼 짓밟기 위함이었다.
7 그러나 아시리아 왕이 의도한 것은 이것이 아니었어.
이것이 그가 마음에 둔 것이 아니었어.
그의 목적은 수많은 나라를 멸망시키고
없애버리는 것이었어.
8 그가 이렇게 말한다. "내 지휘관들은 모두 왕이 아닌가?
9 갈로는 갈그미스와 같지 아니한가?
하맛이 아르밧과 같지 아니한가?
사마리아가 다메섹과 같지 아니한가?
10 예루살렘과 사마리아의 우상보다 더 빼어난 우상을 가진 나라들,
그런 우상들의 왕국들을 다 내가 손아귀에 넣었으니
11 내가 사마리아와 그 우상들을 다룬 것 같이
예루살렘과 그 우상들을 다루지 못할 까닭이 있겠는가?"

12 주님께서 시온 산과 예루살렘에 대하여 하실 일을 다 이루신 뒤에 "아시리아 왕은 그 마음이 매우 교만하고 그 눈에는 거만 기가 가득 차 있기에 내가 아시리아 왕을 심판할 것이다"라고 말씀하실 것이다. 13 아시리아 왕이 다음과 같이 말하기 때문이다.

"내가 내 손의 힘으로 이런 일들을 해냈다.
내 지혜로 이런 일들을 해냈다. 나는 총명하기 때문이다.
내가 민족들의 경계선을 없애버렸고
그들의 재물들을 빼앗았으며
위대한 용사처럼 내가 그들의 왕들을 굴복시켰다.

14 사람이 새의 둥지에 손을 들이대듯
내가 나라들의 재물들을 손으로 움켜잡았다.
사람이 버려진 알들을 모아들이듯
내가 모든 나라를 모아들였다.
그러자 아무도 날개를 치거나
입을 열어 지저귀지 못했지."

15 어찌 도끼가 도끼를 휘두르는 사람 앞에서 자랑할 수 있으며,
톱이 톱을 켜는 사람 앞에서 뽐낼 수 있겠는가?
그것은 마치 막대기가 막대기를 든 사람을 잡으려 하는 것이나
몽둥이가 몽둥이를 든 사람을 들어 올리려는 것과 같다!

16 그러므로 주님, 만군의 야웨께서
그의 용감한 전사들에게 무서운 질병을 보내실 것이다.
화려한 영광 밑에서는 불이 붙을 것이니
마치 맹렬히 타오르는 불길 같이 될 것이다.

17 이스라엘의 "빛"이 불이 될 것이니
그들의 거룩하신 분이 그 불길이 될 것이다.
하루 사이에 그 불이 그의 잡초들을 불사르고
그의 가시들을 태울 것이다.

18 그의 빽빽한 숲과 기름진 들판들의 영화가
그 불에 모두 타버릴 것이니
마치 병든 사람이 점점 쇠약해지는 것과 같을 것이다.

19 그리고 그의 숲에 남아 있는 나무가 너무도 적어서
어린아이라도 그 수를 셀 수 있게 될 것이다.

힘을 추구하는 세상

여러분은 "힘"(power)에 대해 어떤 생각을 갖고 계십니까? "힘"이라 하면 무엇이 떠오릅니까? 어린아이들에게 물어보면 "씨름", "싸움", "주먹"과 같은 대답이 돌아올 듯합니다. 어른들에게 힘은 그보다 더 다양한 의미를 내포하는 단어입니다. 우리는 육체적으로 건강할 때 "힘이 있다"고 합니다. 용기를 얻었을 때도 "힘을 얻었다"고 합니다. 누군가 나의 어려움을 해결해줄 때도 "그에게 힘이 있다"고 합니다. 어떤 이들은 만물에 깃든 신비로운 영향력을 가리켜 말할 때 "보이지 않는 힘이 있다"고 말합니다.

힘을 의미하는 한자어 "력"(力)자가 접미사 형태로 명사의 끝에 붙으면 수많은 "힘"들이 생겨납니다. 단결력(團結力), 인내력(忍耐力), 지도력(指導力), 내구력(耐久力), 친화력(親和力), 지구력(持久力), 저항력(抵抗力), 흡인력(吸引力)도 있고, 매력(魅力), 마력(魔力), 차력(借力), 능력(能力), 인력(引力), 중력(重力)도 있습니다. 또한 재력(財力), 지력(知力), 금력(金力), 학력(學力), 권력(權力), 군사력(軍事力), 경제력(經濟力)도 있습니다. 모두 "힘"과 관계를 맺는 단어들입니다. 그 외에 "미모의 힘", "문화의 힘"도 있습니다. 더 나아가 "신앙의 힘"도 있습니다. 이처럼 힘은 개인적 차원에서 사회-정치적 차원, 국제적 차원, 우주적 차원에 이르기까지 다양한 모습을 띱니다.

힘이 있으면 무엇인가를 통제하고 지배할 수 있습니다. 그래서 사람들은 "힘"을 소유하기 원합니다. 어느 누구도 타인이나 다른 어떤 것에 의해 부당하게 지배되거나 통제받고 싶어 하지 않기 때문입니다. 이런 이유로 사람들은 "힘"을 추구하고 "힘"을 숭상하기까지 합니다. "힘"의 정상에 서고 싶어 하는 사람도 많습니다. 그런데 문제가 있습니다. 일반적으로 이 세상에서는 "힘"이 있으면 자연스레 목에 힘이 들어가고 교만해진다는 점입니다. 힘깨나 쓰는 사람 중에 겸손한 사람은 찾아보기 힘듭니다. 힘 자체는 중립적이지만 창세기 3장 이후로부터 힘은 굴절되고 왜곡되어 잘못된 결과를 불러오게 되었습니다. 힘 자체에 문제가 있다기보다는 그것을 사용하는 사람이 잘못되었기 때문입니다.

지금도 그렇지만 고대 세계에도 언제나 "힘"이 센 강대국과, "힘"이 약한 약소국들이 있었습니다. 강대국들의 틈바구니에 끼어 있던 약소국들은 살아남기 위해 모든 방책을 짜내야 했습니다. 강대국들은 약소국들과 좋은 관계를 유지하다가도 태도를 바꾸어 약소국을 압제하거나 흡수하고, 심지어 멸망시키기까지 하였습니다. 강력한 제국(帝國)들은 모두 이런 과정을 거쳐 출현했습니다. 인류 역사에는 엄청난 후광을 자랑하는 위대한 제국들이 있었습니다. 특히 고대 근동 지역은 고대 바벨론 제국, 페니키아 제국, 아시리아 제국, 히타이트 제국, 애굽 제국, 신 바벨론 제국, 메대 제국, 페르시아 제국, 그리스 제국과 로마 제국 같은 "수퍼파워"(superpower)들의 각축장이었습니다.

힘 가진 자의 오만방자

본문에는 설교자 이사야가 사역하던 당시 남유다가 조공을 바치던 아시리아 제국의 오만방자한 언행이 적나라하게 기록되어 있습니다(사

10:8-11). 이해를 돕기 위해 아시리아를 지금의 "수퍼파워" 중국에 비견해서 설명해보겠습니다. 중국이 한국을 우습게 여기며 내뱉는 말을 들어보십시오.

> 우리나라의 장관들이 너희에게는 다 대통령들과 같지 아니하냐? 평양은 북경의 일부가 아니더냐? 신의주는 중국의 단둥과 같지 아니하냐? 서울은 길림성과 같지 아니하냐? 동남아시아의 여러 나라를 제압한 힘으로 너희 북한과 남한 정도를 제압하지 못하겠느냐? 평양을 장악한 힘으로 서울도 장악하리라!

아무래도 도가 지나치지 않습니까? 자신의 힘을 믿는 아시리아의 교만이 하늘에 닿았습니다. 막강한 군사력으로 무장한 아시리아는 기원전 717년에 시리아 지역(갈로와 다메섹)과 북이스라엘의 국경 지역(하맛과 아르밧)을 점령하여 제국의 영역에 편입시켰습니다. 근동의 전 지역을 무력으로 진압하면서 영토를 늘리고 영향력을 확대하며 제국 패권주의의 전형을 보여주었습니다. 그들은 세계 역사의 중심에 자신들이 서 있다고 믿었고, 자신들이 세계 역사를 주관한다고 생각했습니다. 달리 말하면 아시리아로 상징되는 현대의 수퍼파워들도 자신들의 힘과 군사력과 경제력이 이 세상의 역사를 만들어가는 원동력이라고 생각한다는 것입니다.

진짜 힘 있는 자가 누군지 알아?

여기에 신앙적 질문이 남아 있습니다. 역사는 누가 만들어가는가 하는 물음입니다. 성경은 분명히 역사의 주도권이 하나님께 있다고 반복해서 선언합니다. 신앙의 역사뿐 아니라 일반 세속 역사도 하나님이 운행하고 계신다는 것이 성경의 강력한 증언입니다. 성경은 설교자 이사야 당시에 발생했던 국제적 사건들 역시 이러한 신앙적 안목에서 바라보라고 요청합니다. 시리아와 북이스라엘이 동맹을 맺고 연합 작전을 펼쳐 남유다를 침공한 사건부터 아시리아 제국이 시리아-북이스라엘 동맹군을 격퇴하고 섬멸한 사건에 이르기까지, 모든 역사적 사건은 나라들과 제국들 사이의 "힘의 저울추"에 의해 설명되는 것이 아니라 역사의 키를 쥐고 계신 하나님의 경륜에 따라 움직여간다는 것입니다. 더 나아가 성경은 아시리아가 자신을 심판의 도구로 사용하고 계신 하나님의 의도를 벗어나 교만스럽게 힘을 과시하는 것에 대해 하나님이 매우 불편하게 생각하시며 그에 대한 응분의 대가를 치르게 하실 것이라고 선언합니다.

역사의 주관자

여러 신자가 고민하는 질문 중 하나는 이 세상에서 일어나는 모든 사건이 정말 하나님의 통제 아래 있는가 하는 것입니다. 즉 많은 신자가 삶 속에서 일어나는 수많은 사건이 우연인지 아니면 하나님의 섭리인지 고민한다는 말입니다. 물론 기독교 신앙은 우연의 반대가 필연이 아니라 하나님의 섭리라고 믿습니다. 신앙의 눈으로 보면 모든 일이 하나님의 손안에서 발생한다는 사실을 알 수 있습니다. 그렇다면 우리 삶에서 발생하는 모든 사건이 컴퓨터 프로그램처럼 미리 계획되어 있을까요? 그렇지는 않습니다.

도대체 누가 역사를 만들어갈까요? 역사는 어떻게 만들어질까요? 어떤 사건들이 발생하도록 하시는 분은 분명히 하나님이십니다. 그러나 그분은 소위 "제2의 원인"을 통하여 어떤 일을 성취하십니다. 이번 강론의 본문을 보더라도 아시리아와 아시리아의 왕은 하나님의 뜻과 계획을 이루어가는 도구임이 분명합니다. 즉 하나님이 유다의 죄와 잘못을 심판하는 도구로 아시리아를 사용하신 것입니다. 그런데 도구로 택함을 받은 아시리아가 통제를 벗어났습니다. 자기를 임명한 주인의 말을 듣지 않고 자기 마음대로 심판의 칼을 휘두르기 시작했습니다. 자기가 하나님이나 되는 양 거만하게 행동하던 아시리아 왕은 "나는 내 손의 힘과 내 지혜로 이 일을 행하였다. 나는 총명한 자라"(사 10:13)고 말합니다. 얼마나 오만불손하고 거만한 자세입니까?

야웨의 분노를 표출하는 도구로 사용된 "막대기" 아시리아는 자기 분수도 모른 채 자신이 주도권을 잡았다고 생각했습니다. 이는 벌목공의 "도끼"가 자기가 잘나서 나무를 잘 패는 줄로 오해하고, 목수의 연장에 불과한 "톱"이 자신이 특별해서 나무를 잘 켜는 줄로 아는 것과 마찬가지입니다. 참으로 "위대한 착각"입니다. 막대기는 막대기가 곧아서, 도끼는 도끼의 날이 잘 서서, 톱은 톱니가 날카로워서 뭔가를 잘하는 줄 아는 우스꽝스러운 상황이 벌어졌습니다. 막대기든 도끼든 톱이든 도구에 불과하지 않습니까? 도구들은 그것을 사용하는 주인의 의도에 따라 사용될 뿐입니다. 그런데 하나님의 도구였던 아시리아는 하나님이 원래 의도하거나 계획하지 않으신 선(線)까지 자기 마음대로 넘어가 버렸습니다.

아시리아는 자기가 하나님의 심판 도구로 사용되었다는 사실을 알았을까요? 짐작도 못했던 것 같습니다. 그렇지 않았더라면 그처럼 오만하게 행동하지는 않았을 것입니다. 오늘날에도 어떤 개인, 어떤 그룹, 어떤 나라가 하나님의 도구로 사용될 수 있습니다. 그럴 경우 적정선을 넘지 않는 것이 정말 중요합니다. 그런데 자기가 하나님의 뜻대로 행하는지 아닌지 어떻게 알 수 있을까요? 넘어서는 안 되는 선이 있다는 것을 어떻게 알 수 있을까요? 방법이 있습니다! "반성과 성찰"을 통해서입니다. 자기 행동의 밑바닥에 깔린 동기를 살펴보면 적정선을 넘지 않을 수 있습니다. 우리의 모든 행동의 밑바탕에는 종교적·신학적 이유가 있습니다. 즉 우리의 행동은 이 세상을 다스리고 계시는 하나님의 권위와 정의를 인정하느냐 무시하느냐에 따라 달라진다는 말입니다. 적어도 자신이 무슨 일을 할 때, 심지어 남의 잘못 혹은 죄를 지적하거나 심판하는 도구로 사용될 때에라도 자신이 도구라는 사실을 인식하고 겸손한 마음으로 "하나님의 정의(正義)"만이 실현되도록 주의해야 할 것입니다. 나 자신은 주인공도 아니고 재판장도 아니라는 사실을 꼭 기억해야 합니다.

힘이란?

이번 강론을 통해 우리가 배워야 할 신앙 원리가 있습니다. 누구든지 "힘"(力)이 생기면 교만해질 가능성이 높아진다는 것입니다. 이 원리를 명심해야 합니다. 개인적인 힘은 학력이나 재력, 지위나 연줄일 수 있습니다. 국가적인 힘은 군사력이나 경제력일 수 있습니다. 하나님보다 그런 것들이 위에 놓이면 반드시 패망이 따라옵니다. 힘이 아니라 하나님을 경외하는 사람은 결코 교만하거나 거만해질 수 없습니다. 무엇이 더 중요한지 명확하게 알아야 합니다. "세상일을 궁극적으로 통제하시는 분이 하나님"이라는 사실을 굳게 붙잡아야 합니다. 이것이 하나님을 창조의 하나님, 구원의 하나님, 섭리의 하나님, 역사의 하나님으로 믿는다는 신앙고백의 참뜻입니다.

원래 힘 자체는 긍정적인 면이 있습니다. 선한 창조의 세계에서 첫 사람 아담은 하나님을 사랑할 힘, 그분의 계명을 지킬 힘을 갖고 있었습니다. 그러나 우리의 첫 조상은 자기의 이익을 위해 힘을 잘못 사용했습니다. 그때부터 힘은 무서운 악으로 변모하기 시작했습니다. 이것이 앞서 말씀드린 대로 창세기 3장 이후로부터 힘이 굴절되고 왜곡되어 잘못된 용도로 사용되었다는 뜻입니다. 힘 자체에 문제가 있다기보다는 그것을 사용하는 "사람"이 잘못될 때 문제가 발생합니다.

제도나 조직의 개선에 앞서 사람이 근본적으로 개조되거나 변하지 않으면 힘은 언제나 악한 쪽으로 경도되기 일쑤입니다. 게다가 우리가 우리 안에 있는 힘을 이용하여 또 다른 힘을 제어하려다 보면 언제나 실패하기 마련입니다. 우리에게는 우리 바깥에서 오는 힘이 절대적으로 필요합니다. 성경은 이를 가리켜 성령의 힘, 곧 성령의 능력이라고 합니다. 성령의 인도와 지배와 통제를 받을 때만 우리는 금수성(禽獸性)과 야만성(野蠻性)을 내려놓고 거듭난 사람으로 살아갈 수 있습니다.

힘! 힘! 힘! 지금은 진정한 힘이 필요할 때입니다. "용서할 수 있는 힘", "고백할 수 있는 힘", "죄를 이길 수 있는 힘", "불의에 대해 '아니오!'라고 말할 수 있는 힘", "섬길 수 있는 힘", "사랑할 수 있는 힘"…. 이 모든 힘은 그분에게서 오는 선물입니다. 성령님이시여, 우리에게 오셔서 이런 힘을 주시옵소서!

기도 하나님, 내면을 돌아볼 수 있는 성찰의 눈을 허락해주소서. 아멘.

제21강

남겨진 사람들

이사야 10:20-34

"그때 이스라엘의 남은 사람들과 야곱 집안의 살아남은 사람들이…
이스라엘의 거룩하신 분, 야웨를 진실한 마음으로 의지할 것이다."
(사 10:20).

10:20 그때 이스라엘의 남은 사람들과

야곱 집안의 살아남은 사람들이

다시는 자기들을 쳤던

그 사람을 의지하지 않고

이스라엘의 거룩하신 분,

야웨를 진실한 마음으로 의지할 것이다.

21 남은 자들이 돌아올 것이다.

야곱의 남은 자들이 전능하신 하나님께로 돌아올 것이다.

22 이스라엘아! 네 백성이 비록 바다의 모래처럼 많더라도

오직 남은 자들만 돌아올 것이다.

23 주, 전능하신 야웨께서 온 땅 위에 내리기로 작정한 멸망을

그대로 수행하실 것이다.

24 그러므로 주, 전능하신 야웨께서 다음과 같이 말씀하신다.

"시온에 사는 나의 백성들아!

아시리아 사람들을 두려워하지 말라.

애굽이 그랬듯이 몽둥이로 너를 때리고

막대기로 너를 치는 아시리아인들을 무서워하지 말라.

25 내가 잠시 후에는 너를 향한 내 진노를 그치겠고

그 대신 내 분노를 그들에게 쏟아붓겠다."

26 전능하신 야웨께서 채찍으로 그들을 휘갈길 것이니

마치 오렙 바위에서 미디안을 치셨듯이 그럴 것이다.

그리고 전능하신 야웨께서 강들을 향하여 그의 지팡이를 들어 올리시기를

마치 그가 애굽에서 하셨듯이 그럴 것이다.

27 그때 그들이 네 어깨에 지워주었던 짐들이 사라지고
너의 목에 지워졌던 멍에가 없어질 것이다.
네가 너무 기름지고 살찌게 되자
멍에가 부러지게 될 것이다.

28 아시리아 군대가 아얏에 들어와
미그론을 지나
믹마스에 보급품을 쌓아둘 것이다.

29 그리고 고개를 넘으면서 말하기를
"우리가 게바에서 하룻밤을 묵을 것이다" 할 것이다.
이를 알고 라마 사람들이 두려워하며
사울의 고향 기브아 사람들이 달아날 것이다.

30 딸 갈림아! 큰 소리로 외쳐라.
라이사야, 불쌍한 아나돗아! 귀를 기울여라.

31 맛메나 사람들이 도망하며
게빔 사람들은 피신한다.

32 이날에 그들이 놉에 멈추어 쉬면서
딸 시온 산과 예루살렘의 언덕을 향하여 주먹을 흔들 것이다.

33 보라! 주, 전능하신 야웨께서
크신 능력으로 나뭇가지들을 치실 것이다.
장대한 나무들이 베임을 당하고
큰 나무들이 낮아질 것이다.

34 그가 도끼로 울창한 숲을 찍어 넘어뜨릴 것이니
레바논이 전능하신 분 앞에 쓰러질 것이다.

위기 앞에 맥도 못 추는 신앙

설교자 이사야가 활동하던 시대에 남유다와 남유다의 왕 아하스에게 엄청난 시련이 닥쳐왔습니다. 시리아와 에브라임이 동맹을 맺고 남유다 왕국을 침공했기 때문입니다. 남유다에는 예루살렘 성전이 있었고 하나님의 예언자들도 있었습니다. 남유다의 백성들은 성전에서 늘 신앙 교육을 받았습니다. 그들은 성전에서 하나님께 예배를 드리기도 했습니다. 하나님 한 분만이 온 우주의 통치자이며 역사의 주관자시라는 설교도 수없이 들었습니다. 그들은 출애굽의 주인공이신 하나님을 믿는다고 고백하였으며 늘 시와 노래로 하나님을 찬양했습니다. 그러나 막상 국가와 사회에 진짜 위기가 닥치자 지금까지 그들이 알았던 하나님은 아무런 도움도 되지 않는 것처럼 보였습니다. 그들의 신앙이 아무런 힘도 쓰지 못하게 된 것입니다. 왕과 백성들은 아브라함과 이삭과 야곱의 하나님에 대한 신앙과 믿음을 저버렸습니다. 그리고 그 대신 인간적인 방책을 모색하며 다른 곳에서 구원의 길을 찾기 시작했습니다.

하나님은 설교자 이사야를 통하여 수없이 야단치고 달래면서 신앙에 굳게 서라고 호소하셨습니다. 그 호소의 내용은 인간을 의지하거나 인간적인 계획을 세우지 말고 하나님의 방식을 추구하라는 것이었습니다. 이런 호소는 추상적인 것이 아니라 상당히 구체적이었습니다. 하나님은 유다 백성 한 사람 한 사람이 하나님이 살아 계신 것처럼 행동하고 살기를 바라셨습니다. 정의를 행하고 공의를 추구하며 신앙과 삶에 균열이 생기지 않도록 일관성(integrity) 있게 살라고 부탁하셨습니다. 하나님의 목전에서(*Coram Deo*) 행동하고 말하듯이 하기를 바라셨습니다. 이는 달리 말해 "하나님의 언약 백성답게" 살라는 준엄한 촉구였습니다. 그러나 명색만 언약 백성일 뿐, 그들의 일상 및 그들이 운영하는 가정, 사회, 국가 기관에는 하나님의 정의와 공의가 설 곳이 없었습니다.

그리하여 하나님은 단단히 벼르다가 마침내 분노를 쏟아내시며 심판을 시행하겠다고 선언하셨습니다. 하나님은 언약 백성이라는 자들의 꺾이지 않는 고집과 완악함에 얼마나 분하셨던지 심판을 선언하면서도 분을 삭이지 못하셨습니다. 이는 네 번에 걸쳐 등장하는 "내가 분노하여 심하게 형벌을 내리리라. 그럴지라도 야웨의 분노가 돌아서지 아니하며 그의 손이 여전히 펴져 있으리라"(사 9:12, 17, 21; 10:4)라는 말씀에서 잘 드러납니다.

진노 중에서 긍휼을

그렇다면 하나님이 언약 백성이라고 자부하던 유다를 완전히 멸망시키신다는 말입니까? 한 명도 남기지 않고 유다를 완전히 초토화시키는 것이 하나님의 계획입니까? 천만다행으로 그렇게까지는 아닙니다. 하나님은 "남겨진 자"들에 대해 말씀하십니다. 이 소식이야말로 복음이 아니고 무엇이겠습니까? 그들이 저지른 악한 행위들을 정확히 되갚자면, 그리고 하나님이 기다리고 참으신 횟수를 생각한다면 단 한 명도 살아남지 못할 것입니다.

그러나 하나님은 그들 중에 남은 자들을 두겠다고 말씀해주십니다. 거꾸로 말하자면 이는 악이 횡행하는 사회 안에서도 그나마 하나님을 추구하는 자들이 있고, 심판의 몽둥이를 맞으면서도 하나님께로 돌아오는 자들이 있다는 것입니다. 본문의 내용은 후자의 경우를 말하는 듯합니다. "이스라엘의 남은 자와 야곱 족속의 피난한 자들이 다시는 자기를 친 자(아시리아)를 의지하지 아니하고 이스라엘의 거룩하신 이 야웨를 진실하게 의지할 것"(사 10:20)입니다. 심판을 통과한 하나님의 백성은 심판의 도구로 사용된 아시리아의 권세와 군사력과 보호를 더 이상 의지할 필요가 없습니다. 이는 "아시리아가 너를 칠지라도 그를 두려워하지 말라"라는 명령의 근거입니다. 하나님은 친히 전쟁의 용사가 되어 하나님의 백성을 대신하여 싸우시는 분입니다.[1] 하나님은 단지 아시리아보다 더 강하고 힘이 센 분이 아니라 그들을 도구로 사용하는 분이십니다(사 10:24-27). 비록 아시리아의 예루살렘 침공이 눈앞에 닥쳐올지라도 유다는 하나님만 의지해야 할 것입니다.

아시리아의 예루살렘 침공이 얼마나 무섭게 임박했는지를 사실적으로 묘사하는 단락(사 10:28-32)을 읽어보십시오. 여기 등장하는 지명들—아얏, 미그론, 믹마스, 게바, 라마, 기브아, 갈림, 라이사, 아나돗, 맛메나, 게빔, 놉—은 모두 예루살렘과 가까운 거리에 있는 마을과 성읍들로서 아시리아의 예루살렘 공격이 얼마나 위협적인지를 보여줍니다.

유다는 국가적 회개의 기회를 놓쳤기에 하나님이 작정하신 파멸을 피할 수 없습니다(사 10:23). 파멸은 그들이 저지른 죄에 대한 마땅한 보응입니다. 그러나 그 심판의 와중에서 권력과 힘과 자신을 믿고 신뢰했던 죄를 뉘우치고 하나님께 소망을 두고 그분만을 의지하며 돌아오는 소수의 사람이 있을 것입니다. 그들이 바로 "남겨진 자들"입니다. 그들이야말로 복 받은 자들입니다. 단순히 살아남았기 때문이 아니라 전능하신 하나님(The Mighty God)께로 돌아왔기 때문입니다(사 10:21). 전쟁에 능하신 야웨, 모든 전쟁이 그에게 속했다고 선포하는 야웨, 전쟁의 위대한 용사(divine warrior)이신 하나님, 그분을 피난처로 삼는 것이 복이기 때문입니다.

고난의 터널을 지나면서

하나님의 백성은 참된 신앙이 무엇인지를 배우기 위해 종종 값비싼 수업료를 내기도 합니다. 사실 하나님은 평소에 농담처럼 이렇게 말씀하십니다. "좋은 말로 할 때 잘 들어라!" 하고 말입니다. 하나님이 우리를 가르치고 인도하기 위해 얼마나 자주 좋은 말씀을 해주십니까? 우리는 주일마다 하나님의 말씀을 듣습니다. 주 중에 성경 공부를 하기도 합니다. 때를 따라 부흥회와 사경회에도 참석합니다. 이런 노력의 궁극적인 목적은 하나님을 잘 믿기 위해서입니다. 하나님을 잘 믿는다는 것은 그분께 우리 삶의 우선권을 두는 것입니다. 또한 그분의 말씀을 신뢰하고 따른다는 것입니다. 인생에서 의지할 분이 오직 하나님 한 분밖에 없다고 고백하는 것이 참된 믿음입니다.

그런데 살다 보면 우리의 마음이 갈라집니다. 충성을 바쳐야 할 대상이 여럿이 됩니다. 헷갈립니다. 하나님 외에 다른 것에 매달리지 않으면 실패할 것처럼 보이는 경우도 생깁니다. 마치 남유다 왕국이 당시 근동 지역의 강대국들 사이에 끼여 이리저리 눈치를 보았던 것과 같습니다. 그들은 애굽에 붙었다가도 힘의 저울추가 아시리아로 기울면 다시 그리로 좇아갔습니다.

이미 오래전에 하나님은 모세를 통해 좌로나 우로나 치우치지 말고 오직 야웨의 율법(가르침)을 옆에 두고 한길로 곧게 걸어가라고 명령하셨습니다. 그러나 이스라엘의 역사가 잘 보여주듯 그들은 언제나 갈지(之)자 걸음을 걸었습니다. 마치 지조 없이 이 남자 저 남자와 정을 통하는 요부처럼 이스라엘은 하나님을 버리고 영적 간음을 저질렀습니다.

하나님을 신뢰하지 않는 사람은 자신이 인생의 주인이라고 생각하는 사람입니다. 하지만 자신의 지혜와 재능과 힘으로 자신의 인생을 운전해나가겠다는 것이 불신앙의 본질입니다. 하나님은 그런 사람을 세차게 내리치십니다. 그러나 하나님의 채찍을 맞는 것이 항상 나쁜 일은 아닙니다. 어떻게 보면 하나님께 맞는 사람은 하나님의 특별한 사랑을 받는 사람이기 때문입니다. 그들은 아주 비싼 수업료를 내고 하나님의 은혜를 배웁니다. 성경은 이런 사람들을 가리켜 "남은 자"라고 합니다. 아니, "남겨진 자"라고 부르는 것이 더 좋습니다. 상수리나무가 베임을 당해도 그 그루터기는 남아 있듯이, 그들은 하나님이 내리시는 심판의 불길 가운데서 은혜로 살아남은 자들입니다. 그들은 고난의 풀무를 지나면서 정련된 순금처럼 새로워지게 됩니다.

누가 정련된 순금 같은 사람들입니까? 마음을 다하고 성품을 다하고 뜻을 다하고 힘을 다하여 하나님 한 분만을 의지하고 사랑하고 따르는 사람들입니다. 그들은 더 이상 세상의 권력이나 연줄이나 재물이나 그 외 다른 인간적인 것을 의지하지 않는 자들입니다. 사실 우리가 의지하고 기대는 다른 모든 것은 우리를 구원해주는 것 같다가도 오히려 우리 삶을 얽어매는 올무가 되기 쉽습니다. 유다가 의지했던 아시리아가 결국 그들을 치는 압제자가 된 것과 같은 이치입니다. 이 세상이 구원의 줄이라고 내미는 모든 인간적인 줄은 다 썩은 새끼줄입니다. 그 썩은 줄을 잡았다가는 언젠가 날개 없이 추락하게 될 것입니다. 자신이 진정 의지하고 기대는 것들이 무엇인지 생각해보고 돌이켜 오직 하나님만 의지하십시오.

기도 하나님, 우리로 비싼 값을 치르고서라도 주의 길을 걷게 하소서. 아멘.

제22강

정의와 평화가 입을 맞출 때

이사야 11:1-9

"야웨의 영이 그 위에 임할 것이니…
정의가 그의 허리띠가 되며 성실이 그의 허리 줄이 될 것이라"
(사 11:2, 5).

11:1 이새의 그루터기에서 한 싹이 나며

그 뿌리들로부터 한 가지가 나서 열매를 맺을 것이다.

2 야웨의 영이 그 위에 임할 것이니

지혜와 분별의 영이요,

사려와 능력의 영이요,

지식과 야웨 경외의 영이다.

3 그는 야웨를 경외하는 것을 즐거움으로 삼는다.

그는 눈에 보이는 대로 재판하지 아니하며

귀에 들리는 대로 판결하지 아니할 것이다.

4 그는 공의로 가난한 자를 재판하며

정직으로 세상의 가난한 자를 판결할 것이다.

그는 그 입의 막대기로 세상을 치며

그 입술의 기운으로 악인을 죽일 것이다.

5 정의가 그의 허리띠가 되며

성실이 그의 허리 줄이 될 것이라.

6 늑대가 어린 양과 함께 살고

표범이 어린 염소와 함께 누우며

송아지와 어린 사자와 살찐 짐승이 함께 있으며

어린 소년이 그들을 인도할 것이다.

7 암소와 곰이 함께 먹으며

그것들의 새끼가 엎드리며

사자가 소처럼 풀을 먹을 것이다.

8 젖 먹는 아이가 독사의 구멍에서 장난하며

젖 뗀 어린아이가 독사의 굴에 손을 넣을 것이다.

9 나의 거룩한 산 모든 곳에서

그들은 다치지도 않고 상하지도 않을 것이다.

마치 물들이 바다를 덮음 같이

야웨의 지식이 세상에 충만할 것이기 때문이다.

불공평하고 억울한 일들이 곳곳에서 일어나고 악한 일들이 자연스러운 삶의 일부가 되어버릴 정도로 일상화한 이 세상에서 살다 보면, 문뜩 "이런 세상 말고 좀 더 정의롭고 공평한 세상은 없을까?"라는 생각이 스칩니다. 이 세상에서 권력자는 어깨에 힘을 주고, 좀 배운 사람은 못 배운 사람을 무시하거나 우습게 여기며, 돈이 많은 사람은 가난한 사람을 동정의 눈으로 바라보지만 동료 인간으로 생각하지는 않습니다. 힘이 있는 자는 세상이 자기를 중심으로 돌아가기를 바라고 크고 강한 것이 약하고 작은 것을 잡아먹는 현상은 당연하게 여겨집니다. 이는 개인적인 차원에서뿐 아니라 조직과 사회와 국가 간에도 마찬가지입니다. 날이 갈수록 "정의"(Justice)에 대한 인식이 확연하게 흐릿해지는 것 같습니다.

불의한 세상에서 정의롭게

창세기 3장 이후로 모든 사람은 타락한 세상 안에서 살아갑니다. 타락한 세상은 "추락한 세상"입니다. 신학의 관점에서 "타락한 세상"(fallen world)이란 하나님의 정의롭고 은혜로운 세상에서부터 추락하여 엉망진창이 된 세상을 말합니다. 타락한 세상은 부서지고 일그러지고 굴절되고 상처 입고 왜곡되고 깨어진 세상(broken world)입니다. 깨어진 세상에서는 사람의 생각과 이성, 감정과 정서, 가치관과 세계관 등이 정상일 수 없습니다. 또한 그런 사람들이 살아가는 세상 역시 무질서, 혼란, 혼돈과 무법 등이 판을 칩니다. 이런 세상 안에서 힘이 없는 자들, 못난 자들, 가난한 사람들은 언제나 억울한 일을 당하는 희생자 명단의 맨 앞줄을 차지합니다. 구약에서는 이런 사람들의 대표로 고아, 과부, 이방인들을 언급합니다. 이는 모두 사회-경제적으로 취약한 계층의 사람들입니다.

그렇다면 우리가 사는 이 모순투성이의 세상에 가장 필요한 것이 있다면 무엇일까요? 바로 "정의"입니다. 정의로운 사회에서는 억울한 일이 생기지 않습니다. 정의로운 사회에서만이 모든 사람이 행복하게 사는 것을 꿈꿀 수 있습니다. 정의로운 세상은 약자들이 더 이상 눈물을 흘리지 않는 세상입니다. 학대와 착취와 압제가 없는 세상입니다. 모든 사람이 함께 어울려 사는 세상, 정의가 사회의 기둥이 되고 공의가 가정의 기초가 되는 세상, 빈부귀천의 장벽이 무너지고 노사(勞使) 간의 갈등이 사라지며 더 이상 갑과 을이 비대칭 불균형 상태로 존재하지 않는 세상, 이런 세상이야말로 낙원이 아니고 무엇이겠습니까?

과거로 회귀할 수는 없다!

인류 역사를 살펴보면 인류는 이와 같은 잃어버린 낙원(실낙원)을 다시 회복하고자 부단한 노력을 기울여왔습니다. 인류는 유토피아(Utopia)라 부르는 이상향(理想鄕)을 꿈꾸어왔습니다. 인류의 정신적 지도자들로부터 사교 집단의 교주에 이르기까지 많은 사람이 유토피아를 이루기 위한, 유토피아를 찾기 위한 온갖 이론과 계획을 제시해왔습니다. 그러나 모두 실패했습니다. 그리고 앞으로도 실패할 것입니다. 타락한 인간은 "결코 집으로 돌아갈 수 없기 때문입니다!"(You Can't Go Home Again!)[1]

중국의 고전 『도화원기』(桃花源記) 역시 같은 이야기를 합니다. 기원후 4세기 후반에 활동한 도연명이 쓴 『도화원기』는 중국 후난성 북서부의 상덕이라는 지역의 도화원현을 모티브로 쓴 작품입니다. 이상향인 "무릉도원"을 이야기하는 도화원기의 내용을 소개하면 다음과 같습니다.

진나라 시대에 무릉 사람 중에 고기잡이를 업으로 하던 이가 있었습니다. 하루는 물길을 따라갔다가 얼마나 멀리 왔는지도 모를 무렵, 홀연히 복숭아꽃 숲(도화림, 桃花林)이 눈앞에 나타났습니다. 양쪽 강을 끼고 복숭아나무가 가득했으며 나무 밑으로는 향기로운 풀들이 싱싱하고 아름답게 자랐으며 복숭아 꽃잎이 바람에 날려 떨어지고 있었습니다. 어부는 이상하게 여기고 계속 앞으로 나아가 그 복숭아 숲 끝에 무엇이 있는지 알고자 했습니다. 숲은 강 상류에서 끝이 나고 그곳에 산이 나타났는데, 멀리서 보니 산에는 작은 동굴 하나가 어슴푸레 보였습니다. 어부는 즉시 배에서 내려 동굴 속으로 따라 들어갔습니다. 동굴 입구는 매우 좁아 사람 한 명이 간신히 통과할 수 있었지만 수십 보를 더 나가자 갑자기 탁 트이고 넓어졌습니다. 놀라운 광경이 펼쳐진 것입니다. 들판은 평평하고 넓었고, 집들은 질서정연하게 늘어섰으며 기름진 논밭과 아름다운 연못, 뽕나무와 대나무 숲이 우거져 있었습니다. 사방으로 길이 트였고 닭과 개 우는 소리가 들려왔습니다. 이곳 사람들의 옷차림은 다른 고장 사람들과 별다를 바가 없었지만 노인이나 어린아이가 다들 즐거운 듯 안락하게 보였습니다.

그들은 어부를 보자 매우 놀라며 어디서 왔느냐고 물었습니다. 어부가 자세히 대답하자 그들은 그를 극진하게 대접했습니다. 마을 사람들도 와서 그에게 이런저런 일을 물었습니다. 어부를 영접했던 집 주인이 말했습니다. "우리 선조가 진나라 때 난을 피해 처자와 마을 사람을 이끌고 이 절경으로 와서 다시는 나가지 않았으므로 결국 바깥세상 사람들과 단절되었습니다."

그리고 어부에게 "지금은 어느 때냐?"고 물었습니다. 묻는 것을 보니 그는 한 나라가 있었다는 사실은 물론, 그 뒤로 위나라와 진나라가 있었다는 사실도 몰랐습니다. 어부가 지난 역사를 하나하나 자세히 알려주자 모두들 놀라며 감탄했습니다. 마을 사람들은 그를 집으로 초대해서 잘 대접하였습니다. 어부는 그곳에서 며칠을 보내고 작별하였습니다. 그때 마을 사람이 그에게 "외부 사람들에게는 말하지 마세요"라고 당부했습니다.

어부는 마을을 벗어나 배를 타고 돌아오는 길에 여러 군데 표식을 했습니다. 이곳을 다시 찾아오겠다는 생각이었습니다. 읍에 이르자 그는 태수를 찾아 그대로 보고하였습니다. 태수는 즉시 사람을 파견하여 어부가 표식한 곳을 찾아가게 하였으나 결국 길을 잃고 무릉도원으로 통하는 길을 찾지 못했습니다.[2]

도연명은 인간의 내면에 있는 "낙원"(paradise)에 대한 그리움을 이렇게 표현했습니다. 이를 성경이 묘사하는 이상향과 비교해보면 어떨까요? 성경의 이상향은 어떤 곳입니까? 도연명의 무릉도원처럼 유유히 흐르는 강물에 낚싯대를 드리우고, 사시사철 풍성한 과일을 먹으며, 무아지경의 절경을 즐기면서 유유자적한 삶을 누리는 곳인가요?

대안적 세상을 꿈꾸라!

하나님이 꿈꾸시고 그의 예언자들이 소망했던 세상은 어떤 세상일까요? 왜 하나님은 본문(사 11:6-9)이 묘사하는 낙원적 샬롬의 나라를 보여주시는 것일까요? 단순히 우리가 장차 가게 될 하늘나라의 청사진을 보여주신 것일까요? 그건 아닙니다.

예언자들이 꿈꾸며 그려낸 에덴(낙원)적 세상은 현재 우리가 살아가는 불의한 세상에 대한 "대안"으로 주어집니다. 이런 대안적 세상을 보여주시는 이유는 하나님의 백성이 에덴(낙원)적 세상을 꿈꾸게 하기 위해서입니다. 더 나아가 그런 세상의 도래에 대한 임무를 맡기고 사명감을 재충전하기 위해서입니다. 그리스도인은 세상이야 어떻게 되든 상관없이 나 혼자 구원받아 "하늘 위에서 달콤한 파이를 먹겠다"(pie in the sky mentality)는 개인주의적 구원관을 버려야 합니다. 그리스도인은 이 세상에 하나님의 정의로운 사회를 수립하도록 부르심을 받은 사람들입니다.

하나님의 부르심에 응답하기 위해서 우리는 먼저 그런 나라가 어떻게 임하는지 배울 필요가 있습니다. 이 세상에서는 약육강식의 논리가 통합니다. 정글의 맹수는 언제나 무력한 먹잇감을 잡아먹습니다. "정글의 법칙", "적자생존의 원리"가 지배하는 이 세상에서는 무엇이든지 크고 강하고 힘이 있어야 성공할 수 있습니다. 반대로 약자, 병자, 장애인, 어린이와 같은 약자들은 언제나 취약한 삶을 살 수밖에 없습니다.

왜 이런 일들이 일어납니까? 정의가 실종되었기 때문입니다. 이 세상에서 공의와 공평은 더 이상 중요한 덕목이나 가치가 아닙니다. 많은 사람이 오로지 성공만을 최상의 가치로 여기며 성공을 위해서라면 무슨 짓이라도 할 수 있다고 생각합니다. 수단과 방법은 별로 문제가 되지 않습니다. 이런 분위기 속에서는 개인이나 사회, 교회나 국가 할 것 없이 모두가 잔혹한 사각의 링 안으로 철저하게 내몰릴 수밖에 없습니다. 상대방을 눌러야 내가 올라갈 수 있고 상대방을 죽여야 내가 살 수 있다고 믿기 때문입니다. 이런 곳에서 공평이니 정의니 평등이니 공의니 하는 단어들은 고대 유물이 된 지 오래입니다.

하나님의 영이 지배하는 세상

예언자가 꿈꾸는 세상은 "하나님의 영"이 지배하는 세상입니다. 하나님의 영은 곧 성령입니다(사 11:2). 세상의 권력자들과 왕들은 전쟁의 말을 타고 군사력을 과시하며 음모와 술수로 나라를 통치합니다. 그러나 하나님의 영의 지배를 받는 왕은 언제나 하나님을 경외하는 마음으로 나라를 다스립니다. 그는 지혜로울 뿐 아니라 이해력과 분별력을 갖추고 진실이 무엇인지 알며 궁극적으로 하나님을 두려워하는 왕입니다. 그 왕이 다스리는 나라의 기초는 공평과 정의와 공의입니다. 그는 성실과 진실로 백성을 인도합니다(사 11:3-5).

정의와 공의가 수립될 때 비로소 평강과 샬롬이 도래합니다. 진정한 평화를 원합니까? 가정, 학교, 사회, 국가에 샬롬이 있기를 바랍니까? 그러려면 하나님의 영의 지배를 받는 사람들이 많아져야 합니다. 하나님의 영의 지배를 받는 사람은 정의와 공의를 추구합니다. 정의롭지 못한 곳에는 안정과 평화와 번영과 풍성함이 오지 않습니다. 우리는 정의가 도래하는 세상을 꿈꿀 뿐 아니라 그런 세상의 도래를 위해 애쓰고 노력하며 공부하고 일해야 할 것입니다. 샬롬은 하나님이 우리에게 주시는 선물(gift)인 동시에 우리 그리스도인들이 마땅히 힘써야 할 책무(task)이기 때문입니다. 정의는 평화로 들어가는 유일한 대문임을 기억하십시오.[3]

기도 정의와 평화가 입을 맞추고 포옹할 날이 오기를 기도합니다. 아멘.

제23강

갈보리 산 위의 십자가

이사야 11:10-16

"그가 민족들을 위하여 깃발을 하나 높이 드시며 포로로 잡혀갔던 이스라엘 사람들을 다시 모으실 것이다. 그가 흩어진 유다 백성을 땅의 사방에서 다시 모으실 것이다"(사 11:12).

11:10 그날에, 이새의 뿌리가 모든 민족의 깃발로 우뚝 설 것이다. 민족들이 그에게로 몰려오리니, 그가 거한 곳이 영화로울 것이다. 11 그날에 주님께서 다시 손을 펴서 살아남은 그의 백성, 곧 아시리아와 북애굽과 남애굽과 구스와 엘람과 바벨론과 하맛과 바다의 모든 섬에서 살아남은 백성을 돌아오게 하실 것이다.

12 그가 민족들을 위하여 깃발을 하나 높이 드시며
포로로 잡혀갔던 이스라엘 사람들을 다시 모으실 것이다.
그가 흩어진 유다 백성을
땅의 사방에서 다시 모으실 것이다.
13 에브라임의 질투가 사라질 것이며
유다의 원수들이 멸망할 것이다.
더 이상 에브라임은 유다를 질투하지 않을 것이며
유다도 더 이상 에브라임을 향하여 적대적이지 않을 것이다.
14 그들이 함께 서쪽으로는 블레셋을 내리 덮치며
동쪽에 사는 사람들을 약탈할 것이다.
그들이 에돔과 모압에 손을 댈 것이며
암몬 사람을 굴복시킬 것이다.
15 야웨께서 애굽의 홍해를 마르게 하시고
뜨거운 바람으로 유프라테스 강 위에서 팔을 흔들어
그 강을 마르게 하실 것이다.
그가 그 강을 나누셔서 일곱 개울로 만드신다.
누구나 신을 신고 강을 건널 수 있을 것이다.

16 그리하여 살아남은 하나님의 백성이 아시리아를 떠나 돌아올 수 있도록
거기에 한 대로(大路)가 있게 될 것이니
마치 이스라엘 백성이 애굽에서 나오던 때와 같을 것이다.

미약한 시작

"이새의 뿌리"(사 11:10)라 함은 베들레헴, 즉 볼품없이 초라하고 비천한 시작점을 의미합니다. 왕도인 예루살렘이 아닌 시골 베들레헴에서 출발한다는 것은 분명한 "핸디캡"(handicap)입니다. 그러나 성경은 언제나 베들레헴에서 출발하여 예루살렘으로 가는 길을 제시합니다. 사실 하나님의 사역이 놀라움을 안겨주는 가장 큰 이유는 언제나 초라하고 왜소하기 그지없는 곳에서 시작하기 때문입니다. 창세기에 등장하는 삼대 족장의 아내들을 기억해보십시오. 아브라함의 아내 사라, 이삭의 아내 리브가, 야곱의 아내 라헬은 모두 불임(不姙)으로 낙망하던 종갓집 여인들이었습니다. 그러나 하나님은 그녀들의 태를 여셔서 큰 민족을 이루게 하셨습니다. 바로 이것이 하나님이 일하시는 방식을 전형적으로 보여주는 위대한 이야기입니다. 이런 이야기는 언제나 우리 마음에 큰 울림을 일으킵니다. 하나님은 우리가 그런 이야기를 기억하기 원하십니다.

하나님이 당신의 위대한 일을 시작하시는 곳은 어디입니까? 불임의 태가 아닙니까? 애굽에서의 고단한 노예 생활로 희망이라곤 전혀 없던 히브리인들 가운데가 아닙니까? 훗날 이스라엘 민족이 포로로 사로잡혀 간 바벨론 제국의 그발 강가가 아닙니까? 무엇보다 하나님의 위대한 일은 베들레헴의 말구유, 갈릴리의 어촌 구석, 골고다의 십자가에서 절정을 이루지 않았습니까? 이처럼 그분은 주류(主流)의 하나님이 아니라 변방과

변두리의 하나님이십니다.

본문은 하나님이 이새의 잘난 일곱 아들이 아니라 볼품없는 막내 다윗을 통해 새로운 일을 시작하셨다는 것을 이야기합니다. 하나님이 함께 일하시는 사람들은 대부분 별 볼 일 없는 사람들이었습니다. 구약에서부터 하나님은 자신을 과부와 고아와 이방인의 하나님으로 불리기를 좋아하셨습니다. 사도 바울도 하나님이 우리를 부르시는 방식에 대해 다음과 같이 말했습니다.

> 형제자매들아! 하나님께서 너희를 부르심을 보라. 육체를 따라 지혜로운 자가 많지 아니하며 능한 자가 많지 아니하며 문벌 좋은 자가 많지 아니하도다. 그러나 하나님께서 세상의 미련한 것들을 택하시어 지혜 있는 자들을 부끄럽게 하려 하시고 세상의 약한 것들을 택하시어 강한 것들을 부끄럽게 하려 하시며 하나님께서 세상의 천한 것들과 멸시받는 것들과 없는 것들을 택하시어 있는 것들을 폐하려 하시나니 이는 아무 육체도 하나님 앞에서 자랑하지 못하게 하려 하심이라(고전 1:26-29).

환상적 미래

이새의 뿌리가 어떻게 되는지 살펴보십시오. 싹이 움트기 시작한 자그마한 가지는 후에 우람한 나무가 되어 온 세상을 덮고도 남을 만한 안식처가 됩니다. 그 나무 아래서 나그네들이 쉼을 얻고 피곤한 영혼들이 시원한 냉수를 얻어 마십니다. 십자가의 나무를 떠올려보십시오. 십자가 형틀은 죽은 나무로 만들었지만 그곳으로부터 영원한 생수가 흘러나와 은혜의 보좌로 나아가는 이정표와 푯말이 되지 않았습니까?

별 볼 일 없는 이새의 뿌리가 어떻게 됩니까? 이사야는 이새의 뿌리가 엄청나게 큰 깃발이 된다고 말합니다(사 11:10, 12). 즉 이새의 뿌리로부터 자라난 자그마한 가지가 후에 높은 산 위에 우뚝 선 깃발(banner)처럼 된다는 것입니다. 이 깃발은 새로운 왕국이 도래하였음을 알리는 신호(signal)입니다(사 11:12). 그렇습니다! 전 세계에 흩어져 있던 남은 자들이 위대한 나라를 만들기 위해 그 깃발 아래로 모여들 것입니다. 이 이미지는 제2의 출애굽을 연상하게 합니다. 그날 주님은 다시 손을 펴시어 전 세계 각처에 흩어진 당신의 남은 백성을 돌아오게 하실 것입니다(사 11:11). 흩으신 하나님은 이제 당신이 정하신 "때"가 되면 그들을 다시 모아들이겠다고 말씀하십니다.

돌아오게 하시는 하나님! 다시 모으시는 하나님! 이런 하나님 상(image)은 사방천지로 뿔뿔이 흩어지고 버림받았다고 생각하는 사람들에게는 정말로 감격스러운 모습이 아닐 수 없습니다. 그때 돌아오는 사람들은 인종이나 종족, 신분이나 성별과 관계없이 한 분 하나님의 다스림 아래 한 백성이 됩니다. 하나님은 그 가운데 보좌를 정하시고 정의와 공의로 다스리실 것입니다. 이미 이사야는 이사야서 앞부분에서 이와 비슷한 환상적 미래를 보여주었습니다.

> 하나님의 집이 서 있는 산이 모든 산 위로 우뚝 솟은, 으뜸 산이 될 날이 오고 있다. 모든 민족이 그리로 모여들고, 사방에서 사람들이 찾아올 것이다. 그들이 말하리라. "자, 하나님의 산에 함께 오르자. 야곱의 하나님의 집으로 가자. 그분이 우리에게 그분의 길을 보여주실 것이다. 그러면 우리가 가야 할 길을 알게 될 것이다." 시온에서 계시가 흘러나온다. 하나님의 메시지가 예루살렘에서 나온다. 그분이 민족들 사이의 일을 공정하게 처리하시고 뭇 백성 사이의 일을 바로잡아주시리라. 사람들은 칼을 쳐서 삽을 만들고, 창을 쳐서 괭이를 만들 것이다. 민족과 민족이 더 이상 싸움을 벌이지 않고 전쟁이 사

라질 것이다. 야곱 가문아, 이제 하나님의 빛 가운데 살자(사 2:2-5).[1]

하나님은 모든 민족과 나라와 방언과 백성 가운데 남겨두신 자들을 다 불러 모으실 것입니다. 그분이 회복시키시는 나라에는 더 이상 남과 북, 동과 서, 가진 자와 못 가진 자, 남자와 여자, 종과 주인, 장로교와 감리교, 경상도와 전라도 같은 분리와 차별의 벽이 존재하지 않습니다. 견원지간(犬猿之間)이었던 남유다와 북이스라엘도 서로를 받아들이고 포용할 것이며 통일된 그 땅에는 평화와 화평을 구가하는 노랫소리만 들릴 것입니다.

집으로 가는 길

그런데 이런 날은 **이미** 도래했습니다. 하나님이 예수 그리스도를 통해 평화의 복음을 온 세상의 땅끝까지 전파하셨기 때문입니다. 옛날 이스라엘 백성이 출애굽하던 날처럼, 아시리아에 사로잡혔던 백성이 고국 땅으로 돌아오던 것처럼(사 11:16), 하나님은 예수 그리스도라는 "큰길"(大路)을 만들어놓으시고 자기 백성을 불러 모아 "집"으로 데려가기를 원하십니다. 그리고 지금도 하나님은 "길"(The Way)이신 예수 그리스도에게로 오는 모든 자에게 샬롬의 선물인 영생을 주십니다. 아버지의 집으로 귀가(歸家, homecoming)하려면 먼저 저 산 위에 높이 세워진 나무, 하나님 나라의 영원한 깃발인 십자가를 바라보십시오. 그리고 그 "길"로 오십시오. 그 길은 구원으로 향하는 길입니다. 예수님은 "나를 통하지 않고는 아버지께로 갈 자가 없다"(요 14:6)라고 말씀하셨습니다. 우리 함께 광야에 대로(大路)를 만드신 하나님을 찬양합시다!

이번 본문을 공부하면서, 특별히 마지막 문단을 읽으면서 우리 마음속에 자연스럽게 떠오르는 찬송가들이 있습니다. 하나는 "집으로 돌아옴"(homecoming)에 관한 "예수가 우리를 부르는 소리"(528장)입니다. 또 다른 하나는 높은 언덕 위에 휘날리는 깃발을 연상케 하는 "갈보리 산 위에 십자가가 섰으니"(150장)입니다. 그 가사를 음미하면서 잔잔하게 불러 보십시오.

기도 주님, 길을 잃지 않게 저 높은 산 위에 십자가 깃발을 세워주심을 감사합니다. 아멘.

제24강

하나님은 나의 구원이십니다

이사야 12:1-6

"진실로 하나님은 나의 구원이십니다.
내가 믿고 두려워하지 않습니다.
야웨, 야웨는 나의 힘이시며 나의 노래입니다.
그는 나의 구원이 되셨습니다"(사 12:2).

12:1 그날에 네가 말할 것이다.

"오, 야웨여! 내가 당신을 찬양합니다.

비록 전에는 당신께서 내게 진노하셨으나

이제는 당신께서 진노를 거두시고

나를 위로해주셨습니다.

2 진실로 하나님은 나의 구원이십니다.

내가 믿고 두려워하지 않습니다.

야웨, 야웨는 나의 힘이시며 나의 노래입니다.

그는 나의 구원이 되셨습니다."

•

3 너희가 기쁨으로 구원의 우물에서

물을 길을 것이다.

4 그날에 너희가 말할 것이다.

"야웨께 감사를 드리고 그의 이름을 불러라.

그가 행하신 일들을 민족들에게 알리고

그의 이름이 존귀하다는 것을 널리 선포하라.

5 야웨를 찬양하라. 그가 영화로운 일들을 하셨기 때문이다.

이 사실을 온 세계에 알려라.

6 시온의 사람들아! 크게 소리 높여 기뻐 노래하여라.

이스라엘의 거룩하신 분이 너희 가운데서 위대하시기 때문이다."

뒤돌아보며

우리는 이제 이사야서의 커다란 첫 번째 단락의 끝자락에 와 있습니다. 보통 이사야 1-12장을 이사야서의 첫 번째 큰 뭉치 단락이라고 하는데 여기서 이 단락 전체를 간단하게 정리해보겠습니다.

예언자 이사야가 활동했던 기원전 8세기 남유다 왕국의 핵심부 예루살렘 성은 안팎으로 위기를 맞았습니다. 먼저 북이스라엘 왕국(에브라임)과 시리아 왕국의 침공이 있었습니다. 당시 중동 지역의 강대국인 아시리아에 대항하여 동맹을 맺은 두 나라는 동맹을 거부하는 남유다 왕국으로 쳐들어왔습니다. 이때 남유다를 다스리던 아하스 왕은 일명 "시리아-에브라임 전쟁"(Syro-Ephraimite War, 기원전 736-732년)이라 불리는 이 위기 앞에서 매우 소심하고 위선적인 지도력을 보여주었습니다. 왕의 마음과 그의 백성의 마음은 바람에 흔들리는 숲처럼 출렁거렸습니다(사 7:2).

그러나 하나님은 예언자 이사야를 통해 아하스에게 "그들은 연기 나는 두 부지깽이 그루터기에 불과하니 두려워하지 말고 낙심하지 말라"(사 7:4)라는 격려와 용기의 말씀을 전해주셨습니다. 그리고 "너희가 굳게 믿지 아니하면 너희는 굳게 서지 못하리라"(사 7:9)고 엄하게 말씀하셨습니다. 이에 덧붙여 이사야는 아하스에게 징조를 구하라고 전했는데, 여기서 아하스 왕의 위선적인 믿음이 드러납니다. 징조를 구하지 않고 하나님을 시험하지 않겠다는 아하스의 대답은 사실 하나님이 별로 중요하지 않다는 이야기와 다르지 않았습니다.

실제로 외세의 침략보다 더 심각한 문제는 그들의 신앙이었습니다. 왕이 그 정도라면 백성들의 영적 상태는 오죽했겠습니까? 예루살렘 사회의 기강과 도덕은 최하위 수준이었습니다. 예루살렘 주민들의 종교적인 열심(熱心)은 강해 보였지만, 허세로 가득하고 정의와 공의를 상실한 일상

생활은 예루살렘이 실천적 무신론자들의 천국임을 확인시켜주었습니다.[1] 이에 설교자 이사야는 일명 "포도원의 노래"(사 5:1-7)라는 신탁을 통해 하나님의 상심과 좌절을 적나라하게 표현했습니다.

> 하나님이 그들에게 정의(미쉬파트)를 바라셨더니 도리어 포악(미스파흐)이요, 그들에게 공의(체다카)를 바라셨더니 도리어 비명(체아카)이었도다(사 5:7).

특히 이사야 5-11장은 포도원(유다 왕국)과 그 안에 있는 왕궁의 운명이 어떻게 될지에 대해 자세하게 기술합니다. 하나님은 아시리아라는 강력한 심판의 도구를 사용해 패역하고 완고한 유다 왕국을 처참하게 몽둥이질하실 것입니다. 하지만 하나님은 심판 가운데서도 몇몇을 남겨놓으시고 그 "남은 자"들을 통하여 새로운 포도원을 시작하겠다는 "회복 프로그램"을 보여주십니다. 회복(구원) 프로그램의 정점에는 이새의 줄기에서 한 싹이 나와서 큰 나무를 이루고 뭇 나라의 깃발로 우뚝 서게 된다는 환상적인 희망의 그림이 자리 잡고 있습니다. 회복의 때에 도래하는, 정의와 공의가 가득한 샬롬의 나라를 다스리는 왕은 야웨의 영으로 충만하여 모든 민족과 백성에게 하나님 나라의 이정표와 깃발 역할을 할 것입니다. 하나님의 심판으로 세상에 흩어졌던 자들이 그 깃발을 보고 모두 돌아올 것인데, 그들의 귀향(homecoming)을 위해 하나님은 광야와 사막에 "대로"(大路, Highway)를 건설하시겠다고 말씀하십니다. 이것이 환상적인 이스라엘의 회복(구원) 프로그램입니다.

이사야서는 5장에서 하나님의 깊은 탄식과 분노와 좌절로 시작해서 무서운 심판과 회복의 이야기를 이어왔습니다. 이제 11장에서 하나님이 보여주신 샬롬의 나라는 환상과 꿈으로 가득한 회복의 절정을 이루었습니다. 무서운 심판으로 초토화된 땅이 하나님의 치유와 회복을 통해 마침내 온전히 새롭게 될 것입니다. 그렇다면 이러한 하나님의 놀라운 회복 프로그램에 대한 이스라엘의 반응은 어떠해야 할까요? 오로지 경탄과 경이와 찬양과 감사 외에 무엇이 더 있겠습니까? 그래서 이어지는 이사야 12장은 마음 깊은 곳에서 용솟음치는 찬양과 기쁨의 노래를 담고 있습니다. 이사야 12장은 하나님의 구원과 회복, 놀라운 치유에 대한 찬양의 극치를 보여줍니다.[2]

감사의 찬송을

이번 강론에서 다룰 이사야 12장은 마치 시편 어딘가에 기록된 노래와 비슷합니다. 시편에는 다양한 종류의 기도와 찬양이 기록되었는데 그중에는 "감사시"도 있습니다. "감사시"는 고난과 역경의 때, 심판의 어두운 날을 지난 후 하나님께 감사와 찬양을 올려드리는 시입니다. 시인의 고난과 슬픔은 대부분 시인 자신의 잘못과 죄에서 기인합니다. 하나님이 내리치시는 징계의 채찍을 호되게 맞을 때 시인은 하나님께 부르짖습니다. "하나님! 언제까지, 얼마나 오래 견뎌야 합니까?", "부르고 부르짖어도 당신은 왜 대답이 없으십니까?", "하나님! 제발 모른 척하지 마시고 저를 불쌍히 여겨 구원해주옵소서."

이런 탄식과 간구가 하나님께 상달 되었는지, 아니면 징계의 기한을 다 채웠는지는 몰라도 시인은 곧 회복(구원)의 징조가 나타나는 순간을 맞이합니다. 그런 순간은 언제입니까? 잃어버렸던 건강을 회복하기 시작할 때, 깨어진 인간관계가 아물기 시작할 때, 속을 썩이던 자녀가 마침내 잘못을 돌이킬 때, 도무지 풀릴 것 같지 않던 두통거리가 새롭게 방향을 틀었을 때입니다. 그때 우리는 회복(구원)의 시간이 도래하고 있음을 감지

합니다. 그리고 자연스레 뒤를 돌아봅니다. 무엇이 잘못되었는지, 어디서부터 단추를 잘못 채웠는지, 어디에서 자신의 영적 추락이 시작되었는지, 어느 지점에서 똑바로 걷던 길을 이탈했는지 곰곰이 생각해봅니다. 그리고는 진실과 마주하게 됩니다. "궁극적 구원이 하나님께 있다"는 사실을 일부러 무시하고 살았던 시간들, 세상을 두려워하면서 하나님을 신뢰하지 못했던 자신의 연약함, 두려움과 근심과 걱정으로 점철된 일상들, 기쁨을 잃어버리고 초조함 가운데서 방황했던 시간들이 주마등처럼 스쳐갑니다. 그리고 남겨진 고난의 흔적들과 상처들을 바라보며 비로소 하나님이 드신 사랑의 채찍에 대해 깨닫게 됩니다.

시편 기자는 "그의 노염은 잠깐이요, 그의 은총은 평생이로다. 저녁에는 울음이 깃들일지라도 아침에는 기쁨이 오리로다"(시 30:5)라고 노래했습니다. 매 맞은 자국 속에 하나님의 은혜와 사랑이 알알이 배어 있다는 것을 알게 된 것입니다. 우리도 우리 자신의 고난을 회고적으로 바라보며 감사할 수 있어야 합니다. 자신의 삶을 객관화하고 자기 내면을 성찰하는 습관은 신앙생활에서 매우 중요합니다.

본문에도 동일한 감사의 고백이 흐르고 있습니다. 감사의 주체는 개인일 수도 있고 어떤 공동체일 수도 있습니다. 그들은 예배를 통해 하나님만이 참 구원이시며 불러야 할 노래라고 고백합니다. 왜냐하면 하나님의 신실하심과 성실하심이야말로 그들이 기댈 마지막 언덕임을 깨달았기 때문입니다. 이제 그들은 자신들뿐만 아니라 다른 사람들에게도 담대하게 하나님이 행하신 극히 아름답고 영광스러운 일들을 간증합니다(사 12:5).

보라! 하나님은 나의 구원이시라.
내가 신뢰하고 두려움이 없으리니
주 야웨는 나의 힘이시며 나의 노래시며

나의 구원이심이라(사 12:2, 개역개정).

그의 이름을 부르며
그의 행하심을 만국 중에 선포하며
그의 이름이 높다 하라.
야웨를 찬송할 것은 극히 아름다운 일을 하셨음이니
이를 온 땅에 알게 할지어다(사 12:4-5, 개역개정).

그렇습니다! 우리가 삶에서 드리는 궁극적 찬양의 대상은 하나님이셔야 합니다. 그분만이 높임을 받으시기에 합당하십니다. 그는 신실하시어 자기 백성을 구원하시는 분이기 때문입니다. 그러므로 우리는 날마다 즐겁고 기쁜 마음으로 하나님의 구원을 경험하면서 그 시원한 물을 마셔야 합니다.

설교자 이사야는 선포하는 말씀을 통해, 예언자 직분을 통해, 사역을 통해 자기 이름의 의미가 무엇인지를 분명하게 드러내었습니다. 히브리어 이름 "이사야"는 "야웨는 구원이시다"라는 뜻입니다. 그는 진실로 "하나님만이 구원이시다"라는 복음을 선포한 주님의 종이었습니다.

기도 우리의 삶 속에 이루어지는 하나님의 위대한 일들을 보게 해주소서. 아멘.

제 2 부

열국 심판 신탁

이사야 13-23장

제25강

교만은 패망으로 가는 지름길입니다

이사야 13:1-22

"내가 세상의 악으로 인하여 세상을 벌하고 악인의 죄로 인하여 악인들을 처벌할 것이며 내가 교만한 자의 오만을 끊어내며 무자비한 자의 거만을 낮출 것이다"(사 13:11).

13:1 아모츠의 아들 이사야가 바벨론에 대하여 본 신탁 내용이다.

2 너희는 민둥산 위에 깃발을 세우고
소리를 높여 그들을 부르며
그들에게 손을 흔들어
그들을 귀족들이 들어가는 성문들로 들어가게 하라.
3 내가 따로 떼어 거룩하게 구별한 자들에게 명령하였고
나의 전사들을 불러 내 분노를 시행하라 하였으니
그들은 나의 승리를 기뻐하는 자들이다.

4 들어봐라! 산에서 큰 소리가 난다.
엄청난 무리의 소리로다!
들어봐라! 왕국들이 웅성거리는 소리다.
수많은 나라가 모여 떠드는 소리로다!
만군의 야웨께서도
군대를 소집하여 출정식을 하신다.
5 그 군대가 아주 먼 땅에서 왔다.
하늘 끝에서 왔다.
그 군대는 곧 야웨와 그의 분노의 무기들이니
온 땅을 멸하기 위해서다.

6 애곡하라! 야웨의 날이 가까웠다.
그날은 전능자에게서 오는 파멸의 날이다.

7 그러므로 모든 손의 힘이 풀리고

각 사람의 마음이 녹을 것이다.

8 공포가 그들을 엄습하고

고통과 괴로움에 사로잡힐 것이니

마치 해산이 임박한 여자 같이 고통스러워 할 것이다.

그들이 서로 보고 놀라며

그들의 얼굴이 불타오르듯 한다.

9 보라! 야웨의 날이 오고 있다.

곧 진노와 맹렬한 분노로 가득한 잔인한 날이다.

땅을 황폐하게 하며

그 땅의 죄인들을 멸절할 것이다.

10 하늘의 무수한 별들과 천체가

그 빛을 내지 아니하며

해가 돋아도 어두워지고

달도 그 빛을 잃어버릴 것이다.

11 내가 세상의 악으로 인하여 세상을 벌하고

악인의 죄로 인하여 악인들을 처벌할 것이며

내가 교만한 자의 오만을 끊어내며

무자비한 자의 거만을 낮출 것이다.

12 내가 사람을 순금보다 더 희소하게 하며

오빌의 금보다 더 찾아보기 힘들게 할 것이다.

13 그러므로 내가 하늘들을 흔들어 떨게 할 것이니

땅들이 진동하며 흔들려 뒤집힐 것이다.

만군의 야웨의 분노와

맹렬히 타오르는 그분의 진노의 날에 그렇게 될 것이다.

14 그들이 사냥꾼에 쫓기는 노루나
목자 없는 양 떼 같이
각기 자기 백성에게로 돌아가며
제각기 자기들의 본토로 도망할 것이다.
15 그러나 잡히는 자마다 창에 찔리겠고
걸리는 자마다 칼에 맞아 쓰러질 것이다.
16 그들의 갓난아기들은 그들이 보는 앞에서 메어침을 당하겠고
그들의 집은 노략질을 당하겠고 그들의 아내는 유린당할 것이다.

17 보라! 내가 메대 인들을 충동하여 그들을 치게 할 것이니
메대 인들은 은에 별 관심이 없고
금을 기뻐하지 아니하는 자들이다.
18 메대 사람이 활로 젊은이들을 쏘아 죽이리니
그들은 갓난아기들을 긍휼히 여기지 아니하며
어린아이들을 측은하게 보지 아니할 것이다.
19 열국의 영광인 바벨론,
바벨론 인들의 긍지며 자랑인 바벨론,
바로 그 바벨론이 하나님께 멸망하리니
마치 소돔과 고모라 같이 될 것이다.
20 사람이 살지 못하는 황폐한 곳이 될 것이며
그곳은 대대로 아무도 살지 못할 곳이 될 것이다.
유목민인 아랍 사람들도 거기에 천막을 치지 아니하며
목자들도 그곳에 그들의 양 떼를 쉬게 하지 아니할 것이다.

21 오직 들짐승들만이 거기에 누울 것이며
　버려진 폐가에는 울부짖는 들짐승들로 가득할 것이다.
부엉이들과 올빼미들이 거기에 깃들이며
　들 염소들이 거기에서 뛸 것이다.
22 바벨론의 성채들에는 하이에나가 울부짖을 것이요,
　화려하던 궁전에는 들개들이 울 것이다.
그때가 가까이 왔으니
　그날이 오래지 아니할 것이다.

열국 심판 신탁

대다수 예언서처럼 이사야서에도 이방 나라들을 향한 하나님의 심판 메시지가 기록되어 있습니다. 소위 "열국 심판 신탁"(Oracles Against the Nations)이라 불리는 부분입니다(사 13-23장). 지금까지 유다와 예루살렘을 향해 하나님의 심판을 선언하고 장차 올 메시아의 시대를 보여주었던 이사야는(사 1-12장), 이제 고개를 돌려 유다의 주변국들을 하나씩 거명하며 하나님의 심판을 선언하기 시작합니다. 하나님의 심판 신탁의 대상들이 등재된 출석부에는 모두 10개의 국가명이나 지명이 등장합니다. 성경에서 10이라는 숫자는 종종 온전함을 나타내기에—예를 들어 창세기 5장의 족보에 등장하는 10명—10개국(혹은 지역)에 대한 신탁은 세상에 있는 열국 전부를 대상으로 한다고 보아도 무방합니다.

이사야 13-23장에는 다음과 같은 10개의 신탁 단락들이 있습니다. 신탁 단락의 구분은 양식비평학적 형식—여기서 기준은 "…에 관한 경고(마싸)"라는 문구다—에 따른 것으로 이를 정리하면 다음과 같습니다.

① 바벨론 신탁(사 13:1-14:27)

② 블레셋 신탁(사 14:28-32)

③ 모압 신탁(사 15:1-16:14)

④ 다메섹 신탁(사 17:1-18:7)

⑤ 애굽 신탁(사 19:1-20:6)

⑥ 해변 광야 신탁(사 21:1-10)

⑦ 두마 신탁(사 21:11-12)

⑧ 아라비아 신탁(사 21:13-17)

⑨ 환상의 골짜기 신탁(사 22:1-25)

⑩ 두로 신탁(사 23:1-18)

그런데 이 신탁들의 내용을 실제로 들여다보면 다음과 같은 몇 가지 특징들이 있습니다.

① 바벨론 신탁 끝 부분에 아시리아에 관한 신탁(사 14:24-27)이 들어 있다.

② 다메섹 신탁 끝자락에 구스(에티오피아)에 관한 신탁(사 18:1-7)이 첨가되어 있다.

③ 다메섹 신탁은 사실 다메섹과 북이스라엘에 관한 신탁으로 읽어야 한다. 이는 유다 왕 아하스 당시 시리아(다메섹)와 북이스라엘이 동맹을 맺어 유다를 침공했던 사건이 배경이기 때문이다.

④ 애굽 신탁의 끝자락에는 애굽과 아시리아와 이스라엘이 장차 하나님의 복을 받게 된다는 종말론적이며 환상적인 축복이 등장한다(사 19:16-24).

⑤ 나라 이름 대신 지역 이름으로 시작하는 "해변 광야 신탁"은 사실

바벨론에 대한 신탁이다.

⑥ “환상의 골짜기 신탁”은 사실 예루살렘에 관한 메시지다.

그렇다면 왜 이사야서를 포함한 예언서들 안에는 열국 심판 신탁이 들어 있을까요? 이에 대한 대답은 두로에 대한 심판의 말씀 안에 잘 표현되어 있습니다.

> 만군의 야웨께서 그것을 정하신 것이라. 모든 누리던 영화를 욕되게 하시며 세상의 모든 교만하던 자가 멸시를 받게 하려 하심이라(사 23:9, 개역개정).

즉 예언자들은 하나님이 역사의 주인이시라는 사실을 부정할 뿐 아니라 스스로를 역사의 창조자와 보존자라고 생각하는, 거만한 왕들과 정치가들의 교만을 짓밟아 땅에 떨어뜨리며 세상 군왕들의 거들먹거림과 오만방자함을 부끄럽게 할 목적으로 열국 심판 신탁을 선언합니다. 또한 열국 심판 신탁은 이스라엘의 하나님이 만국과 열방의 하나님도 되시며 인간의 교만한 작태와 우상 숭배 행태를 철저하게 심판하는 분이시라는 사실을 알려줍니다. 그렇습니다! 하나님은 예루살렘의 하나님이실 뿐 아니라 애굽과 아시리아와 바벨론과 페르시아와 그리스와 로마의 하나님도 되십니다. 그분은 지금도 온 세상의 주인이십니다.

위대한 전사

구약성경은 종종 하나님을 전사(戰士, divine warrior)로 표현합니다. 하나님은 하나님과 그의 백성들을 대적하는 모든 나라를 향해 전쟁을 마다치 않고 싸우시는 분입니다. 이런 전쟁을 신학에서는 “성전”(聖戰, Holy

War)이라고 부릅니다. 여기서 하나님은 거룩한 전쟁을 지휘하며 이끌어 가는 위대한 총사령관으로 묘사됩니다. 그래서 구약의 이스라엘 백성은 전쟁에 나갈 때마다 먼저 성전에 모여 "전쟁은 야웨께 속했습니다"라고 외치며 신앙을 고백했습니다. 그들은 칼과 창으로 무장하고 전쟁터에 나가면서도 "우리는 칼과 창을 믿지 않습니다"라고 고백했습니다. 이는 칼과 창으로 전쟁을 치르지만 전쟁의 승패는 전투력이나 무기 체계에 있는 것이 아니라 하나님께 달려 있다는 신앙 때문이었습니다. 그들은 당당하게 "무기여 잘 있거라"라고 외칠 수 있었습니다. 하나님은 민둥산 위에 하늘 왕국의 깃발을 세우시고 자기의 용사들을 불러 전투에 투입하십니다. 하나님이 누구십니까? 이스라엘의 예배 공동체가 소리 높여 고백했듯이 그는 "강하고 능한 야웨시요, 전쟁에 능한 야웨이십니다!"(시 24:8)

대장군이신 하나님이 싸우실 대표적인 나라는 **바벨론**입니다. 그런데 역사적으로 예언자 이사야가 활동하던 기원전 8세기 고대 근동의 대제국은 바벨론이 아니라 아시리아였습니다. 그렇다면 이사야서 본문이 아시리아가 아닌 바벨론을 하나님의 첫 번째 대적으로 다루는 이유는 무엇일까요? 그것은 이사야의 설교가 훗날 수정·증보되었기 때문이라고 보아야 합니다. 즉 예언자 이사야 당시의 이방 열국 심판 신탁의 주된 대상은 원래 아시리아였지만, 그 심판 신탁 설교가 훗날 기원전 6세기경 바벨론 유수 시대에 다시 읽히면서 당대의 독자들을 고려하여 바벨론 심판 신탁을 강조하는 형태로 수정되었다는 것입니다. 이처럼 이스라엘 백성은 이사야가 남긴 설교의 지평을 확장함으로써 그것이 후대의 비슷한 영적·정치적 정황에 탄력적으로 적용되도록 했습니다. 그리고 후대의 사람들은 그렇게 전해진 설교자 이사야의 말씀을 그들에게 주어진 권위 있는 하나님의 말씀으로 받아들였습니다.

바벨론 심판 신탁이 기록된 이사야 13-14장은 바벨론 제국이 반드시 멸망하고 바벨론 제국에 의해 사방으로 흩어졌던 이스라엘 백성이 다시 고국으로 귀향할 것에 관해 이야기합니다. 이사야 당시에 바벨론은 아시리아 제국 안에 있는 일개 도시국가에 불과했지만 훗날 아시리아를 무너뜨리고 중동의 신흥 강호로 부상하면서 제국으로 발전합니다. 따라서 열국 심판 신탁의 첫 번째 대상으로 바벨론이 선정된 것은 결코 우연이 아닙니다. 왜냐하면 바벨론은 하나님께 대항하는 국가 권력의 원형(prototype)이기 때문입니다. 이는 요한계시록에서도 분명하게 드러납니다. 요한계시록은 예수 그리스도를 주(主)로 신봉하는 신자들을 박해하는 로마 제국과 황제를 가리켜 "음녀 바벨론"이라고 부릅니다(계 17:5). 즉 하나님의 주권에 반역하는 모든 세력의 결정체를 가리킬 때 "바벨론"이라는 상징적 용어를 사용합니다. 하나님은 바벨론처럼 하나님을 대적하는 교만하기 그지없는 나라들과 권력들에 대항하여 싸우실 것입니다. "야웨의 날"이 바로 그날입니다(사 13:6, 9, 13; 참조. 습 2:15-16).

야웨의 날

구약성경에는 "야웨의 날"이 자주 등장합니다. 이스라엘의 신앙 역사에서 "야웨의 날"은 매우 독특하고도 중요한 신학적 "날"입니다. 물론 이 날은 달력에 빨간색으로 표시할 수 있는 특정한 날을 의미하지는 않습니다. 야웨의 날은 하나님이 자기 백성 이스라엘의 구원을 위해 개입하시는 종말론적인 날로서, 하나님이 자기 백성을 대신하여 원수 나라들과 싸우시는 날을 의미합니다. 야웨의 날, 전사이신 하나님이 전장에 출정하시면 온 세상 민족들과 나라들은 두려워 떨 것입니다.

이스라엘의 입장에서 "야웨의 날"이란 용어는 원래 하나님의 개입과 구원을 의미했습니다. 이를 제대로 이해하려면 출애굽 과정에서 있었던 유월절 사건을 기억해야 합니다. 하나님은 애굽 왕에게 모세를 통해 전갈을 보내 노예 생활을 하는 당신의 백성을 풀어주라고 명령하셨습니다. 그러나 애굽 왕 바로는 이를 거절했습니다. 하나님은 열 가지 재앙을 내려 애굽의 오만함을 심판하셨습니다. 재앙의 절정은 죽음의 사자가 애굽의 모든 장자를 친 사건이었습니다. 죽음의 사자가 애굽 전역을 강타했던 그날 밤, 집 문설주에 어린 양의 피를 발랐던 이스라엘 백성은 구원을 경험했습니다. 유월(逾越)의 밤은 자기 백성을 위해 애굽의 신과 대신 싸우신 야웨의 날이었습니다. 즉 야웨의 날은 이스라엘 백성에게는 구원을, 이스라엘의 대적에게는 저주와 멸망을 의미했습니다.

이런 이유로 훗날 이스라엘 백성은 국가적 재난이나 불행이 닥쳐오면 야웨의 날이 임하기를 간절히 바랐습니다(예. 암 5:18). 그러나 야웨의 날을 갈망한다고 해서 구원이 자동으로 주어지지는 않았습니다. 하나님의 백성이라고 해서 언제나 구원의 대상이 되는 것도 아니었습니다. 오히려 그들의 삶이 정의롭지 않은 경우에는 하나님의 막대기와 칼이 그들 위에도 임했습니다. 그러므로 야웨의 날, 즉 하나님이 방문하시는 날은 정확하게 말해 "정의가 실현되는 날"입니다. 하나님의 정의는 사람을 차별하지 않습니다. 신자나 언약 백성은 봐주고 불신자나 이방인은 무조건 벌하는 것이 아니라는 말입니다. 하나님의 정의와 공평 앞에서 모든 사람은 인종과 성별과 신분에 상관없이 똑같이 대우받습니다.

다시 본문의 맥락으로 돌아가면, 야웨의 날은 전쟁의 용사이자 대장군이신 하나님이 이스라엘의 적국들을 패퇴시키시는 날입니다. 초조하게 하늘의 구원을 기다리던 불쌍한 하나님의 백성들은 그날에 해방과 구원과 승리를 맛볼 것입니다. 이 거룩한 전쟁을 위해 하나님은 먼저 전 세계 각지로부터 전쟁에 능한 용사들—본문에서는 메대—을 따로 뽑아 세우고 검열하십니다. 이 장면을 상상력을 발휘해서 머릿속에 그려보십시오. 어마어마한 대군이 출정식을 위해 일사불란하게 움직이며 광활한 연병장에 위풍당당하게 도열합니다. 곧 출정의 나팔이 울릴 것입니다. 그곳에서 위엄이 넘치는 대장군이 사기가 하늘 끝까지 치솟은 군사들을 사열합니다.

이제 곧 천지개벽과 같은 무시무시한 야웨의 날이 시작될 예정입니다. 하나님의 잔혹한 심판과 맹렬한 노가 바벨론 제국의 온 땅을 뒤덮어 버릴 것입니다. 그날의 파괴력과 두려움은 상상을 초월합니다. 바벨론 제국을 포함한 온 세상은 맹렬한 하나님의 분노로 말미암아 녹아내릴 것입니다. 야웨의 날은 잔혹한 날, 불타오르는 분노의 날, 살육과 고통의 날, 약탈과 강포의 날입니다. 그날, 칼과 창에 찔린 시체들은 거리에 널브러지고 심판을 당한 땅은 들짐승과 승냥이와 들개가 울부짖는 폐허의 땅이 될 것입니다.

재난 영화를 보면 한적한 어느 날 갑자기 초대형 지진이 발생해 땅이 갈라집니다. 곧이어 해일이 일어나 바닷가의 도시는 통째로 수장될 위기에 처합니다. 피해 지역이 너무나 광범위해서 정부 당국도 어떤 대책을 내놓지 못합니다. 사람들은 공포와 절규 속에서 죽어가고 단지 몇 사람만이 간신히 살아남습니다. 이런 이미지야말로 야웨의 날을 묘사하는 데 적합합니다. 그날에 하나님은 자신의 분노를 쏟아부어 하나님을 대적하는 모든 것을 초토화시키십니다. 하나님이 교만한 자의 땅에 찾아오시면 그 땅은 완전한 파멸의 대명사인 소돔과 고모라처럼 될 것입니다. 우리 모두 하나님의 진노의 손에 빠지는 것이 얼마나 무서운 일인지 명심합시다.

그렇다면 도대체 무엇이 하나님의 분노를 이토록 촉발하였단 말입니까? 어찌하여 하나님은 온 땅을 황폐화시키고 하늘의 별들과 별 무리가 그 빛을 내지 않을 정도로, 해가 돋아도 어두우며 달이 그 빛을 비추지 않을 정도로 천지개벽과 같은 묵시론적 재앙을 바벨론에 퍼부으신다는 말입니까? 무엇 때문에, 무엇에 대해 하나님이 그렇게 분노하신다는 말입니까? 왜 바벨론은 하나님의 분노의 포도주잔을 제일 먼저 마셔야만 한다는 말입니까? 이제부터 바벨론의 죄가 무엇인지 살펴보겠습니다.

패망으로 가는 지름길

하나님이 바벨론을 심판하시는 이유는 간단하면서도 매우 분명합니다. 하나님은 "내가 세상의 악과 악인의 죄를 벌하리라. 교만한 자의 오만을 끊으며 강포한 자의 거만을 낮출 것이다"(사 13:11)라고 말씀하십니다. 여기서 두드러져 보이는 단어가 있습니다. "악과 죄" 그리고 "교만과 거만"입니다. 하나님은 악을 견디지 못하십니다. 하나님은 악인들이 저지르는 악행들을 참지 못하시는 분입니다. 그러나 그것이 전부가 아닙니다. 하나님은 특별히 "교만과 오만과 거만"을 도무지 두고 보지 못하시는 분입니다. 여기서 교만과 거만은 단순히 한 개인에게 국한되는 악덕이 아닙니다. 국가도 교만과 거만의 죄를 지을 수 있습니다. 바벨론이 바로 그런 상태에 있었습니다. 바벨론은 고대 서아시아 지역의 "수퍼파워"로서 잘난 체하고 우쭐대며 안하무인의 태도로 잔혹하고 폭력적인 통치를 펼쳤습니다.

왜 "교만과 거만"이 하나님의 맹렬한 분노를 촉발할까요? 경사진 언덕의 꼭대기에 앉으면 낮은 데로 굴러떨어지기가 쉽습니다. 언덕이 높으면 높을수록 위험도도 증가합니다. 그와 같이 마음이 높아지면 큰 죄도 쉽게 여기며 그것을 예사로이 행하게 됩니다. 이런 점에서 교만은 **윤리적** 문제입니다. 더 나아가 교만은 윤리적 차원을 넘어 근본적으로 **신학적** 문제라는 사실을 기억해야 합니다. 달리 말해 교만은 하나님을 무시하고 하나님을 우습게 여기는 성향입니다. 개인이나 사회나 국가는 언제 교만해집니까? 하나님이 창조세계와 그 역사의 주권자이심을 무시하면서부터입니다. 그때부터 오만방자하고 우쭐대고 무례하고 폭압적으로 행동하는 교만이 시작됩니다.

교만은 단순히 하나의 죄가 아니라 모든 죄의 근원입니다. 그래서 교만을 가리켜 "모든 악의 어머니"라고 부르기도 합니다. 전통적으로 가톨릭 교회에서 "7대죄"(seven deadly sins)를 이야기할 때 그 선두에 있는 죄도 바로 교만입니다.[1] 여기서 교만은 일곱 대죄 중 하나가 아니라 다른 죄들과 연결된 모든 악의 뿌리로서 모든 죄의 여왕이라고 할 만합니다.

또한 "교만한 자는 하늘을 쳐다보지 않는다"라는 말이 있습니다. 교만한 자의 눈은 언제나 아래를 향하며, 아랫것들만 쳐다봅니다. 마치 낙타의 눈처럼 말입니다. 결국 교만한 자는 자기 위에 하나님이 계시다는 것을 일부러 모른 체하거나 하나님을 완전히 무시하는 자입니다. 다르게 말하면 교만은 하나님을 떠나 스스로 삶의 주인으로 살아가려는 인간의 악한 습성입니다. 인간의 첫 범죄 역시 하나님의 인도와 다스림을 거부하고 스스로 하나님처럼 되어 자신과 세계를 다스리며 살려고 한 것이었습니다(창 3:7-11). 바벨탑 사건(창 11:4)이나 하나님의 뜻을 거슬러 인구 조사를 감행한 다윗의 죄(삼하 24:3)도 이와 비슷합니다. 그 모든 경우에서 알 수 있듯이 교만은 개인을 파멸시킬 뿐 아니라 공동체도 파괴합니다.

교만에도 여러 종류가 있습니다. "권력에 대한 교만", "지적 교만", "도덕적 교만", "영적 교만" 등 인간이 스스로 높아지려는 영역은 수없이 많습니다. 그런데 신자들이 간파하기 쉽지 않은 가장 위험한 교만은 바로 "영적 교만"입니다. 물론 모든 교만은 근본적으로 영적 교만이겠지만 구체적으로 따져보면 신약성경에서 비판의 대상이 되는 바리새인들이나 고린도 교회의 은사주의자들이 여기에 해당할 것입니다. 아마 그들은 자신들이 영적 교만에 빠졌다는 사실조차 몰랐을 가능성이 큽니다. 그들은 자신을 죄인이라고 하면서도 언제나 "괜찮은 죄인"이라고 생각했기 때문입니다. 하지만 우리는 모두 구원받아야 할 "몹쓸 죄인"에 불과합니다.

영적 훈련

그러므로 우리는 교만의 문제를 해결하기 위해 다음과 같은 몇 가지 충고에 귀를 기울여야 합니다. 첫째, 자기 자신을 돌아보는 훈련을 해야 합니다. 바쁠수록 시간을 내어 내면을 성찰하는 기회를 가지십시오. 잠들기 전 하루를 마감하는 기도 시간을 그런 기회로 삼으면 좋을 것입니다. 둘째, 낮아짐을 묵상하고 실천하는 훈련을 해야 합니다. 낮아짐의 모범을 보이신 예수님의 마음을 품으십시오(빌 2:1-10). 셋째, 공동체 속에서 훈련을 받아야 합니다. 공동체에서는 다양한 사람들과의 다양한 만남이 이루어집니다. 나의 죄와 한계는 실제 만남과 사건 속에서 가장 잘 드러나고, 교만은 자연히 싸우고 물리쳐야 할 최악의 적이 됩니다.

교만은 자기 자신에게서 기쁨을 취하도록 선동하는 반면 다른 사람들과의 관계에서 오는 기쁨은 가로막습니다. 따라서 교만은 다른 사람을 무시하는 원인이 됩니다. 더 나아가 교만은 다른 사람을 억압하고 압제하는 죄로 이어집니다. 교만은 심지어 폭력적인 성향의 뿌리가 되기도 합니다. 그러므로 "자기 사랑"(교만)의 함정에서 벗어나기 위해서는 다양한 배경과 가치관과 인격을 가진 사람들과 함께 어울려 지내면서 대화하고 소통하고 섬기는 삶이 중요합니다. 다르게 말하면 가정과 교회, 직장과 사회는 교만의 문제를 시험하는 최적의 환경을 제공하는 동시에 교만을 해결하는 훈련을 받을 수 있는 최상의 장소입니다.

이번 강론을 마치려고 합니다. 다른 무엇보다 이것만은 꼭 기억하십시오. "하나님은 교만한 자들을 제일 싫어하신다"는 사실을!

기도 하나님, 우리의 눈을 열어 우리 자신의 영적 교만을 깨닫게 하여 주옵소서. 아멘

제26강

운명의 반전

이사야 14:1-23

"야웨께서 야곱을 긍휼히 여기시며 이스라엘을 다시 택하여 그들의 땅에 두시리니….
너를 고난과 혼란과 및 네가 고생하던 혹독한 노역에서 놓아 안식을 주시는 날에…"(사 14:1, 3).

14:1 그러나 야웨께서 야곱을 긍휼히 여기시며
이스라엘을 다시 택하여
그들의 땅에 두시리니
타국의 이주 노동자들(나그네)이 야곱의 집에 들어오고
그들이 야곱의 가문에 합하게 될 것이다.
2 민족들이 그들을 데리고
그들의 본토에 돌아오리니
이스라엘 족속이 야웨의 땅에서 그들을 얻어
남녀 노비로 삼겠고
전에 자기를 사로잡던 자들을 사로잡고
자기를 압제하던 자들을 다스릴 것이다.

3 야웨께서 너를 고난과 혼란과 및 네가 고생하던 혹독한 노역에서 놓아 안식을 주시는 날에 4 너는 바벨론 왕에 대하여 이 조롱의 노래를 불러라.
압제하던 자가 어찌 그리 끝장이 났던가!
그의 무례함이 이제 끝이 났구나!
5 야웨께서 악인의 몽둥이를 부러뜨렸고
통치자들의 규를 꺾으셨다.
6 그들은 화를 내며 그 몽둥이와 규로 많은 나라를 내리치되
쉬지 않고 잔인하게 내리쳤었지.
분노하면서 열방을 압제하되
끊임없이 억압하였지.
7 그러나 이제는 온 땅이 조용하고 평온하니

사람들이 소리 높여 노래한다.

8 심지어 향나무와 레바논의 백향목도

너로 인하여 기뻐하여 말하기를

"네가 넘어져 쓰러졌으니

와서 우리를 베어버릴 자 없게 되었지!" 한다.

9 저 아래 스올(무덤)이 네가 그리로 온다는 소식에

너를 영접하려고 꿈틀대고 있으며

죽은 자들의 혼령들을 깨워 너를 맞이하게 한다.

네가 누구더냐? 이 세상의 위대한 영웅들이 아니더냐!

저 아래 스올(무덤)이 열방의 모든 왕을

그들의 왕좌에서 벌떡 일어서게 할 것이다.

10 그리고 그들 모두가 다 네게 대해 말하고

다 네게 말하기를

"너도 우리 같이 연약하게 되었느냐?

너도 우리 같이 되었느냐?"라고 빈정댈 것이다.

11 네 허망한 영화가 스올에 떨어졌도다.

네 시끄럽던 비파 소리도 무덤에 떨어졌구나.

구더기가 네 자리 밑에 우글거리고

벌레들이 너를 뒤덮는다.

12 너 아침의 아들 샛별이여![1]

어찌 그리 하늘에서 떨어졌으며,

한때는 열국을 엎었던 자, 너여!

어쩌다가 그리 땅에 추락하였는가?

13 네가 네 마음속으로 말하기를

"내가 하늘에 오르리라.

내가 하나님의 뭇 별 위에

내 자리를 높이리라.

내가 신들이 모여 산다는 북극,

그들의 집회의 산 위에 자리를 잡고 앉을 것이다.

14 내가 가장 높은 구름들 위로 올라가

지극히 높은 이(지존[至尊])와 같아질 것이다."

15 그러나 이제 너는 스올에 추락할 것이고

구덩이 맨 밑자락으로 떨어질 것이다.

16 너를 보는 자들이 너를 뚫어지게 쳐다보며

너의 불행한 처지를 마음에 두고 말하기를

"이 사람이 땅을 진동시키며

열국을 벌벌 떨게 하던 자가 아닌가?

17 이 세상을 황폐하게 하며

나라들과 성읍들을 파괴하며

포로 된 자들을 놓아 보내지 아니하던 자가 아니냐?" 할 것이다.

18 열방의 모든 왕은 모두 각각 영화롭게 잠들어

자신들의 왕릉에 묻혔지만

19 오직 너는 버려진 나뭇가지 같이

네 무덤에서 내쫓겨났구나.

네가 온통 시체들에 둘리어 덮여 있게 되었으니

그 시체들은 칼에 찔려 죽은 자들로

돌 구덩이에 떨어진 주검들이로다.

밟힌 시체처럼

20 네가 그들과 함께 안장되지 못할 것이니

네가 네 땅을 파괴하였고

네 백성을 죽였기 때문이다.

악을 행하는 자들의 후손은

영원히 그 이름이 언급되지 아니할 것이다.

21 그들의 조상들의 죄악들 때문에

그들의 자손들을 살육(殺戮)할 준비를 하여라.

그들이 다시는 일어나 땅을 소유하지도 못하게 하고

그들의 성읍들이 번성하여 세상에 가득하지도 못하게 하라.

22 "내가 일어나 그들을 칠 것이다."

만군의 야웨의 말씀이다.

"내가 바벨론의 이름과 살아남은 자들과

자손들과 후손들을 바벨론에서 끊어버리리라." 야웨의 말씀이다.

23 "내가 또 그곳을 고슴도치의 서식지가 되게 하고

물웅덩이 습지가 되게 할 것이다.

또 내가 멸망의 빗자루로 바벨론을 싹 쓸어버리겠다."

만군의 야웨의 말씀이다.

하나님은 어떤 방식으로 자기 자녀들과 백성을 다루실까요? 구약성경을 살펴보면 "심판과 회복"이라는 주제가 명확하게 드러납니다. 매로 때릴 때가 있으면 그 후에 상처를 싸매고 보듬어 안으실 때가 있습니다. 좀 더 중후함이 느껴지는 신학적 표현을 사용하면 "추방과 귀향"(exile and homecoming)이 심판과 회복을 잘 설명한다고 할 수 있습니다. 사실 이스라엘의 불행했던 과거 역사를 "추방과 귀향"보다 더 적절하게 표현할 말은 별로 없습니다.

추방과 귀향

"추방과 귀향"은 에덴의 왕궁 정원에서 추방을 당해 에덴의 동쪽 너머에서 타향살이하는 우리 인류의 상태를 가장 잘 표현한 페이소스(pathos)이기도 합니다. 인류의 조상 아담과 하와의 고단한 삶은 그들의 정든 고향 에덴—"즐거움"이라는 의미다—에서 쫓겨나면서부터 시작됩니다. 성경은 단순히 아담과 하와가 에덴에서 추방당했다는 사실을 말하지 않습니다. 성경이 말하는 핵심은 그들이 **고향**에서 쫓겨났다는 것입니다.

그렇다면 어디가 고향입니까? 고향을 여러 가지로 정의할 수 있겠지만 성경의 가르침에 따르자면 "부모님이 계신 곳"이 고향입니다. 달리 말해 인류의 부모이신 하나님이 계신 곳, 좀 더 본질적으로 말하자면 하나님 자신이 우리 인류의 고향이라고 할 수 있습니다. 따라서 고향을 그리워한다는 것은 하나님을 그리워한다는 말과 동의어입니다. 하나님의 임재와 현존에서 추방당한 것이 실향민 처지가 된 인류의 슬픔과 비애의 본질입니다. 사랑받던 자녀가 부모의 면전에서 떨어져 나간 것보다 더 큰 비극이 어디 있을까요?

이처럼 "추방"은 하나님의 강력한 심판을 가리키는 은유입니다. 정든 땅, 약속의 땅에서 추방당해 머나먼 이방 땅으로 쫓겨나는 것 자체가 엄청난 심판입니다. 우리 민족도 이런 경험을 한 적이 있습니다. 한반도가 일제 강점기를 겪던 1937년 9월과 10월, 당시 구소련의 독재자 스탈린은 소수 민족 이주 정책의 하나로 영내에 머물던 17만 2,000명의 "카레이스키"(고려인)를 중앙아시아의 카자흐스탄과 우즈베키스탄으로 강제 이주시켰습니다. 일제의 억압을 피해 고향을 등지고 두만강을 건너야 했던 우리 선조들은 또다시 살던 곳에서 추방당해 먼 길을 가야 했습니다. 이동 과정에서 죽은 사람만 2만 5,000명이나 되는 참혹한 추방이었습니다. 구소련은 추방 이유로 연해주의 고려인들이 일본의 첩자가 될 수 있다는 명분을 내세웠습니다. 하지만 이미 오래전에 두만강을 넘어 새로운 땅에 정착해 민족 공동체를 이루어 살아가던 그들에게 스탈린의 강제 이주 정책은 청천벽력과 같은 일이었습니다. 외로움, 생소함, 소외감, 기아와 빈곤, 고향에 대한 그리움은 늘 그들을 따라다니는 어두운 그림자들이었습니다.

이스라엘의 역사에도 이와 비슷한 슬픔이 묻어 있습니다. 이스라엘 민족은 애굽에서의 노예 생활을 마치고 약속의 땅 팔레스타인에 정착했습니다. 하지만 기원전 6세기에 바벨론의 침공을 받아 수도 예루살렘이 함락되고 왕과 각료들, 엘리트 그룹이 바벨론으로 사로잡혀 가는 국가적 치욕을 겪었습니다. 바벨론으로의 추방은 이스라엘 민족의 역사에서 가장 불행한 사건 중 하나로서 그들은 이를 통해 하나님께 버림받는다는 것이 무엇인지를 뼈저리게 깨달았습니다. 그들은 바벨론에서 무기징역을 살아야 하는 죄수와 같았습니다. 출소할 날을 기다리는 유기징역 수형자와는 달리 무기 수형자에게는 어떤 희망의 끈도 주어지지 않습니다.

긍휼과 은혜

서럽고 고단한 타향살이가 끝나면 고향으로 돌아갈 수 있을까요? 예, 돌아갈 수 있습니다. 추방하셨던 그분이 다시 결심하신다면 출소와 귀향은 가능한 일이 됩니다. "긍휼"의 하나님은 추방당한 당신의 백성을 다시 돌아오게 하실 것입니다(사 14:1). 긍휼은 단순히 동정하거나 불쌍히 여기는 마음이 아닙니다. 긍휼은 하나님의 독특한 성품입니다.

성경은 하나님의 성품을 다양하게 표현합니다. 그중 하나님이 자기 자신의 성품에 대해 직접 알려주신 곳이 있습니다. 앞서 살펴본 대로 출애굽기 34장에서입니다. 출애굽기 34장은 32장부터 시작된 황금 송아지 형상 제작 일화의 끝 부분입니다.

이스라엘 백성은 출애굽 후 광야에서 생활하기 시작했습니다. 그러던 어느 날 모세가 잠시 자리를 비웠습니다. 하나님이 시내 산에서 율법을 주시려고 모세를 부르셨기 때문이었습니다. 모세가 대략 40일 동안 자리를 비운 사이, 이스라엘 백성들은 그 시간을 견디지 못하고 배역을 도모했습니다. 망망한 광야에서 자기들을 인도할 하나님을 형상화한 것입니다. 그들은 애굽에서 보고 배운 대로 황금 송아지 상을 만들어 하나님의 "대체 신"으로 삼았습니다. 40일이 지나고 모세가 시내 산에서 내려왔을 때 그의 눈 앞에 펼쳐진 광경은 기가 막혔습니다. 이스라엘의 온 무리는 황금 송아지 앞에서 분향하고 먹고 마시며 뛰놀았습니다. 모세는 들고 있던 십계명 석판을 내던질 정도로 분노했습니다.

그런데 이런 사건 후에도 하나님은 모세를 다시 시내 산으로 부르셨습니다. 다시 십계명을 주시기 위해서였습니다. 모세가 시내 산에서 하나님 앞에 다시 섰을 때 하나님은 구름 가운데에서 큰 소리로 자기가 누구인지, 어떤 존재인지를 소개하셨습니다.

> 야웨라, 야웨라, 자비롭고 은혜롭고 노하기를 더디 하고 인자와 진실이 많은 하나님이라(출 34:6, 개역개정).

이는 하나님의 성품을 5가지로 표현하는 구절로, 훗날 이스라엘 백성은 이 구절을 위대한 신앙고백문으로 삼습니다.[2] 여기서 "자비와 은혜"가

한 쌍, "인자와 진실"이 또 다른 한 쌍을 이루고, 가운데 "더딘 분노"는 회전문의 축과 같은 역할을 합니다. 보통 "자비"로 번역하는 히브리어는 "레헴"인데 이는 "긍휼"로도 번역할 수 있습니다. 달리 말해 "긍휼과 은혜"가 하나님의 성품을 묘사하는 첫 번째 세트라는 것입니다.

그런데 히브리어 "레헴"의 의미는 인체의 "자궁", "태", "속", "내장", "창자" 등과 연결됩니다. 이는 우리말에서도 이해할 수 있습니다. 예를 들어 자녀가 말을 잘 듣지 않을 때 부모는 "속이 썩습니다." 또한 극단적인 비애의 감정을 가리켜 "단장(斷腸)의 슬픔"이라고 말합니다. "창자가 끊어지는 듯한 슬픔"이라는 뜻입니다. 즉 하나님은 곁길로 나가는 방탕한 백성들로 인해 창자가 끊어지는 듯한 고통을 느낀다는 것입니다(참조. 호세아서). 이것이 긍휼입니다.

본문은 서두에서 하나님이 야곱을 긍휼히 여기셔서 그들이 추방당했던 이국에서 다시 돌아오게 하실 것이라고 말합니다. 긍휼은 애간장이 녹는 슬픔으로 자녀를 바라보는 아버지의 마음입니다. 하나님의 긍휼은 언제나 하나님의 은혜와 연결됩니다. 즉 은혜와 긍휼은 언제나 함께 다니는 하나님의 "독점적 짝꿍 단어"입니다. 그렇습니다! 하나님 아버지의 마음 안에 불쌍히 여기는 불같은 그 무엇이 돌고 돌아 견딜 수 없게 될 때 비로소 우리의 구원은 시작됩니다. 호세아서도 이를 다음과 같이 표현했습니다.

> 에브라임이여! 내가 어찌 너를 놓겠느냐? 이스라엘이여! 내가 어찌 너를 버리겠느냐?…내 마음이 내 속에서 돌이키어 나의 긍휼이 온전히 불붙듯 하도다(호 11:8, 개역개정).

하나님의 긍휼이 아니었다면 우리는 고아가 되었을 것입니다. 그 은혜에 감사할 뿐입니다.

상엿소리

복역(服役)의 시간을 뒤로하고 아버지가 계신 고향으로 돌아가는 길은 언제나 마음에 안식과 평안을 안겨줍니다(사 14:3). 반면 이스라엘에 혹독한 노역의 고통을 주었던 바벨론 왕은 역사의 주권자이신 하나님께 똑같이 혹독한 형벌을 받게 될 것입니다. 이사야 14:4-11은 바벨론 왕의 비참한 죽음을 축하하는 조롱 섞인 만가(輓歌)입니다. 만가란 앞서도 말했듯이 "죽은 사람을 애도하는 노래나 가사", "상여를 메고 가며 부르는 상엿소리"입니다. 본문의 만가는 구약에 기록된 불길한 시들 중에서도 가장 흉조가 깃든 시입니다. 이 만가는 교만하기 그지없던 바벨론 왕의 몰락을 비아냥거리며 풍자합니다. 교만한 자는 몰락하고 비천한 자는 긍휼함을 입어 회복될 것입니다. 가히 "운명의 반전"이라고 할 만합니다.

그 빈정거리는 이야기를 한번 들어보십시오. 깊고 어두운 음부(陰府, 스올)에는 살아생전 온갖 나쁜 짓을 하던 자들과 하나님을 우습게 여기며 거들먹거리던 왕들 및 권력자들이 들어와 있습니다. 물론 음부에서도 서로 잘났다고 뽐내고 거드름을 피우기는 마찬가지입니다. 그런데 어느 날 음부 전체가 소란스러워졌습니다. 새로운 입소자가 도착했기 때문입니다. 음부의 염라대왕이 명을 내려 음부에 있는 모든 자들—그가 전직 왕이든 권력자이든 상관없이—은 다 일어나 새로 들어오는 입소자를 환영하라고 합니다. 모두 놀라 자리에서 일어나 새로 입소한 인물을 쳐다보니 웬걸, 그 주인공은 바벨론 왕이 아닙니까? 모두 기가 막혔습니다. 살아생전에 그의 위엄과 권력과 권위는 하늘을 찌를 듯했는데 이제는 초라하게 죄수복을 입고 음부에 입소하는 처지라니…. 그 꼴을 보면서 주변의 선임 입소자들이 빈정대며 말하기 시작합니다. "어쩌다 이렇게 되셨나? 별 볼 일 없게 되셨구려! 이제 당신이 깔고 자는 이부자리에는 구더기가 우글거릴 것이오!"(사 14:10-11) 그는 말 그대로 날개 없이 무저갱(無底坑)으로 추락한 것입니다.

잔혹한 폭군이며 거만하기 그지없는 바벨론 왕, 찬란한 영화를 누리던 그가 죽음의 장소인 스올로 굴러떨어져 구더기와 지렁이가 우글거리는 무덤 속에서 지내는 신세가 되었습니다. 그는 더 내려갈 곳이 없는 지경까지 추락했습니다. 하늘 끝까지 올라갈 것처럼 교만했던 그가 비참한 종말을 맞았습니다. 그렇습니다! 하나님은 교만한 자를 끌어내려 지하 세계로 던지실 것입니다. 교만은 날개 없이 추락합니다.

날개 없는 추락

설교자 이사야는 분위기를 전환하여 바벨론 왕이 얼마나 교만했는지를 다른 각도에서 보여줍니다. 바벨론 왕은 이른 아침 지평선 너머에 떠 있는 "계명성"(啓明星, 밝음을 깨워주는 별, 샛별, 금성, daystar)으로, "여명(黎明)의 아들"(son of the dawn)로 묘사됩니다. 사실 이 두 명칭은 고대 근동의 신화에서 계급이 낮은 신들의 이름이었습니다. 바벨론과 가나안에서 전해 내려오는 이야기에 의하면 그 신들은 반란을 일으켜 주신(主神)의 권세와 능력을 탈취하려고 했습니다. 또한 가나안의 바알 신화에는 바알과 여러 다른 신들이 모여 "북극의 산", "집회의 산"(사 14:13)에서 자리싸움을 하는 이야기가 있습니다. "가장 높은 구름들 위에 올라가려는"(사 14:14) 교만한 왕에 관한 이야기는 "구름을 타고 다니는 자"라는 별명으로 불리던 바알을 연상시키기에 충분합니다.

많은 사람이 이번 강론의 본문을 통해 타락한 천사—소위 루시퍼—

의 정체를 추적하거나(참조. 눅 10:18; 벧후 2:4) 고대 근동 지역의 신화에 나오는 "우주적 산들"(cosmic mountains)과 "만신전"(萬神殿, pantheon)에 대해 연구하려고 합니다.[3] 하지만 본문의 의도는 불 보듯 명백합니다. 자신을 "지극히 높은 분"(하나님)과 동등하게 놓으려 한 바벨론 왕의 지극한 교만(hubris)을 정죄하는 것입니다. 그의 교만은 그의 혼잣말 속에 고스란히 들어 있습니다. 그는 "내가 하늘에 올라 하나님의 뭇 별들 위에 내 자리를 높이리라. 내가 북극 집회의 산 위에 앉으리라. 가장 높은 구름에 올라가 지극히 높은 이와 같아지리라"(사 14:13-14)고 중얼거립니다. 그는 하나님처럼 되고자 했습니다. 달리 말해 자신을 창조주의 위치에 놓을 뿐 아니라 이 세상 역사의 궁극적 주권자가 되기를 바란 것입니다. 이보다 더 큰 교만이 어디 있겠습니까?

사실 하나님처럼 되려는 시도는 인류의 초기에 에덴동산으로부터 시작되었습니다. 첫 인류를 향한 뱀의 유혹은 "하나님처럼 될 수 있다"는 것이었습니다. 하나님으로부터 독립하려는 의지, 하나님 없이도 살 수 있다는 생각, 인간은 자신의 운명을 스스로 만들어가는 자율적 존재라는 신념, 이런 것이 최초의 인류가 냉큼 받아먹은 달콤한 유혹이었습니다. 그 후로도 인류는 계속해서 이 유혹과 씨름해왔습니다. 아마 이런 이유 때문에 둘째 아담으로 오신 예수님이 우리에게 가르쳐주신 기도문 가운데 "우리를 시험(유혹)에 들게 하지 마옵시고, 다만 악(악한 자)에서 구원해주옵소서"라는 문구가 더욱더 절실하게 다가오는 것 같습니다. 유혹 가운데 가장 치명적 유혹은 "하나님처럼 되어보라는 유혹"입니다.

이스라엘의 귀향 이야기(사 14:1-2)는 하나님의 긍휼과 은혜를 깨닫게 하고, 바벨론 왕에 대한 만가(사 14:3-23)는 인간의 교만에 대한 엄중한 심판을 엿보게 합니다. 긍휼을 베푸시는 하나님이 아니라면 이스라엘의 회복은 불가능할 것입니다. 또한 바벨론 왕으로 대표되는 인간의 교만은 반드시 비싼 대가를 치르게 될 것입니다. 그렇습니다! "하나님은 겸손한 자를 가까이하시며 교만한 자를 물리치십니다"(참조. 약 4:6).

기도 아래만 내려다보는 교만한 자가 아니라 하늘을 올려다보는 겸손한 자가 되게 하소서. 아멘

제27강

하나님의 경영

이사야 14:24-32

"만군의 주님께서 계획하셨는데 누가 감히 그것을 못하게 하겠느냐?
심판하시려고 팔을 펴셨는데 누가 그 팔을 막겠느냐?"(사 14:27)

14:24 만군의 야웨께서 이처럼 맹세하신다.

"내가 기획한 대로 반드시 이루어질 것이며

내가 계획한 것을 반드시 이룰 것이다.

25 내가 아시리아를 내 땅에서 부술 것이고

내 산에서 아시리아를 짓밟아버릴 것이다.

그때 그의 멍에가 이스라엘에서 떠나고

그의 짐이 그들의 어깨에서 벗어질 것이다.

26 이것이 내가 온 세계에 대해 기획한 나의 계획이며

이것이 모든 나라를 향하여 펼쳐진 나의 손이다."

27 만군의 야웨께서 계획하셨는데 누가 감히 그것을 막으며

그가 심판의 손을 펼치셨는데 누가 감히 그것을 돌이키랴?

28 아하스 왕이 죽던 해에 이 신탁(경고)이 임하였다.

29 너희 모든 블레셋 인들아!

너를 치던 막대기가 부러졌다고 기뻐하지 마라.

뱀의 뿌리에서는 독사가 나겠고

그 열매는 날아다니는 불 뱀이 될 것이다.

30 가장 가난한 자라도 먹을 것이 있을 것이고

궁핍한 자는 평안히 누울 것이지만

네 뿌리는 내가 기근으로 죽일 것이요,

너의 남은 자들은 살육을 당할 것이다.

31 성문이여! 통곡하여라. 성읍이여! 슬피 부르짖어라.

너희 모든 블레셋 인들이여! 다 두려움에 녹으리라.

빽빽한 연기구름이 북쪽에서 몰려오는데

그 대열에서 벗어난 자가 없다.

32 그 나라 사절들에게

어떻게 대답하겠느냐?

"야웨께서 시온을 세우셨으니

고통당했던 그의 백성들이 그 안에 피난할 것이다" 하여라.

아시리아는 이사야가 활동하던 당시 국제 사회에서 가장 강력한 세력이었습니다. 아직 바벨론이 중앙 무대에 등장하기 전이었기 때문입니다. 아시리아는 언약 백성의 범죄와 잘못을 바로잡기 위해 하나님이 내리시는 심판을 수행하는 도구였습니다. 물론 당사자는 그런 자신의 역할을 인식하지 못했습니다. 그리하여 과도하게 심판의 칼날을 휘둘렀습니다. 하나님은 심판자 역할을 잠시 맡기셨으나 아시리아는 마치 자신이 유다를 포함한 온 세상의 주권자나 된 것처럼 교만해졌습니다. 그러니 유다가 아시리아에 의해 심하게 유린당하고 폭행당할 때 하나님은 상당히 불쾌하실 수밖에 없었습니다.

하나님의 심판은 자기 자녀를 교육하기 위함이지 결코 죽이려는 것이 아닙니다. 하나님이 때때로 심판의 매를 드시는 것은 우리 속의 불순한 것들을 제거하여 오직 하나님만 바라보도록 하기 위함입니다. 그 목적을 이루기 위해 잠시 옆집의 몽둥이를 사용하시는 것입니다. 그런데 그 옆집 사람이 자신의 분수를 모른다면 어떤 일이 일어나겠습니까? 서너 대 정도만 때리라고 했는데 얼굴과 온몸에 피멍이 들도록 난타한다면 아버지 하나님의 마음은 어떨까요? 분노가 치밀어 오르지 않겠습니까? 자신이 천하의 주인이라도 된 양 거들먹거리고 거만하게 행동하는 아시리아는 꼴불견이었습니다. 이 모습을 지켜보시던 하나님은 더 참을 수 없었습니다. 하나님의 주(主) 되심, 하나님의 주권이 강탈당했기 때문입니다.

하나님의 계획[1]

이제 하나님의 의로운 분노가 아시리아를 향해 쏟아질 것입니다. 하나님은 "내가 생각하고 계획한 것", "내가 경영(經營)한 것"을 반드시 이루겠다고 선언하십니다(사 14:25). 물론 하나님의 "계획"이나 "경영"은 사전에 미리 프로그램화된 것을 의미하지는 않습니다. 오히려 아시리아에 대한 하나님의 계획은 아시리아의 처신과 행동에 따라 결정됩니다. 달리 말해 개인의 역사, 인류의 역사, 세계의 역사 등이 영원 전부터 미리 짜놓은 각본에 따라 집행되는 것은 아니라는 말입니다. 바로 여기에 인간이 하나님의 뜻에 따라 올바로 반응해야 하는 이유가 있습니다. 하나님의 정의로운 뜻이 올바로 실현되도록 그 말씀에 응답하고 반응하는 것이 우리 인간의 의무이자 사명입니다. 그렇지 못할 때 하나님은 다시금 그에 대한 당신의 생각을 "수정"하시고 그에 따라 당신의 뜻을 이루어가십니다.

하나님이 최종적인 결심을 하시면 그 누구도 막을 수 없습니다(사 14:27). 여기서 하나님이 자신이 경영(계획)하신 것을 반드시 이루신다는 말씀은 아시리아에 대해 유다가 보여준 인간적 계략에 대한 강력한 경고이기도 합니다. 유다는 아시리아의 압제적 지배에서 벗어나기 위해 온갖 약삭빠른 인간적 방책을 쥐어짜 냈습니다. 그러나 그와는 다른 "하나님의 경영"이 존재한다는 사실은 유다가 군사력을 증강하거나 동맹 외교를 강화하거나 전쟁을 준비한다고 해서 아시리아의 지배를 종식시킬 수 있다고 생각하면 오산이라는 점을 드러내 줍니다.

한편 아시리아가 지운 무거운 멍에로 인해 고통당하고 괴로워하는 일반 백성들에게 "하나님의 경영"에 대한 이사야의 메시지는 매우 강력한 위로의 말씀이 아닐 수 없습니다. 하나님의 개입을 믿고 기다리는 것밖에 다른 희망이 없던 사람들이 바로 그들이었기 때문입니다. 마침내 하나님이 결심하시고 당신의 백성을 돌아보실 것이라는 확신, 이런 확신은 특히 아시리아의 포위로 인해 절망에 빠져 두려워하던 예루살렘 주민들에게 하나님의 간섭과 개입을 믿으며 위기를 견디고 살아남을 수 있는 강력한 동기를 부여했을 것입니다. 우리도 마찬가지입니다. 어려운 상황 가운데 처한다면 "나는 하나님의 계획 안에 있습니다", "하나님이 경영하십니다"라는 문구를 곱씹어봅시다.

블레셋에도 신탁이 임합니다(사 14:28-32). 블레셋은 유다에 정치적·군사적 압력을 넣어 아시리아에 반역할 것을 독려했습니다. 하지만 블레셋은 아시리아가 망한다고 좋아하면 안 됩니다. 아시리아가 사라지면 또 다른 세력(바벨론)이 올 것이기 때문입니다. 이사야 14:29에서 설교자 이사야는 그 사실을 다음과 같이 표현했습니다.

> 너를 치던 막대기가 부러졌다고 기뻐하지 말라. 뱀의 뿌리에서는 독사가 나겠고 그의 열매는 날아다니는 불 뱀이 되리라(사 14:29, 개역개정).

우리는 구원이 정치적 계책과 모략을 통하여 오지 않는다는 사실을 기억해야 합니다. 참된 믿음은 세상과 인간 역사의 주권자가 하나님이심을 인정하는 것입니다.

피난처 되신 하나님

시온의 사람들, 즉 하나님의 백성들은 어떠한 위협도 두려워할 필요가 없습니다. 당대의 최강자인 아시리아의 위협에도 움츠러들지 말아야 합니다. 블레셋은 아시리아를 두려워하지만 시온의 백성들은 아시리아를 두려워하지 않습니다. 왜 그렇습니까? 하나님이 시온에 피난처를 두셨다고 선언하시기 때문입니다. 하나님은 시온에 "피난처", "대피소", "보호 구역"을 설정해놓으셨습니다. 그리로 피하는 자는 보호를 받고 구원을 얻을 것입니다.

그렇다면 피난처가 있는 시온이 어디입니까? 하나님이 당신의 왕권을 세우시고 거기로부터 공평과 정의로 다스리겠다고 선포하신 약속의 장소가 바로 시온입니다. 공평과 정의를 간절히 바라는 사람들이 누구입니까? 억울한 일을 당하고 압제 받으며 힘이 없고 곤고한 자들이 아닙니까? 하나님은 곤궁에 처해 도움이 절실하게 필요한 자들에게 시온을 피난처로 제공하겠다고 말씀하십니다. 피난처가 있는 사람은 복 있는 사람입니다. 하나님을 피난처로 삼은 사람은 행복한 사람입니다.

기도 하나님의 경영에 귀 기울이고 인내하며 그 뜻에 순종하게 하옵소서! 아멘.

제28강

피난처는 어디에?

이사야 15:1-16:14

"다윗의 장막에 왕위가 성실함으로 굳게 설 것이요,
그 위에 앉을 자는 신실함으로 판결하며
정의를 추구하며 공의를 신속히 행하게 될 것이다"(사 16:5).

15:1 모압에 관한 신탁(경고)이다.

모압의 알 성이 하룻밤에 망하여 황폐할 것이며

모압의 기르 성이 하룻밤에 망하여 황폐할 것이다.

2 디본이 그 신전에 올라가 울고

디본이 그 산당에 올라가 애곡한다.

모압이 느보를 위하여,

메드바를 위하여 통곡한다.

사람들은 각각 머리카락을 밀고

각각 수염을 깎았구나.

3 거리에는 굵은 베로 몸을 동여맨 사람들이 있고

지붕과 광장에는 애통하고 울부짖는 사람들로 가득하다.

4 헤스본과 엘르알레가 부르짖는데

그들의 울부짖는 소리가 멀리 야하스까지 들린다.

모압의 무장한 군인들이 크게 부르짖으며

그들의 혼이 속에서 부르르 떤다.

5 내 마음이 모압을 위하여 부르짖는다.

그 피난민들이 소알과 에글랏 슬리시야까지 가면서 울며

루힛 비탈길로 올라가며

호로나임 길에서 패망을 슬퍼하며 울부짖으니

6 니므림 물이 마르고 풀이 시들고

연한 풀이 말라 푸름이 어디에도 없구나.

7 그러므로 그들이 얻은 재물과 쌓았던 것을 가지고

버드나무 시내를 건너리니

8 이는 곡하는 소리가 모압 사방에 들리고

슬피 부르짖는 소리가 에글라임에 이르며

비명이 브엘엘림에 미쳤기 때문이다.

9 디몬 강물에는 피가 가득하다.

그럴지라도 내가 디몬에 재앙을 더 내릴 것이니

도망하는 모압 인들과

그 땅에 남아 있는 자들에게 사자(獅子)를 보낼 것이다.

16:1 이 땅 통치자에게

어린 양들을 공물로 바쳐라.

셀라에서부터 광야를 지나

딸 시온 산으로 보내라.

2 둥지에서 쫓겨나 푸덕거리는 새처럼

보금자리에서 흩어진 새끼 새들처럼

아르논 강 나루터에서

모압 여인들의 신세가 그러할 것이다.

3 "우리에게 조언을 해주십시오.

정의를 허락해주십시오.

당신의 그늘이

뜨거운 대낮에 밤 같기를 바랍니다.

쫓겨난 자들을 숨겨주시고

도망한 자들을 품어주소서.

4 모압에서 쫓겨난 자들을 당신의 돌봄 아래 있게 해주시고

멸망시키는 자로부터 피할 피난처가 되어주소서."

압제자가 망하고 파멸이 그치고
압제하는 자가 이 땅에서 멸절하게 될 때
5 다윗의 장막에 왕위가 성실함으로 굳게 설 것이요,
그 위에 앉을 자는 신실함으로 판결하며
정의를 추구하며
공의를 신속히 행하게 될 것이다.

6 우리가 모압의 교만을 들었는데
심히 교만하다는 것이다!
그가 거만하고 교만하며 오만불손하다는 말을 들었는데
그의 자랑질은 허풍이며 거짓되다.
7 그러므로 모압이 모압을 위하여 통곡하되
모든 사람이 다 모압을 위해 통곡하도록 하겠다.
길하레셋의 건포도 떡을 위하여
그들이 슬퍼하며 심히 근심하리니
8 헤스본의 들녘이 메마르고
십마의 포도나무들이 말랐기 때문이다.
전에는 그 가지가 야셀까지 펴져 광야에 이르렀고
그 싹이 번성하여 바다를 건넜더니
한때 사람들이 마시고 취했던 그 좋은 포도나무 가지들을
이제는 열국의 영주들이 무참히 짓밟아버렸다.
9 그러므로 내가 야셀의 울음으로
십마의 포도나무를 위하여 울리라.

헤스본이여, 엘르알레여!
　내가 내 눈물로 너를 흠뻑 적시리니
풍성한 과일 추수를 노래하는 기쁨과
　풍요로운 농작물을 즐거워하는 노래가 그쳤기 때문이다.

10 즐거움과 기쁨이 과수원에서 떠났고
　포도원에는 노래와 즐거운 소리가 더 이상 들리지 않으며
술 틀에는 추수한 포도를 밟을 사람이 없게 되었으니
　이는 내가 즐거운 소리를 그치게 하였기 때문이다.

11 이러므로 내 마음이 수금 같이 모압을 위하여 슬픈 소리를 내며
　내 혼이 길하레셋을 위하여 슬피 우노라.

12 모압이 그 산당에서
　피곤하도록 제사 드리고
자기 성소에 나아가 기도할지라도
　아무 소용없을 것이다.

13 이는 야웨께서 오래전부터 모압을 들어 하신 말씀이니 14 이제 야웨께서 말씀하시기를 "품꾼의 정한 해와 같이 삼 년 내에 모압의 찬란한 영화와 그 큰 무리가 수치와 모욕을 당할 것이니 그 남은 수가 심히 적어 보잘것없게 될 것이다" 하신다.

열국 심판 신탁

예언서에서 "열국 심판 신탁"(oracles against the nations)이라는 독특한 장르는 언제나 하나님의 백성 유다와 이스라엘의 주변국들을 향한 심판을 다룹니다. 이는 마치 유다를 중앙에 놓고 주변국들을 하나씩 거명하며

심판을 선언하는 것 같습니다. 이사야서에서도 마찬가지입니다(사 13-23장). 우리가 예언서의 열국 심판 신탁을 해석할 때 주의할 점은 세 가지입니다. 첫째, 하나님은 단지 이스라엘의 하나님이 아니시라는 것입니다. 하나님의 주권은 온 세계에 미칩니다. 그분은 온 세상이 정의와 공의로 운영되기를 바라시는 분입니다. 둘째, 하나님의 백성으로서 유다는 이 세상 안에서 소금과 빛의 역할을 하도록 부르심을 받았다는 것입니다. 그 역할을 제대로 감당하지 못할 때 그들은 만백성 앞에서 수치와 모욕을 당하게 됩니다. 하나님의 백성은 하나님의 정의로운 다스림이 드러나도록 하는 "전시관"과 같습니다. 셋째, 열국 심판 신탁의 청중은 열국들이 아니라 유다와 예루살렘 사람들이라는 것입니다. 즉 열국 심판 신탁은 유다 사람들에게 그들이 믿는 하나님이 어떤 분이신지 가르치는 역할을 합니다.

모압의 역사

이사야 15, 16장에는 모압에 대한 신탁이 기록되었습니다. 본문을 제대로 이해하기 위해 모압의 역사에 대해 잠시 살펴보겠습니다.

전통적으로 모압과 유다의 관계는 해묵은 갈등과 오랜 악연으로 가득합니다. 예를 들어 소알(사 15:5)은 아브라함의 조카 롯과 관련된, 모압의 조상에 관한 수치스러운 이야기를 연상시키는 장소입니다(창 19:30-38). 죄악이 가득한 소돔과 고모라 지역에 살던 롯의 가족은 어느 날 저녁 천사들의 방문을 받습니다. 천사들은 소돔과 고모라가 곧 하나님의 심판을 받을 것이라는 최후통첩을 전해주었습니다. 롯은 사윗감들까지 데리고 그곳에서 나가려고 했으나 그들은 롯의 말을 농담으로 여겼습니다. 롯도 주저주저했지만 천사들은 반강제로 롯과 아내, 두 딸을 성 밖으로 피신시켰습니다. 소돔과 고모라 지역에 대한 애착 때문에 뒤를 돌아본 롯의 아내는 결국 소금 기둥이 되어버렸고, 롯은 두 딸과 함께 근처의 작은 도시인 소알로 향하게 됩니다.

애초에 천사들은 도시가 아닌 산으로 피할 것을 제안했지만 롯은 무엇이 아쉬웠는지 작은 도시를 택했습니다. 하지만 그것도 잠시, 곧 소알에 사는 것이 두려워진 롯은 두 딸을 데리고 산으로 들어가 동굴에서 함께 살았습니다. 그곳에서 두 딸은 그런 상태로는 도무지 결혼할 수 없다고 판단하고 아버지를 술에 취하게 해서 잠자리를 가졌습니다. 그리고 아들을 하나씩 얻었습니다. 그 아이들에게서 시작된 민족이 바로 모압과 암몬이었습니다.

오랜 시간이 지나 아브라함의 자손인 이스라엘 백성은 출애굽하는 과정에서 모압 족속과 마주쳤는데, 모압은 당시 유명한 예언자 발람을 통하여 이스라엘을 시험에 빠트렸기 때문에 두 민족의 관계는 급속도로 나빠졌습니다(민 22:1-25:5). 결국 율법은 모압 사람이 영원히 야웨의 총회에 들어오지 못한다고 규정함으로써 이스라엘과 모압을 철저하게 구분했습니다(신 23:3; 참조. 미 6:5; 사 11:14; 25:10). 물론 룻기는 모압에 대해 또 다른 평가를 보여주기는 합니다만 대체로 유다와 모압의 관계는 악연이었다고 할 수 있습니다.

모압을 위한 애가

이사야 15장은 모압이 어떤 일을 자행했기에 이렇게도 혹독하고 처절한 형벌을 받아야 하는지, 그들의 죄가 무엇인지, 모압을 치러 오는 군대는 어느 나라인지 등에 관해서는 거의 말하지 않습니다. 우리는 단지 16장을 통해 막연하게나마 그 이유를 짐작해볼 수 있을 뿐입니다. 어쨌든 이사야 15장의 주제는 모압에 대한 탄식과 애곡으로서 모압이 당하는 재앙을 애가(哀歌, lament) 형식을 빌려 표현한 것입니다. 여기서 모압의 재앙과 불행에 대해 탄식하고 애곡하는 당사자는 놀랍게도 하나님 자신이십니다(사 15:5, 9) 하나님은 "내 마음이 모압을 위하여 부르짖는다"(사 15:5), "내가 디몬에 재앙을 더 내릴 것이다"(사 15:9)라고 말씀하십니다.

이사야 15장의 내용을 살펴보면 모압을 향한 심판이 얼마나 급박하게 임하는지 알게 됩니다. 모압의 온 국토는 단 며칠 사이에 완전히 폐허로 변해버립니다. 모압의 관문 도시인 "알"과 "기르"를 하룻밤 사이에 몰락시킨 군대는 파죽지세로 모압의 전 국토를 짓밟아 초토화시킬 것입니다. 남쪽에서 시작한 약탈과 공격은 나라의 중앙부를 통과하여 북쪽까지 이릅니다(사 15:1-4). 모압 사람들은 재앙을 피하려고 맨발로 도주하여 비탈길을 지나 산으로 향합니다. 사방에 시체들이 널브러지고 산천은 잔해더미로 뒤덮힙니다. 모압의 군인들 역시 슬픔과 충격으로 공황 상태에 빠집니다. 도주하는 군인들은 사해 지역으로 내려가 남쪽 길을 택해 에돔 쪽으로 피합니다. 또한 풀이 말라버린 언덕들과 초원을 뒤로하고 도망치는 귀족들의 처량한 행렬을 상상해보십시오. 번영과 풍요의 상징이었던 강물도 바짝 말라버렸습니다(사 15:6). 모압의 대표적 성소가 있던 디몬의 시냇물들은 피로 물듭니다.[1] 애굽의 강물이 피로 변하여 붉게 물든 것처럼 하나님의 혹독한 심판이 모압의 머리부터 발끝까지 임합니다. 이제 곡성과 통곡과 슬픈 부르짖음이 하늘에 닿고, 넋을 잃은 여인의 울음과 같은 애곡과 비명과 절규가 민둥산에서 공허하게 메아리칠 것입니다. 하나님의 심판은 정말 무섭습니다.

하나님께로 돌아가라!

그렇다면 극심한 파멸을 겪는 모압에는 희망이 전혀 없을까요? 그대로 심판의 태풍에 휩쓸려 가야 한다는 말입니까? 비록 그들이 유다에게는 원수라 할지라도 한 민족이 그렇게 허망하게 멸망할 수는 없지 않습니까? 혹시 살길이 있다면 어디에 있습니까? 어디에서 피난처를 찾을 수 있겠습니까? 어느 곳에 대피소가 있습니까? 이에 대해 설교자 이사야는 매우 귀중한 구원의 길을 안내해주며 단도직입적으로 "시온 산"으로 가라고 말합니다(사 16:1).

설교자 이사야는 재난 가운데서 살아남은 모압인들에게 "너희는 이 땅 통치자(유다 왕국의 왕)에게 어린 양을 공물로 바쳐라"라고 권고합니다. 즉 에돔 지역과 유대 광야를 지나서 시온 산에 있는 유다의 왕에게 예물과 조공을 바치라는 것입니다. 표면적으로 이 말은 다윗 왕국의 봉신 국가가 됨으로써 피난처를 찾으라는 의미이지만, 실제로 이는 시온 산에 계신 하나님께로 돌아가라는 말과 다르지 않습니다(참조. 사 2:2-4).[2] 하늘을 지으신 창조주 하나님, 이스라엘을 애굽의 학정에서 구출해내신 구원자 하나님께로 돌아가는 길만이 살길입니다. 그분만이 환난 날에 피할 피난처요, 대피소라는 말입니다. 그렇습니다! 하나님 자신이 성소(sanctuary)이자 대피소이며 피난처이십니다!

전무후무한 재앙으로 설 자리를 잃은 모압 정부는 이제 설교자 이사야의 권고대로 몇몇 특사들을 유다로 보내는 특별 조취를 취합니다. 그들은 도망가 있던 셀라("바위", 에돔을 가리킴)를 지나 유다의 국경인 아르논 강을 건너 예루살렘으로 갑니다. 그들은 유다의 왕에게 자기 백성을 위한 보호를 요청하고 피난처를 부탁하러 온 사절(使節)입니다. 그들은 예루살렘이 정의와 공의의 도시라는 것을 침이 마르도록 칭송합니다(사 16:3-5). 그러면서 고난을 받은 모압의 백성이 다윗 왕가의 그늘 밑에서 보호받기를 기대합니다. 마치 "우리, 어떻게 해요? 제발, 우리를 좀 도와주세요. 우리를 보호해주세요. 우릴 숨겨주세요. 모압에서 나온 피난민들에게 은신처를 마련해주세요. 대학살을 피해 도망오는 자들에게 안전한 처소가 되어주세요!"라고 요청하는 것 같습니다.

그리고 이 이방 사절들은 예루살렘과 왕에 대한 칭송을 이어갑니다. 우리는 그들의 입에서 나오는 칭송을 통하여 예루살렘과 그 왕의 존재 목적이 무엇인지 다시금 생각하게 됩니다(사 16:5). 이는 마치 예루살렘 왕의 직무 규정이라도 읽는 듯합니다. 이사야 16:3-5을 다음과 같이 풀어서 쓰면 그 뜻을 이해하기 쉬울 것입니다.

> 당신(왕)께서는 모략을 베푸시고 공의로 판결하여 억울한 일이 없도록 하시며 뜨거운 대낮에 차양을 드리워 그늘을 만들어주시고 쫓겨난 자를 숨겨주시며 도망한 자를 내치지 마시고 우리 모압의 피난민들이 당신의 나라에서 함께 살게 해주십시오. 시온에 계시는 당신께서는 대학살을 일삼는 군대가 쳐들어올 때 모압의 피난민들의 피할 곳이 되어주십시오. 그때 하나님의 보좌가 시온에 굳게 설 것입니다. 그 보좌는 공의를 실행하며 정의를 위해 분투하는 자리입니다. 공의를 행하는 자가 그 보좌에 앉을 것입니다. 그는 영원히 다윗 가문의 대를 이어갈 것입니다.

설령 예루살렘에 대한 칭송이 다윗 왕가의 보호와 보살핌을 얻어내기 위한 모압인들의 아부라 할지라도 유다는 이를 통해 자신들의 사명을 다시금 확인하는 시간을 가져야 합니다. 달리 말해 혹시 그리스도인이 아닌 사람들이 그리스도인들을 매섭게 비난하든지, 숨겨진 이유로 침이 마르도록 그리스도인들을 칭송하든지 간에 그들의 입을 통해 그리스도인의 존재 목적과 사명을 재확인시켜줄 때 우리는 겸손하게 그 말을 귀담아들어야 한다는 것입니다. 때로는 그들이 우리의 영혼을 깨우는 자명종 역할을 해주기 때문입니다.

추천되는 신앙의 성품들

무엇이 다윗과 하나님의 집이 감당해야 하는 의무인가요? 무엇보다 다윗의 집에, 하나님의 백성 공동체 안에, 교회 안에는 "인자(仁慈)함"과 "충실함"이 있어야 합니다(사 16:5). "인자함"과 "충실함"으로 번역된 히브리어는 각각 "헤세드"와 "에메트"로서 둘 다 언약적 용어에 해당합니다. "언약적 용어"는 두 인격적 당사자 사이에 언약을 맺었다면 무슨 일이 있어도 서로에 대해서 변치 않는 신실함과 진실함으로 그 언약을 지켜야 한다는 의미를 담고 있습니다.

"헤세드"와 "에메트"의 공통점은 변함없이 신실하고 진실하게 상대방을 대하는 일관성 있는 성품을 가리킨다는 점입니다. 고로 다윗 왕가에는 신실함과 진실함, 진정성 있는 헌신이 요구됩니다. 특히 백성의 지도자는 누구보다 "헤세드"와 "에메트"를 실천하는 자여야 합니다. 동시에 이런 성품—신실함과 진실함—은 우리가 속한 신앙 공동체 전체가 드러내야 하는 공동체적 특성이기도 합니다. 그리스도인은 변덕스러우면 안 됩니다. 언제나 상대방에게 진실하고 성실하게 대하며 한결같은 마음과 태도로 일관성 있게 상대방을 보살펴야 합니다. 거기에 덧붙여 정의와 공의가 시행되는 공동체와 나라를 세워나가야 합니다.

따라서 모압인들에게 다윗 왕국에 허리를 굽히고 조공 예물을 드리라고 말하는 설교자 이사야의 조언은 민족주의적 이념을 바탕으로 조국의 우월함을 주장하는 것이 아닙니다. 본문의 의도는 그런 의미와는 거리가 있습니다. 왜냐하면 설교자 이사야가 활동하던 기원전 8세기나 그 후의 어떤 시대에도 유다에서는 모압이 의탁할 만한 성군(聖君)이 나오지 않았기 때문입니다. 유다는 때때로 모압보다 더하면 더했지 결코 덜하지 않을 만큼 불의와 우상 숭배가 가득한 나라였습니다. 따라서 본문의 핵심 사상은 공평과 정의가 실종된 모압 사회는 공평과 정의로 다스리는 이상적인 왕, 즉 메시아의 다스림 밑으로 들어가야 한다는 것입니다(참조. 시 72:2-4; 89:3, 25; 사 11:4). 곧 하나님께로 돌아가는 것만이 살길입니다.

멸망으로 가는 지름길

이사야는 다시금 모압의 비극적 몰락을 이야기하며 애곡합니다(사 16:6-14). 이번에는 군사적인 침공으로 인한 도시의 파괴보다는 흉작과 약탈로 인한 농업 분야의 재앙을 그리는 듯합니다. 기름진 밭과 풍성한 포도원이 주는 기쁨과 즐거움은 사라지고 모든 것이 폐허가 되었습니다. 아무리 신들에게 매달려 부르짖어도 소용이 없습니다(사 16:12). 왜 이런 일이 일어났을까요? 간단하지만 정곡을 찌르는 대답이 있습니다. 교만! 모압이 심히 교만하였다는 것입니다.

> 우리가 모압의 교만을 들었는데
> 　　심히 교만하다는 것이다!
> 그가 거만하고 교만하며 오만불손하다는 말을 들었는데
> 　　그의 자랑질은 허풍이며 거짓되다(사 16:6).

모압은 자신들의 토지에서 생산되는 극상품 포도, 건포도, 포도주 등을 남다르게 생각하며 자부심을 가지고 있었습니다. 그런데 이런 국가적 자긍심이 하늘을 찌르는 교만으로 변해버렸습니다. 교만하거나 거만한 사람은 자신도 모르게 남을 깔보며 무례하게 행동합니다. 그러나 그렇게 온갖 자랑과 뻐김과 허풍과 잘난 체가 몸에 밴 사람은 텅 빈 수레처럼 요란하기만 합니다. 그는 사실 아무것도 아니며 그의 자랑거리들은 아침 이

슬이나 안개처럼 헛된 것입니다.

타산지석으로 삼아라!

혹시 우리도 우리가 가진 것이나 우리가 누리는 어떤 것 때문에 교만해지지는 않았는지 돌아보아야 합니다. 자신의 배경이나 출신, 능력이나 학벌에 대한 자긍심, 모아둔 재산이나 타고 다니는 차의 종류에 관한 어리석은 긍지, 외형적 크기나 수치로 다른 것들을 쉽게 판단하는 교만, 국가의 인지도와 GNP(국민총생산)에 대한 자긍심으로 작은 나라를 우습게 여기는 오만함 등은 치명적인 재앙의 원인이 될 수도 있습니다. 성경은 "교만은 패망의 선봉"이라고 분명하게 이야기합니다.

권력과 미모에 대한 옛말에 "권불십년 화무십일홍"(權不十年 花無十日紅)이라고 했습니다. 나는 새를 떨어뜨릴 만한 권세도 10년을 가지 못하고, 아무리 아름다운 꽃도 열흘을 넘기지 못한다는 뜻입니다. 바람 한 번 불면 훅하고 가는 것이 흙먼지 인생, 즉 "아담"의 운명입니다. 이쯤에서 우리가 다시금 기억해야 할 사실이 있습니다. 교만은 근본적으로 종교적이라는 것입니다. 하나님이 계심을 깨닫지 못하는 것이 교만의 본질입니다. 하늘을 볼 수 없는 사람이야말로 교만한 사람입니다. 오직 겸손함으로 창조주이시며 역사의 주관자이신 하나님을 경외하는 것이 세상살이의 정도(正道)임을 기억하시기 바랍니다.

기도 언젠가 하나님의 심판대 앞에 서는 날이 온다는 것을 생각하며 살게 하소서. 아멘.

제29강

우주의 중심

이사야 17:1-18:7

“그날에 사람이 그들을 지으신 이를 바라보겠으며
그들의 눈이 이스라엘의 거룩하신 이를 볼 것이다.
그들은 더 이상 자기 손으로 만든 제단을 바라보지 아니하며
자기 손으로 지은 아세라 목상이나 분향 제단을 보지 아니할 것이다”
(사 17:7-8).

17:1 다메섹에 관한 신탁(경고)이다.

보라! 다메섹이 더 이상 성읍으로 남지 못하고
　폐허더미가 될 것이다.

2 아로엘의 성읍들이 버림을 당해
　양을 치는 곳이 되어 양들이 편안히 누울 것이지만
　양들을 깨워 놀라게 할 자가 없을 것이다.

3 에브라임의 요새들이 사라지고
　다메섹 왕국이 무너지리니
아람의 남은 자가 다 멸절되어
　이스라엘 자손의 영광처럼 될 것이다.
　—만군의 야웨의 말씀이다.

4 그날에 야곱의 영광이 쇠잔하여지고
　그의 살진 몸이 수척해지리니

5 마치 추수하는 자가 곡식을 거두어서
　그의 손으로 이삭을 벤 것 같고
르바임 골짜기에서
　이삭을 주운 것 같을 것이다.

6 그러나 그 안에 이삭 주울 것이 남으리니
　감람나무를 흔들 때
가장 높은 가지 꼭대기에
　과일 두세 개가 남아 있는 것과 같겠고
무성한 나무의 가장자리 끝 가지에

네다섯 개가 남아 있는 것과 같을 것이다.
—이스라엘의 하나님 야웨의 말씀이다.

7 그날에 사람이 그들을 "지으신 이"(창조주)를 바라보겠으며
그들의 눈이 "이스라엘의 거룩하신 이"를 볼 것이다.
8 그들은 더 이상 자기 손으로 만든 제단을 바라보지 아니하며
자기 손으로 지은 아세라 목상이나 분향 제단을 보지 아니할 것이다.

9 그날에 그 견고한 성읍들이
옛적에 이스라엘 자손 앞에서 폐허가 된
수풀 속의 처소와
작은 산꼭대기의 처소 같아서 황폐하리니

10 이는 네가 네 구원의 하나님을 잊어버리며
네 능력의 반석을 마음에 두지 아니한 까닭이라.
그러므로 네가 기뻐하는 나무를 심으며
이방의 나뭇가지도 이종하도다.
11 네가 심는 날에 울타리를 두르고
아침에 네 씨가 잘 발육하도록 하였으나
근심과 심한 슬픔의 날에 농작물이 없어지리라.

12 아, 많은 민족이 소동함이여!
소동치는 물결처럼 그들이 소동한다.
아, 열방들이 충돌함이여!
큰 물결처럼 그들이 부딪친다.

13 큰 물결이 일어남 같이 열방이 소동하지만
주께서 그들을 꾸짖으신다.
그들이 멀리 도망함이
산에서 바람에 흩어지는 겨와 같고
폭풍 앞에 휘날리는 티끌 같다.
14 보라! 저녁에 갑작스러운 공포로다!
아침이 오기 전에 그들은 사라진다.
이것이 우리를 노략한 자들의 운명이요,
우리를 강탈한 자가 받을 보응이다.

18:1 아, 재앙이다. 구스의 강 저 건너편
날개 치는 소리가 나는 땅이여!
2 갈대로 만든 배를 바다에 띄우고
그 사신(使臣)들을 수로로 보내며 말하기를
"민첩한 사절들아,
너희는 강들이 사방에 있는 나라로 가라.
그들은 장대하고 준수한 백성이며
멀고 가까운 모든 나라의 두려움이 되는 나라며
강력하고 정복하는 국가다."

3 세상의 모든 거주민아,
이 지구상에 사는 너희들아!
산들 위에 깃발이 올라가거든, 보라!
나팔이 울려 퍼지거든, 들어라!
4 야웨께서 내게 이렇게 말씀하셨다.

"내가 나의 처소에서 조용히 살펴보는 것이
마치 따가운 대낮의 태양열 같고
추수 더위에 운무 같을 것이다.
5 추수 때가 오기 전, 꽃이 지고
포도가 맺혀 무르익어갈 때
내가 낫으로 그 가지들을 치고
덥수룩한 가지를 찍어버릴 것이다.
6 그것들을 산의 들새들과 땅의 들짐승들에게 던져 주리니
산의 들새들이 그것으로 여름을 지내며
땅의 들짐승들이 다 그것으로 겨울을 지낼 것이다."

7 그때 강들이 사방에 있는 나라,
장대하고 준수한 백성,
멀고 가까운 모든 나라의 두려움이 되는 나라,
강력하고 정복하는 국가가
만군의 야웨께 드릴 예물을 가지고
만군의 야웨의 이름을 두신 곳,
시온 산에 이르게 될 것이다.

가진 자에게 더 많은 것을 요구하심

이번 열국 심판 신탁의 대상은 다메섹입니다(사 17:1-11). 다메섹은 시리아의 수도이며, 시리아를 구성하는 주된 민족은 아람 족속이었습니다. 여기서 특히 "다메섹"이 심판의 대상으로 언급되는 이유는 재앙이 "도

시"(성읍)에 임하기 때문입니다. 앞서 살펴본 모압에 임할 심판의 대상은 주로 시골 농촌 지역으로서 그 심판 신탁은 산천초목과 농토가 완전히 파괴된다는 내용을 담고 있었습니다. 이와는 달리 시리아에는 주로 도시가 파괴되는 형태로 심판이 임할 것입니다. 그 대상에는 수도인 다메섹뿐 아니라 시리아의 최남단에 위치한 아로엘 지역의 성읍들도 포함됩니다.

그런데 다메섹에 대한 심판 선언 중간에 에브라임, 즉 이스라엘에 대한 언급이 등장합니다(사 17:3). 북이스라엘은 시리아와 동맹 관계를 맺고 함께 움직였습니다. 앞서 이사야 7장을 다루면서 "시리아-에브라임" 전쟁에 대해 살펴보았듯이 시리아(다메섹)와 북이스라엘 왕국(에브라임 혹은 사마리아)은 동맹을 맺고 남유다 왕국을 침공했습니다. 따라서 다메섹에 관한 심판 메시지는 자연히 북이스라엘과 연결되며 아람과 에브라임이 똑같이 심판을 받게 되는 것입니다.

이사야 17:4-6은 아람과 에브라임이 받을 심판을 묘사합니다. 두 나라는 마치 어떤 유명한 사람이 병들어 초췌해지면서 시들어가듯이, 아니면 이삭 하나 남김없이 싹쓸이한 추수 뒤에 건질 것이 전혀 없는 것처럼, 아니면 손이 닿지 않는 나무 끝자락에 남겨진 열매처럼 아무도 거들떠보지 않는 처지가 될 것입니다.

다메섹은 무서운 심판을 경험한 후에야 비로소 자기를 지으신 이, 이스라엘의 거룩하신 분을 바라볼 것입니다. 그때 그들은 자신들의 비참함을 깨닫고 스스로 만들어 섬겼던 우상들—아세라 상, 태양 상 등으로서 대부분 우리나라의 장승처럼 나무로 만들었다—이 얼마나 무익하고 쓸모없는지를 인정할 것입니다. 그들의 종교는 모두 자기 자신을 위해 "만든 것"(made)들이었습니다. 이는 우상의 본질입니다. 사람이 자신을 위해 만든 것이 바로 우상입니다. 그러나 참된 종교는 하나님이 "만드시는 분"(Maker)이라는 사실을 알려줍니다. 창조주를 섬기느냐, 피조물을 섬기느냐가 참된 종교와 거짓 종교를 구분하는 근본 기준입니다.

다메섹의 죄악을 고발하고 심판을 선언한 후 설교자 이사야는 고개를 돌려 예루살렘을 향해 말합니다(사 17:10-11). "너, 봤지? 이웃 나라들에 임하는 심판의 중대성과 혹독함을 봤지? 그렇다면 너는 어떻게 되는 줄 알아? 너는 심판의 형벌에서 열외인 줄 알아? 아니거든! 이방 나라인 다메섹도 마침내 자기를 지으신 창조주 하나님을 바라보며 이스라엘의 거룩하신 분을 뵙게 된다면, 유다와 예루살렘은 더더욱 그래야 하지 않겠어? 그런데 너희는 구원의 하나님을 잊어버리고, 능력의 반석이신 하나님을 마음에 두지 않잖아!" 하면서 직격탄을 날립니다.

그러니 그들이 치러야 할 심판의 값이 얼마나 비싸겠습니까? 하나님은 많은 것을 받은 자에게서 많은 것을 찾으시는 분입니다.

> 무릇 많이 받은 자에게는 많이 요구할 것이요, 많이 맡은 자에게는 많이 달라 할 것이니라(눅 12:48, 개역개정).

기억하고 잊지 마십시오. 하나님만이 구원이시며 영원한 반석이자 요새라는 사실을 말입니다.

어디가 세상의 중심부인가?

이사야 18장에서 열국 심판 신탁은 설교자 이사야가 살아가던 당시 지구의 남단 끝자락이라고 여겨진 구스까지 다룹니다. 성경의 "구스" 지역은 오늘날 이집트의 최남단과 수단의 북쪽 지역에 해당합니다. 그런데 구스 왕조는 기원전 8세기 말까지 애굽을 지배했으므로 구스에 관한 신탁은 애굽에 관한 신탁(사 20:1-6)과 크게 다르지 않다고 보아야 합니다.

사실 이사야 18장은 내용 자체가 불투명하고 해석하기 어렵습니다. 18장을 제대로 이해하려면 반드시 그 배경을 이해해야 합니다. 당시 애굽 전역을 다스리던 강대국 구스는 인접국인 남유다에 특사(사절단)를 보냈습니다(사 18:2). 자기들과 동맹을 맺고 반(反)아시리아 연대를 이루자고 제안하기 위해서였습니다. 그러나 예루살렘의 설교자 이사야는 "너희 민첩한 사절들아, 다시 돌아가라. 그리고 더 이상 정치적 꼼수를 부리지 말라"라고 잘라 말합니다. 여기서 그들이 돌아가야 할 나라가 본국인지 아니면 아시리아인지는 분명치 않습니다. "강들이 흘러 나누인 나라, 장대하고 준수한 백성, 곧 시초부터 두려움이 되면서 강성하여 대적을 밟는 백성"(사 18:2)이라는 표현은 구스와 아시리아 둘 다에 해당하기 때문입니다.

하지만 설교자 이사야가 선포한 메시지는 사실 예루살렘 안에 있는 정치가들과 지도자들을 향한 것이었습니다. 따라서 우리가 메시지의 핵심을 파악하는 데는 별 어려움이 없습니다. 과연 본문에서 우리가 들어야 할 하나님의 말씀은 무엇일까요? 그것은 위대한 정치가들이나 강력한 군주들이 세상과 역사를 만들어가는 주체가 아니라는 것입니다. 누구든지 군사력을 강화하고 정치력을 키워 세력을 잡고 세상을 통치할 수 있다고 생각하면 큰 오산입니다. 세상의 참 주권자는 오직 하나님 한 분이시기 때문입니다. 그분은 이 세상이 돌아가는 것을 "조용히" 살피다가 적절한 시간과 때에 개입하겠다고 말씀하십니다. "연한 가지를 베며 퍼진 가지를 찍어버려서" 들짐승들과 산의 독수리들의 "먹잇감"으로 내준다는 것이 바로 그런 의미입니다(사 18:5-6).

하나님은 힘센 사람들이나 강대국의 손에 역사를 내맡기지 않으십니다. 그분은 인간 역사의 진행 상황을 조용히 감찰하십니다(사 18:4). 그리고 적당한 때라고 판단이 되면 개입하십니다. 하나님이 개입하시는 때는 사람들이 생각하는 시간보다 빠를 수도 있고 늦을 수도 있습니다(사

18:4-5). 하나님의 시간은 사람의 시간과 다르기 때문입니다. 우리는 최종적인 의사 결정과 그 시행이 궁극적으로 하나님의 손에 달려 있다는 사실을 잘 기억해야 할 것입니다.

결론적으로 설교자 이사야는 강력한 세력인 구스가 시온으로 예물을 드리러 오는 모습에 관해 이야기합니다. 야웨께서 자기의 이름을 두시고 그곳에 좌정하신 시온이야말로 온 세상의 중심부입니다. 하나님이 우주의 중심이며 그분의 처소는 세상의 중앙부가 됩니다. 이는 이사야서의 핵심 주제 중 하나로서 설교자 이사야는 이를 다음과 같이 환상적으로 표현했습니다.

말일에(in the last days)
야웨의 전의 산이
　　모든 산꼭대기에 굳게 설 것이요,
모든 작은 산 위에 뛰어나리니
　　만방(all nations)이 그리로 모여들 것이라.

많은 백성(many peoples)이 가며 이르기를
"오라! 우리가 야웨의 산에 오르며
　　야곱의 하나님의 전에 이르자.
그가 그의 길을 우리에게 가르치실 것이라.
　　우리가 그 길로 행하리라" 하리니
이는 율법이 시온에서부터 나올 것이요,
　　야웨의 말씀이 예루살렘에서부터 나올 것임이니라(사 2:2-3, 개역개정).

그렇습니다! 하나님이 계신 곳이 세상과 역사의 중앙 통제 본부입니다. 이 사실을 굳게 믿는 신자는 이 세상에서 어떤 일이 벌어져도 절대 흔들리지 않을 것입니다.

기도 하나님만이 우리 삶의 주권자이시요, 세상 역사의 주인이십니다. 이것을 믿습니다. 당신만이 우리의 구원이시며 우리의 반석이심을 잊지 않게 해주소서. 아멘.

제30강

하나님의 지혜

이사야 19:1-25

"그날에 이스라엘이 애굽 및 아시리아와 더불어
셋이 세계 중에 복이 될 것이다"(사 19:24).

19:1 애굽에 관한 신탁(경고)이다.

보라! 야웨께서 빠른 구름을 타고

애굽으로 오시고 있다.

애굽의 우상들이 그 앞에서 떨겠고

애굽인의 마음이 그 속에서 녹을 것이다.

2 "내가 애굽인을 격동하여 애굽인을 치리니

그들이 서로 형제와 싸우며 각기 이웃과 싸우며

성읍이 성읍을 치며 나라가 나라를 칠 것이다.

3 애굽인이 낙심하고 힘을 잃게 될 것이며

내가 그들의 계획들을 깨부술 것이다.

그들이 우상들과 죽은 자의 혼령들에게 묻고

영매하는 자들과 무당들에게 물을 것이다.

4 내가 애굽인을 잔인한 주인의 손에 붙이리니

포학한 왕이 그들을 다스릴 것이다."

—주, 만군의 야웨의 말씀이다.

5 강물이 마르고

강바닥이 드러나겠으며

6 강들에서는 악취가 나겠고

애굽의 강물은 줄어들고 마르므로

갈대와 골풀이 시들 것이다.

7 나일 가까운 곳 나일 언덕의 초장과 나일 강 가까운 곡식 밭이

다 말라서 날려 가 없어질 것이며

8 어부들은 탄식하며

나일 강에 낚시를 던지는 자마다 슬퍼하며

물 위로 그물을 던지는 자는 지칠 것이다.

9 물레를 돌리는 자들이 절망하며

베 짜는 자들이 낙심하게 될 것이다.

10 직물 공장에서 일하는 자들은 하나같이 다 기가 죽고

그곳의 품꾼들은 다 낙담하게 될 것이다.

11 소안의 벼슬아치들은 어리석었고

바로의 가장 지혜로운 모사들의 책략은 우둔해졌으니

너희가 어떻게 바로에게 말하기를

"나는 현자 중 하나입니다.

나는 옛 왕들을 보필한 제자입니다"라고 할 수 있겠는가?

12 너의 현자들이 지금 어디에 있느냐?

그들로 만군의 야웨께서 애굽에 대하여 정하신 계획을

너와 사람들에게 알게 해봐라!

13 소안의 벼슬아치들은 어리석었고

놉의 관료들은 쉽게 속아 넘어간다.

그들은 애굽 백성의 주춧돌인데

애굽을 잘못 인도하고 있다.

14 야웨께서 그들 가운데

어지러운 마음을 부어 넣었다.

취한 자가 토하면서 비틀거림 같이

그들이 애굽을 매사에 잘못 가게 한다.

15 애굽이 할 수 있는 것은 아무것도 없다.

머리나 꼬리나, 종려나무 가지나 갈대나 다 그렇다.

16 그날에 애굽이 여인들과 같을 것이다. 만군의 야웨께서 그들을 치려고 높이든 손에 그들이 두려워 떨게 될 것이다. 17 유다의 땅은 애굽인들에게 두려움이 될 것이다. 만군의 야웨께서 애굽에 대하여 정하신 계획 때문이다. 유다에 대한 이야기를 듣는 자마다 두려움에 떨릴 것이다.

18 그날에 애굽 땅에는 가나안어를 말하며 또한 만군의 야웨를 가리켜 맹세하는 다섯 성읍이 있을 것인데 그중 하나의 이름은 "멸망의 성읍"이라 부르게 될 것이다.

19 그날에 애굽 땅 중앙에는 야웨를 위한 제단이 있겠고 그 국경에는 야웨를 위한 기념비가 있게 될 것이다. 20 이것이 애굽 땅에서 만군의 야웨에 대한 징조와 증거가 될 것이다. 그들이 그 압박하는 자들 때문에 야웨께 부르짖을 때 야웨께서 그들에게 구원자이며 보호자인 한 사람을 보내어 그들을 건지실 것이다. 21 야웨께서 애굽인들이 자기를 알게 하실 것이다. 그날에 애굽인들이 야웨를 인정하게 될 것이다. 그들이 제물과 곡물 예물로 그를 예배할 것이니 야웨께 서원하고 그대로 행할 것이다. 22 야웨께서 역병으로 애굽을 치실지라도 치시고는 고치실 것이므로 그들이 야웨께로 돌아올 것이다. 야웨께서 그들의 간청들을 들으시고 그들을 고쳐주실 것이다.

23 그날에 애굽에서 아시리아로 통하는 고속도로(대로[大路])가 있을 것이다. 아시리아 사람은 애굽으로 가겠고 애굽 사람은 아시리아로 갈 것이며 애굽 사람이 아시리아 사람과 함께 예배할 것이다.

24 그날에 이스라엘이 애굽 및 아시리아와 더불어 셋이 세계 중에 복이 될 것이다. 25 만군의 야웨께서 그들을 복 주며 말씀하시기를 "내 백성 애굽이여, 내 손으로 지은 아시리아여, 나의 기업 이스라엘이여, 복이 있을지어다!" 하실 것이다.

애굽의 불행

고대 지중해 연안 국가 가운데 지혜 문헌의 축적으로 유명한 나라가 어디인지 아십니까? 유명한 마술사와 현인들과 요술사들로 가득했던 그 나라는 어디일까요? 거기에 천문학, 지리학, 수리학, 해양학, 점성술과 건축학 등 다양한 분야의 학문적 발달과 성취까지 뽐내던 나라는 다름 아닌 **애굽**입니다. 애굽이 자리 잡은 나일 강변은 "세계 4대 문명 발상지" 중 하나로서, 이사야 당시의 애굽은 지금의 "미국"처럼 문명이 발달하고 군사력이 강한 "수퍼파워"였습니다. 그런데 애굽의 이름도 하나님의 심판 대상 명단에 올랐습니다. 이사야 13장부터 이어진 열국 심판 신탁이 급기야 애굽을 향해 펼쳐집니다. 애굽에 대한 심판의 근거는 무엇일까요? 지금부터 자세히 알아보겠습니다.

애굽은 이스라엘의 신앙 역사에서 빼놓을 수 없는 나라입니다. 애굽은 이스라엘을 압제하는 세력인 동시에 풍요로움의 전형으로서 유혹을 상징하기도 합니다. 이스라엘의 선조들은 애굽에서 노예 생활을 했지만 지금 유다 왕국은 정치적·경제적·군사적 도움을 얻으려고 애굽을 기웃거리고 있습니다. 아시리아가 유다를 침공했을 때는 애굽에 손을 내밀어 도움을 요청한 적도 있었습니다. 군사적인 측면에서뿐만 아니라 문화와 정책의 측면에서도 애굽은 기댈 만한 언덕이었습니다.

또한 애굽은 수 세기에 걸쳐 각종 지혜를 축적한, 고대 지혜의 보고(寶庫)였습니다. 애굽의 지혜 문헌이 얼마나 유명했는지는 구약성경에 나오는 지혜자의 서른 개 잠언 모음(잠 22:17-24:22)이 애굽의 지혜 문헌과 유사함을 보더라도 알 수 있습니다. 따라서 애굽을 여러 방면에서 도움을 받을 수 있는 나라로 간주하는 것은 자연스러울 뿐만 아니라 현명한 판단처럼 보였습니다. 애굽은 자존심을 버리고 의존해도 좋을 만큼 모든 자원과 역량이 충분한 나라였습니다. 애굽과 손잡아서 손해날 일이 있을까요?

세상의 지혜와 하나님의 지혜

그러나 이스라엘 백성은 애굽을 의지하면 안 됩니다. 출애굽의 역사를 벌써 잊었다는 말입니까? 출애굽 이야기는 애굽의 지도층과 그들의 종교가 얼마나 허술한지 잘 보여주지 않았습니까? 애굽의 모든 신은 하나님과의 실력 대결에서 무참하게 패했습니다. 애굽에는 수많은 신전(神殿)과 강한 군대와 탁월한 현자들이 있었지만 하나님과 전혀 맞수가 되지 못했습니다. 예언자이자 설교자인 이사야는 애굽이 자랑하던 지혜와 현자들이 매우 허술했다는 점을 다음과 같이 강조합니다.

> 소안의 제후들은 멍청이들이고, 바로의 참모들은 얼간이들이다. 멤피스(놉)의 관리들은 다 저능아들이다. 애굽 사회의 기둥이라 치세웠던 자들, 그들이 애굽을 그릇된 길로, 막다른 골목으로 이끌었다. 애굽에는 희망이 없다. 어찌 해볼 수 있는 상황은 이미 지났다. 늙어 비실대는 노쇠한 얼간이다.[1]

그런데 여기서 한 가지 사실을 잊으면 안 됩니다. 이 신탁을 듣는 청중은 애굽 사람들이 아니라 예루살렘 주민입니다. 열국 심판 신탁은 기본적으로 유다 백성을 향한 메시지이며, 그 의미를 확대하자면 우리 그리스도인들을 위한 메시지라고 할 수 있습니다. 그렇다면 애굽의 현자들이 어리석고 멍청하다고 말하는 설교자 이사야의 의도는 무엇일까요? 그 의도는 매우 분명합니다. 이사야는 지금 유다 백성을 향해 큰 소리로 "너희는 애굽을 의지하지 말라! 그들의 지혜를 의지하지 말라! 또한 네 자신의 지혜도 의지하지 말라"라고 경고하는 것입니다. 이사야서의 중심 주제 구절이 다시금 떠오릅니다.

> 너희는 인생을 의지하지 말라. 그 호흡이 코에 있으니 어찌 셈할 가치가 있겠느냐?(사 2:22)

설교자 이사야는 애굽의 겉모양만 보지 말고 그 안을 자세히 들여다보라고 요청합니다. 애굽 내부에 혼란이 발생했을 때, 외부로부터 압력을 받았을 때, 자연재해가 나라를 위협할 때 애굽의 현자들이라는 자들은 도대체 무엇을 했습니까? 똑똑하고 지혜롭다는 그들이 오히려 이상한 방향으로 나라를 이끌어 가지 않았습니까? 그런데 어찌하여 유다는 애굽을 힘과 지혜의 나라라고 치켜세우면서 추종하느냐는 것입니다. 설교자 이사야는 지금도 우리를 향하여 "세상 지혜를 추구하는 것은 어리석은 일이다. 야웨를 경외하고 그를 신뢰하는 것이 지혜의 근본이다"라고 말합니다.

사실 이러한 수사법은 신약성경에도 동일하게 나타납니다. 신약성경의 배경이 되는 기원후 1세기 지중해 연안은 그리스-로마 문명 아래 놓여 있었습니다. 당시 지중해 연안을 중심으로 로마 제국 각지에 흩어져 살아야 했던 초기 기독교인들은 그들을 둘러싼 이교 문화에 저항하며 견뎌내야 했습니다. 그런데 당시에 특별히 사상적·문화적으로 가장 큰 영향력을 행사하던 무리가 바로 "소피스트"(sophist)라고 불리던 현자들이었습니다. 그 현자들이 말하는 지혜란 이 세상을 살아가는 데 필요한 기술과 능력, 재능과 교육 등을 포괄적으로 가리켰습니다. 그들은 이 세상에서 일어나는 재앙과 불행에서 벗어나려면 먼저 이 세상이 어떻게 돌아가는지를 잘 알아야 하고, 또 이 세상의 작동 원리에 대한 통찰력을 가져야 한다고 주장했습니다. 그들은 그런 통찰력을 "지혜"라고 부른 것입니다.

사도 바울은 고린도 교회에 보낸 편지에서 이 점을 염두에 두고 "그리스인은 지혜를 추구하지만 우리는 십자가에 못 박힌 그리스도를 전하니 이방인(그리스인)에게는 미련한 것이다"라고 말했습니다(참조. 고전 1:22-23). 그는 하나님이 이 세상을 다루어가시는 지혜와 비교하여 현자들이 주장하는 지혜를 "세속적인 지혜"라고 불렀습니다. 사도 바울 역시 설교자 이사야의 가르침을 따라 세상 지혜를 추구하는 것은 어리석은 일이며, 야웨를 경외하고 그를 신뢰하는 것만이 지혜의 근본임을 강조한 것입니다. 그리고 그는 예수 그리스도를 하나님의 지혜와 능력의 화신이라고 소개합니다.

그날이 오면

설교자 이사야는 애굽을 포함하여 당대의 가장 강력한 나라들에 대한 심판이 실행될 때 일어날 일들을 이야기합니다. 본문에서는 예언서에 종종 등장하는 "그날에"라는 문구가 그런 내용을 담은 단락을 이끕니다. "그날에"로 시작하는 다섯 단락에 소개된, 애굽 심판과 관련한 하나님의 다섯 가지 계획이 무엇인지 살펴보겠습니다.

첫째, "그날에" 애굽인들이 여인들처럼 될 것입니다(사 19:16). 출애굽 시에 하나님의 펼쳐진 팔은 애굽을 치는 강력한 힘과 능력을 상징했습니다. 이제 하나님은 다시금 그 손을 들어 애굽을 완전히 무장해제시키겠다고 말씀하십니다. 그때 애굽은 연약한 여인네처럼 힘을 잃고 연약해져서 하나님의 간단한 손짓에도 떨며 두려워할 것입니다. 이는 현실에서는 상상조차 하기 힘든 일이지만 하나님의 계획은 상상을 넘어서는 영역으로까지 펼쳐집니다.

둘째, "그날에" 애굽의 대표적인 5개 도시가 히브리어(가나안어)를 말하며 야웨께 맹세할 것입니다(사 19:18). 애굽인들이 자신들의 전통 종교인 태양신 숭배를 포기하고 야웨를 섬기게 된다는 것 역시 상상을 초월하는 일입니다. 이는 전 세계에서 고루 사용되는 영어 대신 아프리카의 소수 부족어가 세계 공용어로 채택되어 국제회의가 그 언어로 진행되는 상황과 비슷한 사건입니다. 하지만 하나님은 불가능에 가까운 그 일이 실제로 일어나 태양신을 섬기던 애굽의 각종 신전에서 히브리어로 야웨를 찬양하고 경배하게 될 것이라고 말씀하십니다.

특별히 그런 사건이 일어나는 다섯 도시 중 하나의 이름은 "멸망의 성읍"입니다. 히브리어로 "멸망의 성읍"은 "이르 하헤레스"인데, 이 이름은 태양신을 숭배했던 애굽의 대표적인 도시를 가리키는 "태양의 성읍"(이르 하케레스)을 연상하게 합니다. 즉 "멸망의 성읍"이란 이름은 태양신을 섬기는 애굽인들, 그중에서도 대표적인 태양 숭배 도시인 "이르 하케레스"가 야웨를 섬기고 경배하는 자들의 집단 거주지가 될 것이라는 환상적인 선언입니다. 이런 놀라운 일을 계획하시는 하나님을 찬양합시다!

셋째, "그날에" 애굽인들도 이스라엘처럼 야웨 하나님을 예배하는 제단을 갖게 될 것입니다(사 19:19-22). 상상을 초월하는 기적 같은 일이 또 일어납니다. 어떤 학자가 적절하게 표현했듯이 이는 이스라엘이 자신의 구원 역사를 가진 것처럼 애굽도 자신들만의 구원 역사를 갖게 된다는 말씀입니다.[2] 애굽의 도시들 한복판에 야웨를 섬기는 제단이 있다고 상상해보십시오. 얼마나 가슴 벅찬 일입니까? 이란과 이라크의 도시들 한가운데 교회당들이 서게 된다고 상상해보십시오. 얼마나 놀라운 일이겠습니까? 하나님이 계획하고 경영하시는 미래는 놀라움으로 가득 차 있습니다. 게다가 하나님은 고통당하고 압제당하는 자들이 그곳에서 부르짖으면 구원자를 보내겠다고 약속하십니다. 마치 애굽에서 고통받던 이스라엘이 하나님께 부르짖었을 때 구원자 모세를 보내셨던 것과 같이 말입니다. 천하

만민을 구원하고 치료하기 원하시는 하나님은 찬송을 받기에 합당하신 분입니다.

넷째, "그날에" 애굽과 아시리아가 함께 하나님을 예배하게 될 것입니다(사 19:23). 놀라운 기적이 계속되고 있습니다. 이 선언을 달리 말하면, 이념과 인종과 지역에 따라 갈라진 세상이 어느 날 하나님 안에서 하나로 통일된다는 의미입니다. 연합과 통일과 하나 됨의 극명한 모습이 하나님의 계획 안에 있습니다. 이사야 당시의 대제국으로서 패권의 양대 산맥을 이루던 애굽과 아시리아가 함께 야웨를 경배하는 모습을 상상해보십시오. 그런 화해와 통일을 상징하는 대륙 간 고속도로(Highway)가 남쪽 애굽에서 시작하여 북쪽 아시리아까지 이어집니다. 생각만 해도 가슴이 뛰는 환상입니다. 그런 남북 교류의 중심에는 시온이 자리 잡고 있습니다. 시온은 남과 북, 동과 서를 연결하는 소통과 교통의 요지가 될 것입니다. 우리도 시온을 중심으로, 하나님을 중심으로 온 천하가 통일되고 하나가 되는 날을 꿈꾸고 바라면 좋겠습니다.

다섯째, "그날에" 모든 민족을 복 주시려는 하나님의 계획과 목적이 마침내 성취될 것입니다(사 19:24-25). 하나님이 아브라함을 부르시면서 맺으신 약속을 기억해보십시오. 아브라함이 세상 모든 나라와 민족에게 "복"이 되리라고 하시지 않았습니까?(창 12:1-3)[3] 하나님은 아브라함의 자손뿐 아니라 이 세상 모든 민족이 아브라함이라는 믿음의 사람을 통하여 복 받기를 원하셨습니다. 지금도 하나님은 이 세상 모든 민족과 나라가 아브라함과 그의 자손을 통하여 구원받기를 바라십니다. 이는 하나님이 아브라함의 뒤를 따르는 신자로 구성된 교회를 통하여 세상 모든 민족과 나라들이 예수님을 주로 고백하기를 바라신다는 의미입니다. 그렇습니다! 아브라함의 자손들인 신자들은 이 세상을 향하여 복덩어리가 되어야 합니다. 기독교에서 말하는 복은 우리 자신을 향한 복이 아니라 누군가 다른 사람을 위한 복을 가리킵니다. 여러분도 누군가에게 복이 되어야 합니다. 하나님이 아브라함과 그의 영적 후손들에게 약속하신 복은 본래부터 타인 지향적입니다!

하나님이 애굽의 학정(虐政)에서 해방되어 나온 이스라엘 백성과 시내 산 밑자락에서 언약을 맺으시며 무엇이라고 말씀하셨습니까? "너희는 모든 민족 중에서 내 소유가 되겠고 너희가 내게 대하여 제사장 나라가 되며 거룩한 백성이 되리라"(출 19:5-6)고 복을 선언하셨습니다. 하나님은 구속받은 이스라엘 백성에게 분명한 정체성을 확실하게 심어주셨습니다. 특히 "제사장 나라"라는 표현은 하나님의 백성으로서 이스라엘과 새 이스라엘인 교회가 이 세상을 향해 어떤 일을 해야 하는지를 잘 보여줍니다.

구약에서 제사장들은 일반적으로 4가지 중요한 직무를 감당합니다.[4] 첫째, 하나님의 말씀을 받는 일입니다. 사무엘상 3장에 기록된 제사장 엘리의 이야기가 이 사실을 잘 보여줍니다. 그는 제사장으로서 계시의 말씀을 들어야 하는 사람이었습니다. 둘째, 백성들을 위해 제사를 집전하는 일입니다. 달리 말해 제사장은 하나님과 그의 백성들 사이에서 중보자 역할을 하는 사람이었습니다. 셋째, 하나님의 말씀인 토라(율법)를 잘 풀어서 설명하고 가르치는 일입니다. 넷째, 지역 공동체의 "보건소장" 역할입니다. 제사장은 제의적으로 부정하고 불결한 사람을 공동체로부터 격리해 공동체 전체가 더러워지지 않도록 해야 했습니다.

제사장의 4가지 대표적인 역할을 종합해보면 제사장은 자신을 위해서 사는 사람이 아니라는 사실이 분명해집니다. 제사장은 하나님의 의로우심과 거룩하심을 보존하고 공동체를 살리며 타인들의 유익을 위해서 일하라고 부르심을 받은 자들입니다. 이처럼 하나님이 아브라함을 부르신 것이나 그의 백성 이스라엘을 선택하신 것은 궁극적으로 세상 모든 민족에게 복을 주시기 위함이었습니다. 하나님은 당신이 만드신 이 세상 전부를 너무나도 사랑하십니다. 그 사랑을 숨기지 못하시는 하나님은 자기의 외아들 예수 그리스도를 이 세상에 보내셨습니다. 그리고 하나님은 그렇게 선택한 이스라엘을 나의 "기업"(基業, 대대로 전해 내려오는 재산)이라고 부르십니다.[5]

그런데 이사야는 하나님이 애굽을 "내 백성"이라 부르고, 아시리아를 향해 "내 손으로 지었다"라고 말씀하신다고 기록합니다(사 19:25). 얼마나 놀라운 일입니까? 애굽이 하나님의 백성이고 아시리아가 하나님의 손으로 지은 피조물이라는 말입니까? 속 좁은 우리로서는 도무지 상상할 수 없는 미래가 펼쳐집니다. 이것이야말로 환상적인 하나님의 청사진입니다. 이는 우리가 함께 꿈꾸고 기뻐해야 할 하나님의 세상으로, 세계 평화의 환상적인 극치가 아닐 수 없습니다. 이스라엘이 가운데 서서 애굽과 아시리아의 손을 잡고 있는 모습은 상상만 해도 감동적입니다.

그런 날이 도래하기를 우리 모두 기도하며 기다립시다. 하나님은 그런 날이 오게 하실 것입니다. 그렇습니다! 하나님이 꿈꾸시는 세상은 하나님으로 통일되는 세상입니다. 사도 바울은 에베소서에서 "하늘에 있는 것이나 땅에 있는 것이나 다 그리스도 안에서 통일되게 하려 하심이라"(엡 1:10)라고 기록했습니다. 그의 고백대로 온 세상은 예수 그리스도를 통하여 하나로 통일될 것입니다.[6]

기도 모든 민족과 나라와 함께 하나님을 경배하는 날이 오기를 기도합니다. 아멘.

제31강

역사의 주권자

이사야 20:1-21:17

"품꾼의 정한 기한 같이 일 년 내에 게달의 영광이 다 쇠멸할 것이니"
(사 21:16).

20:1 아시리아의 사르곤 왕이 다르단을 아스돗으로 보내매 그가 와서 아스돗을 쳐서 취하던 해더라. 2 그때 야웨께서 아모츠의 아들 이사야에게 "너는 가라. 네 허리에서 베를 끄르고 네 발에서 신을 벗어라" 하셨다. 그가 그대로 하여 벗은 몸과 벗은 발로 다녔다. 3 야웨께서 말씀하셨다. "나의 종 이사야가 삼 년 동안 벗은 몸과 벗은 발로 다니며 애굽과 구스에 대하여 징조와 예표가 되었다."

4 이처럼 애굽의 포로와 구스의 사로잡힌 자가 아시리아 왕에게 끌려갈 때 젊은 자나 늙은 자가 다 벗은 몸과 벗은 발로 볼기까지 드러내어 애굽의 수치를 보일 것이다. 5 그들이 그렇게 도움을 바라던 구스와 그들이 자랑하던 애굽으로 말미암아 그들이 놀라고 부끄러워하게 될 것이다. 6 그날에 이 해변 주민이 말하기를 "우리가 믿던 나라, 즉 우리가 아시리아 왕에게서 벗어나기를 바라고 달려가서 도움을 구하던 나라들이 이같이 되었으니 우리가 어찌 능히 피할 수 있겠는가?" 할 것이다.

21:1 해변 광야에 관한 신탁(경고)이다.

적병이 광야에서, 두려운 땅에서
네게브 광야의 회오리바람 같이 몰려왔다.
2 끔찍한 묵시가 내게 보였다.
속이는 자는 속이고 약탈하는 자는 약탈한다.
"엘람아! 올라가라. 메대여! 에워싸라.
내가 그의 모든 탄식을 그치게 하였다" 하신다.
3 나의 요통이 매우 심하여
해산이 임박한 여인의 진통 같은 고통이
나를 엄습하였다.

내가 너무 괴로워 듣지 못하며
놀라서 보지 못하게 되었다.

4 내 마음이 어지럽고 두려움이 나를 놀라게 하며
희망의 서광이 변하여 내게 떨림이 되었다.

5 그들이 식탁을 베풀고
파수꾼을 세우고 먹고 마신다.
너희 고관들아! 일어나
방패에 기름칠을 하여라.

6 주님께서 내게 말씀하신다. "가라!
파수꾼을 세우라!
그가 보는 것을 보고하게 하라!

7 마병대가 쌍쌍이 오는 것과
나귀 떼와 낙타 떼를 보거든
귀 기울여
자세히 들으라!" 하셨더니

8 파수꾼이 사자 같이 부르짖기를
"주님이여! 내가 낮에 늘 망대에 서 있었고
밤이 새도록 파수하는 곳에 있었나이다.

9 보소서! 마병대가
쌍쌍이 오고 있습니다"라고 하니
그가 대답하시기를
"함락이다! 함락이다! 바벨론이여!
그들이 조각한 신상들이 다 부서져
땅에 떨어졌구나" 하신다.

10 내가 짓밟은 너, 내가 타작한 너,
내가 이스라엘의 하나님

만군의 야웨께 들은 대로
너희에게 전하였다.

11 두마에 관한 신탁(경고)이다.
사람이 세일에서 나를 부르며 묻는 말
"파수꾼이여! 밤이 어떻게 되었느냐?
파수꾼이여! 밤이 어떻게 되었느냐?"
12 파수꾼이 대답한다.
"아침이 오고 밤도 온다.
묻고 싶다면 마음대로 물어보라.
너희는 돌아오라!"

13 아라비아에 관한 신탁(경고)이다.
드단의 대상들아!
너희가 아라비아 수풀에서 유숙하게 될 것이다.
14 데마 땅의 주민들아! 물을 가져다가
목마른 자에게 주고 떡을 가지고
도망하는 자를 영접하여라.
15 그들이 칼날을 피하며
뺀 칼과 당긴 활과
전쟁의 환난에서 도망하였다.
16 주님께서 이같이 내게 말씀하신다. "품꾼의 정한 기한 같이 일 년 내에 게달의 영광이 다 쇠멸할 것이니 17 게달 자손 중 활 가진 용사의 남은 수가 적을 것이다." 이스라엘의 하나님, 야웨의 말씀이다.

우리는 계속해서 이사야서에 기록된 "열국 심판 신탁"(사 13-23장)을 살펴보고 있습니다. 이번 본문 역시 남유다의 이웃 나라들에 대한 하나님의 경고를 담은 열국 심판 신탁 중 한 부분입니다. 이스라엘의 역사에서 중요한 예언자들—아모스, 호세아, 이사야, 미가—은 모두 기원전 8세기경에 부르심을 받았습니다. 당시 팔레스타인 지역의 동북쪽에는 대제국 아시리아가 있었고 남쪽에는 유구한 역사와 문명을 자랑하는 대제국 애굽이 있었습니다. 주변 강대국을 상대하기만도 벅찬데 당시 이스라엘은 남유다 왕국과 북이스라엘로 분열되어 오늘날 우리나라처럼 남북 간 긴장 관계 속에 있었습니다. 게다가 북이스라엘은 북쪽에 이웃한 시리아(아람, 다메섹)와 반아시리아 동맹을 맺고 남유다를 침공해 "시리아-에브라임 전쟁"을 일으켰습니다(참조. 사 7-9장). 또한 남유다의 남동쪽으로는 국경을 접한 에돔, 모압, 암몬이 있었고 지중해 해변에는 블레셋의 5대 도시국가들(pentapolis: 가사, 가드, 에그론, 아스글론, 아스돗)이 자리 잡고 있었습니다.

"징조-행위"의 메시지

그런데 당시에 반아시리아 동맹에 참여한 또 다른 왕이 있었습니다. 블레셋의 5대 도시국가 중 하나인 아스돗의 왕이었습니다. 당시 아시리아의 황제는 사르곤 2세(기원전 722-705년 재위)였는데 그는 대규모 군사를 일으켜 전략적 요충지인 팔레스타인 지역을 손에 넣고자 했습니다. 그때 아스돗 왕은 블레셋의 지도자로서 아시리아의 팽창 전략에 강력하게 저항했습니다. 그는 반아시리아 정책을 주창하는 동시에 친애굽 정책—당시 애굽은 구스인들이 세운 제25왕조가 통치했다—을 유지했습니다. 그리고 가까이 있는 남유다 왕국에 압력을 가해 반아시리아 동맹에 가입시키려고 했습니다. 하지만 그가 기원전 714년부터 711년 무렵에 걸쳐 일으킨 반아시리아 봉기는 결국 실패로 돌아갔습니다.[1]

이런 상황에서 설교자 이사야는 유다의 왕과 백성을 상대로 애굽과 구스를 믿지 말라는 경고의 메시지를 선언합니다. 이것이 이번 본문의 핵심 논지입니다. 그런데 하나님은 이 메시지를 전하는 방법으로 설교자 이사야에게 이상한 행동—학계에서는 이런 특이한 행동을 "징조-행동"이라고 한다—을 명하십니다. 보통 예언자들은 언어로 메시지를 전합니다. 예언서를 읽다 보면 "야웨께서 말씀하셨다"라는 문구가 자주 등장하는데, 이는 예언자가 하나님으로부터 받은 메시지를 말로 선포한다는 사실을 알리는 관용구입니다. 이런 문구를 일명 "전령사(傳令使) 양식"(messenger formula)이라고 부릅니다. 마치 예언자가 천상의 왕이신 하나님의 전령이 된 듯이 말하기 때문에 붙여진 이름입니다. 하지만 하나님은 언어로만 메시지를 전하는 것이 아니라 이따금 이상한 행동을 동원하셨습니다. 그 이상한 행동은 강력한 상징성과 대표성을 가지고 하나님의 특정 메시지를 드러냈기 때문에 특별히 "징조-행동"이라고 부르는 것입니다.

하나님은 예언자 이사야에게 베옷과 신발을 벗고 3년을 지내라고 명하셨습니다. 벌거벗고 가난하게 살라는 것이었습니다! 이사야는 여름 더위는 물론이고 예루살렘의 매서운 겨울 추위도 벌거벗은 채 견뎌내야 했습니다. 정말 예언자 노릇 못 해먹겠다는 생각이 들지 않았을까요? 하지만 이사야는 순종해야 했습니다. 이사야의 이상한 행위는 애굽과 구스에 대한 강력한 징조와 예표로서 아스돗을 구하러 올 애굽과 구스의 군대가 처할 비참한 운명을 몸으로 직접 보여준 것이었습니다. 물론 여기서도 이 징조와 예표를 보고 깨달아야 할 대상이 누구인지가 중요합니다. 그 대상은 변함없이 유다의 청중이었습니다!

예언자 이사야는 블레셋의 도시국가 중 아스돗에 일어난 사건을 예화로 들어 유다의 청중에게 메시지를 전합니다. 당시 아시리아의 지배 아래 있던 아스돗은 독립을 꿈꾸면서 아시리아에 반역을 꾀했습니다. 아스돗은 애굽과 구스에 군사적 원조를 요청했습니다. 그러나 원군은 오지 않았고 그들의 봉기와 반역은 실패로 돌아갈 수밖에 없었습니다. 아시리아의 사르곤 2세는 기원전 711년에 블레셋을 침공하여 도시국가 아스돗을 파괴하고 그 주민들을 사로잡아 갔습니다. 하나님은 예언자 이사야가 "징조-행동"을 통해 이 사건을 유다의 청중에게 각인시키기를 원하셨습니다. 그로 인해 이사야는 옷과 신발을 벗은 채 벌거벗은 몸으로 살아야 했습니다. 이 메시지는 너무나 분명했기에 유다는 하나님의 말씀을 인식할 수밖에 없었을 것입니다. 하나님은 "도움을 구하러 이리저리 돌아다니지 말라"라고 분명하게 말씀하십니다. 또한 "나라들과 권세들과 왕들을 신뢰하지 말라"라고 명령하십니다. 우리는 "인간적 연줄은 썩은 동아줄일 뿐이다. 그 줄을 잡으면 두려운 심판의 날에 수치를 당하게 될 것이다"라는 하나님의 말씀에 귀를 기울여야 합니다.[2]

> 애굽 사람은 사람일 뿐 하나님이 아니다! 그들의 군마 또한 고깃덩이일 뿐 영이 아니다! 주님께서 손을 들고 치시면 돕던 자가 넘어지고 도움을 받던 자도 쓰러져서 모두 함께 멸망하고 말 것이다!(사 31:3)

우리도 남유다 왕국이 처한 위기에 직면할 수 있습니다. 우리는 살아가는 동안 일어나는 수많은 사건 속에서 하나님의 뜻이 무엇인지를 파악하는 분별력을 달라고 기도해야 할 것입니다. "주님, 도움을 얻기 위해 이리저리 돌아다니는 어리석은 자가 되지 않게 하소서. 분별의 영을 우리에게 덧입혀주시옵소서"라고 말입니다.

영적 청력을 회복하라

이사야 21:1-17은 바벨론(1-10절)과 에돔(11-12절)과 아라비아(13-17절)에 관한 심판 신탁입니다. 먼저 바벨론에 대한 경고를 살펴보겠습니다. 이사야는 바벨론을 "해변 광야"라고 지칭합니다. 바벨론의 지리적 위치가 유프라테스 강을 중심으로 하기 때문입니다. 그런데 바벨론의 미래도 다른 나라들처럼 암담합니다. 예언자 이사야는 남쪽에서 불어오는 무서운 회오리바람처럼 적군이 바벨론을 침공하여 휩쓸어버릴 것이라고 이야기합니다. 교만하고 폭력적인 바벨론을 멸망시킬 하나님의 도구는 메대와 엘람(페르시아)입니다. 한때 다른 나라들을 약탈하고 착취하던 바벨론은 자기들이 저지른 죗값을 톡톡히 치르게 될 것입니다.

우리는 바벨론 심판을 통해 하나님이 인간의 역사와 나라들의 운명을 주관하는 분이시라는 사실을 확인해야 합니다. 그분은 이방 국가들의 흥망성쇠까지도 관할하며 주장하십니다. 우리는 인류 역사의 커다란 흐름 앞에서, 그 가운데 하나님의 손이 있음을 믿고 주님을 더욱 두려워하며 겸손한 마음으로 회개해야 합니다.

또한 우리는 바벨론 심판을 통해 하나님이 이 세상에 가득한 억울함을 풀어주시는 분이심을 깨달아야 합니다. "그의 모든 탄식을 그치게 하였노라"(사 21:2)라는 말이 바로 그런 뜻입니다. 하나님의 심판을 통해 바벨론의 폭력과 압제로 인해 고통스러워하며 탄식했던 모든 사람이 위로를 받을 것입니다. 하나님은 이처럼 하나님을 알지 못하는 국가들 사이에 일어나는 탈취와 폭력과 압제 등도 감찰하시며 모든 억울함에 대한 호소를 듣고 해결해주시는 분입니다.

설교자 이사야는 바벨론에 임하는 심판의 고통에 대해 말합니다. 이사야는 마치 자기가 해산하는 여인이나 된 듯이 고통을 느낍니다. 이사야는 많은 사람의 목숨을 거느린 대제국 바벨론이 겪을 재앙 앞에서 동정하는 마음을 갖습니다. 이는 바벨론이 받을 고통이 얼마나 클지를 말해주기도 합니다. 이제 그들에게 희망은 보이지 않습니다. 희망의 서광이 변하여 무서움과 떨림이 될 것입니다.

하지만 그들은 어리석게도 다가오는 심판의 시간을 인지하지 못하고 향락에 빠져 있습니다. 오죽하면 이사야가 그들의 고관대작들에게 "정신 차리시오! 지금은 풍악을 울리고 식탐에 빠질 시간이 아니오. 적군의 침공이 임박했소. 방패에 기름을 칠하고 전쟁을 준비하시오!"(사 21:5)라고 말하겠습니까? 그러나 그들은 태평성대를 구가하는 와중에 임박한 심판의 시계추 소리를 듣지 못했습니다.

심장을 조이며 들려오는 심판의 시계추 소리를 듣지 못하는 그들의 처지는 얼마나 비극적입니까? 그들은 하던 일을 멈추고 그 소리에 귀를 기울여야 했습니다. 이방 민족이 그래야 한다면 하나님의 백성은 더더욱 하나님의 시계가 몇 시를 알리는지, 심판의 회오리바람이 어디에서 불어오는지 들을 수 있는 영적 청력을 회복해야 하지 않겠습니까? 우리는 하나님의 시계추 소리를 곧바로 들을 수 있는 영적 청력을 길러야 합니다.

바벨론은 자기들을 지켜준다고 생각했던 우상들이 결국에는 무력하고 소용없다는 사실을 너무 늦게 배우게 됩니다(사 21:9). 모든 우상은 사람들이 자기 자신을 위해 디자인하고 조각해놓지만 정작 필요할 때는 어떤 구원도 베풀어주지 못하는 무능한 것들입니다. 혹시 우리에게도 우상이 있지는 않은지 다시 한 번 돌아봅시다. 나 자신이 하나님 외에 의지하고 충성을 바치는 대상은 무엇입니까? 돈이나 권력입니까? 학벌이나 가문, 인간관계와 조직입니까? 건강입니까? 큰 교회와 업적입니까? 혹은 열정적인 신앙 그 자체입니까? 자신의 지혜입니까? 어떤 우상도 결코 당신을 구원할 수 없습니다.

하나님의 뜻을 알려면 예언자에게로 오라

이사야 21:11-12에 등장하는 두마는 유다의 남동쪽에 자리 잡은 에돔이나 아라비아 사막의 오아시스 지역을 가리키는 말입니다. 본문에 에돔족속이 거주하는 "세일"이 등장하기 때문에 두마를 에돔으로 봐도 무난할 것입니다. 어쨌든 세일에 거하는 어떤 사람이 파수꾼(예언자 자신)에게 "밤이 언제 끝납니까?"라고 묻고 또 묻습니다. 이는 바벨론 제국의 혹독한 통치가 언제 끝나느냐는 애절한 질문이었습니다. 이 질문에 대해 파수꾼인 예언자는 "아침도 오고 밤도 온다"라고 대답합니다. 마치 선문답 같습니다. 당분간 엎치락뒤치락하는 상황이 이어지리라는 사실을 이렇게 표현한 것입니다. 낮과 밤의 순환이 더 이어진 후에야 밤이 끝날 것입니다. 그리고 예언자는 정말 밤이 언제 끝나는지 알고 싶다면 다음에 또 와서 다시 물어보라고 당부합니다.

그런데 사실 모호하게 느껴지는 "아침도 오고 밤도 온다"는 예언자의 대답 안에는 신앙의 깊은 원리가 담겨 있습니다. 시계(視界)를 가린 현재의 암흑이 결코 영원히 이어지지는 않는다는 사실을 알려주기 때문입니다. 밤과 낮은 하나님의 정해놓으신 창조세계의 순환 질서로서 때가 되면 밤이 지나고 아침이 밝아옵니다. 이 세상은 창조주 하나님이 정해놓은 시간에 따라 움직여가기 때문에 변하지 않는 것은 하나도 없습니다. "영원"은 하나님 한 분에게만 어울리는 수식어입니다. 그러므로 우리는 변화무상한 현상이 아니라 현상 너머에 계신 하나님을 바라보아야 합니다.

그리고 이 사실을 배우고 싶다면, 달리 말해 언제 밤이 끝나는지를 알고 싶다면 다시 예언자에게 가서 물어야 합니다. 파수꾼(예언자)이 한 말을 기억해보십시오. 파수꾼은 "묻고 싶으면 물어라. 물으려면 다시 내게 오라"라고 말합니다. 파수꾼의 망대로 돌아오라는 이 말은, 인생의 밤이 언제 끝나는지 묻고 싶으면 마음껏 묻되 성경에서 그 답을 찾으라는 것입니다. 하나님의 말씀의 집으로 와서 그분의 뜻이 무엇인지 다시 듣고 배우십시오. 이는 우리가 정규적으로 교회에 나가는 이유이기도 합니다. 하나님의 살아 있는 말씀을 쉼 없이 읽고 듣는 일을 통해 우리는 세상의 새벽과 아침과 밤의 역사를 읽어내야 합니다. 우리는 하나님께 묻고 배움으로써 표류하는 것 같은 인류 역사의 방주를 제어하는 타(舵)를 잡고 계신 분이 하나님이심을 알게 될 것입니다.

환대하는 공동체가 되라

마지막으로 설교자 이사야는 아라비아에 대해 몇 가지 중요한 권면을 합니다(사 20:13-17). 특별히 아라비아의 핵심 부족인 데마 땅의 주민들과 게달 자손들에게 전쟁으로 인해 고통받는 드단의 대상(隊商)들을 환대(歡待)하라고 명령합니다. 드단의 대상들은 바벨론에서 애굽까지 종횡하면서 무역에 종사하는 사람들이었습니다. 그들은 매우 강인한 사람들이지만 침략 전쟁의 소용돌이 속에서 장사를 망칠 뿐 아니라 생명도 위협받게 되었습니다. 요즘 말로 하자면 중소기업을 경영하던 사람이 대기업의 횡포로 인해 파산하고 하루아침에 거리에 나 앉게 된 것과 같습니다. 드단의 대상들은 졸지에 목마른 자, 도피하는 자, 칼날과 화살을 피하여 피난 가는 신세가 되었습니다.

이제 그들이 피할 곳이 있다면 데마 근처 광야의 수풀 지대뿐입니다. 그곳은 데마 사람들의 영토였습니다. 만일 데마 사람들이 물과 떡을 공급하지 않으면 드단 대상들은 굶주림과 목마름 속에서 죽어갈지도 모릅니다. 하나님은 이런 사람들을 "환대"(hospitality)하기를 원하셨습니다. 그러나 데마 사람들과 게달 사람들은 박정(薄情)하게도 그들을 환대하지 않은 것 같습니다. 이것은 "품꾼의 정한 기한 같이 일 년 내에 게달의 영광이 다 쇠멸할 것이다", "게달 자손 중 활 가진 용사의 남은 수가 적으리라"라고 하신 심판의 내용에서 추측할 수 있습니다(사 21:16-17).

전쟁 난민에 대한 환대는 인도주의적인 차원에서도 마땅히 감당해야 하는 숭고한 도덕적 의무입니다. 오늘날 전 세계에 전쟁 난민이 얼마나 많습니까? 중앙아프리카의 끔찍한 부족 간 전쟁으로 인한 난민들, 시리아 내전으로 집을 잃고 떠돌아다니는 사람들, 인도와 파키스탄 간의 분쟁으로 인한 전쟁 난민들, 아프가니스탄 지역에서 고통당하는 수많은 전쟁 난민과 고아들이 있습니다. 이들에 대해 교회는 깊은 연민과 사랑의 마음을 가지고 긍휼 사역을 베풀어야 합니다. 그리스도인들은 전쟁 난민이 아니더라도 사회적 약자들, 각종 도움이 절실하게 필요한 사람들, 배고프고 목마른 사람들, 실패한 사람들, 파산한 사람들을 기꺼이 돌보고 환대하는 마음을 가져야 합니다. 하나님이 우리를 환대하셨던 것처럼 말입니다. 사실 환대하는 마음, 환대하는 사회, 환대하는 교회는 모두 하나님을 닮은 것입니다. 삼위일체 하나님은 서로를 환대하는 "신적(神的) 사회"(divine society)를 이루시기 때문입니다.

기도 구원은 역사의 주인이신 하나님으로부터만 온다는 사실을, 나는 믿습니다. 아멘.

제32강

회개할 기회를 놓치지 마시오

이사야 22:1-14

"너희가 이런 재앙을 행하신 이를 앙망하지 아니하였고
이 일을 옛적부터 경영하신 분을 공경하지 아니하였다"(사 22:11).

22:1 환상의 골짜기에 관한 신탁(경고)이다.

너 각 사람이 지붕들 위에 올라갔다고 하니

너에게 무슨 곤란이 닥친 것인가?

2 즐겁게 외치고 소란스럽게 떠들던 성이 아니었던가?

시끌벅적 흥청망청하던 성읍이 아니었던가?

너의 죽임을 당한 자들은 칼에 죽은 것도 아니고

전쟁에 사망한 것도 아니다.

3 너의 관료들도 다 함께 도망하였었지.

그러나 화살 하나도 쓰지 못하고 잡혔지.

멀리 도망한 자 너희 각 사람도

다 발각이 되어 포로가 되었지.

4 그래서 내가 말했다.

"나를 떠나 멀리 가버려라.

내가 슬피 통곡할 것이다.

내가 사랑했던 백성이 멸망했다고

나를 위로하려고 애쓰지 말라."

5 환상의 골짜기에 주 만군의 야웨의 날이 임한다.

소란과 밟힘과 혼돈의 날이며

성벽이 무너지고 산을 향해 도움을 청하는 비명의 날이다.

6 엘람 사람은 화살집을 메고

병거를 타고 마병과 함께 나타났으며

기르 사람은 방패를 드러내며 다가온다.

7 병거들이 네 기름진 계곡에 가득하고

마병은 네 성문들 앞에 전열을 가다듬고 있다.

8 그가 유다의 보호막을 벗기셨다.

그날에 너희가 숲속 왕궁에 있는 무기고를 점검하였다. 9 또 너희가 다윗 성의 무너진 곳이 많은 것도 보았으며 또 너희가 아래 못의 물도 모으며 10 또 예루살렘의 가옥을 계수하였으며 무너진 가옥들은 헐어버리고 그 대신 성벽을 견고하게 수축하였으며 11 너희가 또 옛 못의 물을 위하여 두 성벽 사이에 저수지를 만들었다. 그러나 너희가 이런 재앙을 행하신 이를 앙망하지 아니하였고 이 일을 옛적부터 경영(계획)하신 분을 공경하지 아니하였다.

12 그날에 주 만군의 야웨께서

통곡하며 애곡하라고 명하시고

머리털을 쥐어뜯으며 굵은 베옷을 입으라 하셨지만

13 너희는 기뻐하며 즐거워하며

소를 잡고 양을 잡아

고기를 먹고 포도주를 마시면서

"어차피 내일 죽을 것이니

오늘 먹고 마시자" 하였다.

14 만군의 야웨께서 직접 내 귀에 말씀하여 알리셨다.

"진실로 이 죄악은 너희가 죽기까지

용서받지 못할 것이다."

—만군의 주 야웨의 말씀이다.

열외는 없다!

열국 신탁 안에 예루살렘에 관한 경고가 들어 있다는 사실은 참 유별나고 독특합니다. 하나님은 예루살렘이라고 해서 봐주지 않으십니다. 하나님의 백성이라고 해서 면책 특권을 받을 수는 없습니다. 하나님의 정의(正義)는 모든 나라와 사람에게 평등하게 적용됩니다. 그분은 인종이나 성별이나 신분으로 사람을 차별하지 않으십니다. 인종 차별이 뿌리 깊은 서양에는 "하나님은 색맹(色盲)이시다"라는 뼈가 든 농담이 있습니다. 하나님은 사람과 달리 피부색으로 사람을 차별하지 않으신다는 뜻입니다. 공의로운 재판장이신 하나님은 이스라엘이라고, 교회에 다니는 사람이라고 다르게 보지 않으십니다. 오히려 하나님의 백성, 혹은 그리스도인이라는 명예로운 호칭에는 그만큼 더 많은 책임과 의무가 따릅니다. 우리는 하나님의 은혜를 누리는 만큼 더 엄정한 심판에 노출될 것이라는 사실을 잘 기억해야 합니다.

하나님이 당신의 이름을 두시려고 선택하신 도시 예루살렘이 혹독한 심판을 당할 위기에 처했습니다. "환상의 골짜기"라는 제목이 붙은 이사야 22장이 전하는 내용은 바로 예루살렘의 파괴에 대한 것입니다. 예루살렘은 기원전 701년에 아시리아 군대의 무시무시한 침략을 당했고, 기원전 586년에는 대군을 이끌고 침략한 바벨론의 느부갓네살에 의해 함락되었습니다.[1] 예언서는 이런 날을 "야웨의 날"이라고 부르는데, 이사야서의 열국 심판 신탁에서도 마찬가지입니다(사 13:6, 9, 13; 17:4, 7, 9; 19:16, 18; 22:12; 23:15; 24:21 등). 야웨의 날은 하나님이 심판의 도구를 들고 이 세상 안으로 찾아 들어오시는 날입니다.

본문은 먼저 그날이 오기 바로 직전의 예루살렘의 상황을 묘사합니다. 예루살렘은 "즐겁게 외치고 소란스럽게 떠들던 성", "시끌벅적 흥청망청하던 성읍"이었습니다(사 22:2). 히스기야 왕 때 있었던 아시리아의 침공은 실패로 돌아갔고 예루살렘은 기적과 같은 구원을 경험했습니다. 그래서 예루살렘 성은 기뻐하는 주민들의 환성으로 가득 찼었습니다(참조. 사 36-37장). 그러나 이사야는 그것이 잠깐의 기쁨이 될 것이라고 말합니다. 하나님의 계획에 따라 유다와 예루살렘은 피할 수 없는 심판의 날을 맞이하게 될 것입니다. 그날에 예루살렘 사람들은 모두 지붕 위로 도망하게 될 것입니다(사 22:1).

적폐(積弊)의 값을 치르리라!

어쩌다 이런 일이 일어나게 되었을까요? 여기서 우리는 하나님이 하루 이틀 사이에 저지른 죄에 대해 곧바로 책임을 묻고 심판하는 분이 아니시라는 사실을 기억해야 합니다. 하나님의 심판은 죄가 가득 찼을 때 임합니다. 그 당시의 유다와 예루살렘이 어떠했는지를 살펴보면 하나님의 혹독한 심판의 이유를 알 수 있습니다.

한때 예루살렘에는 정의와 공의가 깃들었습니다. 사회 구성원들은 정의를 추구했고 사회 시스템은 공평했습니다. 약자들은 보살핌을 받았고 억울한 일들은 극히 제한적이었습니다. 완벽하지는 않았지만 예루살렘은 그 이름처럼 "샬롬(평강)의 도시"로서 손색이 없었습니다.

그러나 시간이 흐르면서 신앙과 일상 사이에 틈이 생기기 시작했습니다. 신앙과 삶의 괴리는 점점 더 심해졌습니다. 예루살렘 사람들은 겉모습으로만 하나님을 섬기는 데 열심을 내었지 마음으로는 하나님의 율법을 무시하기 시작했습니다. 그들의 실제 삶 속에서는 불의가 집주인 노릇을 했습니다. 약자를 우습게 여기는 문화, 일하지 않고 불의하게 돈을 버는 계층, 권력을 남용하는 공직자들, 부정과 부패가 예루살렘 거리를 가득 채웠습니다.

예루살렘의 지도층인 정치 관료들과 종교 지도자들 대부분은 자신들만을 위해 사는 이기주의자들이었습니다. 그들은 자신들이 쌓은 업적이나 성취를 자랑하며 인맥을 강화해 자신들의 지위가 흔들리지 않도록 손썼습니다. 그러다 보니 그들의 삶에서 하나님이 설 자리는 점점 줄어들었습니다. 예루살렘은 명목상으로만 평강의 도시였고 평화의 마을이었지, 실제로는 도둑과 강도의 소굴이 되어버렸습니다. 그들의 눈에는 사회적 약자의 억울한 일들이 보이지 않았으며, 그들의 귀에는 평민들의 비명과 탄원 소리가 들리지 않았습니다.

하나님은 예루살렘의 잘못을 바로잡으려고 여러 차례 경고하셨지만 모두 허사였습니다. 이제 예루살렘 거민들에게 하나님의 말씀은 실효성이 없었기 때문입니다. 바로 이런 도시에 하나님의 무서운 심판과 재앙이 임하게 된 것입니다. 오래 축적된 죄악들을 청소하시려는 하나님의 계획이 드디어 실행됩니다. 적국의 말발굽 아래 온 나라는 초토화되며 수도 예루살렘은 완전히 짓밟힙니다. 소란과 요동, 혼란과 혼돈, 패닉과 절규가 사방에 가득합니다. 대적할 수 없는 대제국의 침공으로 인한 공포가 도시 전체를 휩싸버립니다.

이런 심판을 예견하는 예언자 이사야의 마음은 매우 슬프고 괴롭습니다. 그는 자기 백성의 고통을 보면서 슬피 통곡하는 자신을 위로하려고 애쓰지 말라고 말합니다. 위로받기를 거절한 것입니다(사 22:4). 예언자의 고통과 슬픔은 그가 대변하는 하나님의 슬픔과 고통이기도 합니다. 예언자와 하나님에게 예루살렘은 여전히 "내가 사랑했던 백성"입니다.

심판을 영적 유익의 기회로

여기서 우리는 영적 교훈을 얻어야 합니다. 죄 없이 당하는 고난은 궁극적으로 영적 유익을 가져오지만—예를 들어 예수님은 하나님의 아들이시면서도 받으신 고난으로 순종함을 배워서 온전하게 되셨다(히 5:8-9)—죄로 인한 고난을 당할 때도 영적 유익을 얻을 수 있습니다. 즉 죄로 인한 고난의 기간에 회개의 기회를 포착하라는 말입니다. 고난을 통해 자신의 더러운 영혼을 성찰하고 용서의 은혜를 갈망하며 하나님이 내미시는 치유의 손길을 기다리는 겸손을 배워야 합니다. 자기 죄로 인해 고난을 당할 때 다른 사람을 탓하거나 다른 사람에게 잘못을 돌리는 악습을 끊어야 합니다. 핑계와 비난은 어리석은 영혼의 못된 습관입니다. 그러나 회개와 자숙은 겸손한 영혼의 영적 다이어트 음식입니다.

불행이 닥칠 때 사람들은 그것을 막아보려고 온갖 노력을 다 기울입니다. 무너진 곳을 수축하고 성벽을 견고하게 하고 물과 군량미를 저축하듯 말입니다. 유진 피터슨(Eugene Peterson)은 고난을 대비하는 예루살렘의 모습을 다음과 같이 번역했습니다.

> 그날, 너희는 방어진을 점검하고 병기고의 무기들을 검열했다. 성벽의 약한 지점을 찾아 보수했다. 너희는 아래 못에 물을 충분히 저장해두었다. 예루살렘의 모든 집을 조사하여, 어떤 집은 허물고 그 벽돌을 성벽에 덧대어 튼튼하게 만들었다. 물을 충분히 확보하기 위해 커다란 수조도 만들었다.[2]

예루살렘의 이러한 노력은 잔꾀를 부리는 것에 불과합니다. 그렇게 한다고 해서 하늘에서 오는 재앙을 막을 수 있을까요? 하늘의 결정을 막을 수는 없습니다. 그들이 조금이라도 지혜가 있다면 그런 불행과 심판이 왜, 누구에게서 오는지 생각해야 합니다. 그런 생각을 못 하는 사람은 정말 바보 같은 사람입니다. 그런데 예루살렘은 어땠습니까? 이사야는 "너희가 이 성읍을 너희에게 주셨던 분을 바라보지 아니하였고 이 성읍에 관해 오래전부터 계획을 세우셨던 그분께는 단 한 번도 자문을 구하지 않았다"(사 22:11)라고 질타합니다.

하나님은 자기 백성이 불신앙에서 속히 회개하고 돌아오기를 바라십니다. 본문에서 하나님은 예루살렘 백성들에게 회개하는 방식까지 알려주십니다. "눈물로 회개하는 시간을 가지라! 잿빛 옷을 입고 비탄의 노래를 부르라!"(사 22:12)라고 말입니다. 그러나 그들은 고집스럽게도 회개하기를 거절합니다. 오히려 하나님을 우습게 여기고 무시합니다. 오히려 그들은 파티를 열어 먹고 마셨습니다. 또 잔치를 열고 소와 양을 잡아 술판을 벌였습니다. 그리고는 신성모독적인 발언을 마구잡이로 쏟아냅니다. "오늘을 즐기자! 먹고 마시자! 어차피 내일이면 죽을 테니까"라고 말하며 흥을 돋우었습니다. 내일이 없이 사는 사람들, 오늘에 대한 육감적 만족으로 인생을 사는 사람들, 함부로 말하는 사람들, 이들이야말로 하나님은 안중에도 없는 교만한 자들입니다. 이런 교만은 멸망으로 들어가는 대문이라는 사실을 꼭 기억하십시오.

기도 죄로 인해 고난을 당할 때 양손을 들고 하나님께로 돌아가게 하소서. 아멘.

제33강

권력과 인간의 욕망

이사야 22:15-25

"그날에 단단한 곳에 박혔던 말뚝이 삭을 것이다. 그 말뚝이 부러져 떨어지므로 그 위에 걸린 물건이 부서질 것이다"(사 22:25).

22:15 만군의 주 야웨께서 말씀하신다. "너는 가서 그 국고를 맡고 왕궁을 책임지고 있는 셉나를 보고 이렇게 말해라. 16 '네가 무슨 권리로 여기에 있느냐? 이 지역에 네가 아는 누가 있기에 여기에 너를 위하여 묘실을 팠느냐? 너는 높은 지대에 너를 위하여 묘실을 조성하였고 반석에 너를 위하여 처소를 만들었구나. 17 이 사람아, 나 야웨가 너를 단단히 결박하고 힘센 장사 같이 너를 격하게 내던질 것이다. 18 내가 너를 거칠게 감싸서 공처럼 아주 넓은 땅에다 던질 것이다. 주인의 집에 수치를 끼치는 너여! 네가 그곳에서 죽겠고 네 영광의 마차도 거기에 버려지게 될 것이다. 19 내가 너를 네 관직에서 쫓아내며 네 지위에서 끌어내릴 것이다. 20 그날에 내가 힐기야의 아들 내 종 엘리아김을 불러 21 네 옷을 그에게 입히며 네 띠를 그에게 둘러줄 것이며 네가 행사했던 권세를 그의 손에 넘겨줄 것이다. 그가 예루살렘 주민과 유다의 가문에 아버지 같은 존재가 될 것이며 22 내가 또 다윗의 집의 열쇠를 그의 어깨에 둘 것이니 그가 열면 닫을 자가 없겠고 닫으면 열 자가 없을 것이다. 23 말뚝을 단단한 곳에 박음 같이 내가 그를 견고하게 하리니 그가 그의 가문에 영광의 보좌가 될 것이다. 24 그의 가문의 모든 영광이 그 위에 걸리리니 그 후손과 자손이 되는 모든 작은 그릇, 곧 종지로부터 모든 큰 항아리까지 그에게 의존하게 될 것이다.'" 25 만군의 야웨께서 말씀하신다. "그러나 그날에 단단한 곳에 박혔던 말뚝이 삭을 것이다. 그 말뚝이 부러져 떨어지므로 그 위에 걸린 물건이 부서질 것이다. 나 야웨의 말씀이다."

지도자는 그 사회의 얼굴

하나님은 예루살렘 궁중의 고위 관리인 셉나와 엘리아김에 대해 말씀하십니다. 그들은 히스기야 왕의 오른팔, 왼팔 역할을 하는 핵심 참모들입니다. 본문이 특별하게 조명하는 셉나는 엘리아김과 함께 유다의 내치와 경제를 책임질 뿐 아니라 안보와 외교도 담당하던 고위 공직자였습니다. 셉나는 유다 왕국의 권력 서열에서 히스기야 왕 다음가는 제2인자라고 할 수 있었습니다.

그런데 왜 셉나에 관한 이야기가 불쑥 튀어나온 것일까요? 아시다시피 앞 단락은 환상의 골짜기에 관한 경고, 즉 예루살렘에 관한 심판 신탁이었습니다. 그런데 그 신탁에서 중요하게 다룬 내용 중 하나가 바로 나라의 미래에는 아무런 관심도 없이 흥청망청 즐기던 예루살렘의 무책임한 지도층에 대한 책망이었습니다. 그들은 아시리아의 침공으로 인한 국난의 어두운 시간 뒤에 찾아온 하나님의 기적적인 구원을 경험한 후에 조급하게 기뻐하며 날뛰었습니다(참조. 사 36-37장). 아마 속으로 "이것으로 하나님이 내리시는 심판의 시간은 지나갔어. 우리에게 임한 하나님의 구원은 앞으로도 계속될 거야"라고 생각한 듯합니다(사 22:2). 그들은 자신들에게 찾아온 구원의 의미에 대해서는 깊이 성찰하지 못한 채 그저 즐겁게 외치며 축제의 술잔을 돌리고 흥청망청 즐기기에 바빴습니다. 외교 사령탑에 있던 고위급 장관들은 자신들의 역량을 은근히 자랑했습니다. 셉나가 바로 그런 사람이었습니다. 따라서 본문의 셉나는 유다와 예루살렘 사람들의 일그러진 영성을 대표하는 인물입니다. 그의 행적을 자세히 살펴보면 유다의 정치 지도자들이 얼마나 자격에 미치지 못하는 자들인지를 알게 될 것입니다.

예언자 이사야는 하나님의 명령에 따라 셉나를 찾아갑니다. 그가 셉나에게 던진 첫마디는 공손한 인사가 아닙니다. 단도직입적으로 "당신, 지금 여기서 뭐 하는 거야?"라고 불편한 심정을 드러내며 들이댑니다(사 22:16). 이어지는 내용에서 확인할 수 있듯이 셉나는 지관(地官)을 고용해 자기를 위한 묫자리 하나를 잡아놓는 중이었습니다. 그는 아무런 연고도 없는 지역의 명당자리를 차지하고는 자신을 위한 거대한 묘소를 만들려고 했습니다. 자신을 돋보이게 하는 화려한 무덤을 조성하려고 권력을 악용해 다른 가문의 토지를 강제로 매수한 것입니다. 허영을 좇는 이런 인간이 졸부가 아니면 무엇이겠습니까?

전해진 이야기에 따르면 셉나는 애굽 출신의 외국인입니다.[1] 그는 아마도 히스기야 왕이 아시리아의 간섭에서 벗어나기 위한 친애굽 정책을 펼치는 과정에서 중용되었을 것입니다. 어쨌든 출세가도를 달리며 급격히 신분이 상승한 그가 권력을 남용하여 불법으로 땅을 매입하고 거기에 왕에게나 어울릴 만한 묘실을 조성하는 모습은 볼썽사납습니다. 에스더서의 하만이 그렇듯이 매우 치졸하고 보기에도 역겨운 인물입니다. 얼굴에 침이라도 뱉어주고 싶은 무가치하고 쓸모없는 인간입니다. 그래서 이사야는 "당신, 여기서 뭐 하는 거야? 이곳에 친척이라도 있어서 이 땅을 매입했다는 말인가? 규모가 왕실의 무덤 같군! 정말 가관이로군!"이라고 말한 것입니다(사 22:16). 이런 인간이 왕국의 제2인자라니요? 히스기야 왕이 불쌍해 보일 지경입니다. 어떻게 저런 인간을 왕에 버금가는 권력자로 삼았을까요?

외국인 혐오증

물론 이런 해석이 외국인 혐오 사상을 옹호하는 것은 절대 아닙니다. 우리 사회는 이미 다문화·다민족·다인종 사회로 접어들었습니다. 조선족을 비롯하여 동남아시아의 많은 사람이 "코리안 드림"(Korean Dream)

을 좇아 우리나라에 모여들고 있습니다. 그러나 그들은 언어와 문화의 높은 장벽 때문에 정신적·육체적 고통을 당합니다. 무엇보다 그들을 슬프고 두렵게 하는 것은 그들을 향한 본토인들의 곱지 않은 시선일 것입니다. 어떤 사람들은 우리도 먹고살기 힘든데 그들이 우리의 일터를 빼앗는다고 생각합니다. 또 다른 사람들은 우리의 고유문화가 훼손될지도 모른다는 두려움 때문에 막연한 증오심을 갖습니다. 이런 불분명한 이유에서 싹트는 외국인 혐오증은 순수한 애국심과 민족주의란 미명 아래 암처럼 걷잡을 수 없이 퍼지기도 합니다. 우리는 유럽에서 간간이, 그러나 섬뜩하게 터져 나오는 신나치주의나 극우 민족주의를 반면교사 삼아 다양한 사람들이 평화롭게 공존할 수 있는 사회를 이루어가야 할 것입니다.

어쨌든 셉나에 대한 성경의 비판적 평가는 인종 차별이 아니라 권력 남용과 허영심, 자기과시와 자기기만 같은 인간의 보편적 죄성에 대한 고발임이 분명합니다. 동시에 그런 사람을 고위 공직에 오르게 하고도 그가 저지르는 악행을 제어하는 일에 느슨했던 히스기야 왕정의 허술한 시스템에 대한 우회적 비난이기도 할 것입니다. 어쩌면 셉나의 장점으로 꼽히는 대(對)애굽 외교력에 의존할 수밖에 없었던 히스기야 왕은 셉나의 부정부패를 모르는 체하며 눈감아주었을지도 모를 일입니다. 부패한 권력층이 대부분 그렇듯이 일종의 "주거니 받거니" 하는 관계였을 수도 있다는 말입니다.

셉나의 운명과 유다의 운명

예언자 이사야의 질타는 인간적 관계나 정치적 함수를 고려하지 않습니다. 그는 정의로우신 하나님의 대언인(代言人)이기 때문입니다. 그래서 셉나에게 내려진 심판 신탁(사 22:17-19)은 비참한 죽음의 형벌에 대해 말합니다. 셉나의 시신은 명예롭게 매장되는 것이 아니라 넓은 들판에 내던져지게 될 것입니다. 사람은 자신이 어떻게 죽을지 아무도 모릅니다. 셉나는 자신이 평화롭게 죽을 것이라고 기대했습니다. 하지만 하나님은 그런 기대를 완전히 꺾어버리십니다. 하나님은 셉나가 자신을 위해 마련했던 화려한 무덤이 다른 사람에게 돌아가고 그의 시신은 들판에서 들개와 독수리의 먹잇감이 될 것이라고 말씀하십니다. 그가 자랑스럽게 타고 다니던 마차(병거)도 부서져 버려지게 될 것입니다. 그 마차는 오늘날로 말하자면 국가의 의전용 차량에 해당합니다. 부서진 마차는 권력 무상을 일깨워주는 물증입니다.

그의 비참한 죽음에 대한 묘사 중에 특별히 눈에 띄는 어휘가 있습니다. "아주 넓은 땅", 즉 "광막한 들판"입니다. 앞서 밝혔듯이 셉나의 이야기는 단순히 어떤 개인의 비화에 그치는 것이 아니라 유다 민족 전체에 대한 이야기입니다. 따라서 셉나의 시체가 광막한 들판에 버려진다는 말은 훗날 유다가 이방 땅 거대한 나라 바벨론에 포로로 사로잡혀가게 될 것을 암시합니다.

정치와 종교의 만남

궁중 정치가의 대표격인 셉나와 궁중 설교가인 예언자 이사야의 만남은 흥미롭습니다. 이 만남은 마치 이사야의 선배격인 예언자 아모스가 북이스라엘의 권력자 여로보암 2세에 빌붙어 살아가던 간사한 종교 중개인 아마샤와 충돌한 것과 비슷합니다(암 7:10-17).[2] 예언자 이사야의 설교는 영적이지 않고 매우 정치적이고 현실적이었습니다. 그는 히스기야 왕에게 강대국들 사이에서 줄타기하지 말라고 간언했습니다. 또한 나라 안의 문제들을 돌아보아 위선적인 종교와 신앙을 극복하고 각종 사회적 불의는 철저히 뿌리 뽑아 공정하고 정의로운 사회를 이루어가야 한다고 촉구했습니다. 그뿐 아니라 왕국이 아시리아의 침공으로 어려움에 빠졌을 때는 그 모든 일이 하나님의 심판에 따른 것으로 알고 더더욱 하나님을 신뢰하고 그분의 계획에 순응하라고 권면했습니다. 특히 하나님이 심판의 도구로 사용하시는 아시리아를 거스르면 안 된다는 조언은 애굽을 의지하며 도움을 청하는 일을 포기하라는 정치적 제안이었습니다.

그러나 히스기야 왕의 장관 중 최고 실세였던 셉나는 국가적 위기를 강대국 간의 힘의 쏠림 현상으로 파악하는 정치적 판단에 따라 애굽과의 유대를 강화하려고 했습니다. 그는 화려하게 꾸민 의전용 마차를 타고 사절단을 이끌고서 애굽에 군사적 도움을 청하러 갔습니다. 애굽의 마병과 전차들을 염두에 두고 군사적 도움을 얻기 위해 애굽으로 내려갔던 것입니다.

셉나는 분명히 설교자 이사야의 권고를 들어서 알고 있었을 것입니다. 이사야는 "애굽을 의지하지 말라"고 여러 차례 분명히 강조해왔습니다. 그러나 셉나의 종교는 예배당 안에만 머물렀습니다. 월요일부터 토요일까지의 삶 속에서는 하나님의 주권을 인정하려는 어떠한 노력도 보이지 않았습니다. 그는 하나님의 말씀 대신 자신의 지혜를 믿었습니다. 그는 인간적으로 머리를 굴리며 세속적인 방법으로 위기 상황을 헤쳐나가려는 사람들의 원형입니다. 물론 그들은 입으로는 하나님을 믿고 의지한다고 말합니다. 하지만 그들의 실제 삶의 현장에서는 순종이 아니라 "꼼수"와 "머리 굴림"과 "잔재주"만 활용될 뿐입니다. 이런 유형의 사람들에 대해 설교자 이사야는 일찌감치 재앙을 선언했습니다.

> 도움을 구하러 애굽으로 내려가는 자들에게 화가 있을 것이다. 그들은 말(馬)을 의지하고 많은 병거와 강력한 마병을 의지하고 이스라엘의 거룩하신

이를 앙모하지 아니하며 야웨를 찾지도 않는 자들이다(사 31:1).

어느 나라든지, 어느 사회든지, 어느 단체든지 권력에 관심을 기울이며 이리저리 줄타기하는 사람들이 있습니다. 그들은 공동체의 유익을 위해 일하지 않고 자신의 이득과 출세만을 생각하는 이기주의자들입니다. 사람은 자신이 맡은 직위나 직분이 무엇을 위하고 누구를 위한 것인지 늘 기억해야 합니다. 우리가 맡은 직책은 다른 사람 위에 군림하거나 이익을 챙기거나 권력을 휘두르라고 주어진 것이 아니라 공동체를 섬기고 봉사하라고 주어졌습니다.

하나님은 셉나를 관직에서 쫓아내고 엘리아김이라는 인물을 그 자리에 대신 세우겠다고 말씀하십니다. 하나님은 그를 견고하게 세워 맡겨진 직책을 충성스럽게 수행하도록 하실 것입니다. 그는 천막이 잘 세워지도록 줄을 붙잡아 매는 말뚝과 같습니다.[3] 천막이 비바람에도 흔들리지 않도록 단단하게 세워지게 한다는 의미에서 그는 나라의 영광이며 면류관 같은 사람입니다. 그의 친척과 후손도 그의 덕을 보게 될 것입니다. "작은 그릇, 곧 종지로부터 큰 항아리에 이르기까지"(사 22:24)라는 말이 바로 그런 뜻입니다.

권력의 끝은?

그런데 인간사가 대부분 그렇듯이 엘리아김도 끝에 가서는 좋지 못한 모습을 보입니다. 그가 관직에 있는 동안 끊임없이 영적 판단력을 높이고 도덕적 분별력을 다듬는다면 그렇게 되지 않을 수도 있을 것입니다. 하지만 엘리아김이 정신을 똑바로 차리고 있더라도 주변 사람들이 그를 가만히 두지 않을 가능성이 큽니다. 재력가나 권력자 주변에는 늘 파리 떼처럼 사람들이 꼬입니다. 그와 친분이 있는 사람들이나 집안사람들이 무언가를 뜯어먹기 위해서 들러붙습니다. 하나님의 섭리 가운데 세움을 받은 엘리아김의 지위도 사리사복(私利私腹)을 위하는 편으로 기울어질 수밖에 없습니다.

결과적으로 엘리아김 역시 하나님의 심판을 피할 수 없습니다. "단단한 곳에 박혔던 말뚝(못)이 삭으리라"(사 22:25)라는 말씀이 바로 그런 뜻입니다. 출세한 사람들은 종종 주변 사람을 잘못 관리해 인(人)의 장벽에 가로막히기 쉽습니다. 파리 떼처럼 모여든 친척과 친구들은 그를 구더기처럼 만들어버릴 것입니다. 엘리아김의 말년에 대해 생각하면 오늘날 우리 사회와 교회의 그늘진 곳에 곰팡이처럼 퍼진 각종 부정부패와 권력 세습 행태를 떠올리게 됩니다. 우리라도 처음 마음을 잃지 않고 맡은 직무를 끝까지 충실하게 수행하는 사람들이 될 수 있기를 바랍니다.

기도 우리에게 주어진 직책과 직분이 공동체를 위한 봉사의 도구임을 기억하겠습니다. 아멘.

제34강

두 얼굴을 가진 사람들

이사야 23:1-18

"두로에 대하여 누가 이 일을 정하였더냐?
만군의 야웨께서 그것을 정하신 것이다.
누리던 모든 영화를 욕되게 하시며
세상의 모든 교만하던 자가 멸시를 받게 하려 하심이다"(사 23:8-9).

23:1 두로에 관한 신탁(경고)이다.

다시스의 배들아! 너희는 슬피 부르짖어라.

두로가 황무하여 집이 없고

들어갈 곳도 없게 되었기 때문이다.

이 소식이 깃딤 땅에서부터

그들에게 알려지게 되었다.

2 바다에 왕래하는 시돈의 무역상들 때문에 부요하게 된

너희 해변 주민들아! 잠잠하라.

3 시홀의 곡식, 곧 나일의 추수 곡물들을

큰 강물을 타고 수송하여 들여와

열국의 시장터가 되었구나.

4 시돈아! 너는 부끄러워하여라.

바다, 곧 바다의 요새가 말하기를

"나는 산고를 겪지도 못했고

출산의 경험도 없고

청년들을 길러보지도 못해봤고

처녀들을 양육해보지도 못했다" 하였기 때문이다.

5 그 소식이 애굽에 이르면

그들이 두로의 소식을 듣고 고통스러워 할 것이다.

6 너희는 다시스로 건너가 보아라.

해변 주민아! 너희는 슬피 부르짖어라.

7 이것이 옛날에 건설된

너희가 기뻐하던 성,

곧 그 백성이 자기 발로 먼 지방까지
　가서 머물던 성읍이더냐?

8 면류관을 씌우던 자였으며
　그 상인들은 고관대작들이었고
그 무역상들은 세상에 존귀한 자들이었던
　두로에 대하여 누가 이 일을 정하였더냐?

9 만군의 야웨께서 그것을 정하신 것이다.
　누리던 모든 영화를 욕되게 하시며
　세상의 모든 교만하던 자가 멸시를 받게 하려 하심이다.

10 딸 다시스여!
　나일 강 같이 너희 땅에 넘칠 것이다.
　너를 속박함이 다시는 없을 것이다.

11 야웨께서 바다 위에 그의 손을 펴시고
　민족들을 흔드시고
야웨께서 가나안에 대하여 명령을 내려서
　그 견고한 성들을 무너뜨리게 하시고

12 말씀하시기를 "너 학대받은 처녀 딸 시돈아!
　네게 다시는 기쁨이 있지 않을 것이다.
일어나 깃딤으로 건너가 보아라.
　거기에서도 네가 평안을 얻지 못할 것이다" 하셨다.

13 갈대아 사람의 땅을 보아라.
　그 백성이 사라졌다.
즉 아시리아 사람이 그곳을
　들짐승이 사는 곳이 되게 하였다.

그들이 망대를 세우고
궁전을 헐어
황무하게 하였다.

14 다시스의 배들아! 너희는 슬피 부르짖어라.
너희의 견고한 성이 파괴되었기 때문이다.

15 그날부터 두로가 한 왕의 연한 같이 칠십 년 동안 잊힌 바 되었다가 칠십 년이 찬 후에 두로는 기생의 노래 같이 될 것이다.

16 잊힌 바 되었던
너 음녀야!
"수금을 가지고
성읍에 두루 다니며
기묘한 곡조로 많은 노래를 불러서
너를 다시 기억하게 하라" 하신다.

17 칠십 년이 찬 후에 야웨께서 두로를 돌보시리니 그가 다시 값을 받고 지면에 있는 열방과 음란한 짓을 할 것이며 18 그 무역한 것과 이익을 거룩히 야웨께 돌리고 간직하거나 쌓아두지 아니하게 될 것이다. 그 무역한 것이 야웨 앞에 사는 자가 배불리 먹을 양식, 잘 입을 옷감이 될 것이다.

페니키아 제국의 얼굴

본문에 등장하는 두로와 시돈은 지중해 연안을 중심으로 해상 무역의 주도권을 장악한 강력한 도시국가들이었습니다. 두로는 고대 페니키아 제국의 대표적인 도시국가(city-state)였고, 시돈 역시 페니키아의 가장 오래된 도시국가로서 해상 무역으로 유명했습니다. 그들은 대륙의 아시리아에서 나오는 곡물, 비단, 향신료를 비롯한 각종 진귀한 물건들을 들여와 지중해를 통해 깃딤(키프로스)과 애굽, 멀리는 다시스까지 내다 팔았습니다. 또한 상선들이 돌아올 때는 각 지역의 특산물—예를 들어 나일 강변의 곡물—들을 실어 왔기 때문에 두로와 시돈에는 물자가 넘쳐났고 그곳 주민들은 중계 무역으로 많은 부를 축적할 수 있었습니다.

두로나 시돈은 요즘으로 치면 우리나라의 부산과 인천항, 네덜란드의 로테르담, 중국의 홍콩, 미국의 뉴욕과 같은 국제 교역 항구 도시라고 할 수 있습니다. 이사야 23:1의 "다시스의 배들"은 두로와 시돈을 무역의 거점으로 삼아 중계 무역에 종사했던 선단(船團)을 가리키는 말입니다. 이 배들은 국가적 부와 힘의 근원이 되는 자랑스러운 주인공들이었습니다. 다시스로 출항하는 선단, 시돈의 상인들, 두로의 견고한 성과 요새들, 고층 건물들과 차량들, 북적이는 시장 거리와 바쁘게 오가는 사람들, 먼 나라로 출항하는 배들과 세계 곳곳에서 진귀한 물품을 들여오는 배들, 떠들썩한 상점들과 커피숍들이 아마도 두로와 시돈으로 대표되는 페니키아 왕국의 황금기를 묘사할 만한 표지들일 것입니다.

구약의 예언자들 가운데 하나님의 속을 많이 썩인 요나를 기억하십니까? 그는 아시리아 제국의 수도 니느웨로 가서 회개의 복음을 전하라는 하나님의 명령을 어기고 정반대 방향으로 도망갔습니다. 그때 그가 탔던 배가 바로 다시스로 가는 배였습니다. 당시 "다시스"는 땅의 서쪽 끝(서단[西端])에 있는 나라를 가리키는 말로서 지금의 스페인 남부라고 알려졌습니다. 사도 바울도 땅끝이라고 여겨지던 서바나(스페인)에 가서 복음을 전하려고 했습니다(롬 15:28). 이는 두로와 시돈의 상인들이 얼마나 광범위하게 무역 활동을 벌이고 있었는지를 알게 해줍니다.

그런데 예언자 이사야는 이처럼 황금기를 누리던 시돈과 두로 왕국도 종말을 고하게 될 것이라고 이야기합니다. 한때 찬란하게 번성했던 두로와 시돈은 황폐하게 되어 주택이나 인적도 없는 돌무더기가 되어버릴 것입니다. 실제로 바벨론의 느부갓네살 왕은 예루살렘을 함락시키기 전에 두로를 공략했습니다. 당시 두로의 왕이었던 잇토바알 3세는 13년 동안이나 느부갓네살의 군대에 저항했지만 결국 패하고 말았습니다. 그 후에도 그리스 제국, 로마 제국 등 강대국들이 차례로 두로를 침공해 점령했습니다.

칠거지악

설교자 이사야는 시돈과 두로의 몰락을 자녀를 낳지 못하는 여인의 상황에 비유합니다. 고대 사회에서 불임(不妊) 여성은 수치의 대명사였습니다. 우리나라에도 과거 칠거지악(七去之惡)이라는 유교적 잣대가 있었는데 그중 하나가 여자가 후대를 이를 남자아이를 낳지 못하는 경우였습니다. 칠거지악을 따지는 풍습은 고대 중국으로부터 전래한 유교적인 예교(禮敎)의 흔적으로서 조선 시대의 이혼 제도를 구성하는 원리처럼 여겨졌습니다. 여기서 일곱 가지 악이라 함은 ① 시부모를 잘 섬기지 못하는 것, ② 아들을 낳지 못하는 것, ③ 부정한 행위, ④ 질투, ⑤ 나병·간질 등의 유전병, ⑥ 말이 많은 것, ⑦ 훔치는 것을 이릅니다. 이 중에서 ③번과 ⑦번은 일반적인 범죄 행위로도 인정되지만 나머지 기준들은 단지 봉건적 가족 제도와 남존여비 사상에서 기인했다고 볼 수 있습니다. 현대적인 관점에서 보면 칠거지악을 따지는 풍습은 분명한 악습입니다.

아무튼 이사야서는 바다와 바다의 요새를 불임 여성에 비유합니다. 그들이 산고(産苦)를 겪거나 출산하지 못했으며 청년들을 양육하거나 처녀들을 생육하지 못했다고 기록합니다(사 23:4). 시돈과 두로 입장에서 바다는 부의 자궁과 같았습니다. 그들은 바다를 통한 해상 무역으로 부를 축적할 뿐 아니라 여러 곳에 식민지를 둘 수 있었습니다. "바다의 요새"라는 말은 두로와 시돈의 안전과 번영을 확실하게 보장해주는 해상 무역이 그들에게 철벽 요새와 같았음을 보여줍니다. 그러나 두로와 시돈은 이제 불임 여성처럼 어떤 식민지도 가지지 못할 것입니다. 영원할 것 같던 해상 무역도 완전히 몰락해버릴 운명입니다.

하나님이 정하시면

그렇다면 고대의 유명한 도시국가들이었던 두로와 시돈이 망한 이유는 무엇일까요? 답은 매우 단순하고 분명합니다. 하나님이 손을 대셨기 때문입니다. 아무리 강한 나라나 집단이나 세도가라도 하나님이 손을 대시면 무너지지 않을 수 없습니다. 이사야는 스스로 묻고 답하는 방식으로 하나님의 주권을 분명하게 드러냅니다(사 23:8-9). 누가 이 일을 정했습니까? 만군의 주 야웨가 그것을 정하셨습니다. 그렇습니다! 신자는 하나님의 절대 주권을 믿습니다. 모든 일이 하나님의 장중(掌中)에 있다고 믿는 사람만이 참된 신자입니다.

지금까지 살펴본 내용을 다시 한 번 곱씹어봅시다. 왜 두로와 시돈의 찬란했던 문명이 한순간에 퇴락했습니까? 왜 그들의 영광과 영화는 빛이 바랜 유물처럼 땅에 뒹굴게 되었습니까? 무엇보다 분명한 이유는 하나님이 인간의 교만을 견디지 못하시기 때문입니다(사 23:9). 세상의 모든 영광과 명예 뒤에는 "교만"이라는 무서운 괴물이 숨어 있습니다. 교만은 하나님 위에 다른 것을 두는 마음의 습관입니다. 또한 교만한 자는 하나님을 무시합니다. 시돈은 바다 무역을 통해 얻은 부를 자랑했으며 두로는 견고한 요새를 자랑했습니다. 바다와 요새는 그들의 든든한 안전장치였습니다. 교만한 그들은 하나님 없이도 스스로 안전을 확보할 수 있다고 생각했습니다. 그러나 야웨 하나님은 "바다 위에 손을 펴시고 열방을 흔드시며 가나안(페니키아 제국)에 대하여 명령을 내려 그 견고한 성들을 무너뜨리게" 하셨습니다(사 23:11).

하나님의 방문

하나님은 교만한 두로를 70년 동안 완벽하게 "두들겨 패실" 것입니다. 그리고 그 후에 하나님이 두로를 찾아오실 것입니다(사 23:17). 하나님은 언제 그렇게 하겠다고 말씀하십니까? 70년이 꽉 찬 "그 후에"입니다. 두로가 완전히 녹다운된 후에야 하나님이 찾아오십니다. 개역개정 성경은 "찾아오다"라는 동사를 "돌보다"라고 번역했습니다. 그러나 여기 사용된 히브리어 "파카드"는 원래 "방문하다", "찾아오다"라는 의미입니다. "파카드"는 일반적으로 두 가지 경우에 사용될 수 있습니다. 하나님이 누군가를 찾아오시거나 방문하실 때는 그들의 죄악 때문에 "심판하러" 오시거나, 그들의 처지가 불쌍해서 "돌보러"(권고[眷顧]하러) 오십니다.

본문에서 두로는 이미 하나님으로부터 호된 심판을 받았습니다. 그리고 이제 하나님은 그를 돌보러 오십니다. 그러나 아쉽게도 그들은 하나님의 돌봄으로 어렵게 찾아온 기회를 다른 방향으로 사용할 것입니다. 그들은 다시 옛날 습관으로 돌아가 돈을 모으는 일에 열중할 것입니다. 해상 무역으로 옛날의 명성을 되찾으려고 시도할 것이라는 말입니다. 두로와 시돈이 바알 종교의 본산이었음을 기억한다면 다시 세력을 회복한 그들이 무역 행위를 빙자해 음란 종교를 수출하고 항구 도시의 음란 문화와 성적 타락, 그리고 불의한 상거래로 돌아가리라는 것을 어렵지 않게 상상할 수 있습니다. 하나님이 그들에게 주신 두 번째 기회(second chance)마저 날려버리는 것입니다.

두 얼굴

그런데 성경을 자세히 살펴보면 두로의 행위에 이해하기 힘든 점이 있습니다. 하나님의 돌보심으로 세력을 회복한 그들은 열방과 음란한 짓을 하면서 동시에 그 무역한 것과 이익을 야웨께 거룩히 돌리고 간직하거나 쌓아두지 않을 것이라고 합니다. 그들의 무역을 통해 야웨 앞에 사는 자가 배불리 먹을 양식과 옷을 만들 옷감을 얻게 될 것입니다(사 23:17-18). 정말 기막힌 일이 아닐 수 없습니다. 더러운 짓을 다시 하면서도 거룩한 일도 하게 될 것이라는 이야기는 무언가 부자연스럽게 느껴집니다.

그러나 곰곰이 생각해보면 이것이 우리네 삶의 실상이 아닌가 합니다. 많은 사람이 두 얼굴로 살아갑니다. 한쪽으로는 더럽고 추한 일을 하면서도 또 다른 쪽으로는 주님을 섬기며 좋은 일을 합니다. 두로 역시 예전의 습관을 버리지 못하고 다시 악을 쌓으면서도 재물을 하나님께 드리는 모순적인 모습을 보여줍니다. 세상의 더럽고 추한 자를 불러 놀라운 일을 맡기시는 하나님의 사역 방식은 우리의 상상을 초월합니다. 주님의 놀라운 은혜가 이러한 기적 같은 일을 만들어내나 봅니다. 물론 우리는 그런 선행이 악행이나 죄에 대해 면죄부를 주는 것은 아니라는 사실을 잘 기억해야 합니다. 우리는 이런 모순적인 모습이 우리의 자화상이 되지 않도록 주님의 은혜로 우리의 죄스러운 성향(罪性)들이 날마다 거룩해져 가기를 기도하고 소원해야 할 것입니다. 주님, 우리를 도우소서!

기도 하나님만이 우리의 강력한 요새이시며 성벽이십니다. 당신만을 의지합니다. 아멘.

제 3 부

소 묵시록

이사야 24-27장

제35강

영원한 언약을 깨뜨리면

이사야 24:1-13

"땅이 그 주민 아래서 더럽게 되었으니
이는 그들이 율법을 침범하며 율례를 어기며
영원한 언약을 깨뜨렸음이라"(사 24:5).

24:1 보라! 야웨께서 땅을 공허하게 하시며
황폐하게 하시며
지면을 뒤집어엎으시고
그 주민을 흩으시리니
2 백성과 제사장이 같을 것이며
종과 상전이 같을 것이며
여종과 여주인이 같을 것이며
사는 자와 파는 자가 같을 것이며
빌려주는 자와 빌리는 자가 같을 것이며
이자를 받는 자와 이자를 내는 자가 같을 것이다.
3 땅이 정녕코 공허하게 되고
정녕코 황무하게 될 것이다.
야웨께서 이 말씀을
말씀하고 계신다.

4 땅이 슬퍼하고 쇠잔하며
세계가 쇠약하고 쇠잔하며
세상 백성 중에 높은 자가 쇠약하며
5 땅이 그 주민 아래서 더럽게 되었으니
이는 그들이 율법을 침범하며
율례를 어기며
영원한 언약을 깨뜨렸음이라.
6 그러므로 저주가 땅을 삼켰고

그 땅에 사는 주민이 정죄를 당하였도다.
그러므로 땅의 주민이 불타서
남은 자가 적게 되었도다.

7 새 포도즙이 슬퍼하고 포도나무가 쇠잔하며
마음이 즐겁던 자가 다 탄식하며

8 소고(小鼓) 치는 기쁨이 그치고
즐거워하는 자의 소리가 끊어지고
수금 타는 기쁨이 그쳤도다.

9 더 이상 노래하면서 포도주를 마시지 못하고
맥주는 그 마시는 자에게 쓰게 될 것이라.

10 약탈을 당한 성읍은 황폐하게 되었고
집마다 닫혀서 들어가는 자가 없으며

11 포도주가 없으므로 거리에서 부르짖으며
모든 즐거움이 사라졌으며
땅의 기쁨이 소멸하였도다.

12 성읍이 황무하고
성문이 파괴되었다.

13 땅 위에 이런 일이 있을 것이며
세계 민족 중에 이러한 일이 있을 것이다.
마치 갈기갈기 찢긴 올리브 나무들 같고
포도를 다 거둔 후에 남아 있는 헐벗은 포도나무 가지 같을 것이다.

소 묵시록

"묵시"(默示, apocalypse)에 대해 깊이 생각해본 적이 있습니까? 요즘에는 대중문화에서도 "묵시"라는 말을 종종 듣곤 합니다. 묵시록적 영화들은 암울하고 거대한 스케일로 인류의 멸망과 새로운 세계의 도래를 묘사합니다. 그런 영화에서는 암울한 전조(前兆)와 함께 우주적 공포가 엄습하고, 상상하기 어려운 기괴하고 무시무시한 일들이 여기저기서 벌어지면서 드디어 전무후무한 대격변과 함께 인류가 종말(doomsday)을 맞이하고는 합니다.

하지만 "묵시"는 원래 유대교와 기독교에서 중요하게 사용해온 어휘입니다. 다니엘서의 후반부와 요한계시록으로 대표되는 "묵시 문학"(apocalyptic literature)은 고도의 상징을 사용해 하나님의 뜻을 전하는 독특한 장르입니다. 우리가 살펴볼 이사야 24-27장도 묵시 문학의 형태를 띠고 있습니다. 그래서 성경학자들은 상상을 초월하는 암울한 심판과 우주적 세계 질서의 급격한 개편을 묘사하는 이사야 24-27장을 "이사야의 소 묵시록(little apocalypse)"이라고 부릅니다.

어지럽고 혼란스럽고 혼탁한 세상, 불의와 폭력이 가득하고 억울함과 원통함이 사무치는 세상, 하나님을 믿는다는 사람들이나 그렇지 못한 사람들이 별반 달라 보이지 않는 세상, 힘을 가진 자들이 하나님의 주권을 우습게 여기며 자기 마음대로 인간 역사를 주무르려는 세상, 이런 세상에 대해 하나님은 어떻게 대처하실까요? 한마디로 말하면 하나님은 그런 세상을 뒤집어엎으십니다. 죄가 가득한 세상이 완전히 뒤집혀야 하나님의 절대 주권이 다시금 확인되지 않겠습니까? 하나님은 세상의 모든 악한 세력들을 물리치고 궁극적인 승리를 얻으실 것입니다. 그런 날은 반드시 옵니다. 우리 그리스도인들은 그날의 도래를 믿는 사람들입니다. 그날에는 천지개벽과 같은 일들이 일어날 것입니다.

그런데 우리가 성경의 묵시 문학이 갖는 특징을 이야기할 때는 "묵시록적"(apocalyptic)이라기보다는 "종말론적"(eschatological)이라고 말하는 것이 더 낫습니다. 두 용어를 간단하게 구분해보겠습니다. "묵시록"이라는 말에는 지금의 인류 역사가 외부적인 개입으로 급격하게 끝나고 그 역사 너머 바깥에서 새로운 세상이 시작된다는 뉘앙스가 있습니다. 일종의 천지개벽 사상입니다. 일반적으로 유대교 문헌에는 이러한 묵시록적 사상이 깊게 드리워져 있습니다. 한편 "종말론적"이라는 용어는 세상이 하나님의 심판으로 정화되어 새롭게 되는 최종적 상태와 연결됩니다. 하나님의 정의로운 세계가 지금의 더럽고 오염된 세상 "속으로" 돌진해 들어와 완전히 정복할 것을 바라보는 종말론적 역사 이해야말로 구약과 신약을 모두 관통하는 성경적 개념이라고 할 수 있습니다.

예언서를 주의 깊게 읽어보면 예언자들의 설교에는 일정한 문학적 형식이 있다는 사실을 알 수 있습니다. 예를 들어 개인적·사회적 차원에서 우상 숭배나 불의한 행태들이 걷잡을 수 없이 퍼져갈 때, 예언자들은 강한 어조로 그 죄와 잘못을 법원에 고발하듯이 하나님의 심판을 선언합니다. 우리는 이미 이사야 1-12장에서 이런 "기소 형식"의 메시지를 살펴보았습니다. 또한 예언자들의 시선은 유다와 예루살렘이라는 특정 지역을 넘어 주변 나라들과 수많은 열국으로 확대되어갑니다. 이것이 이사야 13-23장에 기록된 "열국 심판 신탁"입니다. 열국 심판 신탁은 지중해 연안의 유다와 그 중심인 예루살렘에서 시작된 하나님의 통치가 당대의 주변 강대국들에까지 이른다는 사실을 가르쳐줍니다.

그러나 거기가 끝이 아닙니다. 예언자들은 하나님의 주권이 온 세계와 나라들과 통치자들은 물론 그들의 모든 "역사" 위에도 펼쳐진다고 선포합니다. 이사야 24-27장에서도 하나님의 우주적 통치 권한의 무한함이

유감없이 과시됩니다. 이 부분은 앞선 두 개의 문학적 뭉치(사 1-12장, 사 13-23장)와는 스케일이나 주제 면에서 상당히 다릅니다.[1] 이사야 24-27장은 역사적 정황이나 사회적 현상을 구체적으로 거론하지는 않습니다. 오히려 매우 광범위하고 우주적인 스케일로 온 세상과 거기서 살아가는 거주민들의 종말에 대해 말합니다. 즉 특정한 역사적 사건이 아니라 인류 역사에 종합적으로 일어나게 될 하나님의 심판과 회복에 관해 이야기하는 것입니다. 이처럼 인류 역사를 종합적으로 다루시는 하나님의 결정적 개입을 말하는 본문은 "종말론적"이라고 보는 것이 더 타당합니다.

창조세계의 전복

이사야서의 소 묵시록은 온 세상이 황폐해진다는 음산한 선언으로 시작합니다. "땅을 공허하게 하고 황무하게 하신다"(사 24:1)라는 선언은 창세기 1장을 배경으로 이해해야 합니다. "혼돈하고 공허한 땅"에서 선한 창조세계를 만드신 하나님이 그 땅을 또다시 초토화해버리겠다고 말씀하십니다. 하나님의 "아름다운 창조세계"(good creation)가 잿더미로 돌아갈 위기에 처했습니다. 그와 더불어 땅에 충만히 거하며 역사를 이어온 인류도 흔적 없이 사라질 것입니다. 참으로 끔찍한 말씀입니다. 인류는 역사를 통해 발자취를 남겨왔습니다. 물론 역사의 발자취를 돌아보면 좋은 흔적도 있고 역겹고 추악한 냄새가 나는 지점도 있습니다. 그런데 하나님은 이런 흔적조차 다 없애버리고 땅을 비워 "무"(無)로 돌려버리겠다고 말씀하시는 것입니다.

이처럼 이사야의 묵시록을 제대로 이해하려면 창세기 1-2장의 "좋은 창조"(good creation)를 염두에 두어야 합니다. 창세기 1장은 정말로 좋고 아름답고 완벽한 세상의 시작을 묘사합니다. 그때는 모든 것이 평화롭고 생명으로 가득했습니다. 피조물들이 각자의 자리에서 조용히 창조주 하나님께 영광을 돌리는 모습은 질서 정연하고 아름다웠습니다. 그곳은 기쁨과 즐거움이 충만하고 풍악과 즐거워하는 환호성이 가득한 세상입니다. 오죽하면 하나님도 당신이 만들어놓으신 세상을 향해 "이보다 더 좋을 수 없는 세상이야!"라고 말씀하셨겠습니까? 그 어느 곳에서도 울음과 탄식, 슬픔과 비통함의 흔적을 찾아볼 수 없는 참 좋은 세상! 그런 세상의 시작을 묘사하는 창세기 1장에서 반복되며 메아리치는 핵심 어휘는 바로 "토브"입니다. "좋음"을 의미하는 히브리어 "토브"는 부족함이 없고 생명과 활력이 가득하며 아름다움을 뿜어내는 상태를 가리킵니다. "토브"가 어울리는 세상은 아마도 "야웨는 나의 목자시니 내게 부족함이 없으리로다"라는 감사의 고백이 쉬지 않고 들려오는 세상일 것입니다.

그런데 설교자 이사야의 묵시록적 말씀에 따르면 이런 선하고 좋은 창조세계를 완전히 뒤집어엎어 버리는 천지개벽의 날, 흑암과 불행의 날이 다가오고 있습니다. 그날에는 혼돈과 암흑, 폐허와 황폐, 죽음과 통곡이 이 지구와 그 안에 있는 모든 거주민 위에 임할 것입니다. 이러한 하나님의 묵시록적 심판은 전 세계적이고 우주적이기에 그 누구도, 그 어느 것도 벗어날 수 없습니다. 종교·사회·경제적 신분은 구원에 어떤 도움도 되지 않을 것입니다. 하나님의 심판은 빈부귀천을 가리지 않고 모든 사람에게 임하기 때문입니다. 이 사실은 다음 말씀을 통해 더욱 분명해집니다.

> 백성과 제사장이 같을 것이며 종과 상전이 같을 것이며 여종과 여주인이 같을 것이며 사는 자와 파는 자가 같을 것이며 빌려주는 자와 빌리는 자가 같을 것이며 이자를 받는 자와 이자를 내는 자가 같을 것이라(사 24:2).

이 말씀은 평등 사회가 도래한다는 말이 아닙니다. 오히려 사회적 질서와 구조가 완전히 붕괴해 무질서한 아노미(anomie) 상태가 된다는 말입니다. 본문에 기록된 종말의 도래에 대한 가공할 만한 선언은 마치 인류 전체에 대한 사도 바울의 소름 끼치는 단언(斷言), 즉 "모든 사람이 죄를 범하였으매 하나님의 영광에 이르지 못하더니"(롬 3:23, 개역개정)라는 말씀을 미리 들려주는 것 같습니다.

인간의 죄와 지구의 종말

이런 종말적 재앙이 임하게 되는 이유는 무엇일까요? 왜 온 땅이, 온 창조세계가 고통을 겪으며 신음한다는 말입니까? 답은 분명합니다. 그 땅에서 살아가는 주민들이 땅을 오염시키고 더럽혔기 때문입니다. 인간의 죄악 때문에 지구 전체가 불행을 겪습니다. 지구의 종말을 불러들이는 인간의 죄는 무엇보다 창조주 하나님이 세워놓으신 질서와 법을 파괴한 것입니다. 설교자 이사야는 이러한 창조주의 질서와 법들을 "영원한 언약"이라고 말합니다.

> 땅이 그 주민 아래서 더럽게 되었다. 왜냐하면 그들이 법들을 침범하고 법규들을 어기며 영원한 언약을 깨뜨렸기 때문이다(사 24:5).

여기서 "법들"(laws)과 "법규들"(statutes)이 "영원한 언약"과 함께 나란히 언급된다는 사실에 주목하십시오. 성경은 하나님의 백성이 아닌 사람들도 이 언약에 따라 심판을 받는다고 말씀하는 것 같습니다. 그렇다면 사람은 언제 하나님과 "영원한 언약"을 맺었습니까?

창세기의 이야기에 따르면 이 언약은 대홍수가 그친 후 하나님이 노아와 체결하신 언약을 말합니다. 하나님은 노아와 그의 후손들에게 "내가 다시는 물로 인류를 심판하지 않겠다"라고 약속하셨습니다. 실제 이 언약은 노아와 맺은 "하나님의 언약"이지만 우리는 이것을 "노아의 언약"이라고 부릅니다. 어쨌든 하나님은 대홍수 심판을 계기로 사람들과 영원한 언약을 맺으셨습니다. 사람의 연약함을 보신 하나님이 사람의 잘못으로 말미암아 땅을 저주하지 않겠다고 다짐하신 것입니다. 그리고 봄, 여름, 가을, 겨울이 계속되듯이—이는 창조질서의 존속을 상징하는 표현이다—하나님의 언약도 지속될 것이라고 약속하셨습니다. 이것이 "영원한 언약"이었습니다.

우리는 이 언약을 생각할 때마다 노아가 살던 시절에 사람들이 얼마나 패악했는지, 그들이 어떻게 온 세상을 더럽히며 살았는지를 기억해야 합니다. 하나님이 물로 심판하신 그 땅에는 불의, 부정, 강포, 압제, 폭력이 가득했습니다. 하나님을 존중하거나 경외하는 풍조는 어디에서도 찾아볼 수 없는 일그러진 사회, 하나님이 만들어놓으신 법들이 완전히 무시되는 사회였습니다. 바로 이런 사악함 때문에 대홍수의 재앙이 임했습니다.

그렇다면 노아와 맺으신 하나님의 영원한 언약을 기억하는 우리는 최소한 이 세상에서 어떻게 살아가야 할 것인지를 생각할 수 있어야 합니다. 즉 창조세계를 잘 관리하고, 다른 사람들과 정의롭고 평화롭게 살아가야 한다는 사실을 인식해야 합니다. 하나님을 알지 못하는 이방인이라도 창조세계 안에서 책임 있게 사는 것이 무엇인지 알아야 한다면, 하나님으로부터 율법과 규례를 받은 하나님의 백성들은 더욱 철저하게 하나님이 원하시는 대로 살기를 힘써야 합니다.

그러나 많은 사람이 자기 욕심을 이겨내지 못하고 하나님이 알려주신 대로 살아가는 삶을 포기합니다. 하나님을 두려워하지 않으며 자연을 파괴하고 다른 사람들을 착취하는 사람이 너무나 많습니다. 사회는 정의롭지 못하고 자기 이익만을 챙기기에 급급한 삶이 이어집니다. 사람들은 하나님이 그들 마음에 새겨주신 "양심의 법들", 하나님이 창조세계 안에 붙박이처럼 정해놓으신 "자연법들", 정의롭고 질서 있는 사회를 유지하기 위해 하나님이 국가를 통해 만들어놓으신 각종 "법과 규칙들", 정의와 공의로 세상을 다스리는 창조주의 뜻이 구체적으로 명시된 "성경의 율법들"을 무시하고 짓밟습니다. 이런 사악함 때문에 창조세계는 심각하게 병들고 고통받습니다.

세상과 창조세계를 둘러보십시오. 온 세상이, 온 사회가 중병을 앓으며 고통스러워하는 것이 보이지 않습니까? 자연의 생태계뿐 아니라 인간 사회의 생태계 역시 심하게 오염되어 무너져 가고 있습니다. 이사야서의 소 묵시록은 우리에게 중요한 질문을 던집니다. "세상의 종말은 어떻게 오는지 아는가?", "세상의 종말은 왜 오는지 아는가?" 하는 질문입니다. 이에 대한 답은 분명합니다. 지구의 종말을 재촉하는 방법은 창조주 하나님이 세우신 영원한 언약을 더 신속하게 깨뜨리는 것입니다! 지구의 종말은 인간의 탐욕으로 인한 자업자득의 결과입니다. 이제 우리는 하나님이 만들어놓으신 "법들"을 다시금 살펴보고, 그 법의 "정신"(spirit)을 마음속 깊이 새겨야 할 것입니다.

기도 우리가 하나님의 언약에 대해 책임감 있는 당사자로 살아가도록 도와주소서. 아멘.

제36강

이 땅을 고쳐주소서

이사야 24:14-23

"이는 만군의 야웨께서 시온 산과 예루살렘에서 통치하시며 그곳의 원로들 앞에 장엄한 영광을 나타내실 것이기 때문이다"(사 24:23).

24:14 무리가 소리를 높여 기뻐 외치는데

서쪽에서부터 그들이 야웨의 장엄하심을 크게 외친다.

15 그러므로 동쪽에서도 야웨를 영화롭게 하며

바다 모든 섬에서

이스라엘의 하나님 야웨의 이름을 높일지어다.

16 땅 끝에서부터 노래하는 소리가 우리에게 들리기를

"의로우신 이에게 영광이 있을지어다!" 하도다.

그러나 나는 이르기를 "나는 쇠잔하였고 나는 쇠잔하게 되었도다!

아하, 내게 재앙이로다!

배신자들이 배신하는구나!

배신자들이 배신하고 또 배신하는구나!"

17 땅의 주민아!

공포와 함정과 올무가 너를 기다린다.

18 공포의 소리에 도망하는 자마다

함정에 빠지겠고

그 함정 속에서 올라오는 자마다

모두 올무에 걸릴 것이다.

하늘들 위에 있는 홍수 대문이 열리고

땅의 기초들이 온통 흔들거린다.

19 땅이 깨지고 깨지며

땅이 갈라지고 갈라지며

땅이 흔들리고 흔들린다.

20 땅이 취한 자 같이 비틀비틀하며

바람에 흔들리는 원두막 같이 휘청거린다.

그 반역죄가 땅 위를 무겁게 누르고 있다가

마침내 떨어지니 다시는 일어나지 못하리라.

21 그날에 야웨께서 하늘들 저 높은 데 있는

세력들을 벌하시며

저 아래 땅에 있는 왕들을 벌하실 것이다.

22 그들이 가축 떼처럼 모여 있는 모습이

마치 깊은 동굴 감옥에 묶여 있는 죄수들 같다.

그들이 옥에 갇혀 있다가

여러 날 후에 형벌을 받을 것이다.

23 그때 달이 어두워지고

해가 부끄러움을 당하리니

이는 만군의 야웨께서

시온 산과 예루살렘에서 통치하시며

그곳의 원로들 앞에 장엄한 영광을 나타내실 것이기 때문이다.

"이 땅의 황무함을 보소서. 하늘의 하나님, 긍휼을 베푸시는 주여! 우리의 죄악 용서하소서. 이 땅 고쳐주소서"라고 시작하는 "부흥"이라는 복음 찬송가를 아실 것입니다. 이 찬양은 "오, 주의 영광 가득한 새날 주소서. 오, 주님 나라 이 땅에 임하소서"라고 애타게 간구하며 끝이 납니다. 이 찬양은 마치 이사야 24장 전체의 내용을 모티브로 삼아 만든 듯합니다.

장엄한 대서사시

본문은 모두 4연으로 구성된 장엄한 서사시입니다. 제1연은 14절부터 16절 상반부, 제2연은 16절 하반부부터 18절 상반부, 제3연은 18절 하반부부터 20절, 제4연은 21절부터 23절까지로 구성됩니다. 이사야 24장 전반부에서 우주적 폐허로 변해버리는 세상을 보고 있던 이사야는 이 서사시에서 자신이 들은 놀라운 합창에 관해 이야기합니다. 그 합창은 서쪽에서, 동족에서, 하늘에서, 땅에서, 천지 사방에서 들려왔습니다. 이는 마치 천상에서 열리는 장엄한 예배에서 들려오는 듯했습니다.

누가 이 합창을 하는지는 분명하지 않습니다. 중요한 것은 그들이 노래하는 내용입니다. 그들은 "의로우신 분"의 영광과 위엄을 노래합니다. 하나님을 "의로우신 분"으로 선포하는 그들은 하나님을 우습게 여기는 세상의 모든 권력자와 통치자들, 영적 세력들, 그리고 온갖 불의와 부정을 저지르는 인간들에게 내려진 하나님의 정의로운 심판을 환영하는 듯합니다. 앞서 이사야 13-23장의 열국 심판 신탁과 24장 전반부의 묵시에서 보았듯이 하나님의 심판이 임하는 재앙의 날은 더러움을 깨끗하게 씻는 날이요, 언약 파기에 대한 형벌이 집행되는 날입니다. 또한 그날은 궁극적으로 하나님의 하나님 되심이 만천하에 알려지며 하나님의 거룩하심과 정의로우심이 명백하게 드러나는 날입니다. 합창을 하는 무리는 이처럼 드러난 하나님의 의로우심을 기쁨으로 받아들이며 의로우신 하나님께 영광을 돌립니다.

그런데 이 우주적 심판과 하나님에 대한 장엄한 찬송을 듣던 설교자 이사야는 "아아, 나에게 화로구나! 내게 재앙이 임하는구나!"라고 탄식합니다. 그는 자신이 "쇠잔하였고 쇠잔하게 되었다"라고 강조하며 부르짖습니다. 하나님의 심판은 의로우시지만 자기가 알던 세상이 완전히 붕괴하는 모습 앞에서 괴로워할 수밖에 없는 것입니다.

이 장면은 이사야가 처음 하나님을 뵈었던 순간을 연상시킵니다. 이사야 6장에서 이사야가 처음 부르심을 받았을 때는 웃시야 왕이 서거하면서 유다와 예루살렘 주민들은 물론 이사야 자신도 정신적 공황 상태에 빠졌을 때였습니다. 모든 사람이 왕국 전체가 절체절명의 위기에 처했다고 느꼈습니다. 이사야는 바로 그때 성전에 들어가서 위대하고 장엄하신 또 다른 왕, 천상의 왕이신 하나님을 뵈었습니다. 그때도 이사야는 "나에게 화로다! 내게 재앙이로다! 내가 만군의 하나님을 보았기 때문이다. 영광 중에 계신 하나님을 보았기 때문이다"라고 탄식했습니다.

이처럼 의로우신 하나님 앞에 서는 것은 우리에게 충격과 고통을 안겨줍니다. 혹시 자신이 하나님의 심판을 받는 중이라고 생각하는 사람이 있다면 하나님의 거룩하심과 의로우심, 그분의 위엄과 영광을 경험할 기회로 삼으시기 바랍니다. 하나님 앞에 서는 것은 두려운 일이지만 하나님 앞에 설 때만 우리의 더러움이 깨끗해지고 이 세상을 다스리시는 분이 오직 하나님 한 분이심을 깨달을 수 있습니다.

설교자 이사야는 제3연(사 24:18b-20)에서 천지개벽 같은 대재앙을 묘사합니다. 하늘들 위에 있는 우주적 대양(大洋)의 문이 열리면서 물이 쏟아져 내리고, 땅 밑에서는 마그마가 터지면서 대지진이 일어납니다. 하나님이 우주 전체를 심하게 흔드시는 것 같습니다. 하나님의 심판은 천지가 진동하는 우주적 사건입니다. 어느 누구도 거기서 피할 수 없습니다. 하늘에 있는 대양의 수문이 열리면서 온 땅이 물에 잠기고 땅속 깊은 곳에 기초를 둔 우주의 기둥들이 흔들리며 인간의 생명 주위를 둘러싼 에너지와 활력이 사라지는 재앙을 상상해보십시오.

어쩌다 이런 심판이 임한다는 말입니까? 왜 이런 천지개벽 같은 재앙이 우주적 스케일로 발생한다는 말입니까? 대답은 분명합니다. "반역의 죄"가 너무도 무겁기 때문입니다(사 24:20). 여기서 "반역"은 단순히 도덕적인 몇몇 죄를 가리키는 용어가 아닙니다. 반역이란 하나님이 세상을 지으실 때 이 세상이 제대로 작동하도록 세우신 "창조의 원리"에 대한 반항으로서 하나님이 세상을 향해 세우신 언약을 깨뜨리는 죄입니다. 달리 말해 창조주이신 하나님의 주권에 대해 도전하고 대드는 것이 바로 "반역"이며, 이것이 죄의 본질입니다. 제4연에서 하나님의 심판 대상인 하늘의 세력들과 지상의 왕들도 모두 반역의 죄를 지은 자들입니다(사 24:21-22). 하나님은 하늘 높은 곳에서부터 이 땅의 구석구석까지, 교만하기 그지없는 세력들을 모두 박살 내시겠다고 말씀하십니다.

이 모든 심판과 재앙의 끝에는 만군의 야웨 하나님이 다스리시는 왕국이 기다리고 있습니다. "만군의 야웨"라는 호칭에 주의를 기울여보십시오. 이는 만군(萬軍)을 다스리고 호령하시는 하나님을 가리키는 군사적 용어로서 하늘의 천사들을 용맹스러운 군대라고 전제한 표현입니다. 천군천사를 거느리시는 하나님은 자신의 성소가 있는 시온 산과 예루살렘에서 왕이 되셔서 자신의 위엄과 영광을 나타내실 것입니다.

우리는 여기서 세상 역사의 궁극적 종말을 엿보게 됩니다. 요한계시록 4장이 그려내는 천상의 예배 광경을 떠올려보십시오. 구약의 12지파와 신약의 12사도로 대표되는 24장로가 하나님의 백성들을 대표하며 하나님의 위대한 구원 사역을 찬양합니다. 그들이 외치는 송영의 핵심은 "죽임을 당하신 어린 양께 영광과 존귀와 권세가 영원토록 있을지어다!"라는 문구입니다(참조. 계 5:11-14). 곧이어 살펴볼 이사야 25장에는 그 장로들의 찬양이라고 할 만한 내용이 등장합니다.

기도 오, 주의 영광이 가득한 새날을 주소서! 오, 주님 나라가 이 땅에 임하게 하소서! 아멘.

제37강

하나님을 기다림

이사야 25:1-12

"우리가 그를 기다렸더니 그가 우리를 구원하셨다"(사 25:9).

25:1 "야웨여! 주는 나의 하나님이십니다.
내가 주를 높이고 주의 이름을 찬송합니다.
당신은 놀라운 일들을 행하셨습니다.
신실하고 진실하게 옛적에 계획하신 대로 행하셨습니다.
2 당신은 성읍을 돌무더기로 만드시고
요새화된 성읍을 황폐하게 하셨습니다.
이방인의 궁궐이 더는 성읍이 되지 못하게 하시고
다시는 건축되지 못하게 하셨습니다.
3 그러므로 강한 민족들이 당신을 영화롭게 할 것이며
포학한 나라들의 성읍들이 당신을 경외할 것입니다.
4 당신은 가난한 자들에게 피난처가 되셨으며
환난 중에 있는 궁핍한 자들에게 피난처가 되셨으며
폭풍을 피하는 대피소가 되셨으며
폭염을 가려주는 그늘이 되셨습니다.
포학자의 기세가 겨울 폭풍우와 같고
5 이방인들의 요란함이 사막의 열풍과 같을 때
당신은 구름의 그늘로 폭양을 가리시고
포학한 자의 노래를 잠재우셨습니다."

6 이 산에서 만군의 야웨께서 만민을 위하여
진수성찬과 극상품 포도주와
산해진미와 오래 저장하였던 맑은 포도주로
대연회를 여실 것이다.

7 또 그가 이 산에서 모든 민족의 얼굴을 가린 가리개와
  열방 위에 덮인 덮개를 제거하실 것이다.

8 그가 사망을 영원히 삼켜버리실 것이다.
그때 주 야웨께서 모든 얼굴에서 눈물을 씻기시며
  자기 백성의 수치를 온 천하에서 제거하실 것이다.
  —야웨께서 이같이 말씀하셨다.

9 그날에 사람들이 이렇게 말할 것이다.
"보라! 이분이 우리의 하나님이시다!
  우리가 그를 기다렸더니
  그가 우리를 구원하셨다.
이분이 우리가 그토록 간절히 기다렸던 분이다!
  우리가 그의 구원을 기뻐하며 즐거워하자."

10 야웨의 손이 이 산에 나타나실 것이다.
  그러므로 모압은 거름 물 속에서
  초개가 밟힘 같이 자기 처소에서 밟힐 것이다.

11 그가 헤엄치는 자가 헤엄치려고 손을 폄 같이
  그 속에서 그의 손을 펼 것이지만
그 손이 능숙함에도 불구하고
  야웨께서 그의 교만으로 인하여 그를 누르실 것이다.

12 그 성벽의 높은 요새를 헐어 땅에 낮추시기를
  흙먼지에 닿게 하실 것이다.

이사야 24장 끝 부분에서 우리는 만군의 야웨 하나님이 다스리시는

왕국의 도래를 노래하는 장면을 보았습니다. 그분은 자신의 성소가 있는 시온 산과 예루살렘에서 왕이 되어 자신의 위엄과 영광을 나타내실 것입니다. 하나님의 하나님 되심이 온전히 드러나는 때가 바로 세상의 종말입니다. 그날에는 새로운 하늘과 땅이 도래하고 장엄한 대관식이 열립니다. 또한 인류의 전(全) 역사를 통해 구속받은 하나님의 백성들이 역사의 주인이시며 구원자이신, 죽임당한 어린 양 예수 그리스도를 찬양하는 예식이 천상에서 거행될 것입니다. 사도 요한은 요한계시록에서 천상의 예배 실황을 생중계하듯이 이 장면을 생생하게 묘사합니다(계 4장). 거기에는 구약의 12지파와 신약의 12사도를 상징하는 24장로가 등장합니다. 그들은 큰 소리로 "죽임을 당하신 어린 양께 영광과 존귀와 권세가 영원토록 있을지어다!"라고 찬양합니다.

찬양과 감사를 그분께

이제 그 장로들의 찬양 내용을 좀 더 자세하게 살펴볼 차례입니다. 그 찬양의 내용을 자세하게 기록한 것이 바로 이사야 25장입니다. 앞서 24장이 천상에서 들려온 찬양 소리를 전해주었다면 25장은 예배를 자세하게 묘사해줍니다. 이 예배의 핵심은 야웨 하나님의 주(主) 되심을 찬양하는 것입니다. 장로들은 온 천지 만물과 모든 사건을 다스리는 하나님만이 유일한 주님이시며 왕이시라고 고백합니다. 그들은 1인칭으로 "야웨, 주는 나의 하나님이십니다"라고 찬송합니다. 자신이 믿는 하나님은 이스라엘과 언약을 맺으신 야웨로서 그 백성의 삶 전체를 살피고 통제하며 이끌어 가는 주인이시라고 고백하는 것입니다.

이런 1인칭 고백을 하는 찬양자는 동시에 신앙의 눈을 크게 떠서 온 세상과 역사 전체를 둘러봅니다. 그리고 "주님은 기사(奇事, 기이한 일들)를 옛적에 정하신 뜻대로 성실함과 진실함으로 행하셨습니다"라고 고백합니다. 하나님은 이 세상 역사를 다룰 때 임시변통하거나 우왕좌왕하지 않으십니다. 하나님은 언제나 변덕 없이 일관성 있게 일을 처리하십니다. 이것이 바로 "옛적에 정하신 뜻대로"라는 말의 의미입니다. 하나님은 옛적에 자신의 백성을 반드시 구원하겠다는 뜻을 세우셨습니다. 그 뜻에 따라 악한 세력들은 반드시 심판을 받을 것입니다. 또한 그 뜻은 정의와 공의로 이 세상을 다스리고 이끌어가겠다는 창조적 섭리와 연결되어 있습니다.

정해진 뜻에 따라 차근차근 이 세상을 주관하시는 하나님의 성품을 잘 드러내는 단어가 "성실과 진실"입니다(사 25:1). 여기에 해당하는 히브리어는 "에무나 오멘"으로서 "아멘"에서 파생된 말이 두 번이나 등장합니다. 이는 미쁘신 하나님이 스스로 계획하신 것을 성실하고 진실하게 시행하신다는 사실을 분명하게 표현한 말입니다. 천상의 예배자들은 이러한 하나님의 성품을 노래합니다. 우리가 드리는 예배의 본질 역시 하나님의 성실하심과 진실하심을 찬송하는 것입니다.

"성실과 진실"은 구약성경에서 언제나 언약을 전제한 정황에서 등장합니다. 성실과 진실은 하나님이 당신의 백성과 맺은 언약을 반드시 지키신다는 사실을 조명합니다. 비록 언약의 당사자인 우리는 변덕스럽더라도 하나님은 언약에 성실하셔서 우리를 한결같은 사랑으로 대하십니다. 이것은 하나님의 고유한 성품으로서 "하나님이 하나님 되신다"라는 말이 의미하는 바이기도 합니다. 구원은 우리에게서 나오지 않습니다. 구원은 언제나 언약에 대한 하나님의 성실하심과 진실하심에서 시작됩니다. 그래서 우리의 신앙 선배들은 "내 주는 자비하셔서 늘 함께 계시고 내 궁핍함을 아시고 늘 채워주시네. 내 주와 맺은 언약은 영 불변하시니 그 나라 가기까지는 늘 보호하시네"(찬송가 370장)라고 찬송했나 봅니다. "오 신실하신 주"라는 제목의 또 다른 복음 찬송도 떠오릅니다.

하나님 한 번도 나를 실망시킨 적 없으시고
언제나 공평과 은혜로 나를 지키셨네
지나온 모든 세월들 돌아보아도
그 어느 것 하나 주의 손길 안 미친 것 전혀 없네
오 신실하신 주
오 신실하신 주
내 너를 떠나지도 않으리라
내 너를 버리지도 않으리라 약속하셨던 주님
그 약속을 지키사 이후로도 영원토록
나를 지키시리라 확신하네

하나님의 성실하심과 진실하심이 분명하게 드러나는 때는 언제입니까?

첫째, 정의가 실현되는 때입니다. 하나님의 정의는 포학한 강대국과 무자비한 민족에 대한 심판을 통해 실현됩니다(사 25:2-3). 달리 말해 하나님이 이 세상의 모든 악하고 포학한 자들과 불의를 저지르는 나라들을 심판하실 때, 우리는 하나님이 언약에 신실하고 진실하신 분이라고 고백하게 됩니다. 하나님은 반드시 자기 백성의 쓰라린 눈물을 씻어주시고 그동안 당했던 억울함과 수치를 제하여주실 것입니다. 하나님의 성실하심과 진실하심 때문에 정의는 반드시 실현됩니다.

둘째, 사회적 약자가 보살핌을 받을 때 하나님의 성실하심과 진실하심이 드러납니다(사 25:4-5). 하나님은 빈궁하고 가난한 자를 보호하는 요새시며 환난 겪는 자가 피할 성채시고 폭풍을 피할 대피소이시자 폭양을 피할 그늘이십니다. 또한 하나님은 당신의 자녀를 각종 포악과 폭력으로부터 보호하는 후견인이시고 연약한 자의 변호인이시며 억울한 자에게 공정한 판결을 내려주는 정의로운 재판장이십니다. 그는 당신의 백성과 맺은 언약에 성실하신 분으로서 우리가 의지하고 신뢰할 만한 대상이십니다. 이를 표현한 시인 이사야의 글귀를 음미해보시기 바랍니다.

참으로 주께서는 가난한 사람들의 요새시며
　　곤경에 빠진 불쌍한 사람들의 요새시며
폭풍우를 피할 피난처이시며
　　뙤약볕을 막는 그늘이십니다.
흉악한 자들의 기세는
　　성벽을 뒤흔드는 폭풍과 같고
　　사막의 열기와 같습니다.
그러나 주께서는 이방 사람의 함성을 잠잠하게 하셨습니다.
　　구름 그늘이 뙤약볕의 열기를 식히듯이
　　포악한 자들의 노랫소리를 그치게 하셨습니다(사 25:4-5).

샬롬의 시대가 오리라!

정의가 실현되고 모든 악이 제거되면 "샬롬"이 도래합니다. 설교자 이사야는 샬롬의 도래를 대연회장의 즐거움과 기쁨으로 묘사합니다(사 25:6). 시온 산에 왕국을 세우신 하나님이 그곳 중앙에 당신의 보좌를 두고 공의와 정의로 다스리실 때가 오면 모든 사람을 위한 큰 잔치가 열릴 것입니다. 산해진미(山海珍味)와 최상급 포도주가 모두 공짜입니다. 이런 묘사는 이사야 2:2과 연결됩니다.

말일에 야웨의 전의 산이 모든 산꼭대기 위에 굳게 설 것이요, 모든 작은 산 위에 뛰어나리니 만방이 그리로 모여들 것이다(사 2:2).

샬롬의 시대는 열국 심판 신탁(사 13-23장)에 등장한 모든 민족이 하나님의 주권에 복종하며 그의 통치를 따르는 시대입니다. 샬롬의 연회장에 모여드는 무리는 심판, 즉 정화하는 하나님의 불을 통과한 후에 그에게 온전한 충성을 서약하는 사람들 모두를 가리킵니다.

특히 하나님의 백성들 가운데 그동안 저주스러운 삶의 그늘에 있던 사람들, 죽음의 장막에 가려졌던 사람들, 고난과 불행의 질곡을 헤쳐온 사람들, 하나님께 버림받았다고 생각하며 불행스럽게 살았던 사람들, 웃음과 기쁨과 즐거움이 낯설었던 사람들 모두가 이제 생명의 온기를 느끼며 구원의 기쁨을 만끽할 것입니다. 하나님이 사망을 영원히 삼켜버리실 것이기 때문입니다. 또한 "모든 얼굴에서 눈물을 씻기시며 자기 백성의 수치와 부끄러움을 온 천하에서 제거"(사 25:8)하실 것이기 때문입니다. 이러한 샬롬의 시대에 대한 이사야의 묘사는 요한계시록의 마지막 부분에서도 반향을 일으켰습니다.

> 보라! 하나님의 장막이 사람들과 함께 있으매 하나님이 그들과 함께 계시리니 그들은 하나님의 백성이 되고 하나님은 친히 그들과 함께 계셔서 모든 눈물을 그 눈에서 닦아주시니 다시는 사망이 없고 애통하는 것이나 곡하는 것이나 아픈 것이 다시 있지 아니하리니 처음 것들이 다 지나갔음이러라(계 21:3-4, 개역개정).

이사야서나 요한계시록의 말씀은 모두 역사의 온갖 우여곡절과 어둠의 광란에도 불구하고 하나님 한 분만을 의지하고 인내하며 견디어낸 신실한 자들을 위해 그분이 선언한 위안의 말씀, 종말론적 희망의 말씀입니다. 희망의 끈은 "야웨께서 이같이 말씀하셨다"(사 25:8)라는 강력한 종결어구에 닿아 있습니다. 그분이 선언하신 구원의 약속은 누구도 깨뜨리거나 바꿀 수 없습니다. 구원은 오직 그분의 신실하심에 달려 있습니다.

하나님을 "요새"와 "피난처", "그늘"로 삼아 그에게 가까이 가는 사람은 복 있는 사람입니다. 그분께 가까이 가면서 그분의 오심을 기다리는 사람은 복 있는 사람입니다. "기다림"은 신앙의 필수 요소입니다. 그분의 정의로운 왕국의 도래를 사모하고 고대하며 기다리는 사람은 결코 좌절하거나 낙심하지 않습니다. 그분은 반드시 오실 것입니다. 죄로 인한 고난과 환난의 시간을 보내든지, 분명한 이유도 모른 채 어려움을 겪든지, 일이 이상하게 꼬여서 고단한 삶을 살고 있든지에 상관없이 우리 신자들은 하나님을 기다려야 합니다. 기다릴 줄 아는 사람이 하나님을 신뢰하는 사람입니다. 아니, 하나님을 신뢰하는 사람만이 하나님의 오심을 기다립니다. 구원에 대한 믿음과 희망은 언제나 그런 기다림으로부터 시작됩니다. 기다리는 자에게 구원의 날은 반드시 옵니다. 여기서 기다림은 가만히 있으면서 관망하는 것을 말하지 않습니다. 기다림이란 인내를 뜻합니다. 기다림은 희망의 끈을 놓지 않는 것입니다. 기다림은 그분의 신실하심에 대한 확신 없이는 불가능합니다(사 25:9).

반면에 하나님의 구원하심을 신뢰하지도 않고 믿지도 않은 채 제힘으로 헤엄치려고 하면 아무리 실력이 능숙하고 탁월하다 하더라도 물속에 가라앉게 될 것입니다. 왜 그럴까요? 하나님이 물 위의 지푸라기를 발로 밟듯이 그를 밟고 누르시기 때문입니다. 교만이란 자신의 기술과 능력을 믿고 헤엄치는 것과 같습니다. 교만이란 하나님의 도움과 구원을 믿지 못하고 혼자서 기를 쓰고 노를 젓는 것과 같습니다.

하나님은 모압을 예시로 삼아 우리에게 말씀하십니다(사 25:10-12).[1] 모압은 헤엄치는 자가 헤엄치려고 손을 펴는 것처럼 거름 물 속에서 손을 펴지만 능숙한 실력에도 불구하고 자꾸 가라앉습니다. 하나님이 그의 교만 때문에 그를 짓밟고 누르시기 때문입니다. 하나님은 그들이 그렇게도 자랑스러워하고 뽐내던 성채의 돌들도 박살 내어 땅에 흩날리는 먼지처럼 만들어버리실 것입니다. 하나님의 손에 빠져들어 가는 것이 얼마나 무서운 일인지요!

혹시 당신이 모압처럼 거름 물—정확히 말하면 뒷간의 똥물이다—속에 빠졌다면, 그 속에서 허우적거리는 것처럼 느껴진다면 이 말씀을 반드시 기억하십시오. 교만한 자는 손과 발을 능숙하게 움직이고 잔머리를 굴려서 헤쳐나가려고 노력해도 아무 소용이 없습니다. 그럴수록 점점 거름 물 속으로 빠져 들어갈 뿐입니다. 하나님이 위에서 발로 밟아 꾹 누르시기 때문입니다. 그렇다면 우리가 빠져나갈 유일한 방법이 무엇이겠습니까? 소리쳐 외치는 것밖에 없습니다. "하나님, 저를 구원해주세요! 저를 도와주세요!", "당신만이 구원자이십니다", "당신만이 주님이십니다"라고 고백해야 합니다.

정의와 공의를 양손에 들고 오시는 하나님의 왕국을 기다리십시오. 하나님의 성실하심과 진실하심을 믿고 기다리는 것이 예배의 핵심입니다. 그분은 결코 우리를 실망시키지 않으실 것입니다. 아멘![2]

기도 하나님이 왕권을 가지고 오실 날을 기다릴 수 있는 믿음을 허락해 주소서. 아멘.

제38강

영원한 반석

이사야 26:1-21

"너희는 야웨를 영원히 신뢰하라.
주 야웨는 영원한 반석이시다"(사 26:4).

26:1 그날에 유다 땅에서 이 노래를 부를 것이다.

"우리에게 견고한 성읍이 있음이여,

야웨께서 구원을

성벽과 외벽으로 삼으신다.

2 너희는 문들을 열고

의로운 나라가 들어오게 하라.

믿음을 지킨 나라가 들어오게 하라.

3 주께서 마음의 본바탕(심지[心地])이 신실한 자를

온전한 평강으로 지키신다.

그가 주를 신뢰하기 때문이다.

4 너희는 야웨를 영원히 신뢰하라.

주 야웨는 영원한 반석이시다.

5 그가 높은 데 거주하는 자를 낮추시며

우람하게 솟은 성읍을 헐어 땅에 엎으시되

땅바닥에 뭉개버리시고

흙먼지에 던져버리신다.

6 발로 그것을 짓밟으리니

압박받은 자의 발과

가난한 자의 발로 짓밟게 할 것이다."

7 "의로운 자의 길은 곧을 것입니다.

오, 곧으신 분이시여! 당신은 의로운 자의 길을 평탄하게 하십니다.

8 그렇습니다. 야웨여! 우리가 당신의 판결의 길을 걸으면서

당신을 기다립니다.

당신의 이름과 당신의 성호를

우리 마음으로 간절히 사모합니다.

9 밤에 내 영이 주를 갈망하고

아침에는 내 혼이 당신을 간절히 사모합니다.

주께서 땅에서 판결하시는 때에

세상의 사람들이 의로움을 배우게 될 것입니다.

10 그러나 악인은 은총을 입어도

그들은 의로움을 배우지 아니합니다.

심지어 정직한 자의 땅에서도 그들은 불의를 행하고

야웨의 위엄을 하찮게 여깁니다.

11 야웨여! 당신께서 손을 높이 치켜들어도

그들은 그것을 보지 아니하오니

그들이 당신의 백성을 위하시는 당신의 열정을 보고 수치를 당하게 하시고

불로 당신의 대적들을 완전히 태워버리십시오.

12 야웨여! 당신은 우리를 위하여 평강을 주십니다.

우리가 이룬 모든 것도 당신께서 우리를 위해 하신 것입니다.

13 야웨 우리 하나님, 당신이 아닌 다른 영주들이 우리를 다스렸지만

우리는 오직 당신의 이름만을 명예롭게 합니다.

14 그들은 이미 죽었은즉 이제는 이 세상에 없습니다.

떠나버린 그들의 혼은 다시 일어나 살지 못할 것입니다.

당신께서 그들을 벌하시고 멸하시며

그들에 대한 모든 기억을 지우셨기 때문입니다.

15 야웨여! 당신께서 이 나라를 더 크게 하셨고
이 나라를 더 크게 하셨습니다.
당신은 스스로 영광을 얻으시고
이 땅의 모든 경계선을 확장하셨습니다.

16 야웨여! 그들이 환난 중에 있을 때 당신께 찾아왔습니다.
당신이 그들을 책벌하고 훈육하셨을 때
그들은 기도를 드릴 수 없을 정도로 힘들었습니다.
17 야웨여! 잉태한 여인이 산기가 임박하여
산고를 겪으며 부르짖음 같이
야웨여! 우리가 당신 앞에서 그와 같았습니다.
18 우리가 잉태하고 산고를 겪었지만
바람을 낳은 격이 되었습니다.
즉 이 땅에 구원(승리)을 가져오지 못하였고
이 세상의 사람들에게 생명을 주지 못하였습니다.

19 그러나 당신의 죽은 자들은 살아나고
그들의 시체들은 일어날 것입니다.
'티끌 먼지에 누워 사는 자들아,
깨어 일어나 기쁨의 노래를 불러라!'
당신의 이슬은 아침의 이슬과 같으니
땅이 그의 죽은 자들을 내어놓아 살게 할 것입니다."

20 내 백성아! 가서 네 방에 들어가
문을 닫아라.

그분의 분노가 지나기까지

얼마 동안 숨어 있으라.

21 보라! 야웨께서 그의 처소에서 나오셔서

그 땅 거민의 죄악을 벌하실 것이다.

땅이 그 위에 흘렸던 피를 드러내고

그 살해당한 자를 다시는 숨기지 아니할 것이다.

옛 시인은 "하나님이 성을 지키지 아니하시면 파수꾼의 깨어 있음이 헛되다"(시 127:1)라고 노래했습니다. 이는 궁극적인 구원과 보호가 하나님께 속하였다는 고백, 하나님께 대한 신뢰로 가득한 신앙고백입니다. 우리는 이 세상에서 전쟁 같은 격렬한 삶을 살아갈 때, 우리가 가진 모든 자원이 고갈되어 더 전진할 수 없을 때 이런 고백을 할 수 있을까요? 우리는 고민합니다. "과연 이 전쟁에서 승리할 것인가?", "어디서 도움이 올 것인가?", "누가 나를 사망의 골짜기에서 구출해줄 것인가?"

신앙생활은 하나님에 대한 우리의 신뢰도를 시험하는 치열한 수련장과 같습니다. 한결같은 마음으로 하나님을 신뢰하며 걸어가기란 쉽지 않습니다. 그러나 찬송가 가사처럼 "어려운 일 당할 때 나의 믿음 적으나 의지하는 내 주를 더욱 의지합니다"(찬송가 543장)라고 고백하며 걸어가야 할 것입니다. 그렇습니다! 밝을 때 노래하고 어두울 때 기도하며 위태할 때 도움을 주께 간구하면서 "세월 지나갈수록 의지할 것뿐일세. 무슨 일을 당해도 예수 의지합니다!"라고 찬송하며 걷는 것이 신앙인의 참된 모습입니다.

하나님의 신실하심을 찬양하다

본문에는 하나님의 개입과 간섭하심에 대한 확신으로 가득한 고백적 찬양이 기록되어 있습니다. 어느 날 유다 땅에는 구원과 승리와 평강을 주시는 하나님을 찬양하는 노랫소리가 울려 퍼질 것입니다(사 26:1-6). 온갖 고난과 시련 속에서도 궁극적인 승리를 주시는 하나님은 찬양을 받으실 만합니다. 그 찬양의 주제는 "야웨를 영원히 신뢰하라! 주 야웨는 영원한 반석이시다"(사 26:4)라는 선포로 압축할 수 있습니다. 하나님의 심판을 거치고 다시 태어난 유다와 예루살렘 사람들은 하나님에 대한 신앙을 새롭게 고백합니다.

유다 사람들은 이 고백 속에서 하나님을 향한 깊은 신뢰(믿음)를 요청합니다. 특히 이사야 26:4은 이사야서의 가장 중요한 주제이기도 한 "믿음"(신뢰)에 대해 반복적으로 강조하는 요절입니다. 이사야서의 대주제 구절이라고 할 수 있는 2:22은 "너희는 인생을 의지하지 말라. 그 호흡이 코에 있으니 어찌 셈할 가치가 있으랴?"라고 묻습니다(참조. 렘 17:5-8). 하나님을 신뢰하고 의지하고 믿으라는 것입니다. 언제까지요? 영원히! 왜 그렇게 해야 할까요? 주 야웨는 영원한 반석이시기 때문입니다. 반석이란 변함없이 요동하지 않고 묵묵하게 자리를 지키는 믿음직한 큰 바위입니다. 그렇습니다! 하나님이야말로 영원한 반석처럼 흔들리지 않는 신실한 분이십니다. 우리의 궁극적 신뢰 대상은 하나님 한 분이십니다.

그렇다면 바위(반석)와 반대되는 표상은 무엇일까요? 마태복음의 산상수훈에서 예수님은 반석과 모래를 대조하여 말씀하셨습니다. 반석 위에 집을 짓는 자는 지혜롭지만 모래 위에 집을 짓는 자는 어리석습니다. 인간은 근본적으로 흙이나 먼지에 불과합니다. 모래처럼 부서지기 쉬운 흙으로 만든 사람을 의지하는 자, 인간적인 수단을 의지하고 신뢰하는 자는 어리석습니다.

예수님이 말씀하셨듯이 지혜로운 사람은 반석 위에 집을 건축합니다. 영원한 반석이신 하나님과 그분의 가르침 위에 삶의 기초를 두는 사람은 지혜롭습니다. 비록 시련의 비바람이 불고 고난의 창수가 밀려와도, 하나님이 허락하신 훈련의 채찍이 너무 고통스러워 단 한 줄의 기도조차 드리기 어려운 지경이 되어도, 출산의 고통으로 외마디 비명이 터져 나올 때라도(사 26:16-17) 지혜로운 사람은 끝까지 신앙의 지조와 충절을 지킵니다. 그는 하나님의 섭리 가운데 당하는 고난과 시련이 반드시 달콤한 열매로 돌아온다는 사실을 알고 있습니다. 또한 자신의 어떠한 노력도 구원을 가져오지 못한다는 것도 잘 알고 있습니다(사 26:18). 우리는 구원이 오직 하나님에게서 온다는 것을 믿습니다!

장차 하나님이 다스리시는 나라가 도래하면 수많은 무리가 하나님께 찬양을 드리게 될 것입니다. 마치 요한계시록 4, 5장에서 흰옷을 입은 천상의 합창대가 인봉한 두루마리를 여는 권세를 지닌 역사의 주관자 어린양 예수 그리스도께 영광과 존귀하심을 돌려드리는 찬양을 부르는 것처럼, 이사야 26장에서도 구원받은 하나님의 백성들이 큰 소리로 하나님께 찬양을 드립니다.

> 우리에게 견고한 성읍이 있음이여,
> 야웨께서 구원을 성벽과 외벽으로 삼으시리로다(사 26:1, 개역개정).

우리에게 견고한 성읍, 견고한 성채, 아무리 공격을 받아도 흔들리지 않는 철벽 요새가 있습니다. 강력한 군사력이나 철통 같은 방위 태세 때문이 아닙니다. 하나님이 구원과 보살핌으로 성벽과 외곽을 둘러치고 계시기 때문입니다. 이 구절을 각자의 가정에 적용해 고백해보십시오. "우리 가정은 견고합니다. 왜냐고요? 하나님이 구원으로 우리 가정에 성벽과 성채가 되게 하시고 세차게 밀려오는 온갖 악마의 침략들을 꽉꽉 막아주시기 때문입니다!"

하나님이 구원으로 둘러치신 견고한 성이 있습니다. 이 성은 견고하고 흔들리지 않습니다. 그런데 그 성문은 활짝 열려 있습니다. "의로운 나라, 믿음을 지킨 백성들"을 그리로 들어오게 하기 위해서입니다. 하나님의 견고한 성에 들어올 자격이 있는 자들은 누구입니까? 하나님의 구원을 받은 자들입니다. 설교자 이사야는 그들을 가리켜 "믿음을 지킨 자들"이라고 부릅니다. 이사야 26:2의 시형을 살펴보면 "의로운 나라"와 "믿음을 지킨 나라"가 동격으로 배열되었음을 알 수 있습니다. 즉 "의인"(義人)과 "의로운 나라"는 바로 "믿음을 지킨 자들"을 가리킵니다(참조. 시 125편).

여기서 잠시 의와 믿음의 관계에 대해 살펴보겠습니다. 종종 우리는 "오직 의인은 믿음으로 살리라"(합 2:4; 롬 1:17)라는 성경 구절을 암송하면서 힘을 얻습니다. 그러나 그 의미를 정확하게 아는 사람은 그리 많지 않은 것 같습니다. 성경에서 "의인"은 단순히 도덕적으로 깨끗하고 윤리적으로 흠이 없는 사람을 가리키지 않습니다. 성경에서, 특별히 시편에서 자주 언급되는 "의인", "의로운 자"는 믿음이 있는 자, 즉 부조리한 일들이 많은 이 세상에 살면서도 하나님을 절대적으로 신뢰하며 좌로나 우로나 치우치지 않고 올곧게 걸어가는 사람을 가리킵니다. 달리 말해 성경은 이 세상에서 어떤 일—부조리하고 이해할 수 없는 일들, 고난과 불행 등—을 당해도 그 모든 일을 궁극적으로 다스려가시는 분이 하나님이시라는 확신과 믿음을 갖고 사는 사람을 의로운 자(의인)라고 부릅니다. 그들은 때때로 하나님께 절규하고 탄식하고 탄원합니다. 그러면서도 그들은 하나님의 성실하심과 진실하심을 믿고 어떤 상황에서도 그분을 신뢰합니다. 이처럼 "의로움"과 "믿음"은 불가분의 관계입니다. 따라서 이사야 26:2에서 "의로운 나라"를 "믿음을 지킨 나라"라고 부르는 것은 아주 자연스러운 표현입니다.

이사야 26:3은 믿음에 대해 좀 더 자세하게 설명하며 "마음의 본바탕(심지)이 신실한" 자가 믿음이 있는 자라고 말합니다. 우리말에서도 믿음직한 사람을 가리켜 "심지가 굳은 사람"이라고 표현합니다. 이로 보건대 믿음이 있는 자는 한 마디로 "신실한 사람"입니다. 무엇에 대해서 신실하다는 말입니까? 하나님에 대해서 신실한 사람, 하나님과 맺은 약속과 언약에 대해서 신실한 사람입니다. 하나님은 그런 사람들에게 온전한 평강을 주시겠다고 말씀하십니다. 그들이 하나님의 구원과 평강을 선물로 받는 결정적 이유는 그들이 하나님을 신뢰하기 때문입니다. 믿음은 추상 명사가 아닙니다. 믿음(believing)은 현재진행형 동사로서 신뢰(trust)의 또 다른 이름입니다.

높은 데

그렇다면 우리가 삶의 전부를 걸고 신뢰하며 찬양해야 하는 하나님은 어떤 분이십니까? 무엇보다 하나님은 "높은 데 거주하는 자를 낮추시는 분"이십니다(사 26:5). 교만한 자를 가장 싫어하시는 분이 이사야서가 묘사하는 하나님입니다. 그분은 홀로 높은 곳에 계시며 당신의 자리를 탐하는 자를 절대로 용납하지 않으십니다. 그분은 편안한 자세로 눈을 아래로 깔고 거들먹거리며 높은 곳에 거주하는 자를 매우 싫어하십니다. 은유적 표현을 사용하자면 하나님은 "타워팰리스"에 사는 사람들을 싫어하십니다. 여기서 타워팰리스는 바벨탑과 마찬가지로 돈과 권력이 있으면 하늘 높은 줄 모르는 사람들을 가리키는 상징입니다. 누가 뭐라고 해도 돈과 권력에는 사람을 부패시키는 마성이 있습니다. 넘쳐나는 돈과 권력은 하나님을 신뢰하지 못하게 만드는 강력한 힘의 근원입니다. 돈이 있거나 권력이 있으면, 모든 일이 잘되어가면, 능력이나 외모가 뛰어나면 사람들은 자연스럽게 하나님을 잊어버립니다. 그래서 이사야서는 "높은 데"라는 말을 매우 부정적으로 사용할 수밖에 없습니다.

앞서 이사야 2장을 다룰 때도 비슷한 관점에 대해 살펴보았습니다. "높은 데" 하면 설교자 이사야에게 떠오르는 지명들과 사물들이 있었습니다. 제일 먼저 "레바논의 백향목"이 있습니다. 레바논의 백향목은 하늘 높이 멋지게 쭉쭉 뻗은 나무들로서 교만의 상징입니다. 또한 "바산의 상수리나무들"이 있습니다. 바산은 울창한 삼림 지대와 비옥한 초원이 있는 지역이며 거기서 방목하는 암소들은 최상급 육류를 제공했습니다(참조. 암 4:1). 더 나아가 "모든 망대와 모든 견고한 성벽"도 있습니다. 이는 최상의 안전과 보호 및 자기만족을 가리킵니다. 또 "다시스의 배들"도 있습니다. 다시스는 지금의 스페인에 해당하며 "다시스의 배들"은 당시 번창한 무역업과 해운업을 상징하는 용어입니다. 이런 것들은 전부 "높은 데" 있는 것들로서 세상이 자랑하는 모든 것이 여기에 해당합니다.

그러나 이사야의 하나님은 그것들을 완전히 낮추실 날을 잡아놓고 계십니다. 예언서에 자주 등장하는 "야웨의 날"이 바로 그날입니다. 하나님은 "높은 데 거주하는 사람들", "타워팰리스에 거주하는 사람들", "바벨탑을 쌓아 하늘까지 올라가려는 사람들", "상아탑을 쌓아 그 명성을 자랑하는 사람들"을 모두 낮추어버리실 것입니다. 그들이 겸손하게 살아가지 않고 자신들이 하나님 대신 만들어놓은 우상들을 섬기기 때문입니다(참조. 사 2:12-17).

이사야 26:5에는 "높은 데"와 동급인 "우람하게 솟은 성"이 등장합니다. 성은 외부의 침공에 대비한 요새 역할을 합니다. 성경에서 성(城)은 안전과 보호를 상징합니다. 그런데 하나님은 거대한 요새들과 성채들도 다 헐어서 땅에 엎으실 것이라고 말씀하십니다. 왜냐하면 거기 사는 사람들이 하나님의 뜻과는 상관없이 그것 자체에서 안정감을 느끼며 "우리는 안전하다"라고 속으로 중얼거리기 때문입니다.

성을 쌓고 그 안에서 안정감을 느끼는 사람과 관련해서 생각해볼 만한 예수님의 비유가 하나 있습니다. 어느 부자가 농장을 경영하는데 그 해 농사는 대풍이었습니다. 준비해놓은 곡물 창고가 턱없이 부족할 정도였습니다. 재빠르게 곡물 저장 창고를 증축할 계획을 세운 부자는 마음에 큰 흡족함을 느꼈습니다. 여러 해 동안 농사를 안 지어도 풍족할 만큼 많은 재물에 스스로 만족한 것입니다. 그때 하늘에서 이런 말이 들려왔습니다. "이 바보야! 오늘 밤에 내가 네 생명을 거둬 가면 네가 준비해놓은 것이 다 누구의 것이 될 것 같으냐?"(눅 12:16-21)

이 비유는 복음서에 기록된 예수님의 말씀이지만 성경은 그전부터 하나님 외에 다른 것, 특별히 맘몬(재물)을 통해 안전과 보호를 얻으려는 어리석음을 질타해왔습니다. 시편 49편이 전하는 지혜시(wisdom psalm)는 이에 대한 좋은 예입니다. 시편 49편은 재물에 대해 관조적인 태도를 취하며 재물에 의지하는 자들의 어리석음을 비꼽니다. 평생을 고생하며 꾸역꾸역 모은 돈으로 집을 마련한 사람이 있습니다. 그는 집 대문에 자기 이름 석 자를 새긴 문패를 달며 온 세상을 얻은 듯한 기쁨과 만족감을 느낍니다. 등기 이전도 마쳤기 때문에 그 집은 영원히 자기 소유가 되었다고 생각합니다. 하지만 그런 광경을 본 지혜자는 "똑똑한 사람도 죽고 어리석은 사람도 죽고 멍청한 사람도 죽는 거야. 그들이 평생 쌓아놓은 돈과 재물은 결국 남에게 남겨두고 떠나게 되어 있어!"(시 49:10)라고 말합니다.

물론 이러한 성경의 가르침이 인간의 경제생활을 부정하는 것은 아닙니다. 집이나 재산을 마련하지 말라는 것도 아닙니다. 합당한 목적을 가지고 정당한 방법을 사용한다면 문제없습니다. 그러나 그런 것들이 우리의 최종적 신뢰나 믿음의 대상이 되어서는 안 됩니다. 있게도 하시고 없게도 하시는 분이 하나님이시니 우리는 그 하나님만을 신뢰해야 합니다. 사실 우리의 일상생활에는 우리의 신앙과 믿음이 있는 그대로 반영될 수밖에 없습니다. 삶의 모든 영역에서 하나님의 "주인 되심"(Lordship)을 인정하고 고백하며 하나님이 아닌 다른 것에 대한 과도한 관심과 애정을 끊어내는 삶이야말로 진정성 있는 신자의 생활입니다.

기다림

이사야 26:7부터는 한 기도자의 간청이 나옵니다. 그는 고난받는 백성들을 대신하여 하나님께 기도드립니다. 하나님께 대해 의로운 사람이 걸어가는 길을 평탄하게 해달라고 간구합니다. 앞서 살펴본 대로 성경은 마음의 본바탕이 견실한 사람들, 하나님을 신뢰하는 사람들을 "의인"이라고 부릅니다. 이와 관련하여 시의적절하게 등장한 "곧으신 분", "올바르신 분"이라는 하나님의 호칭은 색다르게 느껴집니다. 의인이 가는 길과 곧으신 하나님의 정의는 함께 잘 어울리기 때문입니다.

그렇습니다! 우리는 하나님의 정의로운 판단의 길을 걸으면서 하나님의 오심을 기다립니다(사 26:8). 하나님의 판단과 판결이 최종적이라고 믿는 사람은 어려움과 부조리와 고난 속에서도 인내하며 하나님의 오심을 기다립니다. 정의가 사라진 것 같이 보이는 현실 속에서, 억울한 일들이 비일비재하고 악이 난무하며 오로지 불의한 권력과 힘만이 모든 것을 통제하는 것처럼 보이는 세상 속에서 하나님을 신뢰하기란 여간 어려운 일이 아닙니다. 그런데도 믿음으로 사는 자는 정의로운 하나님의 오심을 기다립니다.

신약성경은 이런 기다림을 하나님 나라(왕국)의 도래에 대한 사모와 연결시킵니다. 왜냐하면 하나님 나라는 정의와 공의로 세워지기 때문입니다. 그 나라는 이 세상과는 달리 오직 공의와 인애로 왕국을 다스리시는 하나님만이 높임을 받으시는 나라입니다. 그래서 믿음으로 사는 사람은 하나님 나라가 도래해 하나님의 존귀하고 거룩한 이름(성호[聖號])과 그분의 영광스러운 명예가 이 땅 위에 넓게 펼쳐지기를 기도하고 사모합니다. 이는 예수님이 우리에게 가르쳐주신 기도문의 핵심 내용이기도 합니다. 주기도문은 우리에게 다음과 같이 기도하라고 가르쳐줍니다.

> 하나님의 이름과 평판과 명예가 이미 하늘에서 거룩하게 된 것처럼
> 이 땅 위에서도 그렇게 되기를 간절히 소원합니다.
> 하나님의 왕국과 하나님의 통치가 이미 하늘에 임한 것처럼
> 우리가 사는 이 땅에서도 임하기를 간절히 소원합니다.
> 하나님의 뜻과 경륜과 계획이 이미 하늘에서 이루어진 것처럼
> 우리가 사는 이 세상에서도 이루어지기를 간절히 소원합니다.[1]

이것이 그리스도인들의 간절한 소원이어야 합니다. 이사야서 역시 하나님의 왕국이 하나님의 정의로운 판단 및 판결과 함께 온다는 사실을 반복해서 가르칩니다. 더 나아가 의인은 하나님의 오심을 간절하게 "기다리는 사람"이라고 정의합니다. 의인들이 얼마나 간절하게 하나님을 기다리는지 한번 들어보십시오.

> 당신을 기다립니다. 당신의 이름과 성호를 마음으로 간절히 사모합니다. 한밤에도 당신을 갈망하고 이른 아침 눈을 뜨면서도 당신을 간절히 사모합니다(사 26:8-9).

하나님은 오셔서 정의와 공의를 이루십니다. 또한 억울한 자들의 사정을 들으시고 공정한 판결을 내려주십니다. 그런 하나님에 대한 "기다림", "사모함", "그리움", "배고픔"은 혼란과 혼돈의 시대에 하나님의 신실하심을 신뢰하고 믿음으로 살아가는 사람들에게만 주어지는 하늘의 양식입니다. "믿음으로 사는 자는 하늘 위로 받겠네"(찬송가 384장)라는 찬송가 구절이 떠오릅니다.

한편 악인은 하나님의 주권을 믿지 않기 때문에 은혜와 은총을 입어도 의로움을 배우지 못합니다(사 26:10). 여기서 악인은 도덕적 죄를 짓는 사람이라기보다는 하나님의 주권을 무시하는 사람을 가리킵니다. 달리 말해 하나님 앞에서 자신이 죄인이라는 것을 인정하지 않고 하나님의 위엄을 우습게 여기며 자기 마음대로 행동하는 사람이 바로 악인입니다. 그에게는 "코람 데오"(하나님 앞에서)라는 말이 공허하게 들릴 뿐입니다. 성경은 그런 상태를 교만이라고 명명합니다.

악인이 하나님의 은혜와 은총을 입어도 의로움을 배우지 못했다고 한다면 하나님이 언제 그들에게 은혜와 은총을 주었다는 말입니까? 놀랍게도 하나님의 채찍과 징계의 시간이 그들에게 주어지는 은혜와 은총의 시간이었습니다! 채찍과 징계의 시간을 겪은 의인(믿음이 있는 사람)은 자신이 집으로 돌아가야 하는 때임을 깨닫고 눈물로 회개하며 하나님께로 돌아옵니다. 그는 이제 하나님의 품 안에서 용서와 회복을 맛봅니다. 이보다 더 큰 은총이 어디 있겠습니까? 그러나 곤경과 시련과 심판의 시간을 회개로의 초청으로 받아들이지 못하고 고집스럽게 제 길을 가는 사람은 어리석은 악인입니다. 그는 자신에게 허락된, 죄 사함과 회개로 가는 은혜의 길을 완고하게 거절한 것입니다. 그야말로 바보이며 어리석은 자입니다(사 26:11).

그러므로 우리는 심판을 받아 고난의 길을 걸어갈 때 더 간절하게 하나님을 바라보아야 합니다(사 26:8). 비록 우리를 짓누르는 수많은 폭군—이방 세력이든, 고난과 환난이든, 혹은 우리 자신의 알량한 자존심과 명예든—이 우리를 지배하고 관할하려 하더라도, 우리는 그분의 이름과 평판과 명예가 땅에 떨어지지 않고 높임 받기를 간절히 열망해야 합니다(사 26:13). 시인은 "내 영혼이 밤에도 당신을 사모하고, 아침에도 당신을 갈망합니다"(사 26:9)라고 고백합니다. 우리도 주님의 오심을 애타게 사모하며 심판과 회복의 양 날개로 오시는 그분을 기다립시다. 그분은 완전한 정의와 평화를 가지고 오실 것입니다.

누가 우리의 유일한 영주(領主)인가?

옛적 유대인들의 신앙고백과 그리스도인들의 신앙고백에는 공통점이 있습니다. 하나님 한 분만이 우리의 유일한 왕이시며 영주이시며 주님이라고 고백한다는 것입니다. 설교자 이사야가 사역하던 당시의 남유다는 늘 신앙의 위기를 겪었습니다. 열강들 속에서 살아남기 위해서는 하늘이 아닌 좌우를 살펴야 하는 경우가 많았기 때문입니다. 남유다 왕국은 주변국들보다 국토도 작고 자원도 빈약하고 국력도 약했습니다. 그런 상황에서 강력한 제국들이 기회를 엿보며 무서운 겁탈의 손을 뻗치고 있었기 때문에 독립을 유지하고 살아남기 위해서는 위험한 외교 줄타기를 해야 했습니다. 크게는 친애굽 정책과 친아시리아 정책을 저울질하며 작게는 북이스라엘이나 아람, 모압 등과 관계를 어떻게 유지할지 고민해야 했습니다. 그러다 보니 국가로서의 남유다에는 영주가 여럿 있는 것이나 다름없었습니다.

신앙적으로 볼 때 우리도 마찬가지입니다. 우리는 야웨 하나님만이 우리의 유일한 영주라고 고백합니다. 하지만 실제로는 하나님 외에 여러 영주를 모시고 살아가기 쉽습니다. 지금 나 자신을 다스리고 지배하는 영주들의 이름은 무엇입니까? 아시리아, 애굽과 같은 거대한 시대 정신이 나를 지배하지는 않습니까? 바쁜 일상과 잡다한 관심거리들이 나의 삶을 가득 채우고 있지는 않습니까?

그러나 신실한 자들은 그런 와중에도 "우리는 오직 당신의 이름만을 명예롭게 합니다"라고 고백합니다. 이사야는 이런 사람들을 "남은 자들", 혹은 "남겨진 자들"이라고 부릅니다. 그들은 압제와 환난 가운데 있으면서도 하나님만이 진정한 주인이시라고 고백하는 자들입니다. 신실한 사람들, 변함없이 한길로만 걷는 사람들이 너무나 절실하게 필요합니다. 이 세상의 영주들은 오래가지 못합니다(사 26:14). 이 세상에 있는 모든 것들은 아무리 강하고 힘이 세고 기세가 등등하고 영원할 것 같아도 결국 사라지고 맙니다. 애굽도 가버리고 아시리아도 사라집니다. 바벨론도 결국에는 없어져 버릴 것입니다. 권력이나 재력, 군사력이나 동맹 관계, 미모나 건강도 모두 영원하지 않습니다. 그러나 하나님이 구원을 베풀고 보호의 손길로 둘러치신 예루살렘 성은 영원히 설 것입니다.

하나님 뒤돌아보기

우리는 때때로 가던 길을 잠시 멈추고 뒤를 돌아봅니다. 지나온 세월을 돌아보면 괴로움과 고난의 밤을 지내며 힘들어했던 순간들이 떠오르고는 합니다. 본문에서 노래하고 기도하는 사람 역시 그런 고통의 시간을 회고합니다(사 26:16-18). 앞서 언급했던 신실한 사람들, 하나님만을 신뢰하고 따랐던 사람들에게 닥쳐왔던 환난의 시간을 새로운 관점에서 해석하는 것입니다. 그들은 그들이 지내온 환난과 곤고함의 시간, 하나님이 징계하시던 때를 영적 훈련의 시간으로 이해합니다. 자신의 잘못이나 범죄 때문에 처벌을 받고 어려움을 겪을 때, 어떤 사람은 분노와 증오, 복수심과 원망으로 그 시간을 보냅니다. 그러나 또 다른 부류의 사람은 그 시간을 하나님으로부터 가르침을 받는 영적 훈련의 시간으로 받아들입니다. 그에게는 고난과 채찍이 훈련과 훈육의 도구가 됩니다. 그는 고난을 영적 근육이 강해지는 과정으로 받아들이며 오히려 감사해합니다.

야생마를 훈련시키는 조련사는 종종 채찍을 휘두릅니다. 힘을 아무 데나 쓰는 말을 훈련시켜 정해진 방향으로만 힘을 쓰게 하기 위해서입니다. 이처럼 훈련에는 유익이 따르기 때문에 시편 기자도 "고난받는 것이 내게는 유익이었습니다. 그 때문에 내가 주님의 율례와 법도(길)를 알게 되었습니다"라고 고백합니다(시 119:67, 71). 그와 마찬가지로 본문의 시인은 하나님의 징계를 훈련과 훈육으로 받아들입니다. 훈련의 시간을 통과한 그는 뒤돌아서서 하나님을 바라보며 그분의 손길에 대해 생각합니다. "지나온 모든 세월들 돌아보아도 그 어느 것 하나 주의 손길 안 미친 것 전혀 없네"라는 복음 찬송이 다시 한 번 떠오르는 대목입니다.

그러나 그런 고난의 한가운데 있을 때는 찬양이 쉽게 나오지 않습니다. 견디기 힘든 고통이 이어지기 때문입니다. 훈육(訓育)이나 훈련(訓鍊), 훈계(訓戒), 징계(懲戒)와 같은 단어들을 생각해보십시오. 모두 힘들고 괴롭고 고된 시간과 연결됩니다. 흥미롭게도 이런 의미를 나타내는 영어 단어는 "디서플린"(discipline)인데, 많은 교단의 교회법에서도 이 단어를 "책벌", "징계"로 번역합니다.[2] 그런 시간을 통과할 때는 시인이 고백하는 것처럼 "기도를 드릴 수 없을 정도로 힘이 듭니다"(사 26:16). 그런 고통은 마치 "잉태한 여인이 산기가 임박하여 진통하는 것"과 같습니다.

산모는 아이를 만나게 될 기대감으로 진통을 견뎌냅니다. 그런데 본문의 시인은 충격적이게도 "잉태하고 산고를 겪었지만 결국 바람을 낳은 격이 되었다"라고 고백합니다. 이 문구는 히브리인들이 만들어낸 멋진(?) 시적 표현입니다. 바람을 낳았다는 것은 결국 아무것도 없다는 이야기가 아닙니까? 그는 이어서 설명하기를 "이 땅에 구원과 승리를 가져오지 못하였고 이 세상의 사람들에게 생명을 주지 못하였다"(사 26:18)라고 합니다. 고난을 겪고 훈련의 시간을 거쳤지만 희망도 미래도 없는 것 같은 아득한 절망의 상태에 이른 것입니다. 기도했는데도, 부르짖었는데도, 견디고 또 견디었는데도 이렇게 끝이 나다니요?

하나님만이

그렇습니다! 성경이 가르치는 가장 웅대한 교훈 중 하나는 인간의 노력과 애씀이 결코 어떤 구원도 가져오지 못한다는 것입니다. 구원과 회복과 승리는 결코 사람들의 신앙적 열정과 노력의 대가로 오지 않습니다. 부르짖음과 간절한 외침이 그치고 오래 참고 견디는 모든 노력이 다 가버린 후, 희미한 한 줄기 희망의 빛마저도 비치지 않을 때, 미래의 문이 꽝하고 닫혀버릴 때, 바로 그때가 하나님이 일하기 시작하시는 시간입니다. 창조주이시며 역사의 주관자이신 하나님만이 불임의 태를 여십니다! 이런 하나님을 믿는 사람의 확신에 찬 고백을 들어보십시오. 특히 이 문단을 여는, 문법적으로 숨어 있는 "그러나"를 찾아내어 읽어보십시오.

[그러나] 당신의 죽은 자들은 살아나고
　　그들의 시체들은 일어날 것입니다!
티끌 먼지에 누워 사는 자들아,
　　깨어 일어나 기쁨의 노래를 불러라!
당신의 이슬은 아침의 이슬과 같으니
　　땅이 그의 죽은 자들을 내어놓아 살게 할 것입니다!(사 26:19)

하나님은 하실 수 있습니다. 하나님만이 다시 살리실 수 있습니다.[3] 하나님이 베푸시는 은혜의 이슬이 내려야만 재생과 부활과 회복이 다시 시작됩니다. 국가든 개인이든 상관없이 새로운 삶은 오로지 하나님의 자비로운 은혜의 이슬이 내려야만 가능합니다. 메마른 대지를 촉촉이 적시는 새벽이슬처럼 하나님의 은혜 역시 사람이 예측할 수 없는 시간에 어느새 내려와 사람과 가정과 사회를 새롭게 합니다. 거듭남과 중생을 가능하게 하시는 성령의 일하심이 그러하지 않습니까? 그러므로 하나님을 신뢰하십시오! 역사의 수레바퀴를 돌리면서 정의와 공의로 나라들을 판단하고 심판하시는 하나님을 두려워하십시오! 숨을 죽이고 골방에 들어가서 하나님이 하시는 일들을 바라보십시오! 당신이 할 수 있는 일은 그저 광대하신 하나님을 갈망하고 기다리는 것뿐입니다(사 26:20-21).

기도 하나님의 나라와 권세와 영광이 이 땅에서도 이루어지기를 소원합니다. 아멘.

제39강

하나님의 포도원을 다시 노래하다

이사야 27:1-13

"너 이스라엘을 알갱이 모으듯 하나하나씩 모으실 것이다.…아시리아 땅에서 멸망하는 자들과 애굽 땅으로 추방당했던 자들이 돌아와서 예루살렘의 거룩한 산에서 야웨를 경배하게 될 것이다" (사 27:12-13).

27:1 그날에—

야웨께서 그의 견고하고 크고 강한 칼로
　심판하시리니

날랜 뱀 리워야단, 곧 꼬불꼬불한 뱀 리워야단을 벌하시며
　바다에 있는 괴물을 죽이실 것이다.

2 그날에—

"너희는 아름다운 포도원을 두고 노래를 불러라.

3 　나 야웨는 포도원 지기가 됨이여,
　때때로 물을 주며

밤낮으로 간수하여
　아무든지 포도원을 해치지 못하게 할 것이다.

4 　나는 포도원에 대하여 노함이 없나니

찔레와 가시가 나를 대적한다고 하자.
　내가 전투를 벌여 그것들을 향해 돌진하여
　그것들을 짓밟아 모아 불사를 것이다.

5 아니면 너희 찔레와 가시들아! 내게로 피해오든지
　내게로 와 나와 함께 평화롭게 살든지
　다시금 말하거니와 내게로 와 나와 함께 평화롭게 살든지 하라."

6 장차 야곱이 뿌리를 내릴 것이며
　이스라엘이 움이 돋고 꽃이 필 것이라.
　그들이 그 포도 열매로 온 땅을 가득 채울 것이다.

7 야웨께서 자기 백성을 치셨다면

  그 백성을 친 자들을 내려치셨던 것처럼 쳤겠느냐?

그 백성들을 살해하였던 자들이 죽임을 당한 것처럼

  그렇게 그 백성들이 살해당했더냐?

8 야웨여! 당신은 전쟁과 추방으로 당신의 백성을 징계하였으니

  동풍 강하게 부는 날에

  당신은 폭풍으로 그들을 쫓아내셨습니다.

9 이렇게 하여 야곱의 죄책(罪責)이 속함을 얻게 될 것이며

  이렇게 하여 그의 죄가 제거되어 온전히 결실하게 될 것이다.

곧 그가 제단의 모든 돌을

  석회암이 부서지듯이 박살 내고

아세라의 나무 기둥 상들이나

  향을 피우는 (태양신 숭배) 제단들이 다시는 서지 못할 것이다.

10 견고한 요새 성읍은 완전 폐허가 되어

  버려진 마을, 더는 사람이 살지 않는 황량한 들판처럼 될 것이다.

거기에 송아지들이 풀을 뜯고

  거기에 누워 살리니

  그들이 나뭇가지와 잎사귀를 다 먹어치울 것이다.

11 나뭇가지들이 말라비틀어져 꺾이면

  여인들이 와서 그것을 땔감으로 삼을 것이다.

이것이 지각(知覺)이 없는 백성들의 결말이다.

  그러므로 그들을 지으신 이가 그들을 불쌍히 여기지 아니하시며

  그들을 창조하신 이가 그들에게 은혜를 베풀지 아니하실 것이다.

12 그날에—

야웨께서 과실나무를 털어내듯이 넘쳐 흐르는 유프라테스 강변에서부터 애굽의 건천(乾川, 와디)까지 털어내어, 너 이스라엘을 알갱이 모으듯 하나하나씩 모으실 것이다.

13 그날에—

큰 나팔 소리가 들릴 것이다. 아시리아 땅에서 멸망하는 자들과 애굽 땅으로 추방당했던 자들이 돌아와서 예루살렘의 거룩한 산에서 야웨를 경배하게 될 것이다.

혼란과 혼돈의 세상

"이사야 묵시록"의 마지막 장인 이사야 27장이 "리워야단"에 대한 언급으로 시작하는 것은 결코 우연이 아닙니다. 예언자 이사야가 살아가던 세상은 부정과 불의, 더러움과 악함이 가득한 세상, 정의와 공의가 사라진 지 오래고 온갖 힘과 권력을 숭상하며 하나님 알기를 우습게 여기는 세상, 교만하기 그지없는 인간 군상과 권력자들과 국가들로 어지러운 세상, 한마디로 혼돈과 혼란의 세상이었습니다. 그리고 고대 히브리인들에게 그러한 무질서와 혼돈을 표상하는 것이 바로 일렁이는 바다였습니다. 그 바닷속에는 리워야단이라는 무시무시한 괴물이 살았습니다. 상상의 세계에서만 존재하는 리워야단은 그 꼬리로 바닷물을 치면 온 세상이 해일로 뒤덮인다고 하는 태고의 괴물이었습니다. 리워야단은 매우 민첩하고 계교와 간계에 능해서 누구도 함부로 대들 수 없는 능력과 힘을 가졌습니다. 혹시 리워야단이 밤바다에 출몰한다면 이는 곧 세상의 종말을 의미하기에 사람들은 리워야단을 두려워했습니다(예. 욥 3:8; 시 74:14; 104:26).

성경에서 바다는 종종 "깊은 물"로 표현되었습니다. 이 "깊은 물"은 하나님을 거스르고 대항하는 이 세상 모든 세력의 집합체를 가리킵니다. 깊은 바다의 세찬 일렁거림을 경험해본 사람들에게 하나님을 거슬러 대항하는 세력들에 대한 표상으로 바다보다 더 좋은 것은 없었습니다. 그리고 그런 바닷속에 사는 리워야단은 하나님을 적대하는 세력의 화신(化身)이었습니다.

신앙고백, 창조의 노래

성경에 나오는 가장 오래된 신앙고백의 내용 중 하나는 하나님이 창조세계와 온 우주에 대해 최종적 권세를 가지고 계신 분이라는 것이었습니다. 이러한 창조주의 권능과 능력에 대한 찬양은 고대 이스라엘이 견지한 야웨 신앙의 중심이었습니다. 예를 들어 시편의 한 구절은 하나님의 구원을 노래하면서 하나님이 당신을 대적하는 이 세상의 강한 권세들—리워야단과 용—을 쳐부수고 승리하는 것으로 표현합니다.

> 하나님은 예로부터 나의 왕이시라.
> 　　사람에게 구원을 베푸셨습니다.
> 주께서 주의 능력으로 바다를 나누시고
> 　　물 가운데 용들의 머리를 깨뜨리셨으며
> 리워야단의 머리를 부수시고
> 　　그것을 사막에 사는 자들에게 음식물로 주셨습니다(시 74:12-14).

이 노래는 천지 창조 때에 하나님이 행하신 바를 기억하면서 시작합니다. 그때 하나님은 혼돈의 바다를 제어하고 바다 괴물들—태고의 용들과 무시무시한 악어들과 소름 끼치는 리워야단—을 물리치셨습니다. 이 시는 물론 고대 신화의 내용이 반영된 것이기도 하지만, 실제로 머리가 일곱 개 달린 바다의 용이 존재한다고 믿었던 당시 가나안 문화를 배경으로 하기도 합니다.[1] 시인은 그 괴물 같은 용을 리워야단이라고 부릅니다. 즉 두려움과 공포로 이 세상을 지배하는 세력들의 화신으로 리워야단을 등장시킨 것입니다. 참고로 욥기에는 리워야단과 한 쌍을 이루는 육지 괴물 베헤못이 등장하는데(욥 40:15; 41:1), 이는 모두 창조세계의 평화로운 질서를 위협하는 존재들입니다.

하나님은 그런 무시무시한 괴물들을 강하고 날카롭고 거대한 칼로 내리치십니다. 아무리 민첩하고 날랜 바다의 괴물이라도 크고 강한 하나님의 칼을 당해내지 못합니다. 무서운 바다를 항해하는 자들에게 이보다 더 큰 용기와 위로를 주는 말씀이 어디 있겠습니까? 이에 대해 칼뱅은 이사야서 주석을 통해 다음과 같이 말합니다.

> 우리는 이 세상이 우리가 항해하는 바다임을 기억해야 한다. 우리는 우리의 배를 전복시킬 뿐 아니라 우리를 밑바닥까지 가라앉히려고 노력하는 여러 들짐승에게 둘러싸여 있다. 야웨께서 돕지 않으시면 우리 스스로 방어하거나 저항할 만한 수단이 없다.…사실 하나님이 무적의 힘으로 그것을 막아주시지 않았다면 우리는 즉시 가장 비참한 상태에 떨어져 마침내 파멸하였을 것이다. 하나님의 칼만이 이 악독한 왕국을 멸하실 수 있다.[2]

이사야는 하나님이 리워야단을 벌하시며 바다 괴물을 죽이실 것이라고 이야기합니다(사 27:1). 악을 일삼던 모든 세력은 심판의 칼날을 피할 수 없습니다. 그리고 악한 세상을 평정하신 하나님은 당신의 백성들을 다시 돌아보실 것입니다. 이처럼 하나님은 분노의 포도주잔을 들이켜야만

했던 유다에게 다시금 회복의 미래를 약속하셨습니다.

고집스러운 반항과 반역으로 하나님의 선하신 의도를 좌절시키고 하나님을 분노케 했던 유다는 오랫동안 심판의 그늘에서 죗값을 치러야 했습니다. 하나님의 포도원인 유다가 찔레와 가시로 뒤덮이게 된 것입니다(참조. 사 5장). 하나님을 신뢰하지 않고 인간적인 방편들을 의지했던 하나님의 백성은 강력한 이방 세력들—아시리아와 애굽—과 자연재해를 통해 심판을 받아야 했습니다.

우리도 마찬가지입니다. 입으로는 하나님을 의지하고 신뢰한다고 하면서 인간적이고 세속적인 도움을 찾아 헤맨다면 하나님은 우리에게 찔레와 가시를 보내실 수밖에 없습니다. 우리를 찌르는 것과 억압하는 것이 사방에서 우후죽순처럼 생겨나 우리를 압박할 것입니다. 좋았던 부부 관계가 뒤틀리고 문제가 생깁니다. 자녀가 속을 썩이고 잘 나가던 사업이 하강곡선을 그립니다. 폐에 혹이 생기거나 큰 사고를 당할 수도 있습니다. 혹시 이런 일들이 자신을 고통스럽게 찌르는 찔레와 가시가 아닌지 살펴보십시오. 다시금 요청합니다. 우리를 찌르는 찔레와 가시가 무엇인지 살펴봅시다!

포도원을 회복하시는 하나님

하나님의 백성인 유다는 불의와 배도의 죄로 인해 끔찍한 형벌을 받고 하나님의 심판의 도구였던 이방 세력들에 의해 길고 긴 고난의 시간을 보내야 합니다(사 27:8). 하지만 긍휼과 은혜가 풍성하신 하나님은 당신의 백성에 대한 치유와 회복의 계획을 내보이십니다. 포도원의 회복에 대한 말씀이 바로 그것입니다. 움이 돋고 꽃이 피고 포도 열매가 가득한 언덕과 산비탈을 상상해보십시오. 추수한 포도를 모아 술 틀에 넣고 밟으면서 환희의 노래를 부를 날이 곧 도래할 것입니다(사 27:6).

앞서 유다를 하나님의 포도원이라고 칭한 것은 이사야 5장에서였습니다. 이른바 "포도원의 노래"로 알려진 본문이었는데, 거기서 시인 이사야는 포도원의 주인이자 농부이신 하나님이 얼마나 많은 땀과 눈물과 수고를 포도원에 쏟아부으셨는지를 애달프게 노래했습니다. 하나님은 극상품 포도나무를 심었지만 결국 상품 가치가 전혀 없는 들포도만 얻으셨습니다. 그래서 하나님은 그 포도원의 담을 허물고 울타리를 걷어 찔레와 가시덤불이 자라는 폐허가 되도록 내버려두겠다고 말씀하셨습니다. 이는 정의와 공의를 상실한 유다 사회에 대한 통렬한 비판이었습니다.

그 후 수많은 징벌의 날과 달과 해를 겪으면서 유다는 더 떨어질 수 없을 정도로 비참한 바닥으로 곤두박질쳤습니다. 그런 유다를 보시는 하나님의 마음은 견딜 수 없이 아팠습니다. 하나님의 긍휼이 움직이기 시작한 것입니다. 이제 그분은 당신의 백성을 치유하고 회복시켜 다시 "아름다운 포도원"으로 만드시겠다고 말씀하십니다. 이사야 27장은 바로 그런 날의 도래를 가리키는 복음 선언입니다.

하나님이 드신 심판의 막대기는 언제나 "왼손"에 들려 있습니다. 이것이 우리에게 복음입니다. 하나님이 우리를 벌하고 때리실 때도 호흡을 조절하며 적당하게 하신다는 말입니다. 이 사실을 설교자 이사야는 다음과 같은 수사학적 질문들을 통해서 분명하게 밝힙니다.

> 야웨께서 자기 백성을 치셨다면
> 　　그 백성을 친 자들을 내려치셨던 것처럼 쳤겠느냐?
> 그 백성들을 살해하였던 자들이 죽임을 당한 것처럼
> 　　그렇게 그 백성들이 살해당했더냐?(사 27:7)

이런 수사학적 질문에 대한 대답은 "절대로 아닙니다"입니다. 하나님의 백성이 받는 벌은 그들을 공격한 원수들이 받는 벌과 전혀 같지 않습니다. 하나님이 당신의 백성을 공격하고 괴롭힌 이방 세력들을 벌하실 때는 "오른손"을 사용하시기 때문입니다. 하나님의 백성이 받는 벌은 회개와 정화를 통해 열매를 맺게 하는 수단입니다. 물론 정련하는 풀무의 뜨거움은 상상을 초월한다는 사실을 간과해서는 안 되겠지만, 우리는 당신의 백성에 대한 하나님의 심판이 회복을 목적으로 하는 정의의 실현임을 먼저 기억해야 합니다. 즉 하나님의 심판은 "구속(救贖)적 정의"(redemptive justice)를 실현합니다.

말 그대로 "구속"이란 죄의 값으로 속전(贖錢)을 지불하고 구원한다는 뜻입니다. 하나님의 백성이라도 하나님을 향하여 죄를 지은 자는 마땅히 죄의 값을 치러야 합니다. 예루살렘도 죄의 값으로 이방 열국의 침공을 비롯해 수많은 심판을 받은 후에야 다시 새로워질 수 있습니다. 이런 관점에서 이사야 27:9은 "야곱의 불의가 속함을 얻으며 그의 죄 없이함을 받을" 것으로 내다보고 있습니다.

올바른 예배

그렇다면 속함을 받아야 할 야곱의 죄와 죄책은 무엇입니까? 한마디로 말하면 "우상 숭배"입니다. 이스라엘 안에는 이방 제단과 아세라 목상이 세워지고 태양신 숭배가 널리 퍼져 있었습니다(사 27:9). 잘못된 예배가 문제의 핵심입니다. 하나님의 이름을 걸고 예배한다면 오직 하나님의 이름과 그분의 위엄과 명예만을 드높여야 합니다. 하지만 예배가 어떤 특정한 종교적 이념이나 목회자의 종교 사업 욕구, 교인들의 세속적 필요와 심리적 만족감을 채워주는 일로 치우쳐 교인들이 그것에 매달린다면 그것이 바로 현대적 우상 숭배가 될 것입니다.

죽임을 당하신 어린 양 예수 그리스도만이 우리의 주님이시라고 고백하는 것이 예배의 본질이 아닙니까? 원래 목적에서 이탈된 예배, 방향 설정이 잘못된 예배는 결국 우상 숭배로 변질합니다. 그렇습니다! 교회는 (신앙) 소비자와 고객이 이끌어가는 교회(Consumer-Driven Church)가 아니라 그리스도가 이끌어가는 교회(Christ-Driven Church)가 되어야 합니다. 인종과 언어와 출신 배경에 상관없이 하나님의 모든 백성이 야웨 하나님만 예배하는 날이 오기를 기대합니다(사 27:13).

기도 우리 마음 안에 뿌리박혀 있는 우상 숭배의 성향들을 제거해주소서. 아멘.

제 4 부

이스라엘과 유다에 대한 추가적 말씀들

이사야 28-35장

제40강

비틀거리는 세상

이사야 28:1-13

"그날에 만군의 야웨께서 자기 백성의 남은 자들에게
영화로운 면류관이 되시며 아름다운 화관이 되실 것이다"(사 28:5).

28:1 아이고! 에브라임의 술 취한 자들의 긍지,
즉 그 면류관에 재앙이 있을 것이다.
술독에 빠진 자들의 자랑,
즉 그 교만의 성에 재앙이 있을 것이다.
기름진 골짜기 꼭대기에
찬란한 아름다움을 뽐내며 자리 잡고 있는 성,
그러나 쇠잔해가는 꽃 같으니
그 성에 재앙이 있을 것이다.

2 보라! 야웨께서
쏟아지는 우박 같이, 파괴적인 광풍 같이,
쏟아지는 폭우와 넘쳐흐르는 홍수 같이
강하고 힘이 센 자를 세차게 잡아
땅바닥에 내던지실 것이다.

3 에브라임의 술 취한 자들의 긍지,
그 교만의 면류관이 발에 짓밟힐 것이다.

4 기름진 골짜기 꼭대기에 자리 잡고
그 찬란한 아름다움을 뽐내며 쇠잔해가는 꽃은
추수 전에 잘 익은 무화과와 같아서
보는 자가 그것을 보고 얼른 따서 먹으리로다.

5 그날에 만군의 야웨께서
자기 백성의 남은 자들에게
영화로운 면류관이 되시며

아름다운 화관(花冠)이 되실 것이다.

6 그는 재판석에 앉은 자들에게
정의(正義)의 영이 되시며
성문에서 적군을 퇴각시키려고 애를 쓰는 자들에게
힘의 근원이 되실 것이다.

7 그리하여도 그들은 포도주에 취해 옆걸음치며
맥주를 퍼마시고 비틀거린다.
제사장들과 예언자들도 술에 취해 옆걸음치며
포도주에 취해 비틀거린다.
폭탄주로 말미암아 비틀거리니
환상들을 볼 때 헷갈리고
판결을 내릴 때 정작 오판을 내린다.

8 모든 상(床)들은 토한 것들을 뒤집어썼고
더러운 것이 가득하고 깨끗한 곳이 없구나.

9 "그는 도대체 누구에게 가르치는 것이며
도대체 누구에게 자기의 메시지를 설명하는 것인가?
젖을 뗀 어린아이들에게인가?
방금 엄마 젖을 뗀 자들에게 말하고 있는 것인가?

10 마치 아이들에게 '이렇게 해라', '저렇게 해라',
'이것은 이렇게, 저것은 저렇게',
'여기 조금, 저기 조금!' 하듯 말이야!"[1]

11 그러므로 이방인의 말과 생소한 언어로

하나님께서 이 백성에게 말씀하실 것이다.

12 전에 그들에게 이르시기를

"여기가 너희 안식의 장소다. 피곤한 자들아, 쉬어라."

그리고 "이곳이 너희가 편하게 누울 장소다"라고 했지만

그들이 듣지 않았다.

13 그래서 야웨의 말씀이 그들에게 임하여

"이렇게 해라, 저렇게 해라,

이것은 이렇게, 저것은 저렇게,

여기 조금, 저기 조금 하라"고 했더니

그들이 하겠다고 뒤뚱거리며 뒷걸음치다가

결국 넘어져 함정에 빠져 사로잡히게 될 것이다.

뒤를 돌아보며

새로운 단락이 시작되는 이사야 28장 해설에 들어가기 전에 이사야서의 거시 구조에 대해 잠시 돌아보는 시간을 갖겠습니다. 이사야서의 처음 부분(사 1-12장)은 주로 유다와 예루살렘의 우상 숭배 및 사회에 만연한 불의에 대한 통렬한 지적과 심판 선언을 다룹니다. 그다음에 이어지는 커다란 단락(사 13-23장)은 이른바 "열국 심판 신탁" 모음집으로 하나님의 심판이 유다와 예루살렘에만 머무르지 않고 이스라엘 주변의 모든 나라들(열국[列國])을 향해 확장되어간다는 사실을 보여줍니다. 그리고 유다에서 주변 모든 나라로 확대되는 하나님의 심판이 가진 원심력은 마침내 온 우주적 차원에서 절정을 이루는데 이사야 24-27장이 그런 주제를 다룹니다. 이 단락에서는 하나님의 주권적 심판과 궁극적 승리가 타락한 세상

나라들 전체를 향해 우주적 차원의 광대함으로 나타납니다. 그래서 학자들은 이사야 24-27장을 "이사야의 소 묵시록"이라고 부릅니다.

앞을 바라보고

우리가 이번 제4부에서 살펴볼 단락은 이사야 28-35장입니다. 앞서도 언급했지만 그다음에 이어지는 이사야 36-39장은 유다 왕 히스기야가 겪은 아시리아의 예루살렘 침공과 포위(기원전 701년) 및 그 여파로 인한 공황 상태를 묘사합니다. 이러한 큰 위기를 앞둔 이사야 "28-35장의 내용 중 많은 부분은 유다의 존재 자체를 위협하는 이 위대한 역사적 순간에 이르기 전의 예비 단계"를 묘사합니다.[2] 즉 이 단락은 유다와 이스라엘의 추한 몰골을 다양한 각도에서 여과 없이 폭로하며 심판과 재앙을 예고합니다. 특히 국제 무대에서 정치의 균형추를 쥐고 막강한 군사력을 과시하는 이방 나라들—예를 들어, 아시리아와 애굽—을 신뢰하고 의지하는 유다와 이스라엘의 모든 정책적 어리석음을 만천하에 드러내며 비웃습니다.

"아이고!" 단락들

이사야 28-35장에는 예언서에 나타나는 독특한 문학적 형식인 "아이고!" 단락이 6개나 등장합니다. 그중 5개는 유다와 이스라엘을 향한 예언자의 탄식을 담고 있습니다. 영탄사 "아이고!"—우리말로는 종종 "화 있을지어다!", "슬프도다!", "재앙이 있으리라!" 등으로 번역된다—로 시작하는 6개의 단락을 정리하면 다음과 같습니다.

① 술 취한 지도자들을 향한 예언자의 저주: "아이고! 에브라임의 거

만한 술꾼들아!"(사 28:1-13)

② 다윗의 도시인 예루살렘을 향해 직격탄을 퍼붓는 예언자의 불행 선언: "아이고! 아리엘아, 아리엘아!"(사 29:1-14)

③ 하나님을 우습게 여기는 자들의 어리석음을 질타하고 불행을 선언함: "아이고! 실천적 무신론자들아!"(사 29:15-24)

④ 완고하고 고집스러운 민족을 향해 내뱉는 예언자의 재앙 선언: "아이고! 반역하는 자식들아!"(사 30:1-17)

⑤ 애굽에 의존하여 살아남으려는 백성들과 지도자들을 향한 예언자의 탄가: "아이고! 애굽으로 내달리는 자들아!"(사 31:1-3)

⑥ 오만방자한 아시리아 제국을 향한 예언자의 마지막 치명적 일격: "아이고! 파괴당한 적이 없는 파괴자여!"(사 33:1-13)

히브리어 문법에 따르면 영탄사인 "호이"(아이고!) 바로 다음에는 대부분 분사(participle) 형태의 단어가 뒤따릅니다. 문법적으로 분사는 동사의 변형으로서 보통은 형용사적 역할을 하는데 히브리어에서는 일종의 명사로 쓰이기도 합니다. 예를 들어 "사랑하는 이"를 표현할 때 "사랑하다"라는 동사의 분사 형태를 사용하면 되는 것입니다. "아이고!"에 뒤따르는 분사의 원형은 슬픔과 화와 재앙을 초래한 원인이 무엇인지 알려줍니다.

독자들은 예언자가 이러한 독특한 문학 양식을 동원하여 심판을 선포하면 "아이고"에 뒤따라 나오는 호격(呼格) 명사—원래는 동사에서 파생된 분사다—에 주의를 기울여야 합니다. 그래야 재앙과 불행의 원인이 무엇인지를 쉽게 파악할 수 있습니다. 앞서 다룬 "아이고!" 단락들이 질타한 대상들(호격 명사)을 다시 기억해보십시오. 그리고 하나님의 재앙이 임하는 그들이 도대체 어떤 자들인지를 자세히 살펴보십시오. 그들은 혹시 우리 모습을 반영하는 거울이 아닙니까?

①“에브라임의 거만한 술꾼들아!”
②“아리엘아, 아리엘아!”
③“실천적 무신론자들아!”
④“반역하는 자식들아!”
⑤“애굽으로 내달리는 자들아!”
⑥“파괴당한 적이 없는 파괴자여!”

술에 의지해 흥청망청 살아가는 거만한 자들, 겉모습과 다르게 마음속으로는 하나님을 인정하지 않는 자들, 하나님께 반역하는 마음을 품는 자들, 하나님 대신 세상의 막강한 세력에 의지하는 자들, 하나님이 주신 힘을 사용해 다른 사람들 위에 군림하는 자들, 그들에게는 분명히 불행과 재앙이 닥칠 것입니다.

술 취한 세상

예언자 이사야의 재앙 선언은 유다 왕국과 떼어놓을 수 없는 북이스라엘(에브라임)의 어리석음에 대한 질타로 시작됩니다. 북이스라엘은 술 취한 자가 비틀거리듯이 자아도취에 빠져 판단력을 상실하고 이 나라 저 나라를 기웃거렸습니다. 이런 추한 모습을 보며 예언자는 장탄식을 쏟아 냅니다.

먼저 북이스라엘의 수도인 사마리아를 겨냥한 재앙 선언 메시지를 살펴보겠습니다(사 28:1-6). 이사야 28:1-4에는 비슷한 의미의 어휘들이 여러 차례 등장합니다. “뽐내다”, “긍지와 자긍”, “교만의 면류관”, “교만의 성”, “기름진 계곡”, “꽃과 무화과” 등입니다. 이런 단어들은 자신의 업적을 자랑하며 스스로 부추기는 인간의 자아도취를 묘사합니다. 요즘 말로 하면 "셀프 자랑"(self-importance)이라고 할 수 있습니다.

보통 사람들은 모든 것이 잘되어 번성하고 풍요롭게 되면 우쭐해지기 마련입니다. 그리고 오랜 시간을 우쭐하다 보면 안하무인이 되어 아랫사람을 혹독하게 학대하는 폭력적인 사람이 되기 쉽습니다. 이에 대해 칼뱅은 "풍요와 충만은 잔학과 교만을 낳습니다. 우리는 대개 번영으로 말미암아 우쭐해져서 그것을 어떻게 절제 있게 사용해야 할지 잘 알지 못합니다"라고 지적했습니다. 그의 말대로 사마리아는 당장 코앞에 긴박한 위험이 닥쳤음에도 불구하고 지금의 번영에 도취해 임박한 재앙을 인식하지 못했습니다. "그들은 번영으로 말미암아 마치 자신들이 온갖 위험에서 완전히 벗어나 있는 것처럼 생각했으며 자신들이 하나님께 예속되어 있지도 않다고 생각할 정도가 되었던 것입니다."[3]

"하나님이 보우하사 우리나라 만세"를 외쳤던 나라, 하나님의 선택받은 나라임을 뽐내며 자만했던 북이스라엘과 남유다는 앞서거니 뒤서거니 하면서 삐딱하게 걷고 있었습니다. 모두 주정뱅이처럼 비틀거렸습니다. 옛날이나 지금이나 이 세상에는 우리를 취하게 하는 영들(spirits)이 많이 있습니다. 취한 사람은 똑바로 걸을 수가 없습니다. 하나님만 의지해야 할 하나님의 백성들이 강대국의 눈치를 보며 이리저리 도움을 청하러 다녔습니다. 하나님의 가르침대로 정의롭게 살아야 할 거룩한 백성이 폭력과 착취와 억압과 향락과 불의로 얼룩진 삶을 살았습니다. 돈이나 권력이 있는 사람은 하나같이 교만했고 사회적 신분이나 지위가 높은 사람은 그것을 악용하여 "갑질"을 하며 남을 억압하고 자신의 이익을 챙겼습니다.

북이스라엘의 수도 사마리아는 향락의 메카가 되었고 그들이 쌓아놓은 재물은 그들을 교만하게 만들었습니다. "기름진 골짜기"(사 28:1)로 상징되는 물질적 풍요가 그들의 영적 시야를 가렸습니다. 유다와 북이스라엘은 함께 비틀거리며 술주정을 하는 언니와 동생 같았습니다. 오래전에 하나님은 모세와 여호수아에게 "너희는 좌로나 우로나 치우치지 말라"고 여러 차례 말씀하셨습니다. 하지만 성경을 통해 이스라엘의 역사를 살펴보면 그들이 얼마나 비틀거리며 걸었는지 잘 알 수 있습니다.

특히 하나님은 제사장이나 관료 같은 사회 지도층에 더 큰 책임을 물으셨습니다. 그들은 끊임없이 권력을 남용했습니다. 정의로워야 할 사법부는 뇌물을 받아먹고 판결을 굽게 했습니다. 이스라엘 안에도 "스폰서 검사"들이 꽤 많았던 모양입니다. 모범을 보여야 할 종교 지도자들도 더했으면 더했지 덜하지 않았습니다. 이사야 28:7은 "제사장들과 예언자들도 독주로 말미암아 옆걸음치며 포도주에 빠지며 독주로 말미암아 비틀거리며 환상을 잘못 풀며 결정을 내려야 할 때 실수를 하였다"라고 기록합니다.

일그러진 지도자들

오늘날에도 이와 비슷한 현상이 벌어지지는 않는지 생각해봅시다. 하나님의 백성을 하나님의 말씀으로 잘 인도해야 할 목회자들이 그들의 소명에 얼마나 충실한지 의심스럽습니다. 헛된 명예욕에 목말라하며 각종 단체장 자리를 탐하고 교인들을 도구 삼아 자기 이름을 높이려는 종교 지도자들이 얼마나 많습니까? 그들은 하나님 나라가 아니라 개인의 왕국을 세우기 위해 혼신의 힘을 다합니다. 생명의 말씀인 성경을 올바로 가르치기 위해서는 많은 시간을 연구와 기도에 힘써야 하는데 목회자의 본업 이외의 바깥일에 바쁜 자들이 성경을 제대로 읽을 시간이나 있는지 모르겠습니다. 그들은 성경을 목회자의 신념이나 프로젝트를 강화하기 위한 도구로 이용합니다. 성경을 아전인수격으로 해석하면서 교인들의 입맛에 맞추기 위해 해로운 조미료를 얼마나 많이 집어넣는지 모릅니다. 그들에게는 올바른 도덕적·윤리적 결정을 내릴 수 있는 영적 분별력이 없습니다. 겉으로는 모두가 쉬쉬하지만 그런 지도자들이 얼마나 큰 실수를 반복하는지 알 만한 사람은 다 압니다. 그들에게는 틀림없이 재앙과 저주가 임할 것입니다(사 28:11-13).

영적 분별력을 상실한 채 향락에 빠진 사회·종교 지도급 인사들은 이스라엘과 유다의 문젯거리 자체였습니다. 사마리아의 재판관들과 정치 지도자들은 물론이고 예루살렘의 제사장들과 예언자들도 그런 부류의 사람들이었습니다. 특별히 당시 예루살렘의 종교 지도자들은 일반 평신도들로부터 존경을 받으며 많은 혜택을 누렸음에도 불구하고 자신들이 누리는 종교·사회적 특권을 당연시하며 때론 권력을 남용했습니다. 이는 오늘날 지성적으로나 도덕적·인격적으로 도무지 자격이 안 되는 사람들이 신학교에 들어가 전도사, 강도사, 목사 자격증(?)을 받은 후 종교 제도권에 편입하여 기득권층으로 행세하며 온갖 세속적 명예와 존경과 물질적 보상을 추구하는 모습과 다르지 않았습니다. 예언자 이사야 당시에도 싸구려 종교인들이 많았던 것입니다. 그들에게 이사야는 풍자 섞인 직격탄을 날립니다.

> 재판관들은 포도주에 취해 엱걸음치고 비틀거린다. 제사장들과 예언자들 역시 술에 취해 비틀거리며 갈지자걸음을 걷는다. 환상을 볼 땐 헷갈리고 판결을 내릴 땐 틀림없이 오판을 한다(사 28:7-8).

이사야는 그들에게 비틀거리지 말라고 직언합니다. 이리저리 잔머리를 굴리지 말고, 꼼수를 부리며 나라를 이상한 곳으로 이끌어 가지 말고, 오로지 역사의 주관자이신 한 분 하나님의 계획과 뜻에 복종하라고 요청합니다. 하지만 그들은 술에 취한 채 주절거리며 이사야의 설교에 대해 거부 반응을 보입니다. 그들의 빈정대는 소리를 들어보십시오. 취중유골(?)이라더니 술에 취해 있으면서도 자기들 입장을 분명하게 밝힙니다.

> 도대체 당신이 뭔데 우리를 가르치려 드는 거야? 우리를 장기판의 졸로 보는 거야? 우리를 유치원생처럼 생각하는 거야? 우리를 젖 뗀 아기 취급하는 거야? 우리에게 "이렇게 해!", "저렇게 해!", "이건 이렇게, 저건 저렇게 하라"고 하는데 참 기가 막히네! 왜 그렇게 횡설수설하는 거야?(사 28:9-10)

그들은 이사야의 설교가 매우 단조롭고 투박해 초등학생 수준도 안 된다고 평가합니다. 이는 당시 사람들이 하나님의 말씀을 대하는 태도를 잘 보여주는 장면입니다. 그 시대 영성의 현주소가 바로 그만큼이었습니다. 고도의 정치 논리와 시대 정신으로 무장한 사람들에게 예언자의 순수한 메시지는 유치원생을 가르치는 말처럼 들렸을 것입니다. 하나님의 말씀을 가감 없이 전하는 예언자 이사야의 메시지는 단순하고 직설적이었으며 외교적 수사나 고단수의 정치적 계책이 깔려 있지 않았습니다. "야웨 하나님의 계획에 순복하십시오! 하나님을 신뢰하십시오! 세상적인 줄타기나 정치적 계략으로 난관을 헤쳐나갈 생각은 아예 하지 마십시오!"라고 외치는 그의 메시지는 청명한 가을 하늘만큼이나 투명하고 분명했습니다. 이리저리 재지 않는 단순한 믿음만 있으면 어린아이라도 알아들을 수 있는 쉬운 내용이었습니다. 예수님도 어린아이의 순박한 신앙이 아니고서는 누구도 하나님 나라에 들어갈 수 없다고 말씀하시지 않았습니까?

하나님은 이처럼 추접스러운 예루살렘의 영적·도덕적·신앙적 타락상을 그냥 묵과하실 수 없었습니다. 예루살렘의 지도자들은 하나님이 안 계신 것처럼 오만방자하게 행동하며 자신들이 쌓은 업적과 성취에 스스로 취해서 하늘 높은 줄 모르고 거만하게 굴던 사마리아의 지도자들과 별반 다르지 않았습니다. 하나님의 눈에는 북이스라엘이나 남유다나 오십보백보였습니다.

정의가 실현되는 세상이 오기를

하나님의 심판은 반드시 임합니다. 그 이유는 하나님이 정의로우신 분이기 때문입니다. 하나님께 심판받을 자들의 운명은 도살을 위해 살찌운 돼지나 추수의 날을 위해 준비된 잘 익은 무화과와 같습니다. 표면적으로 모든 것이 잘되고 번영하고 성공하는 것처럼 보이는 사람도 하나님이 심판하시면 별수 없습니다. 멱 딴 돼지가 울부짖듯이, 잘 익은 무화과가 한 입에 삼켜지듯이, 모래 위에 세워진 성채가 광풍과 폭우에 붕괴하듯이, 찬란하도록 아름다운 꽃이 사막 바람에 쇠잔해지듯이 심판을 받을 수밖에 없습니다.

우리는 반드시 정의를 실현하시는 하나님을 믿어야 합니다. 우리는 정의가 실현되지 않는, 사필귀정이 이루어지지 않는 세상에 익숙해지면 안 됩니다. 하나님 나라의 도래를 믿는다는 것은 궁극적으로 모든 일에 하나님의 정의가 실현된다는 것을 믿는다는 뜻이기도 합니다. 하나님의 정의가 실현될 때, 하나님은 당신의 신실하심에 삶의 모든 것을 걸었던 이들에게 "영화로운 면류관"과 "아름다운 화관"이 되실 것입니다(사 28:5). 하나님이 아닌 그 어떤 것도 그리스도인들의 궁극적 면류관이 될 수 없습니다. 많은 사람이 자랑스러워하며 긍지를 갖는 학벌이나 재물, 잘난 자식이나 성취, 어떤 업적이나 명성도 그리스도인들에게는 부차적일 뿐입니다. 그런 것들은 한때 위용을 자랑하지만 결국 쇠잔해버릴 사마리아의 성채이며 잠시 번성하다가 추수 때에 황량하게 변해버릴 계곡의 포도원입니다. 영원하신 하나님만이 "남은 자들"의 영원한 면류관이 되실 것입니다. 여기서 남은 자들이란 모든 시련의 터널을 지나고 고난의 화덕을 통과한 신자들입니다.

한편 예언자 이사야는 자신이 전하는 메시지에 고집스럽게 반대하며 빈정대는 말투로 그 메시지를 우습게 만든 종교 지도자들과 백성들에게 다음과 같이 말합니다. "하나님께서 너희들에게 더듬는 입술과 다른 방언으로 말씀하실 것이다"(사 28:11). 이는 유치원생 가르치듯이 하지 말라는 그들의 비난에 어울리는 대답이었습니다. 독일성서공회는 이를 "하나님은 정복자들의 혀짤배기소리로, 너희들이 못 알아듣는 외국어로 말씀하실 것이다"라고 해설했습니다. 쉽게 말하면 외국어를 사용하는 민족(여기서는 아시리아)이 쳐들어와 그들을 어린애들 다루듯이 함부로 다룰 것이라는 말씀입니다. 이 말씀처럼 하나님은 실제로 아시리아와 바벨론 같은 외국 군대를 심판의 도구로 삼아 유다와 예루살렘을 심판하셨습니다.

비틀거리는 세상에서 올곧게 똑바로 걸어가십시오. 세상이 권하는 술에 현혹되지 마십시오. 성공과 번영, 향락과 세속적 즐거움이라는 술잔을 멀리하십시오. 온갖 위장된 형태로 다가오는 달콤한 유혹에 영혼을 팔지 마십시오. 심지어 위협과 재난의 와중에라도 흔들리지 마십시오. 신체의 질병, 사업의 실패, 관계의 깨어짐 가운데서도 하나님의 권능과 돌보심의 손길을 신뢰하십시오. 하나님은 그런 믿음을 가진 이들을 보호하셔서 적 앞에서도 안식과 안전을 누릴 수 있게 하실 것입니다. 원수들이 보는 앞에서 진수성찬의 식탁을 차려주시는 하나님을 신뢰하십시오(시 23:5). 오직 주님만으로 만족하고 그분의 말씀 안에서 참된 기쁨과 즐거움을 발견하십시오.

기도 주님, 혼탁한 세상에서 넘어지지 않도록 영적 분별력을 선물로 주옵소서. 아멘.

제41강

견고한 반석 위에

이사야 28:14-29

"이 모든 것이 만군의 야웨께로부터 난 것이다.
그분의 계획은 기묘하며 그분의 지혜는 광대하다"(사 28:29).

28:14 그러므로 예루살렘에서 백성을 다스리는 너희들아!

빈정대며 조롱하는 너희들아! 야웨의 말씀을 들어라.

15 너희가 거들먹거리며 말하기를 "우리는 사망과 언약을 맺었고

스올(陰府)과 약정하였으니

넘치는 재앙이 밀려올지라도

우리를 건드리지 못할 것이다.

우리는 거짓을 우리의 피난처로 삼았고

기만 아래에 우리를 숨겼다" 하는구나.

16 그러므로 주 야웨께서 이같이 말씀하신다.

"보라! 내가 돌 하나, 즉 시험한 돌을 시온에 놓아

아주 단단한 초석과 귀한 모퉁잇돌이 되게 하였다.

그것을 신뢰하는 사람은

공황(恐惶) 상태에 이르지 아니할 것이다.

17 그러나 나는 정의를 측량줄로 삼고

공의를 저울추로 삼을 것이다.

우박이 너희 피난처, 곧 거짓을 쓸어 갈 것이며

홍수가 네 숨은 곳을 덮칠 것이다.

18 사망과 더불어 세운 너희 언약이 폐기되며

스올과 더불어 맺은 약정이 서지 못하여

큰 재앙이 밀려올 때

너희가 그것에게 밟힘을 당할 것이다.

19 그것이 지나갈 때마다 너희를 낚아채 가리니

아침마다 지나가며 주야로 휩쓸고 갈 것이다."
이 소식을 깨닫게 되면
섬뜩한 두려움이 몰려올 것이다.

20 침대가 너무 짧아서 능히 발을 쭉 펴지 못하고
이불이 너무 좁아서 능히 몸을 싸지 못함과 같다!

21 야웨께서 브라심 산에서처럼 일어나실 것이며
기브온 골짜기에서 진노하셨던 것처럼[1]
자기의 일을 행하시리니 그의 일이 비상할 것이며
자기의 임무를 이루시리니 그의 임무가 기이할 것이다!

22 그러므로 이제 너희는 조롱을 멈추어라.
그렇지 않으면 너희 결박이 더욱 단단해질 것이다.
야웨, 만군의 하나님이 내게
온 땅을 멸망시키기로 작정하셨다는 사실을 말씀하셨다.

23 너희는 귀를 기울여 내 목소리를 들어라.
자세히 내 말을 들어라.

24 파종하려고 밭을 가는 자가 어찌 쉬지 않고 갈기만 하겠느냐?
어찌 땅을 뒤엎고 고르게만 하겠느냐?

25 지면을 평평히 고르게 하였으면
소회향(小茴香)과 대회향(大茴香)을 뿌려야 하는 것이 아니냐?
밀을 줄줄이 심으며
보리(대맥[大麥])를 정한 곳에 심으며
귀리를 그곳에 심어야 하는 것이 아니냐?

26 그들의 하나님이 그들에게 지시하시고
그들에게 적당한 방법을 가르치신다.

27 소회향은 도리깨로 떨지 아니하며
대회향은 수레바퀴를 굴려 깨부수지 않는다.
소회향은 작대기로 떨고
대회향은 막대기로 떤다.
28 빵을 만들기 위해서는 곡식을 갈아야 한다.
누구도 곡식을 계속해서 떨기만 하지 아니한다.
수레바퀴들이 곡식 위를 밟고 넘어갈 수는 있지만
말발굽으로 밟아 부수지는 아니한다.
29 이 모든 것이 만군의 야웨께로부터 난 것이다.
그분의 계획은 기묘하며
그분의 지혜는 광대하다.

오만방자한 지도자들

어느 사회든 지도층이 부패하거나 잘못되면 그 불행한 결과는 꼬박 아래 사람들에게 전가되기 마련입니다. 국가 지도층의 정책 설정이나 방향 제시가 잘못되면 나라 전체는 이상한 곳을 향하여 항해하다가 결국 예상치 못한 암초에 부딪혀 파선하거나 침몰하고 맙니다. 이런 이유로 하나님의 말씀을 전하는 예언자들의 질타와 비난은 대부분 거짓된 종교인들과 사회의 기득권층을 형성하는 사람들을 향합니다. 거짓 예언자들과 구태의연한 제사장들, 불의하게 권력을 휘두르는 벼슬아치들과 뇌물을 받고 판결을 굽게 하는 법조인들이 거기에 해당했습니다. 기원전 7세기경 예루살렘에서 활동했던 예언자 스바냐의 탄식을 들어보십시오.

예루살렘 성 가운데 방백들은 부르짖는 사자요, 그의 재판장들은 이튿날까지 남겨두는 것이 없는 저녁 이리요, 그의 예언자들은 경솔하고 간사한 사람들이요, 그의 제사장들은 성소를 더럽히고 율법을 범하였도다(습 3:3-4).

유진 피터슨은 이를 다음과 같이 풀어서 소개했습니다.

그곳의 지도자들은 탐욕스러운 사자요, 재판장들은 아침마다 사냥감을 찾아 어슬렁대는 탐욕스러운 이리 떼다. 예루살렘의 예언자들은 이득을 찾아 달려든다. 그들은 기회주의자들, 믿을 수 없는 자들이다. 제사장들은 성소를 더럽힌다. 그들은 하나님의 법을 도구 삼아 영혼을 불구로 만들어 죽인다.[2]

정치와 종교가 하나로 돌아가던 고대 이스라엘 사회에서는 종교 지도자인 예언자들과 제사장들의 영향력이 클 수밖에 없었습니다. 그들은 궁중에까지 영향을 미쳤으며 왕과 관료들은 그들로부터 배운 신앙관에 따라 행동하곤 했습니다. 거짓 예언자들의 영향력이 얼마나 컸는지가 이번 본문의 첫 문단(사 28:14-15)에 유감없이 드러나 있습니다. 예루살렘의 지체 높으신 분들은 참된 예언자 이사야가 전하는 하나님의 말씀에 대해 조롱 섞인 어투로 빈정거렸습니다. 그들이 뭐라고 하며 거들먹거렸습니까? "죽음도 패배도 재앙도 우리를 이기지 못할 것이다! 왜냐하면 우리는 이미 사망과 스올(음부)과 상호 불가침 조약을 맺었기 때문이다"라고 하지 않았습니까? 이게 얼마나 오만방자한 망언입니까? 죽고 사는 일이 자기들 마음대로 된다는 말이 아닙니까? 이미 앞선 단락(사 28:1-13)에서 예언자 이사야는 예루살렘 성에 임할 심판의 당위성과 긴급성에 대해 이야기했습니다. 그런데 그들에게는 그런 선포가 우이독경(牛耳讀經)이요, 마이동풍(馬耳東風)이었습니다. 쉽게 말해 쇠귀에 경전을 읽는 격이요, 말귓등에 스쳐 가는 바람 소리처럼 여겨졌다는 것입니다.

그런데 이는 비단 옛날 유다와 이스라엘에만 국한된 문제가 아닙니다. "우리는 절대로 몰락하지 않을 거야"라고 큰소리치며 사는 권력가들, 하나님께 빈정대며 조롱 섞인 말을 내뱉는 불경건한 자들이 오늘날도 교회와 사회 안에 얼마나 많이 있는지요! 그들은 "우리는 이미 죽음과 상호 보호 조약을 맺었거든! 그러니 재앙과 불행은 우리와 아무 상관이 없어!" 하며 냉소적으로 말하는 자들입니다. 자신들의 권력과 힘을 믿고 하나님을 우습게 여기는 오만불손한 그들은 "거짓"과 "사기"를 자신들의 보호막과 은신처로 삼습니다. 그들의 입에는 언제나 허풍과 위증과 기만이 진을 치고 있습니다. 외형적으로 볼 때 그들은 성공한 사람들이었습니다. 비록 부정하고 간사한 방법을 사용했지만 재물을 모으고 권력의 사닥다리에 올라 정상에 선 그들은 대다수 사람에게 선망의 대상이었습니다. 보통 사람들은 겉으로는 그들을 욕하고 비난하면서도 속으로는 그들을 부러워했습니다.

제동장치가 고장 난 자동차처럼 예루살렘은 멸망으로 치닫고 있었습니다. 예루살렘에서 정의니 공의니 하는 말은 사라진 지 이미 오래였습니다. 아무도 그런 말을 화두로 삼지 않았습니다. 그 대신 성공과 번영, 권력과 돈, 주식과 투자, 출세와 명예 같은 용어들이 마음 편한 대화 주제였습니다. 그런 사회나 나라, 그런 교회나 가정이 오래 이어질 수 있을까요? 혹시 거품 가정, 거품 교회, 거품 학교, 거품 사회, 거품 국가는 아닌가요? 거품만 있고 실제 기초는 없으니 거품이 빠져버리면 텅 빈 실체가 드러나지 않을까요?

반석 위에 세운 도시

그렇다면 이스라엘과 유다는 어디에 기초를 두어야 한다는 말입니까? 특히 왕과 고위 관료 같은 정책 입안자들은 어떤 기초 위에 예루살렘 사회를 세워야 할지 정확히 알아야만 했습니다. 잔머리를 굴리는 외교 정책으로 강대국의 비위를 맞추거나 강성대국을 목표로 군사력을 키운다고 나라가 든든히 서는 것이 아니었습니다. 그들이 늘 기억해야 할 단순한 진리는 하늘과 땅을 지으신 창조주시며 역사의 주인이신 야웨 하나님과 그분의 말씀을 신뢰해야 한다는 것이었습니다. 더 나아가 예루살렘은 하나님이 알아서 관리하고 보호하신다는 사실을 믿어야만 했습니다.

우리의 가정과 교회, 사회와 국가도 마찬가지입니다. 크기나 숫자, 유명세나 세속적인 성공을 기준으로 두면 안 됩니다. 하나님은 당신의 백성이 거하는 나라와 도시가 견고한 반석 위에 세워지기를 바라시며 "내가 한 돌을 시온에 두어 기초로 삼았으니, 곧 테스트를 통과한 돌이요, 귀하고 견고한 기초 돌이다. 그것을 믿는 이는 당황하거나 황망하지 않게 될 것이다"(사 28:16)라고 말씀하셨습니다. 여기서 "한 돌", 즉 "귀하고 견고한 기초 돌"이 무엇일까요? 그것은 다름 아닌 하나님의 **정의**와 **공의**입니다(사 28:17). 하나님의 성으로 알려진 예루살렘은 정의와 공의라는 귀중하고 고귀한 초석, 흔들리지 않는 반석 위에 세워져야만 했습니다.

오늘날 하나님의 백성이 이루는 가정과 교회, 사회와 국가도 마찬가지로 정의와 공의를 기초로 삼아야 합니다. 하나님은 정의와 공의를 기준으로 우리의 개인적인 삶과 공동체적 삶을 측정하고 평가하십니다. 만일 가정이나 교회, 사회나 국가가 정의롭지 못하고 공의를 추구하지 않는다면 하나님은 그것들을 무너뜨리실 것입니다. 우리는 정의와 공의의 기초 위에 우리의 삶을 건축해나가야 합니다.

세 가지 돌

성경은 신앙 주제를 설명할 때 종종 건축 용어들을 빌려 씁니다. 그중에는 "돌"과 관련된 비유들도 여럿 있습니다. 돌은 고대 근동에서 왕궁이나 성처럼 웅장한 건물을 건축할 때 사용되는 중요한 자재였습니다. 그리고 그런 돌 중에서 특별한 돌이 3가지 있었습니다. 첫째, 건물의 기반이 되는 주춧돌(초석[礎石], foundation stone)입니다. 둘째, 건물의 벽과 벽이 만나는 귀퉁이에 쓰는 돌, 즉 모퉁잇돌(cornerstone)입니다. 셋째, 아치형 성문을 만들 때 맨 마지막으로 꼭대기에 꽂아 넣는 머릿돌(삿갓 돌, 관석[冠石], capstone)입니다.

여기서 소개한 순서는 성이나 왕궁이 지어져 가는 순서와도 관련이 있습니다. 성이나 왕궁을 지을 때는 먼저 기초 공사를 잘해야 합니다. 크고 평평한 반석을 주춧돌로 삼아 그 위에 기둥을 올려야 합니다. 그다음 건물의 벽들을 세웁니다. 벽들은 대부분 "ㄱ"자 형태로 만나는데 벽과 벽이 만나는 지점에서 두 벽을 단단히 연결해줄 돌이 필요합니다. 이 돌이 바로 모퉁잇돌입니다. 그리고 건물이나 성의 방어막 역할을 하는 벽 가운데에 안으로 들어가는 문을 내야 합니다. 아치형 문을 만들기 위해서는 정교하게 다듬은 돌을 양쪽 편에서 쌓아 올리다가 좌우가 최종적으로 만나는 지점에 마지막 한 개의 돌을 박아 넣어야 합니다. 이로써 건축이 완성되는데, 마치 화룡점정(畵龍點睛) 하듯이 장엄한 건축물을 완성시키는 이 마지막 돌 하나가 바로 머릿돌, 삿갓 돌이라 부르는 관석(冠石)입니다.

하나님의 왕국과 도성

하나님이 시온에 단단한 초석과 귀한 모퉁잇돌을 놓으셨다는 말씀은 하나님의 왕국 사상과 연결됩니다. 즉 유다와 예루살렘은 하나님이 이 땅에 세우신 모형론적 왕국으로서 특별한 의미를 지닙니다. 유다와 예루살렘은 하나님이 친히 세우신 하나님의 왕국으로서 하나님의 가르침에 기초를 두어야만 합니다. 구약성경의 첫 다섯 권인 오경을 가리키는 히브리어 "토라"는 종종 "율법"(law)으로 번역되지만 실제로는 "가르침"(teaching, instruction)이라는 뜻입니다. 이 토라는 하나님의 백성이 꼭 알아야만 하는 내용을 담고 있는 일종의 국정 운영 요람으로, 이스라엘이 주권 국가로서 이웃 나라들과 다르게 살아가야 함을 알려주었습니다. 유다와 예루살렘은 하나님의 왕국으로서 헌법과 같은 역할을 하는 토라에 따라 운영되어야 했습니다.

모세가 죽은 후에 그의 후계자 여호수아에게 지도권을 이양하면서 야웨 하나님은 이렇게 말씀하셨습니다.

> 오직 강하고 극히 담대하여 나의 종 모세가 네게 명령한 그 율법[토라]을 다 지켜 행하고 우로나 좌로나 치우치지 말라. 그리하면 어디로 가든지 형통하리니 이 율법[토라] 책을 네 입에서 떠나지 말게 하며 주야로 그것을 묵상하여 그 안에 기록된 대로 다 지켜 행하라. 그리하면 네 길이 평탄하게 될 것이며 네가 형통하리라(수 1:7-8, 개역개정).

이스라엘이 주변 국가와 다른 이유는 토라에 있었습니다. 토라—하나님의 가르침, 하나님의 말씀—는 하나님 나라의 초석으로서 백성들은 그 위에 건물을 짓듯 서로 연합하여 하나님 나라를 만들어가야 합니다. 하나님의 백성 한 사람 한 사람이 살아 있는 돌로서 서로 어깨를 맞대며 연합하여 한 건물로 지어져 가는 것입니다.

건물을 짓다 보면 이쪽 담벼락과 저쪽 담벼락이 연결되는 모서리에 반드시 필요한 돌이 있습니다. 담벼락을 연결하는 모퉁잇돌입니다. 하나님의 백성이 참된 신앙 공동체를 이루기 위해서는 모퉁잇돌 역할을 감당하는 사람이 많아야 합니다. 모퉁잇돌이 제 역할을 하면 건물의 벽들을 제대로 세울 수 있습니다. 집 모양이 드러나고 왕국에 필요한 각양 시설물들이 자리를 잡아갑니다. 도성 안에 왕궁과 집들이 다 건축될 때쯤이면 도성을 둘러싼 성곽도 완성되어갑니다. 적군의 침공을 막아줄 성곽 건설이 거의 마쳐지면 성으로 들어가는 성문이 완공을 기다립니다. 성문 건립의 절정은 쐐기 돌을 성문 중앙에 박는 것입니다.

이렇게 해서 왕국의 상징인 도성과 그 안의 가택들이 완성됩니다. 그리고 비로소 왕이신 하나님이 그 가운데에 좌정하십니다. 정의와 공의로 나라를 다스릴 왕의 등극 예식이 펼쳐지면 온 백성이 환호하며 찬양을 드립니다. 이런 모습으로 그려지는 환상이 바로 "하나님 왕국 환상"입니다. 예언자 이사야는 하나님의 통치가 임하는 것을 왕궁 건설이라는 모형을 빌려 설명한 것입니다. 여기서 주춧돌(초석), 모퉁잇돌(귀퉁이 돌), 머릿돌(삿갓 돌, 관석) 등은 다양한 역할을 가리키면서도 위대한 왕국 건설을 위한 필수적인 재료라는 점에서 공통점을 갖습니다.

정의의 도시, 평화의 도성

예루살렘은 언제나 정의와 공의 위에 세워져야 할 하나님의 도시였습니다. 예루살렘은 순결한 처녀처럼 언제나 올곧고 정의로움이 가득해야 하는 하나님의 도성이었습니다. 이름값대로라면 "샬롬의 도시"로서 "백성을 바르게 대하는 성읍", "참 푸른 성읍"이어야 했습니다(참조. 사 1:21-31). 그리고 그 도성을 이끌어가는 자 역시 "사람들을 겉모습으로 판단하지 않고, 풍문에 따라 판결을 내리지 않으며, 궁핍한 이들을 위해 의롭게 재판하고 땅 위의 가난한 자들을 위해 정의롭게 판결하는" 지도자, "공의로 그의 허리띠를 삼으며 성실로 그의 몸의 띠를 삼는" 왕이어야 했습니다(사 11:3-5).

뒤집어 말하면 하나님의 영에 이끌려 살지 못하는 지도자, 자신의 지혜를 믿는 지도자, 국제 관계의 군사·정치적 힘의 쏠림에 관심이 더 많은 지도자, 거짓 안보 보고서에 귀 기울이는 지도자, 간신들과 책사들에게 휘둘려 올바른 판단을 내리지 못하는 지도자, 권력이 있다고 어깨에 힘을 주며 거들먹거리는 모략꾼들을 각료와 참모와 신하로 둔 지도자 등 이런 지도자가 있는 나라와 도시는 모래 위에 세운 집과 같아서 바람이 불고 창수가 터지면 그 무너짐이 심하리라는 것입니다(마 7:27). 설교자 이사야는 하나님을 대신하여 이렇게 일갈합니다.

> 우박과 폭우가 너희 피난처, 즉 거짓과 기만이라는 피난처에 숨어 있는 너희를 덮칠 것이고, 전무후무한 재앙에 짓밟힘을 당하게 될 것이다(사 28:17-18).

오만하기 그지없이 하나님을 우습게 여기는 자들, "우리는 하나님 없이도 충분히 잘살 수 있어! 우리는 잘해낼 수 있어!"라고 거침없이 말하는 자들에게 하나님은 절대로 모욕당하지 않으실 것입니다. 하나님은 당신의 평판과 명예를 축내는 자들을 좌시하지 않으실 것입니다. 유다와 이스라엘은 그들의 역사를 잊지 말고 기억해야 합니다. 예전에 하나님은 브라심 산에서 블레셋을 흩어버리셨습니다(참조. 삼하 5:20). 이제는 하나님이 자기 백성 유다를 그렇게 흩어버리겠다고 경고하십니다. 예전에 하나님은 기브온 골짜기에서 우박을 쏟아부어 아모리 사람들을 박살 내셨습니다(참조. 수 10:10-13). 이제는 하나님이 유다와 예루살렘을 그렇게 파쇄하겠다고 말씀하십니다. 하나님이 이를 자신의 임무처럼 생각하시니 유다와 예루살렘은 하나님께 잘못 걸려든 셈입니다. 미국 대각성 운동의 주창자였던 조나단 에드워즈(Jonathan Edwards)의 유명한 문구처럼 "하나님의 진노의 손에 빠지는 것이 얼마나 두려운지요!" 하나님의 작정에 걸려들면 누구도 빠져나올 수 없을 것입니다(사 28:22).

농부의 지혜와 하나님의 지혜

설교자 이사야는 밭농사 비유를 통해 어리석은 유다의 지도자들과 백성들에게 "하나님의 계획의 기묘함과 그 지혜의 광대함"에 대해 설파합니다(사 28:23-29). 그는 당시 팔레스타인의 농부들이 밭농사 짓는 과정을 어린아이에게 하듯이 차근차근 들려줍니다. 농부들은 농사지을 밭을 갈아엎기 위해 쟁기질을 하고 큼직큼직한 흙덩이를 부수기 위해 써레질을 합니다. 땅을 고른 후에는 파종을 합니다. 소회향과 대회향 씨를 뿌리고 밀과 보리와 귀리를 심습니다. 농부들은 언제, 어떻게, 어디에, 무엇을 해야 할지 잘 알고 있습니다. 그걸 어떻게 알게 되었을까요? 이사야는 하나님이 지시하고 가르쳐주셨기 때문이라고 말합니다(사 28:26, 29).

이사야가 농사짓는 일에 관해 말하는 이유는 분명합니다. 순진하고 많이 배우지 못한 농부들도 경험을 통해 하나님이 만들어놓으신 자연법칙을 터득해서 농사를 짓는데, 어찌하여 좀 더 배우고 유식하다고 거들먹거리는 정부의 관료들과 엘리트 그룹은 어리석게도 하나님의 가르침을 못 알아듣느냐고 질타하는 것입니다. 본 단락의 농부 이야기는, 재앙이 몰려오는데도 아무 일도 없을 것이라고 스스로 기만하는 어리석은 자들(사 28:14)에 대한 강도 높은 우회적 비판인 셈입니다. 이에 대한 칼뱅의 평을 살펴보겠습니다.

설마 그분이 당신의 일을 알맞게 다룰 줄 모르시겠는가? 하나님이 심판하실 때를 알지 못하시겠는가? 언제 백성을 갈아엎어야 하는지, 다시 말해서 언제 써레질을 해야 하는지, 또는 언제 타작해야 하는지, 무슨 채찍이나 어떤 종류의 징계로 내리쳐야 하는지, 요컨대 어느 것이 그때 그 사람에게 가장 어울릴지를 모르시겠는가? 우주 만물에 본연의 질서를 부여하신 분이 어찌 이 모든 일을 올바로 다스리시지 않겠는가?[3]

누군가 공부를 많이 한 학자에게 가방끈은 짧지만 지혜로운 환경미화원을 대놓고 칭찬한다면 그 학자의 기분이 어떨까요? 이와 마찬가지입니다. 많이 배우지 못한 시골 농부도 24절기에 따라 제대로 농사를 짓는데, 예루살렘의 관료들은 때도 분별하지 못할 뿐만 아니라 설교자 이사야를 통해 선포된 하나님의 임박한 심판 메시지를 가볍게 넘겨버리니 기가 막힐 노릇이라는 것입니다.

여기서 이사야가 뜬금없이 농부의 지혜를 언급하는 것은 "하나님의 계획과 지혜"를 우습게 여기는 당대 예루살렘의 똑똑한—지혜롭다고 스스로 칭하는—자들을 질타하기 위함입니다. 따라서 차일즈(B. S. Childs) 박사의 의견대로, 농부의 지혜에 관한 이번 단락은 철저하게 "하나님 중심적"(theocentric)으로 해석해야 합니다. 즉 하나님의 계획과 경영과 지혜라는 관점에서 농부의 지혜를 이해해야 한다는 것입니다. 차일즈 박사의 의견을 정리해서 소개하면 다음과 같습니다.

예언자가 농사 비유를 언급한 이유는 철저하게 하나님 중심적(theocentric)이다. 이는 21절을 보면 자명해진다. "야웨께서 자기의 일을 행하시리니 그의 일이 비상하고 기이할 것이다!" 도시 사람들에게 농부의 농사짓는 절차는 때로 이상하거나 일관성 없어 보이겠지만, 그와 같이 야웨의 심판도 예루살렘의 유식한 자들에게는 너무 과격하고 격렬하고 일관성이 없어 보이겠지만, 사실은 그렇지 않다! 그 모든 일은 그분의 현명하고 지혜로우신 목적에 따라 진행된다![4]

그렇습니다! "야웨의 계획은 예루살렘의 모사들이나 정책 입안자들의 계획과는 판이합니다. 마치 '절대타자'(絶對他者, Geheel Andere, Absolute Other)의 의미를 지닌 야웨의 이름처럼 말입니다."[5] 다음 장을 다룰 때 소개하겠지만 예루살렘의 모사들이나 정책 입안자들은 술에 취하여 판단력을 상실한 자들이거나 앞을 보지 못하는 영적 맹인임이 틀림없습니다(참조. 사 29:9-11).[6]

오직 믿음으로

이제 우리는 아시리아의 침공으로 인해 심각한 위기에 처한 예루살렘의 미래가 엘리트 그룹인 정책 입안자들의 묘책이나 부국강병 정책에 달린 것도, 강대국의 군사 원조나 핵우산의 위력에 달린 것도 아님을 배우게 되었습니다. 시온의 백성들은 하나님이 시온에 놓으신 돌, 곧 시온의 초석이 무엇인지 알아야 합니다. 아무리 세찬 바람이 불고 폭풍우가 닥쳐와도 반석 위에 세운 집은 무너지지 않는다는 사실을 깨달아야 합니다. 예루살렘을 보호하고 구원하실 수 있는 분은 오직 하나님 한 분이십니다. 예루살렘을 지키고 구원하시겠다는 하나님의 신실한 약속을 믿는 자는 절대 흔들리지 않습니다(사 28:16).

히스기야의 선왕이었던 아하스 왕 때도 비슷한 위기가 있었습니다. 시리아와 북이스라엘이 동맹을 맺고 남유다를 침공했을 때 말입니다. 그때 남유다는 풍전등화처럼 위태로운 상황에 처했습니다. 그때도 설교자 이사야는 아하스 왕에게 찾아가 좌고우면(左顧右眄)하지 말고 오직 야웨 하나님만 의지하라고 촉구했습니다. 이사야는 "만일 너희가 굳게 믿지 아니하면 너희는 굳게 서지 못하리라"(사 7:9)라는 하나님의 말씀을 전해주었습니다. 이사야서에서 가장 중요한 말씀 가운데 하나인 이 말씀은 하나님을 믿으면 어떤 환난과 역경과 위기도 견뎌낼 수 있다는 뜻입니다. 그를 믿고 신뢰하면 결코 부끄러움을 당하지 않습니다. 믿음은 암울한 환경과 위기 앞에서도 하나님이 하늘과 땅을 지으신 전능한 분이시며 지금도 세상의 굴곡 많은 역사를 이끌어가시는 역사의 주권자이심을 믿고 신뢰하는 영혼의 힘입니다. 그래서 우리는 어려울 때 믿음을 달라고 하나님께 기도하는 것입니다. 찬송가 543장의 한 부분을 음미하며 불러봅시다.

어려운 일 당할 때 나의 믿음 적으나
의지하는 내 주를 더욱 의지합니다
세월 지나갈수록 의지할 것뿐일세
무슨 일을 당해도 예수 의지합니다

신약성경은 예수 그리스도가 영원한 반석이며 초석이고 모퉁잇돌이며 머릿돌이시라고 말씀합니다. 사도 바울은 두 번에 걸쳐 이사야 28:16을 인용해 예수님을 시온의 기초석이라고 부르면서 그를 "신뢰하고 믿는 자는 부끄러움을 당하지 아니할 것"(롬 9:33; 10:11)이라고 역설합니다. 사도 베드로 역시 이사야 28:16을 인용해 예수님을 "보배로운 산 돌"이라고 부르면서 그에게 나아가 그와 연합하는 자들이 영적 성전으로 지어져 가게 된다고 가르칩니다. 세례를 통한 그리스도와의 연합으로 말미암아 우리가 하나님이 거하시는 성전이 되어간다는 것입니다. 특이하게도 구약에서는 성전과 제사장과 제물이 각기 따로 존재하지만 신약에서는 그리스도와 연합한 신자들이 제사장인 동시에 성전이며 영적 제물이 됩니다(벧전 2:4-10). 우리가 매일 하나님께 우리 자신을 산 제물로 드려야 하는 이유가 여기에 있습니다.

> 내가 하나님의 모든 자비하심으로 너희를 권하노니 너희 몸을 하나님이 기뻐하시는 거룩한 산 제물로 드리라. 이는 너희가 드릴 영적 예배니라(롬 12:1, 개역개정).[7]

우리 신자들은 영원한 반석이신 예수 그리스도 위에 우리의 삶과 믿음을 세워나가야 합니다. 그렇지 않으면 무너짐이 심할 것입니다(참조. 마 7:24-27). 그분만이 우리의 피난처이자 반석이고 그늘이자 구원이십니다.

기도 지혜로운 자처럼 반석이신 예수 그리스도 위에 우리의 삶을 건축하겠습니다. 아멘.

제42강

마음이 떠난 사람들

이사야 29:1-14

"이 백성이 입으로는 나를 가까이하며 입술로는 나를 공경하나
그들의 마음은 내게서 멀리 떠났다"(사 29:13).

29:1 불행이로다! 아리엘이여, 아리엘이여!
다윗이 진을 쳤던 성읍이여!
매년, 매해
축제의 절기들은 돌아오겠지.
2 그러나 내가 아리엘을 괴롭게 하리니
아리엘이 슬퍼하고 애곡하며
내게 아리엘[제단의 화로]이 되리라.
3 내가 너를 사면으로 둘러싸 진을 치며
너를 에워싸 토성을 쌓고
너를 공략하기 위한 온갖 작전을 펼치리라.
4 결국 너는 비참하게 낮아져서 흙바닥에서 말할 것이며
네 말소리는 나직이 흙먼지에서 들릴 것이라.
네 목소리가 유령의 중얼거림처럼 티끌 속에서 들리며
흙더미에서 네 말소리가 속삭이듯 들리리라.

5 그러나 네 대적의 무리는 흙먼지 같겠고
그 폭도들은 바람에 날리는 겨와 같으리라.
순식간에 갑자기
6 만군의 야웨께서 찾아오시리니
그가 천둥과 지진과 거대한 굉음과
회오리바람과 폭풍과 맹렬한 불꽃을 동반하고 오시리라.
7 그때 아리엘을 치던 열방의 무리들,
곧 아리엘과 그 요새를 쳐서 에워싸던 열방의 폭도들은

하룻밤 꿈처럼 될 것이고
밤의 환상처럼 되리니

8 마치 굶주린 자가 꿈에 포식하였을지라도
깨어 보면 여전히 배가 고픈 것처럼
목마른 자가 꿈에 실컷 물을 마셨을지라도
깨어나면 피곤하여 여전히 목마른 것 같이
시온 산을 치는
열방의 폭도들이 그와 같으리라.

9 너희는 경악하고 놀랄지어다.
아무것도 보지 못하게 너희는 스스로 장님이 되어보아라.
그들이 취한 것은 포도주 때문도 아니고
그들이 비틀거림은 술 때문이 아니니라.

10 야웨께서 깊이 잠들게 하는 영을 너희에게 부어주사
분별해야 하는 선지자(先知者)들의 눈을 감기시고
멀리 내다보아야 하는 선견자(先見者)들의 머리들을 덮으셨음이라.

11 그러므로 너희에게 이 모든 환상은 두루마리 책 안에 인봉된 말씀들이다. 그것을 글 아는 자에게 주면서 말하기를 "제발 부탁이니 이것을 읽어주십시오"라고 하면 그들이 대답하기를 "그것이 봉해졌으니 나는 못 읽겠노라" 할 것이다. 12 아니면 그 책을 글 모르는 자에게 주면서 말하기를 "제발 부탁이니 이것을 읽어주십시오"라고 하면 그들이 대답하기를 "나는 글을 모릅니다"라고 할 것이니라.

13 주께서 말씀하신다.
"이 백성이 입으로는 나를 가까이하며

입술로는 나를 공경하나
그들의 마음은 내게서 멀리 떠났다.
그들이 나를 예배하는 것은
인간적 규칙들에 따라서 할 뿐이다.

14 그러므로 내가 기이한 일에 기이한 일을 더하여
이 백성을 아연실색하게 하리니
지혜자의 지혜가 없어지고
명철자의 총명이 사라지리라."

교회의 각종 집회는 신자들의 신앙을 북돋워주어 하나님을 올바로 예배하고 섬기게 하는 데 목적이 있습니다. 예배 의식이나 종교 행위들은 그 자체에 목적이 있지 않습니다. 또한 그런 예식과 집회에 열심을 낸다고 해서 일등 교인이 되는 것도 아닙니다. 새벽기도, 성경 공부, 구역 예배, 십일조 생활, 주일성수와 같은 일들이 우리에게 종교적 훈장이 되어서는 안 됩니다. 또한 다른 사람에 대해 우월감을 느끼게 하거나 연약한 신자를 정죄하는 기준이 되어서도 안 됩니다. 모든 신앙 행위와 교회 활동은 하나님 앞에서 우리를 겸손하게 하고 하나님만을 삶의 주인으로 모시고 살게 하는 데 도움을 줄 뿐입니다.

이사야서를 통하여 우리가 배운 가장 중요한 영적 진리는, 살면서 벌어지는 수많은 사건 가운데서 우리가 의지하고 신뢰해야 할 분은 창조주이시며 구원자이신 하나님 한 분밖에 없다는 것입니다. 이것은 단지 한 개인에 국한된 문제가 아닙니다. 가정과 사회와 국가 역시 마찬가지입니다. 하나님의 백성이라고 자처했던 남유다와 북이스라엘은 주변 강대국들의 위협과 압박 속에서도 하나님 한 분만을 신뢰하며 버티고 견뎌야 했습니다.

하지만 실제로는 그렇지 못했다는 사실을 우리는 잘 알고 있습니다. 이사야서뿐 아니라 열왕기와 역대기도 그러한 사실을 분명히 기록해놓았기 때문입니다. 특별히 하나님의 성전을 수도 예루살렘에 두었던 남유다는 종교적 열정에 "올인"하면서도, 일상을 살아가고 국가 정책을 수립하는 실제 삶의 영역에서는 하나님을 위한 "자리"를 조금도 마련해두지 않았습니다.

남유다의 아하스 왕(기원전 735-715년 재위) 시대에는 북이스라엘과 시리아가 동맹을 맺고 침공해왔습니다. 아하스의 아들인 히스기야(기원전 715-686년 재위) 시대에는 아시리아의 산헤립(기원전 705-681년 재위)이 대규모 원정군을 이끌고 쳐들어왔습니다(기원전 701년). 하지만 그들은 이런 위기 상황에서도 하나님을 신뢰하고 믿는 모습을 전혀 보여주지 못했습니다. 그때마다 설교자 이사야는 목소리를 높여 "너희는 인생을 의지하지 말라. 그의 호흡은 코에 있나니 셈할 가치가 어디 있느냐?"(사 2:22)라고 외쳤습니다.

제단의 화로여!

예언자 이사야는 예루살렘의 허황된 종교 행위를 보며 애곡합니다. 이때도 "아이고!", "불행이로다!"를 의미하는 히브리어 "호이"가 사용됩니다. 이 단어는 구약성경에 51번 나오는데 그중 열왕기상 13:30의 경우를 제외하곤 나머지 50번이 모두 예언서에서 사용됩니다. 이런 사용 빈도는 무엇을 암시할까요? 하나님을 대신하여 예언자들이 탄식하며 슬퍼했다는 의미입니다. 달리 말해 이 용어(호이)는 불의를 저지른 국가나 개인을 향해 예언자가 그들에게 임할 하나님의 심판을 탄식하며 선언할 때 사용하는 불변사였습니다.

그렇다면 왜 예언자 이사야는 다윗의 도시 예루살렘을 향해 애곡하는 것일까요? 아마 그들의 형식주의적인 종교 생활을 슬퍼하며 비난하는 것 같습니다. 이런 주장은 예루살렘을 "아리엘"이라고 부르는 사실에서도 추론할 수 있습니다.[1] 예언자 이사야는 "아리엘"이라는 단어로 언어유희를 벌입니다.

> 하나님이 아리엘(예루살렘)을 괴롭게 하리니
> 아리엘이 슬퍼하고 애곡할 것이며,
> 아리엘은 내게 아리엘(제단의 화로)과 같이 되리라(사 29:2).

"아리엘"은 예루살렘을 시적으로 표현한 이름입니다. 한편 "아리엘"은 "제단의 화로(火爐)"를 의미하는 말이었습니다. 본문에서 예루살렘을 아리엘로 부르는 것은 예루살렘의 제의적 특성을 드러내는 동시에 예루살렘이 아시리아의 침공으로 인하여 전쟁의 도가니에 빠질 모습을 연상시킵니다. 아리엘(예루살렘)은 이름 그대로 불타는 제단과 같을 것입니다(사 29:2-4).

예루살렘은 매년 각종 절기를 지키는 사람들로 성황을 이루었습니다. 남유다 백성들의 종교적 열정은 대단했습니다. 유월절, 칠칠절, 수장절 등 이스라엘 역사의 초기에 하나님이 그들을 위해 과시하신 구원의 행위들을 기념하는 절기들은 예루살렘의 삶을 찬란하게 수놓았습니다. "아리엘에 매년 매해 절기들이 돌아왔다"라는 말이 바로 그런 뜻입니다.

그러나 예언자 이사야는 종교적 열정을 다하지만 실제로는 종교적 외식에 빠진 예루살렘을 보면서 슬피 울었습니다. 그의 눈에는 아시리아가 예루살렘을 포위하고 공략하는 모습이 선명하게 보였습니다. 그래서 설교자 이사야는 애곡하며 "불행이로다! 아리엘이여, 아리엘이여!"라고 외칠 수밖에 없습니다. 다윗이 진을 쳤던 초기의 예루살렘의 영화는 어디론가 사라지고 이제는 아시리아 군대가 둘러싼 외롭고 초라한 고립무원의 도성만 남았습니다.

고난 중에 있을 때

여기서 설교자 이사야는 우리에게 귀중한 영적 진리 한 가지를 가르쳐줍니다. 외형적으로 볼 때 유다와 예루살렘은 아시리아의 침공으로 국난을 겪는 중이지만, 사실 그러한 재난은 아시리아가 아니라 하나님이 허락하신 심판이라는 것입니다. 아시리아는 그저 하나님의 도구일 뿐입니다. 그래서 우리 그리스도인들은 어떤 사람들이나 사건들로 인하여 어려움이나 환난을 겪을 때, 자기에게 고통을 주는 사람이나 환경을 생각하지 말고 그 사건을 주도하고 계시는 하나님을 생각해야 합니다. 비록 드러나는 것은 사람이지만 실제로 일을 지휘하고 만들어가는 연출가는 하나님이시라는 사실을 기억하고 믿어야 합니다. 이것이 하나님의 주권을 믿는다는 말의 뜻이기도 합니다. 유다와 예루살렘을 낮추어 겸손하게 하시는 주체는 아시리아가 아니라 하나님이십니다.

우리는 이사야 29:1-4에서 주어가 하나님이라는 사실에 주목해야 합니다. 그렇습니다! 하나님은 높이기도 하고 낮추기도 하는 분이십니다. 그분은 항상 우리의 삶의 "주어"이십니다. 하나님이 친히 아리엘(제단의 화로)이 되어 아리엘(예루살렘)을 태우실 것입니다. 하나님께서 교만하기 그지없던 유다와 예루살렘을 얼마나 낮추시는지, 설교자 이사야는 유다의 비참한 최후를 다음과 같이 시적으로 표현합니다.

> 결국 너는 낮아져서 흙바닥에서 말하며 네 말소리가 나직이 흙먼지에서 들릴 것이라. 네 목소리가 유령의 중얼거림처럼 땅에서 나며 흙더미에서 네 말소리가 속삭이듯 들리리라(사 29:4).

멸망으로 가는 지름길

여기서 우리가 다시금 기억해야 할 교훈이 있습니다. 유다의 멸망을 초래한 죄가 무엇인가 하는 것입니다. 그 대답은 “교만”입니다. 유다의 교만이 멸망을 불러들인 원인이었습니다. 그렇다면 무엇이 교만입니까? 교만은 단순히 도덕적·윤리적 개념이 아닙니다. 다른 사람을 무시하고 거만하게 행동하는 것이 교만이라고 하면 절반의 진실입니다. 성경은 교만을 종교적 개념으로 바라봅니다. 달리 말해 교만은 하나님과의 관계에서만 온전히 이해될 수 있는 용어라는 말입니다.

교만은 하나님을 인정하지 않는 것입니다. 하나님의 주권을 인정하지 않는 삶의 방식입니다. 교만한 사람은 하나님을 제쳐놓은 채 계산하고 계획합니다. 눈을 아래로 내리깐 교만한 자가 어찌 하늘을 올려다볼 수 있겠습니까? 교만한 자는 하늘을 쳐다보지 않습니다. 교만한 자는 언제나 주위를 둘러봅니다. 그리고 자기에게 도움이 될 만한 사람과만 가까이합니다. 자기에게 도움이 되지 않으면 무시하고 쳐다보지도 않습니다. 이것이 유다의 죄였고 예루살렘의 교만이었습니다. 그들은 겉으로는 하나님을 믿는다고 하면서도 실제로는 하나님을 쳐다보지 않고 힘 있는 나라들 사이에서 위험한 줄타기를 했습니다. 따라서 이제 하나님은 그들이 그토록 신뢰하고 의지했던 모든 인간적 힘들과 세력들(아시리아, 애굽 등)을 심판의 막대기로 삼아 그들을 두들겨 패기 시작하신 것입니다.

역사의 주인은 나다!

그러나 심판의 막대기들도 자기에게 주어진 권한을 넘어서서 과도하게 행동하면 안 됩니다. 아시리아와 애굽 같은 강대국들 역시 하나님이 정해놓으신 범위 안에서만 일해야 했습니다. 그런데 그들은 자신들의 국력과 지혜와 무기들을 과신하였습니다. 그들은 하나님을 두려워하기는커녕 의식하지도 못했습니다. 천지 만물의 주권자이신 하나님은 이런 사실을 받아들이실 수 없었습니다. 하나님은 격하게 분노하십니다. 그분은 당신의 주권을 침해하는 자들을 가만히 두시지 않습니다. 오만불손하고 거만하기 이를 데 없는 아시리아에 대해 하나님은 분노의 포도주잔을 쏟으십니다. "순식간에 갑자기" 만군의 야웨께서 천상의 대군을 이끌고 찾아오실 것입니다(사 29:6). 앞서도 살펴보았지만 여기서 "오다"로 번역된 히브리어 동사 "파카드"는 "방문하다"라는 뜻입니다. 이 동사는 하나님이 주어일 경우 문맥에 따라 "심판하러 오시다", "구원하러 오시다"로 번역됩니다. 물론 여기서는 강력한 군대를 이끌고 아시리아를 심판하러 오시겠다는 뜻입니다.

이사야 29:5-8이 이 사실을 극적으로 그려내 줍니다. 본문을 살펴보십시오. 그리고 이 단락의 마지막 구절을 소리 내어 읽어보십시오. "시온 산을 치는 열방의 폭도들이 그와 같을 것이다!" 어떻다고 이야기합니까? "시온 산을 상대로 전쟁을 벌인 그 나라들과 그 폭도들은 깨어나면 자기들이 화살 하나 쏘지 못했다는 것을, 목숨 하나 없애지 못했다는 것을 알게 될 것이다"라는 말입니다.[2] 그들은 깨달아야 합니다. 우리도 깨달아야 합니다. 인간의 역사를 만들어가는 주체는 강대국이나 권력자나 금권(金權)이 아니라는 사실을 말입니다. 하나님만이 역사 형성의 동인이십니다!

영적 기관이 망가진 사람들

그런데 유다는 이러한 하나님의 놀라운 계획에 대해 깨닫지 못하고 계속해서 고집을 부리며 완고하게 저항합니다. 어떻게 보면 하나님의 백성으로 자처하는 유다가 하나님의 뜻을 이해하지 못하게 된 것 역시 그들의 죄에 대한 심판의 결과입니다. 달리 말해 영적 인식 능력이 파탄 지경에 이른 것도 일종의 형벌이라는 것입니다. 그들은 하나님의 활동을 보고서도 하나님의 임재와 현존과 일하심을 깨닫지 못할 정도로 어리석었습니다. 설교자 이사야가 소명을 받았을 때 하나님은 그에게 뭐라고 말씀하셨던가요? "너는 이 백성에게 이르기를 '너희가 듣기는 들어도 깨닫지 못할 것이요, 보기는 보아도 알지 못하리라' 하여 이 백성의 마음을 둔하게 하며 그들의 귀가 막히고 그들의 눈이 감기게 하라. 염려하건대 그들이 눈으로 보고 귀로 듣고 마음으로 깨닫고 다시 돌아와 고침을 받을까 하노라"(사 6:9-10)라고 하지 않았던가요? 사실 하나님은 제발 알아들으라고 이처럼 말씀하신 것이었습니다. 그런데 지금 유다의 형편은 정확히 그 말씀처럼 되어버렸습니다. 그들의 마음은 하나님이 시온에서 행하시는 기이하고 놀라운 일들 때문에 망연자실하여 돌처럼 굳어졌습니다. 심지어 종교 지도자들인 예언자들과 선견자들까지도 영적 파산 지경에 빠지고 말았습니다(사 29:9-12).

육체의 기관들, 예를 들어 눈이나 귀, 손이나 발, 혹은 오장육부와 같은 장기들이 고장 나면 불구자가 되거나 죽게 됩니다. 불행한 일입니다. 그러나 육체의 기관보다 더 중요한 기관이 있습니다. 영적 기관입니다. 영적 기관이 망가져 기능을 상실할 때보다 더 비참하고 불행한 일은 없을 것입니다.

마음의 전향이 필요할 때

하나님의 백성인 유다가 왜 이 지경이 되었을까요? 무엇이 유다의 근본 문제입니까? 무엇 때문에 우리의 영적 기관이 역기능을 하거나 무능

화될까요? 영적 기관들은 원래 하나님과 교통하고 교제하며 그분의 말씀을 받아들이고 그 말씀을 통하여 새로운 힘을 공급받는 기능을 합니다. 이런 기능을 완전히 상실한 채 영적 식물인간이 되는 것은 언제일까요? 답은 분명합니다. "영혼 없는 신앙생활"을 할 때입니다. 달리 말해 기계적으로 종교적 의무를 수행할 때, 종교적 형식주의에 깊이 빠져 있을 때입니다. 하나님은 종교적 형식주의가 무엇인지를 분명하게 짚으십니다.

> 이 백성이 입으로는 나를 가까이하며 입술로는 나를 공경하나 그들의 마음은 내게서 멀리 떠났나니 그들이 나를 경외함은 사람의 계명[인간적 규례와 규칙과 전통들]으로 가르침을 받았을 뿐이라(사 29:13, 개역개정).

하나님을 향한 예배가 인간적 규칙들에 따르는 행위로 전락했을 때가 바로 종교적 형식주의에 빠진 경우라는 말씀입니다. 그렇습니다! 입으로는 "주여, 주여!"를 외치지만, 교회 안에서의 직분과 체면 때문에 교회에 출석하고 각종 교회 일에 열심을 내지만, 목사는 주일마다 설교를 하지만, 신학자들은 가르쳐야 하기에 성경을 연구하고 가르치지만, 그들의 마음에는 하나님이 계시지 않다는 말입니다.

하나님을 진심으로 존중하며 그분의 말씀을 심각하게 듣고 그 말씀대로 순종하며 살지 않는 자들을 "실천적 무신론자"라고 합니다. 그들은 위선으로 포장되어 있어 진짜 신자인지를 구별하기가 어렵습니다. 또한 그들은 겉으로는 경건한 신자 같지만 속으로는 하나님이 안 계신 것처럼 생각하고 사는 사람들입니다. 게다가 스스로도 속는다는 것이 더 큰 문제입니다. 참 애석하게도 오늘날 신자들 가운데 많은 사람이, 특히 종교적 지도자들 가운데 상당수가 이런 실천적 무신론자인 것 같습니다.

하지만 하나님이 보실 때 그런 모습은 얼마나 가증스럽고 가소롭겠습니까? 그러므로 삼가 조심하십시오. 하나님은 우리의 종교적 몸짓에 의해 기만당하지 않으십니다. 우리는 우리 마음의 중심이 어디에 있는지 살펴보아야 합니다. 혹시 우리의 마음이 하나님에게서 멀리 떨어져 있는 것은 아닌지, 종교 생활을 한다는 사실에 스스로 속으며 하나님과 가깝다고 착각하는 것은 아닌지 되돌아보아야 합니다. 종교적 위장막에 숨어 실천적 무신론자로 사는 사람들이 많다는 사실은 우리 시대 교회들의 근본적 불행입니다. 마음의 전향이 절실하게 필요한 시점입니다. 그분을 향한 목마름이 당신의 마음속에 얼마나 격하게 소용돌이치고 있는지요?

기도 우리의 위선을 용서하시고, 마음으로 주님을 사랑하는 자들이 되게 하소서. 아멘.

제43강

하나님의 기이한 계획

이사야 29:15-24

"그의 자손은 내 손이 그 가운데에서 행한 것을 볼 때
내 이름을 거룩하다 하며 야곱의 거룩한 이를 거룩하다 하며
이스라엘의 하나님을 경외할 것이다"(사 29:23).

29:15　아이고! 불행이로다! 자기의 계획을 야웨께 숨기기 위해
　　깊고 깊은 곳으로 들어가는 자들이여!
어두운 데에서 그들의 일을 하며 이르기를
　　"누가 우리를 보랴? 누가 우리를 알랴?" 하는 자들이여!

16　너희야말로 적반하장(賊反荷杖)이다.
　　토기장이를 진흙 같이 여기다니!
지음을 받은 물건이 어찌 자기를 지은 이에게
　　"당신은 나를 짓지 아니하였다" 하겠으며
토기가 토기장이에게
　　"당신은 아무것도 몰라"라고 하겠느냐?

17　오래지 아니하여 레바논이 기름진 밭으로 변하지 아니하겠으며
　　기름진 밭이 울창한 숲으로 여겨지지 아니하겠느냐?

18　그날에 귀먹은 자들이 책의 언어를 알아들을 것이며
　　어둡고 캄캄한 데에서 눈먼 자들의 눈이 볼 것이며

19　비천한 자들은 야웨로 말미암아 기쁨이 더하겠고
　　빈핍한 자들은 이스라엘의 거룩하신 이로 인하여 즐거워할 것이다.

20　포악스러운 자들이 소멸되고
　　오만스럽게 조롱하는 자가 사라지며
　　죄악의 기회를 엿보던 자가 다 끊어지기 때문이다.

21　그들은 고발 고소로 사람에게 죄를 뒤집어씌우며
　　법정에서 약자를 변호하는 자를 올무로 잡듯 하며
　　거짓 증언으로 죄 없는 이들을 억울하게 하는 자들이다.

22 그러므로 아브라함을 구속하신 야웨께서
야곱 족속에 대하여 이같이 말씀하신다.
"야곱이 더 이상 부끄러워하지 아니하겠고
그의 얼굴이 이제는 창백해지지 아니할 것이다.
23 그의 자손은 내 손이
그 가운데에서 행한 것을 볼 때
내 이름을 거룩하다,
야곱의 거룩한 이를 거룩하다 하며
이스라엘의 하나님을 경외할 것이다.
24 그때 정신이 혼미하던 자들은 총명하게 되며
불평하던 자들도 지시 사항을 배우게 될 것이다."

실천적 무신론자들

신자로서 우리는 종종 하나님의 계획과 뜻에 대해 말합니다. 우리를 향한 하나님의 뜻과 계획이 있고 그 계획과 뜻을 존중하고 따라야 한다고 말합니다. 그렇습니다! 마치 토기장이가 마음속에 토기의 모양을 그리고 설계하듯이 하나님도 우리를 향한 뜻과 계획을 가지고 계십니다. 성경은 하나님의 창조 의도에 따라 살아가는 일과 관련해 큰 그림을 우리에게 보여줍니다. 그런데 실제 우리는 하나님의 뜻보다 인간적인 계산 결과를 따지기 바쁩니다. 그리고는 "하나님은 바쁘실 텐데 어떻게 내 문제까지 신경을 쓰시겠어? 내가 속으로 꿈꾸고 계획하는 것을 하나님이 전부 아실 수 있을까?"라고 이야기합니다.

그런데 불편한 진실은 이런 사람들이 다름 아닌 그리스도인들이라는 사실입니다. 그들은 "외형적"으로는 분명히 그리스도인입니다. 하나님의 이름을 입에 달고 살면서 툭하면 하나님의 뜻을 들먹입니다. 그러나 속으로는 전혀 다른 생각을 합니다. "정말 하나님이 우리 문제에 관심이라도 있으실까?", "세상은 하나님 없이도 잘 돌아가는 것 같은데 뭔 하나님이?"라고 중얼거립니다. 그들은 세상과 역사의 운행과 관련해 하나님이 끼어드실 자리는 없다고 생각합니다. 운명이니 팔자니 우연이니 하는 단어를 사용하지는 않지만 실제로는 인생과 역사에 대해서 그런 생각을 합니다. 차라리 불신자들은 대놓고 그런 말을 하지만 이들은 외형적 신앙은 유지하면서 속으로는 하나님의 존재와 섭리를 믿지 않으니 뒤틀린 반응을 보일 수밖에 없습니다.

문제는 하나님을 믿고 그의 백성이라는 칭호를 가진 그리스도인들 가운데 의외로 무신론자들이 많다는 사실입니다. 그들은 러셀(Bertrand Russell, 1872-1970)이나 레닌(Vladimir Ilich Lenin, 1870-1924), 마르크스(Karl Heinrich Marx, 1818-1883)와 같은 "이론적 무신론자들"(theoretical atheists)은 아닙니다. 오히려 그들은 "실천적 무신론자들"(practical atheists)입니다. 하나님의 존재는 인정하지만 그분이 실제로 우리의 삶과 역사 속에서 자기의 계획을 펼쳐가신다고는 믿지 않는 사람들입니다. 그러니 자연스레 위선적이 될 수밖에 없습니다. 자신의 계획과 생각을 하나님께 숨기기 때문입니다. 하나님께 숨기기 위해 깊고 깊은 곳으로 들어갑니다. 그리고 그 캄캄한 지하실 속에서 혼자 계획을 짜면서 하는 말—성경은 이를 "심중(心中)에 이르기를"이라고 표현한다—이 "누가 나를 보랴? 누가 나를 알랴?" 합니다(참조. 습 1:12). 이런 사람들은 함께 모여 하나님께 대항하며 음모를 꾸미고 못된 계획을 세우기도 합니다(참조. 시 2:1). 히스기야 왕을 비롯하여 유다의 궁중 참모들은 정치적 차원에서 그런 모습을 보였습니다.

그러나 조금만 따져보면 그들은 참으로 어리석은 사람들입니다(참조. 시 14편). 하나님으로부터 숨을 수 있다고 생각하기 때문입니다. 그들은 시편 139편을 "덮어놓고" 읽었던 사람들이었나 봅니다. 시편 139편이 고백하고 찬양하는 하나님은 어떤 분이시던가요?

야웨여! 주께서 나를 살펴보셨으므로
　　나를 아시나이다.
주께서 내가 앉고 일어섬을 아시고
　　멀리서도 나의 생각을 밝히 아시며
나의 모든 길과 내가 눕는 것을 살펴보셨으므로
　　나의 모든 행위를 익히 아시오니
야웨여! 내 혀의 말을 알지 못하시는 것이
　　하나도 없으시니이다.
…내가 주의 영을 떠나 어디로 가며
　　주의 앞에서 어디로 피하리이까?
내가 하늘에 올라갈지라도 거기 계시며
　　스올에 내 자리를 펼지라도 거기 계시니이다.
내가 새벽 날개를 치며
　　바다 끝에 가서 거주할지라도
거기서도 주의 손이 나를 인도하시며
　　주의 오른손이 나를 붙드시리이다(시 139:1-10, 개역개정).

그렇습니다! 하나님이 모르실 만큼 "깊은" 생각은 없습니다. 자신의 계획을 하나님이 모르실 것이라고 생각하는 것은 하나님의 지혜와 지식에 도전하는 불경죄입니다.

설교자 이사야가 사역하던 당시에 예루살렘의 정치 지도자들은 아시리아의 위협에서 벗어나고자 애굽의 도움에 의존하려고 했습니다. 인간적인 계산으로는 매우 합리적인 방책이었습니다. 설교자 이사야는 하나님이 아시리아를 심판의 도구로 사용하실 것이라고 여러 번 전했지만 그들은 귀가 먹은 것 같았습니다. 그들은 예언자의 말을 하나님의 말씀으로 진지하게 받아들이기를 거부했습니다. 이것이 예루살렘의 오만이며 유다의 정치 지도자들에게서 드러난 불신앙이었습니다. 그들은 끊임없이 들려오는 하나님의 뜻과 그분의 계획에 대한 설교 말씀에는 무관심할 뿐 아니라 완전히 무시하는 태도를 보였습니다. 그 대신 각종 정책 회의를 통해 인간적 계략들을 세웠습니다. 이것이야말로 적반하장이 아닙니까? 피조물이 창조주에게 대드는 모습이야말로 배은망덕의 전형일 것입니다. 우리말 속담으로 하자면 소경이 개천을 나무라는 것과 같습니다. 기가 찰 노릇입니다. 어떻게 진흙덩이가 자기를 빚는 토기장이를 상대로 이래라저래라 할 수 있다는 말입니까? 이는 토기장이를 진흙처럼 완전히 뭉개는 형국이 아닐 수 없습니다.

예측불허의 하나님

이에 대해 하나님은 설교자 이사야를 통해 하나님의 계획은 사람의 계획과 전혀 다르다고 말씀하십니다. 시인이자 설교자인 이사야는 이 사실을 은유적으로 말합니다. "오래지 않아 레바논이 기름진 밭이 되고 기름진 밭이 울창한 숲처럼 여겨지지 않겠느냐?"(사 29:17) 레바논은 울창한 삼림(森林)으로 유명한 지역입니다. 그런데 그런 삼림이 밭이 되고 밭이 울창한 수풀이 된다는 예언입니다. 어떻게 이런 일이 가능하겠습니까? 상식적으로는 불가능한 일입니다. 그러나 하나님이 계획하시면 그렇게 됩니다. 청각 장애인이 듣게 되고 시각 장애인이 보게 됩니다. 짓눌려 희망이 없던 자에게 해방의 날이 오고 가난하고 비천한 사람들이 잔치를 벌이고 즐거워하게 됩니다. 억울한 일이 비일비재하던 도시에 정의가 회복되고 폭력과 소란이 끊이지 않던 마을에 평화가 깃들 것입니다.

하나님의 심판에 순기능이 있다면 그것은 바로 "대청소"의 기능입니다. 자신의 권력을 믿으며 오만불손하게 살던 자들, 힘깨나 쓴다고 약한 사람들을 함부로 대하던 자들, 힘없는 자들을 등쳐먹던 부패한 권력 집단, 소작농들의 허리를 휘게 하던 지주들, 정의를 굽게 하여 사회적 약자들의 눈에서 피눈물이 나게 하던 재판관들과 사회의 지도층 인사들을 탈탈 털어 비참하게 만드는 정화 효과 말입니다. 동시에 하나님은 심판을 받아 영원히 폐허가 되어도 마땅한 그 땅을 기적적으로 회복시키실 것입니다. 참으로 놀라운 하나님의 능력과 은혜의 과시입니다.

그뿐 아닙니다. 이방 민족들에게 수치를 당하던 하나님의 백성이 명예를 회복하고 심판을 받아 부끄러워 얼굴을 가리던 자들이 고개를 들고 당당하게 걷게 될 것입니다. 이제 그들은 과거의 잘못을 부끄럽게 여기며 겸손한 태도로 하나님의 이름을 부르고 거룩하신 이스라엘의 하나님을 경외하게 될 것입니다. "그들은 자신의 공동체 안에 일어나는 하나님의 손길, 곧 하나님의 심판을 경험한 후에 하나님이 이스라엘과 유다를 초월하는 지극히 거룩하신 하나님임을 깨닫는"[1] 영적 각성에 이를 것입니다.

하나님의 심판이 가져오는 또 다른 유익은 영적 개안(開眼)입니다. 혼란스러운 일을 경험하면서 도대체 하나님의 뜻이 무엇인지 몰라 고민스러워하는 사람들, 혼란하고 혼탁한 일들 가운데서 하나님이 도대체 어떻게 당신의 뜻을 드러내실 것인가 하며 마음이 수척해가는 사람들, 왜 우리에게 이런 일들이 일어난 것일까 하고 괴로워하며 번민하는 사람들, 심지어 지금 겪는 환난과 고통에 대해 하나님을 원망하는 사람들 등등 이들 모두가 하나님의 심판을 통하여 하나님의 하나님 되심을 다시 발견하는 영적 개안을 경험할 수 있습니다.

하나님을 하나님으로 고백하기

하나님의 하나님 되심을 믿는다는 것은 그분이 만유(萬有)를 붙들고 계시고 만물(萬物)의 움직임을 통제하시며 인간 역사의 수레바퀴를 움직여가시는 절대 주권자이심을 고백하는 것입니다. 우리들은 무슨 일을 당해도, 심지어 그것이 도무지 믿기 어려운 불같은 시련과 폭풍 같은 환난이라 할지라도 모든 것이 하나님의 손안에 있음을 믿어야 합니다. 그런 믿음을 가진 자는 결코 무너져 내리지 않을 것입니다. "세월 지나갈수록 의지할 것뿐일세, 무슨 일을 당해도 예수 의지합니다"(찬송가 543장)라는 고전적 찬송가 구절의 의미가 그 뜻입니다. 마치 퍼즐을 맞추어가듯이 하나님은 우리 삶을 구성하는 모든 재료—좋아 보이는 재료들, 나쁘게 보이는 재료들, 쓸모없어 보이는 재료들까지—를 사용하여 가장 좋은 것을 만들어내실 것입니다.

그리고 이러한 하나님의 기이한 일은 사람의 힘이나 노력으로 되지 않고 오직 야웨의 영과 그분의 힘으로만 될 것입니다. 하나님의 놀라운 계획은 사람의 작은 머리로 측량할 수 없습니다. 신학자 틸리히(Paul Johannes Tillich, 1886-1965)가 말했듯이 하나님은 "하나님 너머의 하나님"(God Beyond God)이십니다. 하나님의 놀라운 일들은 우리의 찬양과 경탄만을 요구합니다. 그러므로 사랑하는 그리스도인들이여! 우리의 삶 속에 숨겨져 있는 하나님의 계획을 발견하는 연습을 게을리하지 맙시다. 인생의 보물찾기 말입니다.

기도 주님, 당신의 계획이 우리의 것보다 더 깊고 높다는 사실을 인정하고 받아들이게 하소서. 아멘.

제44강

언제까지 갈팡질팡할 것인가?

이사야 30:1-17

"회개하고 조용히 있어야 구원을 얻을 것이요,
잠잠하고 신뢰하여야 힘을 얻을 것이거늘…"(사 30:15).

30:1 "아이고! 패역한 자식들에게 재앙이로다!"
야웨의 말씀이다.
"그들은 나로 말미암지 않은 계획을 세우고
나의 영으로 말미암지 않은 맹약을 맺어
죄 위에 죄를 더 쌓아가는 자들이다.
2 그들은 애굽으로 내려가는 자들로
나에게 상의조차 하지 않은 자들이다.
바로의 보호에 도움을 청하고
애굽의 그늘 아래 피하려 하는 자들이다.
3 그러나 바로의 보호가 너희의 부끄러움(창피[猖披])이 되며
애굽의 그늘에 피함이 너희의 수치(羞恥)가 될 것이다.
4 그 고관들이 소안 지역에 가고
그 사신(使臣)들이 하네스 땅에 이르렀지만
5 그들 모두가 수치를 당하게 될 것이다.
그들에게 아무런 유익이 되지 못하는 민족이기 때문이다.
그 민족은 아무런 도움도, 유익도 주지 못하나니
오로지 수치와 창피만 줄 것이다.

6 네게브 짐승들에 관한 경고라.
사신들이 그들의 재물을 어린 나귀 등에 싣고
그들의 보물을 낙타 안장에 얹고
암사자와 수사자와 독사와 및 날아다니는 불 뱀이 나오는
위험하고 곤고한 땅을 지나

자기에게 무익한 민족,

7 곧 아무런 도움도 안 되는 쓸모없는 애굽에 갔다.

그러므로 내가 애굽을

라합, 즉 아무것도 못 하는 무능한 것이라 부를 것이다.

8 이제 가서 그들을 위해 서판(書板)에 기록하며

두루마리 책에 각인하여

장차 오는 날들에게

영원한 증거가 되게 하라

9 이들은 패역한 백성이요, 거짓말하는 자식들이요,

야웨의 가르침을 듣기 싫어하는 자식들이라.

10 그들이 선견자(先見者)들에게 이르기를

"더 이상 환상을 보지 마시오!"

예언자들에게 이르기를

"우리에게 옳은 것을 보여주지 마시오!

우리에게 듣기 좋은 일들만을 말하시오!

거짓된 환영(幻影)들을 보여주시오!

11 그리고 여기서 떠나시오!

여기를 떠나 다른 곳으로 가시오!

더 이상 이스라엘의 거룩하신 분을 들먹이며

우리를 다그치지 마시오!" 한다.

12 그러므로 이스라엘의 거룩하신 분이 이처럼 말씀하신다.

"너희가 이 메시지를 업신여기고

힘으로 누르는 압박을 믿고

속임수에 의존하니

13 이 죄악이 너희에게

마치 무너지려고 터진 담이 불쑥 나와

순식간에 무너짐 같게 되리라.

14 그것이 질그릇 같이 깨어지기를

잔혹하게 산산조각이 날 것이니

그 조각들 중에, 아궁이에서 불을 주워담거나

물웅덩이에서 물을 떠먹는 데 사용할 것은 하나도 없다."

15 주 야웨, 이스라엘의 거룩하신 분이 이처럼 말씀하신다.

"회개하고 조용히 있어야 구원을 얻을 것이요,

잠잠하고 신뢰하여야 힘을 얻을 것이거늘,

너희가 아무것도 바라지 않았다.

16 너희가 말하기를 '아니오, 우리가 말 타고 도망하리라' 하였다.

그렇다면 너희 말대로 도망하게 될 것이다!

너희가 말하기를 '우리가 신속한 말을 타고 도망하리라' 하였다.

그렇다면 너희를 쫓는 자들도 빠르게 추격하리라!

17 한 사람의 위협에

천 사람이 도망하겠고,

다섯 사람의 위협에

너희 모두가 다 도망하고,

너희 남은 자는 겨우 산꼭대기의 깃대 같겠고

산마루 위의 깃발 같으리라."

둘 중 하나를 선택하라

예언자 엘리야가 활동하던 기원전 9세기의 북이스라엘 백성은 하나님과 바알 사이에서 갈팡질팡하였습니다. 당시 이스라엘은 명목상으로만 야웨를 신봉하는 나라에 불과했습니다. 아합 왕을 비롯한 온 백성은 건강과 번영을 약속하는 바알 종교에 열광하였고 "바알과 아세라 신학교"는 수많은 신학생으로 넘쳐났습니다. 어느 날 예언자 엘리야는 갈멜 산에서 이스라엘 백성을 향해 이렇게 말했습니다.

> 너희가 어느 때까지 둘 사이에서 머뭇거리려느냐? 야웨를 택하든 바알을 택하든 둘 중 하나를 택하라(왕상 18:21).

당시 북이스라엘의 백성들은 신앙을 택일의 문제로 인식하지 못했기에 "둘 중 하나를 선택하라"는 엘리야의 외침은 예수님의 말씀처럼 파격적이고 전복적이고 혁신적이었습니다. 급진적 제자도(radical discipleship)가 요청된 것입니다.[1] 여기에는 "아무도 두 주인을 섬기지 못한다!", "너희는 두 가지 인생, 두 가지 삶을 동시에 살 수 없다!", "하나님이든 재물이든, 하나님이든 바알이든, 너희는 상반된 두 가지 삶을 동시에 선택할 수는 없다!"라는 양자택일의 문제가 뒤따릅니다. 예수님이나 엘리야와 마찬가지로 이사야도 유다 백성에게 단도직입적으로 말합니다. "언제까지 너희는 하나님과 애굽 사이에서 갈팡질팡할 것인가?"

믿음은 항상 갈림길에서 한쪽을 택하라고 요구합니다. 예언자 이사야는 유다 백성에게 애굽을 의지하지 말라고, 셀 수 없을 만큼 여러 차례 경고했습니다. 그러나 그들은 하나님과 애굽을 앞에 놓고 저울질하다가 애굽 쪽으로 기울어졌습니다. 하나님 대신에 애굽에 기댄 것입니다. 하나님은 강한 배신감을 느끼셨습니다. 하나님께 대한 이러한 반역이야말로 극악무도한 죄입니다. 성경에서 죄는 지조와 절개와 충성을 하나님이 아닌 다른 쪽에 바치는 것입니다. 야웨 하나님이 그들의 유일한 주군(主君)임에도 불구하고 눈치를 보다가 다른 쪽으로 붙는 것이 죄의 본질입니다.

위선적 걸음걸이

이런 사실을 염두에 두고 본문을 읽기 시작하면 그 의미가 확연하게 다가올 것입니다. 먼저 하나님은 불행을 선언하십니다. 하나님이 내리실 불행과 화의 대상은 유다 왕국과 히스기야 왕이었습니다. 그들은 당시 그들이 처한 국제 사회의 정치·군사적 판세를 분석했습니다. 상황은 매우 위중했습니다. 아시리아의 침공이 눈앞에 있었기 때문입니다. 여기서 벗어날 수 있는 유일한 길은 아시리아에 필적할 만한 힘을 보유한 애굽의 도움을 얻는 것인 듯했습니다. 그래서 히스기야 왕은 군사고문단과 외교사절단을 애굽으로 긴급히 보내는 것이 최선의 선택이라고 판단했습니다. 하나님을 의지하고 하나님의 뜻을 구하며 신앙으로 국난을 헤쳐나가기보다는 인간적인 해결 방법을 추구한 것입니다.

하지만 이는 심각한 오판이었습니다. 이제 하나님은 유다를 "패역한 자식들"이라고 부르십니다. 고집불통의 완고한 자녀라는 말입니다. 어렵거나 앞이 깜깜한 일이 있으면 먼저 아버지이신 하나님께 묻고 상의해야 하는 것이 아닙니까? 그러나 그들은 하나님을 제쳐놓고 계획을 세웠으며 하나님을 무시하고 다른 나라(애굽)와 상호 방위 조약을 체결했습니다. 우리 자녀가 인생의 중대한 일들—입학, 입사, 결혼 등—에 대해 결정하면서 부모와 상의 한마디 없이 혼자 결정한다면 부모로서 우리의 마음은 어떨까요? 무시당했다는 서글픔, 배반당했다는 분노, 동시에 철없이 행동하고 결정하는 어린 자녀를 향한 연민이 복합적으로 일어날 것입니다.

이처럼 하나님도 유다와 그의 고관대작들의 어리석은 정책과 판단들에 대해 몹시 불쾌해하셨습니다. 하나님은 무시당하는 것을 가장 싫어하시기 때문입니다. 하나님에 대한 무시야말로 틀림없는 반역입니다. 죄의 본질은 하나님께 대한 반역으로 시작하여 하나님으로부터 도피하는 것으로 끝이 납니다. 그분께 이를 악물고 대들고는, 그분이 싫다고 하면서 멀리 떨어져 나가는 것입니다. 유다가 그랬습니다. 작렬하는 사막의 태양을 피해 하나님의 그늘 밑에서 쉼을 얻기보다, 폭풍과 한설을 피해 하나님의 보호하심 아래로 대피하기보다 당장의 유익처럼 보이는 바로의 보호, 애굽의 그늘을 찾아간 것입니다. 그러나 하나님 아버지는 어리석은 자녀의 결정이 결코 그들에게 유익이 되지 못한다는 것을 알기에 서글퍼하셨습니다.

애굽으로 가는 길, 헛수고로다!

유다의 왕 히스기야는 정치적 판단에 따라 고위급 사절단을 꾸려 애굽으로 보냈습니다. 애굽의 소안 지역과 하네스 지역이 그들의 목적지였습니다(사 30:4). 갈 때 빈손으로 그냥 갈 수는 없었습니다. 군사적 도움을 구걸하기 위해 가는 것이니 얼마나 많은 뇌물성 예물을 싣고 가야 했겠습니까? 어린 나귀와 낙타에 돈과 보물, 각종 진귀한 토산물들을 싣고 가는 모습을 상상해보십시오.

그러나 애굽으로 가려면 상당한 수고와 위험을 감수해야 했습니다. 사실 이제 와서 애굽으로 내려간다는 것은 두 가지 점에서 아이러니했습니다. 첫째, 이스라엘의 역사는 애굽에서 나오는 것으로 시작되었기 때문입니다. 곧 이스라엘의 역사는 바로의 압정(壓政)에서 벗어나 출애굽함으로써 시작되었습니다. 그런데 이제 와서 다시 애굽으로 내려가겠다는 것은 출애굽의 역사, 이스라엘의 역사 자체를 다 무위로 돌리겠다는 것과 다르지 않았습니다. 이런 의미에서 애굽으로 내려가는 길은 언제나 위험천만한 길이었습니다. 둘째, 도움을 얻기도 전에 중간에 죽을지도 모르기 때문입니다. 애굽으로 가는 길에는 무수한 들짐승과 강도들의 위험이 도사리고 있습니다(사 30:6). 설령 애굽에 무사히 도착한다고 해도 정말 도움을 얻어 올지는 미지수입니다. 애굽은 큰소리만 땅땅 쳤지 아무런 도움도 못 주는 허풍쟁이이기 때문입니다. 그야말로 거드럭대며 쇼만 할 줄 알았지 아무런 실속도 없는 속빈 강정이었습니다. 애굽은 "이빨 없는 용"이었습니다(사 30:7). 무능하고 무력하며 늙고 이빨 빠진 사자였다는 말입니다.

애굽으로 가는 것은 많은 비용을 들여 멸망을 구입하는 것과 같습니다. 그렇습니다! 하나님 이외에 다른 세력이나 신을 의지하는 것은 멸망으로 걸어 들어가는 것과 매한가지입니다. 오히려 그것들로 인해 수치를 당하게 될 것이 뻔합니다. 확실히 도와줄 수 있는 분을 무시하고 뾰족한 수나 있는 듯이 힘껏 애굽을 따라갔다가 아무 소득도 얻지 못했으니 그것이 수치이고 창피입니다. 그들은 하나님의 말씀을 대놓고 무시하며 싫어했습니다(사 30:10). 마음이 부패하고 삐뚤어진 그들은 정직한 것을 싫어하고 달콤한 말만 좋아했습니다. 진리를 싫어하고 불의와 타협하는, 아첨하는 마음이 가득했던 것입니다. 분명히 하나님은 이들을 박살 내실 것이라고 말씀하십니다(사 30:14-17).

구원이 오는 길

본문에는 하나님을 가리키는 중요한 명칭이 반복해서 등장합니다. "이스라엘의 거룩하신 분"이라는 명칭입니다. 앞서 살펴본 이사야 6장은 설교자 이사야가 하나님의 부르심을 받고 사명자의 길을 걷게 되는 광경을 자세하게 묘사합니다. 거기서 이사야는 이스라엘의 거룩하신 분을 만나게 됩니다. 그는 "거룩하다! 거룩하다! 거룩하다!"라는 천사들의 합창 소리를 들으면서 자신의 죄악과 추함과 더러움을 발견했습니다. 그 후로 설교자 이사야는 하나님의 거룩하심에 대해 깊은 이해를 갖게 되었습니다. 그분의 거룩하심을 침범하는 것이 얼마나 무서운 죄악인가를 깨닫게 된 것입니다. 야웨 하나님의 거룩한 통치가 온 땅에 이루어지기를 간절히 소원하는 설교자 이사야의 환상은 지금도 계속되어야 합니다. 우리는 온 우주의 유일한 주인이신 그분으로부터 구원이 오고 그분의 왕국은 정의와 공의 위에 세워지는 샬롬의 나라임을 기억해야 합니다.

이스라엘의 거룩하신 하나님은 유다와 그의 백성들에게, 그리고 지금도 진정한 구원을 갈망하고 바라는 우리들에게 구원의 비밀을 알려주십니다(사 30:15). 구원은 회개하는 일로부터 시작됩니다. 회개는 돌이키는 일입니다. 마음을 돌이키고 가던 길에서 돌이키는 것입니다. 구원은 이러한 근본적 전향으로부터 시작됩니다. 또한 구원은 조용히 있는 일로부터 시작됩니다. 잠잠히, 조용히 있으면서 하나님이 이루시려는 장대한 구원을 기다려야 합니다. 하나님은 "구원을 얻기 위해 네가 해야 할 일은 아무것도 없다. 너는 그저 가만히, 그리고 잠잠히 신뢰하고 믿기만 하라. 이것이 구원이 오는 길이다"라고 말씀하십니다.

그러나 아쉽게도 유다와 예루살렘의 백성은 이렇게 단순하고도 심오한 구원의 길에 대한 하나님의 가르침에는 관심이 조금도 없었습니다. 그것을 바라거나 추구하지 않았습니다. 그와 달리, 우리는 구원이 하나님의 은혜로 위에서 주어지는 선물이기 때문에, 우리가 취해야할 유일한 자세란 손을 펴서 다가오는 구원의 선물을 받기 위해 조용히 침묵하면서 기다리는 것임을 잊지 말아야겠습니다.

기도 갈림길에 서 있을 때 하나님을 의지하는 결정을 내리도록 도와주소서. 아멘.

제45강

하나님을 따라 어디든지!

이사야 30:18-33

"그를 기다리는 모든 자는 행복한 사람들이어라!"(사 30:18)

30:18 참으로 야웨께서 너희에게 은혜를 베푸시기 위해 기다리고 계신다.
참으로 그가 너희를 긍휼히 여기시려고 일어나실 것이다.
야웨는 공의의 하나님이시기 때문이다.
그를 기다리는 모든 자는 행복한 사람들이어라!

19 시온에 사는 백성들아, 예루살렘에 거주하는 주민들아! 너희가 다시는 슬피 울지 아니할 것이다. 너의 부르짖는 소리에 그가 반드시 은혜를 베푸실 것이니 그가 듣자마자 네게 응답하실 것이다. 20 주께서 네게 고난의 떡과 고생의 물을 주실지라도 다시는 너의 인도자이신 그가 숨어 있지 아니할 것이니, 네 눈으로 그 인도자를 볼 것이다. 21 네가 오른쪽으로든지 왼쪽으로든지 치우칠 때마다 네 뒤에서 말소리가 네 귀에 들리기를 "이것이 바른길이니 너는 이리로 가라" 할 것이며 22 또 너희가 은으로 입힌 우상들과 금으로 부어 만든 형상들을 부정하다고 취급하게 될 것이니 마치 생리로 인한 부정한 옷을 버림 같이 그것들을 던지며 이르기를 "꺼져버려라!" 할 것이다.

23 또한 주께서는 네가 땅에 뿌린 종자에 비를 주시고 땅의 작황이 풍성하게 하실 것이다. 그날에 네 가축이 광활한 초원에서 풀을 뜯을 것이니 24 밭을 가는 소들과 어린 나귀들이 탈곡기와 도리깨로 까부르고 짓찧은 꼴과 곡물로 배부르게 먹을 것이다. 25 살육의 날, 망대가 무너져 내릴 때 고산(高山)마다 준령(峻嶺)마다 개울과 시냇물이 흐를 것이니 26 야웨께서 자기 백성의 상처를 싸매시며 맞은 자리를 고치시는 날에 달빛은 햇빛 같겠고 햇빛은 일곱 배가 되어 일곱 날의 빛과 같을 것이다.

27 보라! 야웨의 이름이 아주 먼 곳에서 오는데
그의 진노가 불붙듯 하며 빽빽한 연기가 일어나듯 하며
그의 입술에는 분노가 가득 찼으며
그의 혀는 삼키는 듯한 맹렬한 불 같으며
28 그의 호흡은 마치 창일하여
목에까지 미치는 강물 같은즉
그가 멸망시키는 키(체)로 열방을 까부르며
여러 민족의 입에 잘못 인도하는 재갈을 물리시리니
29 너희가 거룩한 절기를 지키는 밤에 축제하듯이
기쁜 노래를 부르게 될 것이며
피리를 불며 야웨의 산으로 가서
이스라엘의 반석에게로 나아갈 때처럼
마음에 크게 즐거워할 것이다.
30 야웨께서 사람들로 그의 장엄한 목소리를 듣게 하시며
격렬한 진노로 그의 팔의 타격을 나타내 보이시되
맹렬한 화염과 폭풍과
폭우와 우박으로 하실 것이니
31 야웨의 목소리에 아시리아가 요동할 것이며
주께서 황제의 규(珪, 지팡이)로 그들을 내리치실 것이다.
32 야웨께서 준비하신 징벌의 몽둥이를
아시리아 위에 더하실 때마다
소고를 치며 수금을 타는 노랫소리 같을 것이니
그가 전쟁 때에 팔을 들어 그들을 내리치실 것이다.
33 이미 오래전 도벳 산당이 준비되었으니
아시리아 왕을 위하여 예비된 것이다.

전쟁의 불 못이 깊고 넓다.

거기에 불과 나무가 가득한즉

야웨의 호흡이

유황불 개천 같이 흘러들어 가 완전히 사를 것이다.

기다리시는 하나님

누가복음 15장에 기록된 "기다리는 아버지"에 관한 비유는 언제나 들어도 가슴이 찡 울리는 감동을 줍니다. 이 비유는 흔히 "돌아온 탕자의 비유"라는 잘못된 제목으로 더 잘 알려져 있는데, 이 비유가 감동적인 이유는 둘째 아들이 극적으로 돌아와서가 아닙니다. 사실 이 비유의 주인공은 "기다리는 아버지"입니다. 그에게는 두 명의 탕자가 있었습니다. 한 명은 집 바깥에서 잃어버린 탕자였고, 또 다른 한 명은 집 안에서 잃어버린 탕자였습니다. 수많은 세월 동안 두 아들의 귀향을 한결같은 마음으로 기다렸던 아버지의 모습으로 인해 우리는 많은 감동을 받습니다. 둘째 아들이 돌아오자 아버지는 그에게 은혜를 베풀었습니다. 일명 "탕진하는 은혜"였습니다. 아버지의 기다림은 아들에게 은혜를 베풀기 위함이었습니다. 긍휼을 베풀기 위해 아버지는 긴 세월을 기다렸습니다. 때론 어둑한 저녁이면 마당에 나와 동네 어귀 바깥을 쳐다보았습니다. 그런데 아버지가 기다린 것은 작은아들만이 아니었습니다. 비유의 후반부에서 아버지는 집으로 들어오기를 거부하는 큰아들을 인내하며 기다립니다. 계산하지 않는 은혜, 거절할 수 없는 은혜, 끈이 달리지 않는 은혜를 베풀기 위해서였습니다. 불쌍한 자녀들에 대한 긍휼이 아버지의 마음에 없었더라면 은혜는 가당하지 않았을 것입니다. 이처럼 "은혜"는 언제나 "긍휼"과 함께 다닙니다. 둘은 단짝입니다.

성경은 "긍휼과 은혜"가 하나님의 성품이라고 알려줍니다. 그에 대한 좋은 예가 앞서 잠시 다루었던 출애굽기의 황금 송아지 제작 사건에 등장합니다. 황금 송아지를 조각함으로써 하나님께 반역하였던 이스라엘 백성을 향해 모세는 들고 있던 십계명 석판을 내던집니다. 하나님은 모세의 분노를 진정시킨 후에 다시 그를 시내 산 정상으로 부르십니다. 깨어진 십계명 석판을 다시 만들어주기 위해서였습니다. 그때 하나님은 모세에게 당신에 대해 이렇게 말씀하셨습니다. "나는 야웨라, 야웨라, 자비롭고 은혜롭고 노하기를 더디 하고 인자(변함없는 사랑)와 진실이 많은 하나님이라"(출 34:6). 여기서 "자비"로 번역된 히브리어는 "긍휼"을 가리키는 "레헴"입니다. 다시 말하지만 긍휼과 은혜는 하나님의 성품을 나타내는 첫째 세트입니다. 긍휼과 은혜는 언제나 불쌍한 인간을 향한 하나님의 일방적인 사랑을 표현하는 짝꿍 단어입니다. 긍휼은 자녀의 불행과 비참함을 본 아버지의 마음속에 뜨거운 그 무엇이 돌고 도는 것입니다. 얼싸안고 싸매고 어루만지고 얼굴을 뺨에 비빕니다. 그곳이 은혜와 긍휼의 현장입니다.

행복한 사람

모든 억울한 일과 가슴에 맺힌 한을 풀어주시는 하나님! 그분은 정의롭고 공의로운 하나님이십니다. 하나님은 당신의 시간에 이 모든 일을 하실 것입니다. 그 시간이 언제가 될지는 잘 모릅니다. 그러나 그분이 오시는 그때를 기다리며 인내하는 사람이 참된 신앙인입니다. 본문은 이런 사람을 가리켜 "행복한 사람"이라고 부릅니다. 이것은 매우 독특한 가르침입니다. 하나님을 기다리는 자들을 "행복한 사람"이라고 말하기 때문입니다.

여러 우리말 성경에는 하나님을 기다리는 자는 "복이 있다"(사 30:18)라고 번역되었습니다만, "복"보다는 "행복"이라고 번역하는 것이 훨씬 좋습니다. 우리가 이 단어들을 사용하는 용례에 따르면 "복"은 소유에 관한 것이지만 "행복"은 상태이기 때문입니다. 예를 들어 진수성찬을 먹으면서도 불행한 사람이 있고 소찬에 라면을 먹어도 행복한 사람이 있습니다. 이처럼 행복은 소유의 많고 적음보다는 그 사람의 마음의 상태와 관련이 있습니다. 성경의 가르침에 따르면 진정한 행복은 물질적 소유의 많고 적음에 달린 것이 아니라, 하나님을 의지하고 그분의 뜻에 따라 살고 죽는 것에 달린 것입니다. 즉 행복은 모든 것을 주관하시는 하나님을 추구하고 그분을 기다리면서 사는 삶 속에서 발견됩니다. 비록 고난의 날들을 지낼지라도 하나님이 반드시 찾아오실 것이라는 믿음으로 인내하는 사람이 진정으로 행복한 사람입니다.

시편 1편에 나오는 행복한 사람도 이와 같습니다. 거기서도 악인들, 죄인들, 오만한 자들 사이에 끼어 살면서 때로는 그들의 빈정댐과 비아냥거림과 핍박 때문에 고통을 받으면서도 오로지 하나님의 가르침(토라, 율법)을 즐거워하는 사람이 행복한 사람입니다. 참고로 이사야서와 시편 두 본문에서 동일하게 사용된 히브리어는 행복한 상태를 가리키는 "아쉐레", 입니다.

기다림

그렇다면 하나님을 기다린다는 것은 무슨 뜻일까요? 신앙에서 기다림은 매우 본질적인 요소입니다. 기다림은 때로 자칫 회의나 의심, 혼란과 혼돈으로 이어질 수도 있습니다. 자신의 잘못과 죄로 인해 고난을 겪는 사람들 가운데는 종종 "혹시 하나님이 나를 버리신 것은 아닐까?", "그분이 우리를 잊고 계신 것은 아닐까?" 하며 자포자기(自暴自棄)해버리는 경우가 있습니다. 어떤 사람은 "아마 나는 더 이상 하나님의 사랑의 대상이 아닐 거야"라는 생각도 합니다. 이는 자신들의 죄악의 무게를 이기지 못하고 하나님의 구원과 용서를 기다리지 못하는 경우입니다. 그러나 우리의 죄가 아무리 주홍 같이 붉을지라도, 우리의 잘못이 아무리 커서 도무지 용서받지 못할 것 같다 할지라도, 하나님께는 용서할 수 없을 만큼 큰 죄도 없고 불쌍히 여기지 못할 만큼 큰 악함도 없다는 사실을 기억해야 합니다. 구원과 용서는 우리의 경건이나 그럴듯한 회개에 달려 있지 않습니다. 성경은 우리가 회개하기 때문에 용서의 은혜가 임하는 것이 아니라 그 반대라고 가르칩니다. 즉 하나님의 용서의 은혜가 먼저이고 그다음에 우리의 회개가 뒤따르는 것입니다.

그러므로 우리는 용서의 은혜와 사죄의 긍휼을 가지고 오시는 하나님을 기다려야 합니다. 물론 기다리는 동안에 회의가 생길 수도 있습니다. 정말 그분이 오실까, 정말 그분이 은혜와 긍휼을 베푸실까 하는 의심 말입니다. 이는 반대로 기다림은 믿음을 필요로 한다는 것을 의미합니다. 어떤 믿음입니까? 하나님의 신실하심과 그분의 은혜와 긍휼에 대한 믿음입니다. 기다림에는 그런 믿음이 필수적입니다. 믿음을 가지고 모든 것을 공의롭게 처리하실 하나님을 기다리는 사람이야말로 가장 행복한 사람입니다.

반가운 소식

그런 사람들에게 급기야 반가운 소식이 전해집니다. 눈물의 시간과 통곡의 세월이 지났다는 것입니다. 하나님은 시온 사람들을 위해 은혜와 긍휼을 예비해두셨습니다(사 30:26). 그러나 저절로 은혜가 오는 것은 아닙니다. 그분께 사정을 아뢰며 부르짖어야 합니다. 이는 우리가 기도해야 할 충분한 이유가 됩니다. 우리는 기도를 통해 은혜의 의미를 깨닫고, 기도에 응답하시는 그분의 음성을 듣게 됩니다(사 30:19). 또한 그분은 우리가 고난의 터널을 지날 때 인도자(리더)를 보내주십니다.

> 주께서 네게 고난의 떡과 고생의 물을 주실지라도 너의 인도자는 숨어 있지 아니하리니, 네 눈으로 그 안내자를 볼 것이다(사 30:20).

여기서 "인도자", "안내자"를 다른 성경은 "스승", "선생"으로 번역하기도 합니다.[1] 번역이 어떻게 되었든지 간에 중요한 것은 고난의 한가운데서 길을 잃어버릴 때라도 하나님이 그들에게 길을 알려주고 이끌어줄 안내자, 인도자, 리더, 스승이 되시겠다는 약속입니다. 하나님의 인도하심(리더십)을 따른다면 길고 긴 고난의 여정도 희망으로 물들 수 있습니다.

하나님의 리더십

신앙과 인생은 마치 여정(旅程, journey)과 같습니다. 광야를 지날 때 인도자나 안내자의 역할은 아주 중요합니다. 그들이 없다면 사막에서 말라 죽을 수도 있기 때문입니다. 문제는 인도하는 자가 누구인가 하는 것입니다. 사이비나 맹인이 인도자라면 일행이 모두 함께 죽을 수밖에 없습니다. 사막에서 올바른 인도자는 필수불가결합니다. 올바른 인도자는 함께 동행하는 자들을 올바른 방향으로 이끌어줍니다. 광야의 여정에서 중요한 요소는 속도와 속력이 아니라 **방향**입니다. 얼마나 빨리 가는가가 아니라 제대로 목적지를 찾아가느냐가 훨씬 더 중요한 문제입니다.

예언자 이사야는 하나님이 광야 여정의 인도자요, 삶의 스승이요, 길을 찾아주는 지혜자라고 이야기합니다. 그러나 그분이 세우신 말씀의 사역자들도 백성들을 인도하는 안내자요, 선생들입니다. 이런 의미에서 말씀 사역자들은 하나님이 지상 교회에 내려주신 가장 큰 선물입니다(참조. 엡 4:11-12). 구약의 이스라엘 백성들은 예언자, 제사장, 지혜자를 통해 교훈을 얻고 인생길을 안내받았습니다. 신약에서는 목사와 성경 교사가 교인을 인도하는 안내자 역할을 합니다. 그들은 우리가 좌로나 우로 치우쳐 방황할 때 "이 길은 올바른 길이 아니오. 저쪽 길로 쭉 걸어가시오"라고 가르쳐주는 자들입니다. 그들은 종종 우리에게 우상을 던져버리라고 호통칩니다(사 30:22). 지금 우리 마음속에는 우상이 없습니까? 돈 우상, 명예 우상, 아름다움 우상, 학벌 우상, 출세 우상, 직위 우상, 권력 우상, 섹스 우상 등 다양한 이름을 가진 우상들이 있다면 모두 쓰레기처럼 불결하게 여겨 쓰레기통에 쳐넣으시기 바랍니다(사 30:21-22).

하나님이 오시는 날

하나님이 오시면 모든 것이 달라집니다. 심판의 날이 지나고 회복의 날이 밝아옵니다. 하나님은 하나님의 오심을 갈망하고 기다리는 사람들에게 삶의 풍요를 맛보게 하십니다(사 30:23-24). 정의롭고 공의로우신 하나님이 철장 권세로 모든 악을 심판하고 열국의 오만함을 다스리실 때, 하나님의 백성들은 그동안 자신들의 잘못과 죄악으로 인해 생겨난 모든 고통의 상처들이 치료되는 복을 누리게 될 것입니다. 이제 깜깜하고 어두웠던 날들은 광명의 햇살을 받아 새로운 삶의 신선함과 생기로 가득하게 됩니다.

> 야웨께서 자기 백성의 상처를 싸매시며 맞은 자리를 고치시는 날에는 달빛은 햇빛 같겠고 햇빛은 일곱 배가 되어 일곱 날의 빛과 같으리라(사 30:26,

개역개정).

하나님이 오시는 날에는 세상의 모든 권력과 우상들이 엎드리게 될 것입니다. 마치 시내 산 위의 야웨의 나타나심(theophany)이 재현되듯이 맹렬한 불, 창일한 홍수, 빽빽한 연기가 동반되는 그분의 오심을 감당할 자는 아무도 없습니다(사 30:30-33). 당시 가장 강력했던 아시리아 제국도 그 오만함과 교만함으로 인한 하나님의 징벌을 피할 수 없습니다. 천상의 왕이신 야웨께서 왕권의 상징인 규(珪)를 들어 천하를 호령하고, 진노의 채찍과 징벌의 몽둥이를 들어서 아시리아를 내리치는 소리는 마치 소고를 치며 수금을 타는 노랫소리처럼 퍼져나갈 것입니다. 늘씬하게 얻어맞아 쭉 뻗은 아시리아의 모습은 마치 싸리비에 맞아 쭉 뻗은 개구리 같을 것입니다. 야웨 하나님은 아시리아 왕을 도벳 산당에 바쳐진 제물처럼 불로 완전히 태워버리겠다고 말씀하십니다.[2]

그러나 하나님의 백성에게 하나님이 오시는 날은 상처가 치료되고 눈물이 씻기고 노래가 회복되는 날입니다(사 30:23-26). 그러므로 독자 여러분, 공의의 하나님이 오시는 날을 간절히 기다리십시오. 신앙은 정의로우신 하나님의 오심을 간절히 소망하는 기다림입니다. 우리 함께 발뒤꿈치를 들고 학수고대하듯이 그분의 오심을 기다립시다(사 30:18). 우리의 삶 속으로 내방하시는 하나님을 영접하고 그분에게 보좌를 내어드립시다. 모든 것이 달라지고 샬롬의 나라가 도래할 것입니다.

기도 하나님, 당신을 기다립니다. 당신을 기다리는 행복한 사람이 되고 싶습니다. 믿음을 더하여 주소서. 아멘

제46강

“군사적 수학”을 신봉하는 사람들

이사야 31:1-9

“새가 날개 치며 그 새끼를 보호함 같이
나 만군의 야웨가 예루살렘을 보호할 것이다”(사 31:5).

31:1 아이고! 도움을 구하러 애굽으로 내려가는 자들은 화가 있을 것이다.
그들은 말을 의지하며
병거의 많음과
마병의 심히 강함을 의지하고
이스라엘의 거룩하신 이를 앙모하지 아니하며
야웨를 구하지 아니한다.

2 그러나 야웨께서도 지혜로우신즉 재앙을 내리실 것이다.
그의 말씀들을 변하게 하지 아니하시고
일어나사 악행하는 자들의 집을 치시며
행악을 돕는 자들을 치시리니

3 애굽은 사람이요, 신이 아니며
그들의 말들은 육체요, 영이 아니다.
야웨께서 그의 손을 펴시면
돕는 자도 넘어지며
도움을 받는 자도 엎드러져서
다 함께 멸망할 것이다.

4 야웨께서 이같이 내게 이르시되
"큰 사자나 젊은 사자가
자기의 먹이를 움키고 으르렁거릴 때
그것을 치려고
여러 목자를 불러왔다 할지라도
그것이 그들의 소리로 말미암아 놀라지 아니할 것이요,

그들의 떠듦으로 말미암아 굴복하지 아니할 것이다.
이처럼 나 만군의 야웨가 강림하여
시온 산과 그 언덕에서 싸울 것이다.
5 새가 날개 치며 그 새끼를 보호함 같이
나 만군의 야웨가 예루살렘을 보호할 것이다.
그것을 호위하며 건지며
뛰어넘어 구원하리라."

6 이스라엘 자손들아! 너희는 너희가 심하게 반역하던 그분에게로 돌아오라. 7 그 날에 너희 각 사람은 죄악으로 가득한 손으로 은과 금으로 만든 우상들을 던져버릴 것이다.

8 "아시리아는 칼에 엎드러질 것이나 사람의 칼로 말미암음이 아니겠고
칼에 삼켜질 것이나 사람의 칼로 말미암음이 아닐 것이며
그들은 칼 앞에서 도망할 것이요,
그의 장정들은 복역하는 자가 될 것이라.
9 그들의 요새는 공포로 인하여 무너져 내릴 것이고
그들의 장군들은 전쟁의 깃발을 보고 놀라리라."
이는 야웨의 말씀이라.
야웨의 불은 시온에 있고
야웨의 풀무는 예루살렘에 있느니라.

큰 그림을 볼 수 없는 사람들

예루살렘 성안에는 유다의 정치·군사적 기득권 세력들이 진을 치고 있었습니다. 그들은 군사 작전을 지휘하고 왕에게 정치적 조언을 하는 자들이었습니다. 당시 유다 왕국은 아시리아의 강력한 압박에 어쩔 줄 몰라 하고 있었습니다. 아시리아는 이미 예루살렘의 주변 성읍들과 촌락들을 점령했습니다. 이는 예루살렘 성을 고립시키려는 의도가 분명했습니다. 유다 왕 히스기야의 체면은 형편없이 구겨졌습니다. 이때 그의 곁에서 정책을 세워나가던 관료들은 지금 그들의 눈앞에 펼쳐지는 상황 이면에 있는 큰 그림을 볼 수 없었습니다.

사실 왕궁의 위대한 설교자인 예언자 이사야는 그 큰 그림에 대해 누차 이야기해왔습니다. 즉 아시리아의 팔레스타인 진출은 하나님의 명령과 계획 아래 추진되는 일이라는 것이었습니다. 여기에 더해 설교자 이사야는 유다가 순순히 아시리아에 복종해야 한다고 권면했습니다. 어찌 보면 이는 매우 위험해 보이는 권면이었습니다. 왕궁의 실세들이 볼 때 설교자 이사야는 친아시리아파로서, 심하게 말하면 이적 행위를 하는 인물이라고 할 수도 있었습니다. 그러나 이사야는 그런 비난과 매도에 상관없이 신실하게 하나님의 "계획"을 이야기했습니다.

이사야가 그려낸 큰 그림은 하나님이 아시리아를 심판의 도구로 삼아, 하나님을 떠나 불의를 저지르는 유다를 벌하신다는 것이었습니다. 예루살렘의 지배 세력들은 이러한 큰 그림을 받아들일 수 없었습니다. 그래서 예언자 이사야의 강력한 설교에도 귀를 기울이지 않았습니다. 그리고는 인간적 탈출 방법을 강구했습니다. 그것은 외교적 통로를 통해 애굽에 군사적 도움을 요청하는 것이었습니다. 그들은 "하나님의 계획"이니, "하나님의 경륜"이니 하는 것에는 별로 관심이 없었습니다. 아마도 "하나님에 관한 일"은 신학과 종교적 영역에 속한 일일 뿐, 정치·경제·군사적인 영역과는 결코 관계가 없다고 생각했던 것 같습니다. 이는 마치 지금 우리 그리스도인들이 "하나님의 일"을 교회나 신앙의 영역으로 축소·국한하려는 태도와 비슷합니다. 수많은 그리스도인이 하나님의 일이나 계획은 우리의 일상생활과 관련이 없고 오로지 종교적이고 신앙적인 일들과만 연관이 있다고 생각합니다. 정치 문제는 정치인에게, 경제 문제는 경제인에게, 법 문제는 법조인에게 물어야 하고 오로지 신앙의 문제만 목사에게 물어야 한다고 생각하는 것입니다. 물론 각 분야 전문가의 도움도 필요합니다. 그러나 인간사의 모든 문제에 대한 최종적 대답과 지혜를 갖고 계신 분이 하나님이시라면, 삶의 모든 영역에서 하나님의 계획과 뜻을 추구하는 것이 그리스도인의 마땅한 태도입니다. 국난의 위중한 현실 앞에서 예루살렘의 정책 입안자들과 지배 세력들이 궁극적으로 모든 일을 섭리하고 이끌어가는 분이 하나님이시라고 믿었다면, 마땅히 하나님의 뜻을 추구하고 따라야 하지 않았겠습니까? 우리도 마찬가지입니다.

창조적 긴장을 추구하라!

물론 보이지 않는 하나님과 그의 계획을 따르려면 불확실성으로 인한 두려움을 느끼며 긴장할 수 있습니다. 그러나 그런 긴장이야말로 "창조적 긴장"이 아니고 무엇이며, 그러한 불확실성이야말로 "거룩한 불확실성"이 아니고 무엇이겠습니까? 믿음이란 이처럼 창조적 긴장과 거룩한 불확실성 속에서 미래를 열어가는 위대한 결단입니다. 달리 말해 길이 없는 곳에 길을 만들어가며 걷는 행위입니다. 하나님의 약속에 온 인생을 걸었지만 어디로 가야 할지를 알지 못하고 길을 떠났던 아브라함의 여정처럼 말입니다. 믿음은 하나님 안에 희망을 두는 것입니다. 하나님의 개입을 기다리는 것입니다. 우리는 하나님이야말로 인간 역사의 수레바퀴를 돌리는 분이시고, 망망한 바다 위에 떠 있는 일엽편주를 책임질 위대한 항해사이심을 기억해야 합니다.

설교자 이사야가 강조하는 것이 바로 이런 문제였습니다. 위기에 처했을 때 도움을 구하려면 이스라엘의 거룩하신 분, 야웨께 찾아가서 그분께 사정을 아뢰고 그분의 뜻을 물어야 하지 않겠습니까? 그런데 예루살렘의 지도자들은 오히려 하나님의 뜻을 전하는 이사야를 모독하고 빈정대며 비아냥거리기까지 했습니다(예. 사 5:18-19).

영적 고도를 낮추는 일

이사야는 도움을 청하러 애굽으로 내려가는 자들을 향하여 "강력한 마병이 도울 수 있다고 믿는 자들에게 재앙이 있을지어다. 대포와 전차와 미사일과 전투기와 함정의 숫자를 계산하는 자들에게 저주가 있을지어다"라고 저주를 선언합니다. 여기서 도움을 청하러 애굽으로 "내려간다"는 말이 흥미롭습니다. 물론 북쪽에 위치한 유다에서 남쪽 지역에 위치한 애굽으로 내려간다는 것은 자연스러운 표현일 수 있습니다. 그러나 성경은 이스라엘 백성이 애굽에서 나온 사건을 가리켜 "애굽에서 올라오다"라는 표현을 사용했습니다. 마치 구덩이나 웅덩이, 음부나 스올에서 건짐을 받아 밝은 세상으로 건져 올려지는 것처럼 말입니다. 따라서 착취와 압제의 장소인 애굽으로 기어 내려가는 것은 하나님의 구원 역사를 무위로 돌리는 어리석은 행동이 아닐 수 없습니다. 어떤 학자의 표현대로 "여기서 '내려가는' 이라는 말은 영적 고도를 낮추는 것입니다."[1]

그들은 이스라엘의 거룩하신 분에 대해서는 전혀 탄복하거나 감탄하지 않습니다. 기도를 드리기는커녕 하나님을 쳐다보지도 않습니다(사

31:1). 그러나 그들은 하나님이 하늘에서 재앙을 내릴 수 있는 전능한 신이시며 언제라도 그들의 은밀한 생각과 계획 속으로 뚫고 들어갈 수 있는 지혜자이심을 기억해야 했습니다.

형식적 신앙고백, 허술한 구호

구약시대의 이스라엘 백성은 이방 민족과 끊임없이 전쟁을 치러야 했습니다. 이스라엘의 군대는 전쟁에 나가기 전에 먼저 제사장이 집전하는 의식에 참여했습니다. 그들의 전쟁은 거룩한 전쟁(聖戰)이기 때문이었습니다. 그 의식에서 그들은 "전쟁은 야웨께 속했습니다. 우리는 칼과 창의 숫자를 믿지 않습니다!"라고 외쳤습니다. 그리고 나서 전쟁터로 향했습니다. 그러나 전선에 서는 순간, 그들은 그들이 외쳤던 신앙고백이 허술한 구호에 불과했다는 사실을 인정해야 했습니다. 적국의 막강한 군사력과 자원들, 칼과 창과 군마를 보며 놀라 자빠질 수밖에 없었기 때문입니다. 조금 전에 외쳤던 신앙고백—"전쟁은 야웨께 속했습니다. 우리는 칼과 창의 숫자를 믿지 않습니다!"—은 김빠진 맥주가 되었습니다. 사실 이런 일은 우리의 신앙생활 속에서도 종종 일어나는 일이 아닙니까? 신앙을 전쟁에 비유한다면 그렇다는 것입니다.

우리는 주일 아침마다 예배를 시작하면서 신앙고백을 합니다. "나는 전능하신 하나님, 천지를 만드신 하나님 아버지를 믿습니다!"라고 말입니다. 이는 우리의 삶 전체를 주관하고 보호하는 분이 창조주 하나님이시라는 고백입니다. 그러나 교회당을 떠나 일상으로 돌아왔을 때, 즉 치열한 삶의 전쟁터—직장이든, 학교든, 병실이든, 거래인과 만나는 장소든, 기울어져 가는 인간관계 속이든, 시험장이든 상관없다—로 돌아왔을 때, 그곳에서도 여러분은 창조주 하나님을 믿습니까? 아니면 학연, 지연, 돈, 지식,

친구를 더 믿습니까?

우리는 하나님의 보호하심보다 더 강한 것이 없음을 믿어야 합니다. 유다는 애굽으로, 아시리아로, 바벨론으로, 그리스로, 로마로 도움을 청하러 다니기 바빴습니다. 그러나 그런 세력들과 연줄은 다 썩은 새끼줄입니다. 그것에 매달리다가 추락하면 박살이 날 수밖에 없습니다. 예루살렘을 구원할 분은 오직 만군의 야웨 하나님이십니다.

설교자 이사야는 하나님을 강력한 사자에 비유합니다. 먹잇감을 물고 자신의 위용을 천하에 과시하기 위해 으르렁대는 사자의 모습 말입니다. 여기서 하나님의 먹잇감은 분명히 예루살렘입니다. 표면적으로 볼 때 예루살렘을 잡아먹는 주체는 아시리아이지만 실제로 예루살렘을 내리치는 분은 하나님 자신이기 때문입니다. 하나님은 먹잇감이 된 예루살렘을 구원하려고 애굽인들이 몰려와 소리를 지르며 위협해도 까딱하지 않으실 것입니다. 오히려 하나님은 시온 산과 그 언덕에서 예루살렘에 도움을 주려는 모든 세력과 전쟁을 벌이실 것입니다(사 31:4).

하나님은 "강림하여 시온 산과 그 언덕에서 싸울 것이다"(사 31:4b)라고 말씀하십니다. 여기서 "언덕에서"는 언덕을 "대항하여"(against) 싸운다는 의미와, 언덕에 "서서"(at) 싸운다는 의미 두 가지로 해석될 수 있습니다. 전자의 경우는 하나님이 시온 산을 대적들에게 점령당한 적지로 보고 총력을 기울여 그곳을 탈환하신다는 뜻이 됩니다. 반면 후자의 경우는 사자 하나님이 자기의 백성을 움켜잡고 누구도 빼앗아가거나 해를 입히지 못하도록 보호하실 뿐 아니라, 시온 산과 그 언덕들을 공략 중인 아시리아와 전쟁을 치르기 위해 시온 산에 강림하신다는 뜻이 됩니다. 어쨌든 예루살렘은 사자와 같은 하나님의 먹잇감(심판의 대상)인 동시에 하나님의 보호와 구원의 대상임은 변함이 없습니다. 즉 이 이미지는 "심판을 통한 구원"을 나타내는 것입니다. 이처럼 이사야 31:4은 위협과 심판에서 위로와 희망으로 전환하는 지점이 됩니다.

예루살렘의 최종적 구원

그런데 설교자 이사야는 이사야 31:5에서 전혀 다른 차원의 구원을 노래합니다. 돌연한 위로와 신속한 구원이 엿보입니다. 우리에게 용기와 희망과 힘을 주는 아주 멋진 구절입니다.

> 새가 날개 치며 그 새끼를 보호함 같이
> 나 만군의 야웨가 예루살렘을 보호할 것이다.
> 막아주고 구원하고 보호하고 구출할 것이다(사 31:5).

사자의 이미지와는 달리 새의 이미지는 하나님이 매우 신속하게, 전격적으로 예루살렘을 구원하신다는 사실을 보여줍니다. 참으로 기이한 일, 예측 불가능한 위대한 구원의 행동이 나타날 것입니다. 누구도 짐작하지 못한 하늘의 계획이 드러나게 될 것입니다. 구원받을 만한 행위(예. 회개)에 따른 조치가 아니라 그런 것에 선행(先行)하는 하나님의 전격적 구원이 시행됩니다. 이것이야말로 놀라운 은혜의 시현(示現)과 실연(實演)이 아니고 무엇이겠습니까?

하나님은 사람의 계산법을 싫어하십니다. 사람은 "아담"이기 때문입니다. 이사야 2:22을 기억하십시오. "너희는 인생을 의지하지 말라. 그 호흡이 코에 있나니 어디 셈할 가치나 있겠는가!" 그렇습니다! 사람의 계획이나 전략적 계산에 따른 "군사적 수학"에 감동하는 사람은 어리석은 자입니다. 야웨께 피하는 자가 진짜 행복한 사람입니다.

기도 하나님, 칼과 창의 숫자도, 은과 금의 숫자도 믿지 않겠습니다. 우리의 믿음을 굳게 해주소서. 아멘.

제47강

샬롬의 시대가 오리라

이사야 32:1-20

"모든 물가에 씨를 뿌리고 소와 나귀를 거기에서 먹이는
너희는 정녕 복을 받은 자여라!"(사 32:20)

32:1 보라! 장차 한 왕이 공의로 통치할 것이요,
신하들이 정의로 다스릴 것이며

2 그들 각 사람은 광풍을 막아주는 피난처,
폭우를 피하는 대피소 같을 것이며
그들 각 사람은 사막에 시냇물 같을 것이며
곤비한 땅에 큰 바위 그늘 같으리라.

3 그때 보는 자의 눈이 감기지 아니할 것이요,
듣는 자가 귀를 기울일 것이라.

4 조급한 자의 마음이 집중하여 깨닫게 되고
어눌한 자의 혀가 유창한 언변으로 말할 것이라.

5 다시는 어리석은 자를 존귀하다 부르지 아니하겠고
우둔한 자를 다시 명성이 있는 자라 말하지 아니하리니

6 이는 어리석은 자는 어리석은 것을 말하며
그 마음은 악한 생각으로 분주하며
하나님 없이 사는 불경건의 삶을 살며
야웨에 대해 거짓말을 퍼뜨리며
주린 자에게 먹을 것을 주지 않고
목마른 자에게서 물을 거둬들이기 때문이다.

7 악한 자가 하는 방식들은 악하고
늘 악한 계획을 꾸며내어
거짓말로 가련한 자를 짓밟으니
궁핍한 자가 정당한 탄원을 할 때도 그러한다.

8 그러나 고귀한 자는 고귀한 계획을 세우니

고귀한 일들을 위해 일어선다.

9 너희 안일한 여인들아!
일어나 내 말에 귀를 기울여라.
스스로 안전하다고 생각하는 너희 딸들이여!
내 말에 귀를 기울여라.

10 안전하다 생각하는 너희들은
일 년 남짓 지나면 부들부들 떨게 될 것이다.
더 이상 포도 수확도 없을 것이며
과일 거두는 일도 없어지기 때문이다.

11 너희 안일한 여자들이여! 떨어라!
안전하다 생각하는 너희들아! 당황하여라!
옷을 벗어 몸을 드러내고
베로 허리를 졸라매라!

12 풍요로운 밭을 기억하고
풍성한 포도나무를 생각하며 가슴을 치게 될 것이다.

13 내 백성의 땅에
가시와 찔레가 날 것이니—
한때 즐거워하던 모든 성읍을 위해 통곡하라!
이 향락의 도시를 위해 애곡하라!

14 왕궁은 폐가가 되고
붐비던 성읍은 황폐하게 될 것이며
요새와 망대는 영원히 폐허의 땅이 될 것이니
들 나귀가 노니는 곳, 양 떼의 초장이 될 것이다.

15　그러나 마침내 영이 위에서부터 우리에게 부어질 것이다.

황무하던 곳이 비옥한 밭이 되며

헐벗은 들판이 풍성한 삼림처럼 보일 것이다.

16　그때 정의가 사막에 자리를 잡고

공의가 황무지에 거주하게 될 것이다.

17　공의의 결과는 평안(샬롬)이요,

공의의 효력은 영원토록 조용함과 신뢰다.

18　내 백성이 평화로운 거주지에서

안전한 집에서

방해받지 않는 쉼의 장소에서 살리라.

19　비록 그 삼림 지역이 우박에 피해를 보고

성읍이 완전히 초토화된다 하여도

20　모든 물가에 씨를 뿌리고

소와 나귀를 거기에서 먹이는 너희는 정녕 복을 받은 자여라!

먼저 이번 장이 자리한 문학적 위치를 살펴보는 것이 본문 이해에 도움이 될 것입니다. 본 장은 이사야 28-33장의 독특한 예언 모음집에 속해 있습니다. 이 단락에는 종종 “재앙이로다!”, “불행이로다!”, “화가 있을 것이다!”, “슬프다!”로 번역되는 히브리어 “호이”(הוי) 단락이 6개 나오는데, 앞서도 언급했듯이 히브리어 의성어인 “호이”는 “아이고!” 하는 상엿소리입니다. 즉 이 단락은 하나님의 곡소리 나는 심판이 임한다는 내용을 담고 있습니다. 이런 예언 단락의 끝자락에 있는 본문이 이사야 32장입니다. 앞부분들과는 달리 본문의 도입부는 독자들의 시각과 청각을 자극하기에 충분한 “보라!”로 시작합니다. 새로움을 기대해도 좋다는 뜻입니다.

곧이어서 설교자 이사야는 새로운 왕국의 도래를 노래합니다. 정의로운 세상의 도착을 알리는 희망의 메시지가 펼쳐집니다.

새로운 왕의 출현

고대 세계의 역사는 제국의 역사요, 왕들의 역사라 해도 과언이 아닙니다. 왕들이 백성들을 어떻게 지배하고 인도하느냐에 따라 국가의 안녕과 행복이 결정되었습니다. 물론 지금도 비슷하지만 당시는 사회 지도층인 왕과 관료들과 기득권자들이 얼마나 나라와 백성을 사랑하고 그들의 행복과 번영을 위해 일하느냐에 따라 국가의 명운이 갈렸습니다. 평화와 행복과 번영을 의미하는 히브리어는 "샬롬"입니다. 샬롬은 모든 것이 넉넉한 상태에 있을 때를 가리킵니다. 성경의 전통에 따르면 왕과 지도자들은 국가와 백성들의 샬롬을 위해서 존재해야만 했습니다.

이스라엘이 아직 유아기 단계였던 사사시대에 있었던 일입니다. 어느 날 그들은 하나님께 다른 이웃 나라들처럼 그들에게도 왕정 제도가 있었으면 좋겠다고 요구했습니다. 하나님은 그런 요청을 몹시 못마땅하게 여기셨습니다. 하나님이 그들의 왕이신데 또 다른 왕을 찾는다니요? 그런데도 요청이 끊이지 않자 하나님은 마지못해 왕정을 허락하셨습니다(삼상 8장). 그러면서 엄격한 조건을 붙이셨습니다. 하나님을 대신하여 백성을 다스리는 왕은 무엇보다 "정의와 공의"로 허리띠를 띠어야 한다는 것이었습니다. 하나님의 성품인 정의와 공의를 왕정에 그대로 반영하라는 준엄한 요구였습니다. 정의와 공의만이 사회와 국가의 평화(샬롬)를 세우는 유일한 길이기 때문이었습니다.

품격 있는 사람들

그렇다면 정의와 공의는 무엇입니까? 단순하고 명료하게 말하면 "억울한 일"이 없어야 한다는 것입니다. 이는 손쉽게 착취와 조작의 대상이 되는 사회적 약자들에 대한 배려가 깊게 담긴 따스한 부성(父性)을 드러내는 요구입니다. 하나님 나라에서 왕과 재판장들과 고위 관료들은 정의가 실현될 수 있도록 모든 역량을 쏟아야 하는 공복(公僕)들이자 심부름꾼들이며 일꾼들입니다. 그들의 역할은 분명합니다. "광풍을 막아주는 피난처", "폭우를 피하는 대피소", "목마른 사람들에게는 시냇물", "뜨거운 사막에서는 큰 바위의 그늘"이어야 한다는 것입니다(사 32:1-4, 8).

성경은 그런 자들을 지혜롭다고 평가합니다. 정의와 공의로 나라를 이끌어가는 사람들을 가리켜 지혜롭다고 말하는 것이 약간은 생소하게 들릴지 모르겠습니다. 그러나 정의를 추구하려는 태도를 지혜롭다고 말하는 것은 신학적으로 깊은 의미가 있습니다. 먼저 성경이 정의롭지 못한 자들을 어리석다고 부른다는 사실에 유의해보십시오(사 32:6-7). 나라를 다스리는 자가 경계해야 할 악덕 중 하나가 바로 "어리석음"입니다. 그렇다면 지혜와 어리석음의 차이는 무엇일까요? 학식의 유무나 지식의 많고 적음이 문제가 아닙니다. 요즘 말로 하면 명문 대학 출신이나 각종 고시에 합격한 "스펙" 좋은 사람들이 꼭 좋은 정치가가 되는 것은 아니라는 말입니다.

본문은 정치가와 왕과 재판관들이 지혜로운 자인지 어리석은 자인지 구별하는 기준을 하나님께 둡니다. 하나님을 중심으로 지혜로운 자와 어리석은 자가 갈립니다. 하나님을 가운데 두고 정의로운 지도자와 어리석은 지도자가 나뉩니다. 달리 말해 지혜로운 사람을 경건(敬虔, Godliness)한 사람으로, 어리석은 사람을 불경(不敬, Godlessness)한 사람으로 규정한다는 말입니다.

어리석은 자들은 하나님이 안중에도 없습니다(시 14편). 그런 사람은 불경합니다. 반대로 하나님의 주권을 인정하는 사람은 자기가 가진 권력과 능력이 자기 것이 아니라 하나님께 속한 것임을 알고, 그분이 그것을 허락하신 목적에 유념하는 사람입니다. 선한 목적(샬롬)을 이루기 위해 일 처리를 정의롭고 공의롭게 하는 사람이 지혜롭고 경건한 사람이라는 뜻입니다. 그들은 악한 계획들을 멀리하며 뇌물을 받지 않고 사사로운 이익을 챙기지 않으며 힘이 없는 사람들의 호소에 귀를 기울일 줄 아는 사람입니다.

그런 사람들이 정말 품격 있는 사람들입니다. 단순히 권력이나 학위나 재물을 가졌기 때문에 그 사람이 고귀하고 품위가 있는 것이 아닙니다. 그런 사람들은 졸부와 같은 사람들입니다. 그러나 "고귀한 자는 고귀한 계획을 세우니 고귀한 일들을 위해 일어납니다"(사 32:8). 품격 있는 그리스도인들, 고귀한 가치를 추구하는 사람들이 우리 사회의 각계각층에서 하나님의 정의로운 나라가 도래하기를 꿈꾸며 땀 흘려 일하는 모습을 상상해봅니다. 그런 사람들이 많은 나라일수록 선진국입니다. 구약의 예언자들이 꿈꾸었던 사회도 바로 그런 세상이었습니다.

안일한 사람들, 한심한 여인들

주위를 둘러보면 시대를 읽지 못하는 사람들, 달리 말해 세상을 피상적으로 읽는 사람들이 많습니다. 그들의 기분은 주식 지표에 따라 오르락내리락합니다. 또한 그들은 신문과 방송에서 전해주는 세상을 그대로 받아들입니다. 하지만 성경은 우리에게 시대를 분별할 것을 요구합니다. 특별히 우리는 신앙인으로서 지정의(知情意)와 같은 우리의 영적 기관들이 제대로 작동하는지 정기적으로 살펴보아야 합니다. 예수님은 바리새인들을 향해 "너희가 천기는 분별할 줄 알면서 이 '시대정신'(welt geist)은 분별하지 못한다"(눅 12:56)라고 질타하셨습니다. 천하만사에 다 때와 기한이 있는데도 불구하고 자신이 어느 시점을 살아가는지 모르면 안 된다는 것입니다.

예루살렘 안에도 그런 부류의 사람들이 있었습니다. "안일하게 지내는 여인들"(사 32:9-12)로 표현되는 자들이 바로 그들입니다. 그들은 아마 예언자 아모스가 질타했던 "바산의 암소들"(암 4:1)과 같은 여인들일지도 모릅니다.[1] 부패한 권력자들의 부인들, 뇌물로 받은 장신구들로 치렁치렁 치장하고 한가롭게 고급 호텔의 뷔페 음식을 먹으며 노닥거리는 여인들, 주식 동향에 대해서는 예리한 시각을 뽐내면서도 영적 시계(視界)는 제로인 사람들이 그들입니다. 그들은 물질적 풍요가 가져다주는 안정감과 남편의 사회적 지위가 보장하는 만족감 속에서 편안하게 살면서도 주위에 억울한 일을 당하여 눈물로 밤을 지새우는 사회적 약자들에 대해서는 눈곱만한 관심도 없는 사람들입니다. 한마디로 영혼 없이 사는 한심한 사람들입니다. 그들에게 하나님은 엄히 경고하십니다.

> 머지않아 지금 너희가 누리는 풍요—포도 수확, 곡물 추수—도 다 사라지게 될 것이다. 너희가 사는 땅들은 저주를 받아 가시와 찔레 덩굴로 덮일 것이다. 성읍 사방에서 곡소리가 들릴 것이고 찬란한 네온사인을 자랑하던 거리는 인적이 없는 폐허의 거리로 바뀔 것이다(사 32:10-14).

이것은 때를 분별하지 못하고 자기만족의 늪 속에 가라앉아 있는 자들에게 찾아올 종말의 모습이기도 합니다(참조. 습 1:12).

정의와 평화가 포옹할 때

우리 시대의 저명한 기독교 철학자 니콜라스 월터스토프(Nicholas Wolterstorff)는 『정의와 평화가 입 맞출 때까지』라는 책을 썼습니다.[2] 이 책에서 저자는 "세계 형성적 기독교"(world-formative Christianity)에 대해 말합니다. 여기서 세계는 자연 세계를 말하는 것이 아니라 사회-도덕적 세계를 말하는데, 기독교는 성경의 가르침에 따라 사회-도덕적 세계를 형성해가는 종교라는 것입니다. 그는 사회 변혁적 동인을 가진 종교가 바로 기독교라고 주장합니다. 그에 따르면 불의하고 착취와 폭력으로 얼룩진 이 세상에 진정한 평화가 회복되기 위해서는 정의가 선행되어야 합니다. 정의로워야 평화(샬롬)가 도래한다는 것입니다.

사실 이런 사상은 매우 오래된 성경의 전통에 뿌리를 두고 있습니다. 이는 특히 구약의 예언자들이 꿈꾸고 바라던 세상에서 잘 드러납니다. 이사야를 비롯한 구약의 예언자들은 불의와 착취로 얼룩진 당대의 세계에 대해 단순히 물리적 사회 변혁이나 혁명을 시도한 사람들이 아니었습니다. 그들의 가장 위대한 업적은 현실에 대한 대안(代案)적 세상을 제시한 것이었습니다. 그들은 하나님 나라의 도래를 선언하고 그 나라의 특성에 대해 열정적으로 가르쳤습니다. 펜이 칼보다 더 강하다는 경구가 가장 잘 들어맞는 경우가 바로 예언자들의 메시지일 것입니다. 그들은 "환상의 사람들"로서 하나님이 장차 이스라엘 사회에 가져오실 왕국의 모습을 반복적으로 설파했습니다(예. 사 2, 9, 11, 32장). 그들의 공통된 전제는 "정의"가 수립됨으로써 "샬롬"의 시대가 도래(到來)한다는 공식이었습니다.

그렇습니다! 정의와 샬롬은 언제나 함께 가는 짝꿍 단어입니다. 그렇다면 정의와 샬롬이 포옹하는 날이 어떻게 온다는 말입니까? 먼저 그 나라는 인간의 노력이나 계획으로 이루어지는 나라가 아니라는 사실이 중요합니다. 왜냐하면 사람은 언제나 자신의 이익이나 명예나 안정을 추구하는 존재로서 샬롬의 나라를 만들기에는 역부족이기 때문입니다. 무엇보다 부패하고 일그러진 것이 사람의 마음입니다. 역사상 사람들이 추구했던 유토피아는 언제나 피와 복수를 불러일으켰습니다. 전 세계를 하나로 묶으려는 모든 시도는 분쟁에 분쟁을, 전쟁에 전쟁을 더했습니다. 그러므로 샬롬의 세상은 하나님의 선물이어야 하고, 따라서 위로부터 내려와야 합니다.

거룩한 영이 강림할 때

예언자들은 위에서부터 내려오는 "영"에 대해 반복적으로 말합니다(사 32:15-20). 하나님의 영이 위로부터 부어지면 모든 것이 하나님의 영의 지배를 받게 됩니다. 하나님의 영은 거룩한 영이며 정의와 공의의 영입니다. 하나님의 영이 부어지면 모든 것이 창조의 원래 의도대로 회복될 것입니다. 광야는 아름답고 비옥한 초원이 되고, 포도원의 소출은 풍성할 것이며, 사회는 안전하고, 가정은 안식과 쉼의 터전이 될 것입니다. 그 나라를 공의와 정의로 다스리는 왕은 광풍을 피하는 대피소, 폭우를 가리는 피난처, 메마른 땅에 흐르는 냇물, 사막에 큰 바위 그늘 같을 것입니다. 공의가 일하기 시작하면 그 사회와 가정에 "평안"과 "조용함"과 "신뢰감"이 찾아올 것입니다(사 32:17). 설교자 이사야는 그 장면을 목가적 수채화로 그려냅니다.

> 모든 시냇물과 개울가에 농부들이 노래하며 씨앗을 뿌립니다. 우박과 비바람과 햇살을 지나 풍요로운 수확의 계절을 맞게 됩니다. 기름진 초원에 소떼와 나귀 떼를 풀어놓아 마음껏 풀을 뜯게 합니다. 평화로운 정경입니다. 시

끄럽고 두려웠던 시간을 뒤로하고 이제는 조용하고 고요하게 마음의 평정을 되찾아 하늘을 바라봅니다. 마음 깊은 곳에서 신뢰와 확신의 샘물이 솟아오르기 시작합니다(사 32:18-20).

우리는 성령의 내주(內住)를 요청하며 기도합니다. 성령에 이끌려 사는 사람이나, 성령이 일하시는 교회와 사회의 특징은 언제나 정의롭고 평화롭다는 것입니다. 정의는 모든 피조물이 하나님이 창조하신 의도에 따라 각자의 역할을 수행할 때 이뤄집니다. 더 나아가 정의가 구현되는 곳에 샬롬의 왕국이 도래합니다. 음유시인인 하덕규 씨의 노래 가운데 "풍경"의 한 구절은 이 사실을 멋지게 묘사합니다.

세상 풍경 중에서 제일 아름다운 풍경
모든 것들이 제자리로 돌아오는 풍경

기도 이 불의한 세상에서 정의의 하나님을 드러내는 도구가 되겠습니다. 도와주소서. 아멘.

제48강

인생에서 가장 소중한 보물

이사야 33:1-24

"야웨를 경외함이 이러한 보물함을 여는 열쇠다"(사 33:6).

33:1 아이고! 파괴를 일삼으면서도
아직 파괴를 당하지 않는 너에게 화가 있을지어다.
배반을 일삼으면서도
아직 배반을 당하지 않는 너에게 화가 있을지어다.
파괴를 멈추게 될 때
파괴를 당하게 될 것이며
배반을 멈추게 될 때
배반을 당하게 될 것이다.

2 "야웨여! 우리에게 은혜를 베풀어주십시오.
당신을 갈망하오니
아침마다 우리의 힘이 되시며
환난 때에 우리의 구원이 되어주십시오.

3 당신의 천둥 같은 소리에 사람들이 도망하며
당신께서 일어나시자 나라들이 흩어집니다.

4 당신의 노략물인 나라들은 메뚜기 떼에 의해 싹쓸이 당하듯이
사람들이 메뚜기처럼 그 위로 뛰어오를 것입니다."

5 야웨께서 높게 들림을 받으시리니 그가 높은 곳에 거하시기 때문이며
그가 정의와 공의를 시온에 가득 채우실 것이다.

6 그는 네 때를 위해 평안함[1]이 되실 것이며
구원과 지혜와 지식으로 가득한 창고이시니
야웨를 경외함이 이러한 보물함을 여는 열쇠다.[2]

7 보라! 그들의 용사들이 사방 거리들에서 부르짖으며

평화의 사신들이 슬피 운다.

8 대로들이 황폐하여
행인이 끊어졌으며
조약은 파기되었고
조약 체결의 증인들은 무시되었으니
아무도 존경받지 못하는구나.

9 땅이 바싹 말라 갈라지고 쇠잔하며
레바논은 수치를 당하고 마르며
사론은 메마른 사막과 같고
바산과 갈멜은 나뭇잎을 떨어뜨리는구나.

10 야웨께서 이르시되 "내가 이제 일어나리라.
내가 이제 높임을 받으며
내가 이제 지극히 높임을 받으리라.

11 너희가 겨를 잉태하고
짚을 해산할 것이며
너희의 호흡은 불이 되어 너희를 삼킬 것이니

12 민족들은 불에 지핀 석회처럼 그렇게 탈 것이며
잘게 자른 가시나무들 같이 불이 붙을 것이로다.

13 너희 먼 데에 있는 자들아! 내가 행한 것을 들어라.
너희 가까이에 있는 자들아! 나의 능력을 보아라."

14 시온의 죄인들이 두려워하며
경건하지 아니한 자들이 벌벌 떨며 이르기를
"우리 중에 누가 삼키는 불과 함께 거하겠으며

우리 중에 누가 영영히 타는 불길과 함께 살겠는가?" 하는도다.

15 오직 정의롭게 행동하는 자,

정직하게 말하는 자,

강탈로 얻는 이익을 거절하는 자,

손사래를 치며 뇌물을 받지 않는 자,

귀를 막아 살인하려는 계획들을 듣지 않는 자,

눈을 감아 악을 꿈꾸는 음모를 거부하는 자,

16 이런 사람이 높은 곳에 거주할 사람이며

산의 요새가 그의 피난처가 될 사람이다.

그의 양식은 공급되고

그의 물은 끊어지지 아니하리라.

17 네 눈은 찬란한 영광 가운데 있는 왕을 보게 될 것이며

또한 쭉 펼쳐진 광활한 땅을 눈으로 보게 될 것이다.

18 너는 마음속으로 이전에 두려워하던 것을 생각해내리라.

"조세를 책정하는 담당 장교는 어디 있지?

세금을 가져가는 담당 장교는 어디 있지?

요새를 총괄하는 사령관은 어디 있지?"

19 너는 더 이상 오만한 백성을 보지 아니하리라.

불투명한 말을 하는 백성들 말이다.

이상한 말, 알아듣지 못하는 말을 하는 자들 말이다.

20 우리 절기들이 열리는 성읍, 시온 성을 보라.

네 눈이 예루살렘을 보리니

평화로운 처소요, 옮겨지지 아니할 천막을 보게 되리라.

그 천막의 말뚝이 결코 뽑히지 아니할 것이요,

그 천막 줄이 하나도 끊어지지 아니할 것이다.

21 거기서 야웨는 우리의 장엄하신 하나님이실 것이니

그곳에는 넓은 강들과 시내들이 있으리라.

그러나 노 젓는 함선(艦船)이나

강력한 군함들은 통행하지 못하리라.

22 야웨는 우리 재판장이시요,

야웨는 우리에게 율법을 주신 분이요,

야웨는 우리의 왕이시니

우리를 구원하실 분은 바로 그분이시다.

23 네 돛대 줄이 풀렸으니

돛대의 밑을 튼튼히 하지 못하였고

돛을 달지 못하였느니라.

때가 되면 많은 재물을 탈취하여 나누리니

다리를 저는 자도 그 재물을 취할 것이다.

24 시온에 사는 사람 중 아무도 "나는 병들었어!" 하지 아니할 것이니

거기에 사는 사람들의 죄들이 다 용서함을 받을 것이다.

파괴자에게 파멸이

앞서 살펴보았듯이 이사야 28-35장은 하나의 커다란 문학적 단락입니다. 예언자 이사야는 이 단락을 통해 유다에 임박한 강대국 아시리아의 침공을 배경으로 유다가 자초한 재앙을 다시금 언급함으로써 후대의 독

자들에게 경각심을 불어넣어 줍니다. 이 단락은 6개의 "아이고!" 신탁으로 구성됩니다. 그중 처음 5개 "아이고!" 신탁은 유다와 이스라엘에 대한 것이고, 마지막 "아이고!" 신탁은 오만불손한 아시리아 제국—뒷부분에는 바벨론 제국이 포함된다—을 향한 재앙 신탁입니다. 이사야 33장에서는 마지막 "아이고!" 신탁이 시작됩니다.[3]

유다를 침공한 강대국 아시리아는 유다 전역과 예루살렘 성 주변을 무참하게 짓밟았습니다. 그들은 하나님의 도구로 사용되었지만 분수에 지나치게 가혹했습니다. 자녀인 유다 백성에게 어쩔 수 없이 고통을 허락하신 하나님이 이를 기분 좋게 여기실 리 없었습니다. 그때 고난 가운데 있던 유다 백성들이 "하나님, 당신만이 우리의 유일한 희망입니다. 제발 속히 오셔서 우리와 함께 계시고, 일이 잘못되어갈 때 우리를 도와주소서!"라고 부르짖었습니다.

이에 하나님은 예언자 이사야를 통해서 유다의 원수들을 향해 재앙을 선언하십니다. 당신의 백성을 혹독하게 다룬 폭압자들과 파괴자들을 가만히 놔두지 않으시겠다는 비장한 선언이었습니다(사 33:1-6). "파괴를 일삼으면서도 아직 파괴를 당하지 않은 자, 배반을 일삼으면서도 아직 배반을 당하지 않은 자"(사 33:1)에게 저주와 재앙이 임할 것입니다. 이는 분명 아시리아를 염두에 둔 선언임이 틀림없습니다(참조. 사 10:12, 24-27; 14:24-27).

그런데 여기에 사용된 두 단어 "파괴"와 "배반"이 한 쌍으로 사용된 다른 곳은 구약성경 전체를 통틀어 바벨론을 향한 심판 신탁을 다루는 이사야 21:2이 유일합니다. 이러한 문헌적 사실을 기억한다면 이번 본문인 이사야 33장은 아시리아와 바벨론으로 대표되는 하나님의 원수 모두를 대상으로 한다고 이해하는 것이 바람직합니다.[4]

진노 중에서

성경의 위대한 가르침 중 하나는, 하나님이 진노 중에도 자녀를 향한 애타는 긍휼을 잊지 않으시는 은혜로운 분이라는 것입니다(참조. 출 34:6). 그분은 곤경에 빠진 자녀들을 위해 발 벗고 나서는 아버지이십니다. 물론 아버지 하나님은 자녀들의 잘못된 버릇을 고쳐주기 위해 그들을 심하게 다루기도 하십니다. 매를 들거나 집에서 쫓아내 길거리에서 고아처럼 방황하게 두기도 하십니다. 하지만 그 모든 징계는 궁극적으로 그들을 회복시켜 "집"으로 데려오기 위함입니다. 만신창이가 되어 거리를 방황하는 불쌍한 자녀를 집으로 데려오려는 아버지의 마음을 상상해보십시오. 어디가 그들의 집입니까? 그들이 돌아가야 할 진짜 집은 어떤 물리적 공간이 아닙니다. 그곳은 바로 하나님의 품입니다. 하나님의 품이 그들이 돌아가야 할 진정한 "집"(home)입니다. 집으로 돌아간다는 것은 곧 하나님과의 정상적인 관계를 회복하고 그분의 발 앞에서 삶의 길을 배우며 모든 민족과 백성들의 귀감이 되는 정의로운 삶을 산다는 말입니다.

그러나 갱생의 길은 멀고도 험합니다. 쉽게 갈 만한 길이 아닙니다. 때론 자신이 하나님께 버림받았다는 생각이 물밀 듯이 몰려옵니다. 어디를 봐도 도움이 올 것 같지 않은 기분이 들 때도 있습니다. 그러나 기억하십시오! 징계의 채찍을 호되게 맞을 때, 아무도 곁에 있는 것 같지 않을 때, 하나님마저 얼굴을 돌리고 모르는 척하실 때, 끝날 것 같지 않은 긴 터널을 지날 때, 앞이 깜깜하고 목구멍에 쓴 물이 올라올 때, 하늘이 무너져 내리는 듯한 상황일 때, 이럴 때라도 기억해야 할 사실 한 가지가 있습니다. 그것은 바로 그런 고통스러운 시간 동안 하나님은 침묵 속에서 우리를 기다리신다는 사실입니다. 이 사실을 기억하고 그분의 개입과 찾아오심을 간절히 소원하고 갈망하는 자들은 이렇게 기도합니다. "야웨여, 우리에게 은혜를 베풀어주소서. 당신을 갈망하고 바랍니다. 아침마다 우리의 힘이 되시며 환난 때에 우리의 구원이 되어주소서"(사 33:2)라고 말입니다.

하나님을 기다리는 자는 이미 복을 받은 사람입니다. 설교자 이사야는 앞서 다음과 같이 말했습니다.

> 야웨께서 너희에게 은혜를 베풀려고 기다리며 준비하고 계신다. 너희를 긍휼히 여기려 일어나신다. 야웨는 정의의 하나님이시다. 그를 기다리는 자마다 복이 있는 행운아들이다. 내게 도움을 구하며 간절히 부르짖어라. 내가 너희에게 은혜를 베풀 것이며 내가 너희 간구를 듣자마자 응답할 것이다(사 30:18-19).

모든 것이 달라질 것입니다!

하나님은 백성들의 간구에 응답하셔서 나타나실 것입니다. 하나님의 나타나심은 천둥, 번개, 지진과 같은 자연 현상을 수반하는 위대하고 소름 끼치는 현현(顯現, theophany)입니다. 그 앞에서 사람들은 두려움에 소스라칩니다. 나라들과 군왕들은 혼비백산하여 사방으로 흩어져 도망칩니다(사 33:3-4). 시인 이사야는 심판하러 오시는 하나님의 장엄한 현현을 다음과 같이 묘사했습니다.

> 보라! 야웨의 이름이 원방에서부터 오되 그의 진노가 불붙듯 하며 빽빽한 연기가 일어나듯 하며 그의 입술에는 분노가 찼으며 그의 혀는 맹렬한 불 같으며 그의 호흡은 마치 창일하여 목에까지 미치는 하수 같은즉, 그가 멸하는 키로 열방을 까부르며 여러 민족의 입에 미혹하는 재갈을 물리시리니(사 30:27-28, 개역개정).

하나님이 오시면 모든 것이 달라져 완전히 새로워질 것입니다. 한때 창녀와 같았던 시온(사 1:21)이 회복되어 정의와 공의로 가득한 도성이 됩니다(사 33:5). 시온의 중앙에는 하나님의 보좌가 높이 들리고 하나님이 정의와 공의로 다스리시는 새로운 세상이 막을 엽니다. 새로운 왕국이 도래한 것입니다. 예언자 이사야가 꿈꾸고 마음 설레어 하는 미래 사회의 모습은 다름 아닌 "하나님 왕국의 도래"로 표현되었습니다.[5] 하나님 왕국은 하나님 홀로 높임을 받는 곳입니다. 이사야는 하나님을 "홀로 높이 들림을 받는 분"(The Exalted One)이라고 누누이 강조합니다. 이사야서는 이미 앞에서부터 하나님만이 홀로 높이 들려 온 세상과 우주 위에 자리를 잡으실 미래가 올 것을 그려왔습니다(참조. 사 2:11, 17; 12:4). 홀로 높이 들림 받으신 하나님만이 시온의 거주민들에게 유일한 안정감과 평온함의 근거가 되실 것입니다. 그분만이 구원과 지혜와 참지식의 보고입니다. 눈앞의 위험으로부터 구원이 절실하게 필요한 자가 있다면 하나님께로 나아오십시오. 어떻게 살아야 할지, 어느 길로 가야 할지 막막하고 혼란스러워 참 지혜가 필요한 자, 온갖 거짓으로 가득한 세상에서 참된 지식을 갖고 싶은 자가 있다면 마찬가지로 하나님께로 나아오십시오. 그분만이 구원과 지혜와 지식의 창고이며 보물함이십니다(사 33:6; 참조. 사 11:1-10).

인생의 참된 보물은?

당시 유다를 침공한 아시리아는 많은 보물을 탈취해 갔습니다(왕하 18:14, 15). 유다 왕국은 막대한 국가적 손실을 입었습니다. 그러나 설교자 이사야는 그렇게 생각하지 않았습니다. 보화나 재물이 인생의 전부가 아니라고 믿었기 때문입니다. 그렇다면 무엇이 인생에서 가장 귀중한 보배란 말입니까? 앞서 강조한 것처럼 구원과 지혜와 참된 지식이 평안한 삶을 위한 진짜 보물들입니다. 그리고 야웨 하나님이야말로 그런 보물들이 가득 담긴 보물함입니다. 우리는 어떻게 하면 그 보물함을 열 수 있을까요? 그 열쇠의 이름은 바로 "야웨 경외"입니다. 야웨를 경외함으로 그 보물함을 열면 됩니다.

상상해보십시오. 시온에는 정의와 공의가 가득 차 있고, 거기 거주하는 사람들은 든든한 하나님께 기댑니다. 야웨를 경외하는 마음과 생각으로 살아가는 그들에게는 구원과 지혜와 참된 지식이 주어집니다. 그렇습니다! 하나님이 우리의 삶의 기초이자 반석이라고 고백하는 삶, 하나님의 정의와 공의를 가득 채우려고 노력하는 마음, 하나님만이 위기의 때에 구원으로 인도하는 지혜와 지식의 근원이라고 고백하는 믿음, 이런 것이 가장 귀한 보배입니다. 가장 귀한 보배인 "야웨 경외" 신앙을 잃은 삶은 헛됩니다. 야웨를 경외하는 사람들로 가득한 사회야말로 회복된 시온의 온전한 모습입니다. 이런 상태를 가리켜 성경은 "샬롬"이라고 합니다. 예루살렘에도 샬롬이 찾아올 것입니다.

이제 유다는 그들의 진정한 보배가 무엇인지 알게 되었습니다. 전에 그들은 국가적 위기에서 벗어나기 위해 많은 재물과 보화를 가지고 애굽으로 내려갔었습니다. 근래에는 아시리아에게 나머지 보물을 모두 빼앗겼습니다. 그러나 고통과 환난을 통과하면서 그들은 인생에서 가장 중요한 보물이 무엇인지 배우게 되었습니다. 모든 것을 다 잃어버려도 하나님을 얻으면 모든 것을 다 얻은 것이라는 진리를 배운 것입니다. 재물이나 집, 건강이나 직장, 가족이나 친구를 잃는다면 당신은 상당히 많이 잃는 것입니다. 그러나 하나님을 잃어버리면 모든 것을 다 잃어버린 것입니다. 우리는 하나님을 경외하는 것이야말로 인생에서 가장 귀중한 보배임을 명심해야 합니다!

전쟁의 용사

우리의 입장에서 볼 때 회복된 시온과 평화로운 예루살렘은 하나님의 선물입니다. 하지만 하나님 편에서 예루살렘은 전쟁을 치르고 얻어낸 노략물입니다. 앞 단락에서 예루살렘에 평화와 번영이 약속되었지만 이사야 33:7-16을 보면 그렇지 못한 것처럼 보입니다. 예루살렘 성안에서 사람들의 비명이 들립니다. 용맹했던 군인들은 맥을 못 추고 거리 사방에서 울부짖습니다. 평화 조약을 체결하였지만 적국은 조약을 파기하고 대규모 공격을 개시합니다. 사방 천지가 온통 파괴로 가득합니다(참조. 사 33:1). 예루살렘 성안은 공황 상태가 되고 유다 전역은 물론 북쪽 이스라엘 지역까지도 황폐하게 됩니다. 초원과 울창한 숲으로 그토록 기름졌던 사론과 갈멜과 바산 지역도 황무지처럼, 메마른 사막처럼 변해버렸습니다(사 33:7-9). 그러나 하나님이 자기 백성을 위해 일어나실 것입니다. 여기서 "일어나신다"라는 말은 백성을 대신하여 전쟁에 나가는 왕의 결연한 모습을 가리킵니다. "전쟁의 용사"(divine warrior)이신 하나님이 움직이기 시작하신 것입니다.

이는 그리스도인들에게 큰 위로와 용기를 주는 말씀입니다. 이 말씀에 따르면 그리스도인들이 이 세상에서 치르게 되는 모든 전쟁은 실제로는 하나님의 전쟁이요, 거룩한 전쟁(聖戰, Holy War)입니다. 구약성경에 나오는 "성전(聖戰) 사상"은 우리에게 "모든 전쟁은 야웨께 속해 있다!", "너희는 가만히 있어 오늘날 너희를 위해 이루시는 하나님의 위대한 구원을 보라!"고 큰 소리로 외칩니다. 그러므로 우리는 이스라엘의 용사들처럼 "우리는 칼과 창의 숫자를 믿지 않습니다!"라고 고백해야 할 것입니다. 이사야와 동시대 사람이면서 그의 선배라 할 수 있는 북이스라엘의 예언자 호세아도 다음과 같이 말했습니다.

> 하나님은 유다 족속을 긍휼히 여겨 그들의 하나님 야웨로 구원하겠고 활과 칼이나 전쟁이나 말과 마병으로 구원하지 아니하신다!(호 1:7)

회복된 세상

하나님이 예루살렘을 향하여 약속하신 번영과 평안은 반드시 성취될 것입니다. 더 이상 세금을 뜯어가는 적군의 장교들이 보이지 않을 것이며, 예루살렘을 공략하기 위해 요새를 만들고 진지를 구축하던 적군 사령관의 분주한 모습도 보이지 않을 것입니다. 이제부터 하나님이 주도권을 쥐고 전쟁을 치르시기 때문입니다. 하나님은 예루살렘에서 가장 높은 곳에 당신의 보좌를 세우실 것이라고 말씀하십니다.

그때 예루살렘의 모든 신민은 높이 들리신 하나님의 영광을 보고 모두 머리를 조아리며 두려움과 떨림으로 그를 경외할 것입니다. 하나님의 장대하심과 위엄이 만천하에 드러나게 되면 사람들은 드디어 시온에 하나님의 왕권이 수립되고 정의와 평화가 도래하였음을 알게 될 것입니다. 견고한 성, 번성한 성읍, 평화로운 마을, 각종 축제가 열리는 광장, 우뚝 솟은 건물들, 도시를 가로지르는 풍성한 강물, 아름다운 시내…. 이런 것이 회복된 유다와 예루살렘의 초상입니다(사 33:20-21). 더 이상 적국의 함선이나 강력한 군함은 정박할 수 없습니다. 그 이유는 단순하고 명확합니다. "하나님이 장엄하고 강력한 왕이 되셨기 때문입니다."[6] 지금도 그렇습니다. 회복된 신앙 공동체와 그 구성원들은 신앙을 고백하며 "야웨는 우리의 재판장이십니다!", "야웨는 우리에게 계명들을 주신 분이십니다!", "야웨는 우리의 왕이십니다!", "야웨는 우리를 구원하시는 분이십니다!"[7] 라고 선포해야 할 것입니다(사 33:22).

용서받은 사람들

이제 시온에 사는 사람들은 어깨를 펴고 거침없이 활보하면서 당당하게 살아갈 수 있습니다. 그 누구도 "나는 연약해!", "나는 힘이 없어!", "나는 병들었어!"라고 말하지 않습니다. 왜 이렇게 변했을까요? 어떻게 예루살렘에 샬롬이 찾아오게 되었을까요? 충격적인 대답이 맨 마지막 절에 있습니다. "거기에 사는 사람들의 죄들이 다 용서받았기" 때문입니다(사 33:24). 유다와 예루살렘의 불행은 그들의 허약한 군사력 때문도, 휘청거리는 경제력 때문도 아니었습니다. 더 나아가 기간 산업의 구조가 취약해서도, 똑똑한 인재들이 많지 않아서도, 강력한 지도자가 없어서도 아니었습니다. 유다와 예루살렘의 불행은 그들이 하나님을 정녕 "믿지 않았기" 때문이었습니다. 곧 실천적 무신론자들로 가득했기 때문이었습니다.

도둑질, 간음, 사기, 살인, 부정, 불의, 폭력 등은 죄의 열매들일 뿐입니다. 죄의 본질은 창조주이시며 구원자이신 야웨 하나님께 "도전"(rebellion)하거나 그분의 통제와 간섭이 싫다며 그로부터 "도피"(flight)하는 것입니다.[8] 유다와 예루살렘의 근본적인 죄는 이처럼 하나님께 대항하거나 하나님에게서 도피하여 다른 곳으로 간 것이었습니다. 즉 "하나님 신뢰", "야웨 신앙"에서 벗어나 다른 것들을 의지한 것이 죄의 핵심이었습니다. 그러므로 그들의 온전한 회복이 죄의 용서에서 출발하고 끝나야 함은 지극히 당연한 이치입니다. 죄 용서에 대해 말씀하는 이사야 33:24은 앞으로 이사야 35장에 등장할 영광스러운 장면을 예기하게 합니다.

> 거기에 대로가 있어 그 길을 "거룩한 길"이라 부르게 되리니…오직 "구속(救贖)함을 입은 자"(the redeemed)들을 위하여 있게 될 것이라. 우매한 행인은 그 길로 다니지 못할 것이며…그 길로 가는 자들을 위한 길이 될 것이다. 야웨

의 "속량(贖良)함을 받은 자"(the ransomed)들이 돌아오되 노래하며 시온에 이르러 그들의 머리 위에 영영한 희락을 띠고 기쁨과 즐거움을 얻으리니 슬픔과 탄식이 사라지리로다(사 35:8-10).[9]

거룩한 산에 오를 자

그렇다면 새롭게 회복된 시온에 살 자가 누구입니까? 예루살렘에 거주할 자격이 있는 자가 누구이며 하나님의 거룩한 산에 설 자가 누구입니까? 새로운 세상이 도래하면 그곳에 적합하지 않은 자들은 퇴출될 것입니다. 그들은 하나님이 통치하시는 새로운 세상의 도래를 두려워합니다. 그 이유는 "우리 중에 누가 삼키는 불과 함께 살겠으며, 우리 중에 누가 영영히 타는 불길과 함께 살겠는가?"(사 33:14)라는 그들의 물음에 잘 드러납니다. 그들은 하나님이 삼켜버리는 맹렬한 불이요, 꺼지지 않는 불길이심을 잘 알았던 것입니다. 그들은 시온에 살면서도 하나님을 가볍게 생각했던 사람들입니다. 물론 그들은 하나님이 누구인지 머리로는 잘 알았습니다. 그러나 그들의 삶에는 하나님이 그들의 왕이며 주인이라는 사실을 보여줄 그 어떤 증거나 열매도 없었습니다. 그들이야말로 예루살렘과 시온에 사는 대표적인 실천적 무신론자들이었습니다.

그렇다면 하나님이 왕으로 등극하셔서 보좌를 두신 예루살렘, 그 거룩한 도성에 거주할 사람이 누구입니까? 어떤 자격을 갖추어야 시온 산성에 들어갈 수 있습니까? 하나님의 백성의 자격 요건이 무엇입니까? 설교자 이사야는 예로부터 전해 내려오는 "성전 입장 예전"(temple entry liturgy)에 사용되는 문구를 인용하여 "옳게 살고, 진실을 말하고, 착취와 학대를 혐오하고, 뇌물을 거절하고, 폭력을 거부하고, 악한 쾌락을 삼가는 자"(사 33:15-16)가 그들이라고 선언합니다.

학자들의 연구에 따르면, 고대 이스라엘 사회에서 신성한 성소에 들어가 예배하기를 원하는 자들에게는 일정한 자격이 요구되었습니다. 그들이 성전에 들어가면서 낭송하듯이 읊조리는 예식 문구가 있었는데, 그것을 "성전 입례송"이라고 불렀습니다.[10] 이는 오늘날 예배를 시작하면서 부르는 입례송과 비슷했습니다. 구약성경 안에도 이러한 성전 입례송의 단편들이 여러 곳에 남아 있습니다. 대표적으로는 시편 15편과 24편이 있는데 이는 모두 성전에 들어가는 사람들의 자격에 대해 노래합니다. 이 시편들을 묵상하면서 다시금 그 자격 요건들을 하나씩 곱씹어보십시오.

야웨여! 주의 성소에 머무를 자 누구이며
　　주의 성산(聖山)에 살 자 누구입니까?
똑바로 걷는 사람,
　　바르게 행동하는 사람,
　　마음으로 진실을 말하는 사람,
혀로 남을 중상모략하지 않는 사람,
　　이웃에게 악하게 하지 않는 사람,
　　이웃을 비방하지 않는 사람,
그의 눈으로 망령된 자를 경멸하는 사람,
　　야웨를 두려워하는 자들을 높이는 사람,
　　손해를 입더라도 약속한 것은 지키는 사람,
이자 때문에 돈을 빌려주지 않는 사람,
　　뇌물을 받고 선량한 사람을 해치지 않는 사람.
이렇게 사는 사람들은
　　영원히 흔들리지 아니할 것입니다(시 15:1-5).
야웨의 산에 오를 자가 누구며

그의 거룩한 곳에 설 자가 누구입니까?
깨끗한 손, 순수한 마음!
거짓된 것에 마음을 두지 아니하며
거짓으로 맹세하지 아니하는 자입니다(시 24:3-4).

예언자들도 성전 입장 자격에 관해 잘 알고 있었기 때문에 그 흔적이 예언서 곳곳에 남아 있습니다. 대표적인 것이 이번 강론의 본문과 미가 6:6-8입니다.

오직 정의롭게 행동하는 자,
정직하게 말하는 자,
강탈로 얻는 이익을 거절하는 자,
손사래를 치며 뇌물을 받지 않는 자,
귀를 막아 살인하려는 계획들을 듣지 않는 자,
눈을 감아 악을 꿈꾸는 음모를 거부하는 자.
이런 사람이 높은 곳에 거주할 사람이며
산의 요새가 그의 피난처가 될 사람이다.
그의 양식은 공급되고
그의 물은 끊어지지 아니하리라(사 33:15-16).

내가 무엇을 가지고 야웨 앞에 나아가며
높으신 하나님께 경배할까?
내가 번제물들을 가지고 나아갈까,
일 년 된 송아지를 가지고 그 앞에 나아갈까?
야웨께서 천천의 숫양이나

만만의 강물 같은 기름을 기뻐하실까?

내 허물을 위하여 내 맏아들을,

내 영혼의 죄로 말미암아 내 몸의 열매를 드릴까?

사람아! 주께서 선한 것이 무엇임을 네게 보이셨나니,

야웨께서 네게 구하시는 것은

오직 정의를 행하며

인자를 사랑하며

겸손하게 네 하나님과 함께 행하는 것이 아니냐?(미 6:6-8)

적어도 하나님의 왕국에 사는 백성은 이러한 행동 지침을 준수해야 하지 않겠습니까? 앞서 다룬 성소 출입 자격을 요약하자면, 일상에서 정의롭고 공의롭게 살아가야 한다는 것입니다. 기독교 철학자 니콜라스 월터스토프가 적절하게 지적했듯이 "정의는 정통적 예배를 위한 선결 조건"입니다.[11] 하나님께 예배하러 나오는 자들(예배 공동체)은 먼저 자신의 삶이 정의롭고 정직한지를 점검해야 합니다. 이것이 그리스도인들의 품격 있는 삶의 방식이며, 그렇게 사는 것이 사회와 국가 공동체를 더욱 풍성하고 풍요롭게 만들어가는 길이기도 합니다. 그리스도인들을 가리켜 세상의 소금과 빛이라고 하신 예수님의 말씀이 의미하는 바가 바로 이것 아니겠습니까? 그렇습니다! 우리는 하나님이 우리의 삶의 중심에 좌정하셔서 우리의 삶 전체를 다스리시도록 우리를 그분께 내어드려야 합니다(사 33:22). 이것이 경건하게 사는 그리스도인들의 품격 있는 삶의 방식입니다.

기도 주님, 우리의 삶의 중심에 좌정하셔서 우리를 다스려주소서. 아멘.

제49강

죄를 가볍게 여기지 마시오

이사야 34:1-17

"너희는 야웨의 책에서 찾아 읽어보라"(사 34:16).

34:1 열국이여! 너희는 나아와 들어라.

민족들이여! 귀를 기울여보라.

땅과 땅에 충만한 것들아! 들어라.

세계와 세계에서 나는 모든 것이여! 들어보라.

2 야웨께서 열방을 향하여 진노하시며

그들의 만군(萬軍)을 향하여 분을 내신다.

그들을 진멸하시며

살육당하게 하셨으니

3 그 살육당한 자는 내던진 바 되며

그 사체의 악취가 솟아오르고

그 피에 산들이 녹을 것이며

4 하늘의 별들이 사라지고

하늘들이 두루마리처럼 말리되

그 천체의 별들이 떨어짐이

포도나무 잎이 마름 같고

무화과나무 잎이 마름 같다.

5 야웨의 칼이 하늘에서 흡족하게 마셨다.

보라! 이것이 에돔 위에 내릴 것이다.

진멸하시기로 한 그 백성 위에 내려 그들을 심판할 것이다.

6 야웨의 칼이 피로 적시고

기름으로 덮일 것이다.

어린 양과 염소의 피에 만족하고

기름, 곧 숫양의 콩팥 기름으로 윤택하니
야웨를 위한 희생이 보스라에 있고
대량 살육이 에돔 땅에 있기 때문이다.
7 들소들이 그들과 같이 쓰러질 것이며
송아지와 수소가 그리될 것이다.
그들의 땅이 피로 물들 것이며
흙이 기름으로 흠뻑 젖을 것이다.

8 이 날은 야웨께서 보복하시는 날이며
시온의 송사를 위하여 보복하는 해(year)다.
9 에돔의 시내들은 변하여 시궁창이 되고
그 티끌 먼지는 유황이 되고
그 땅은 불붙는 도랑이 될 것이다.
10 낮에나 밤에나 꺼지지 않고
그 연기가 끊임없이 떠오를 것이며
대대로 황무하여
그리로 지날 자가 영영히 없겠고
11 사막의 부엉이와 올빼미가 그 땅을 차지하며
부엉이와 까마귀가 거기에 둥지를 틀 것이다.
야웨께서 그 위에
혼란의 줄과
공허의 추를 드리우리니
12 왕국을 이으려 하여 귀족들을 부르지만 아무도 없겠고
그 모든 왕자들도 없게 될 것이다.
13 그 궁궐에는 가시나무가 나며

그 견고한 성에는 엉겅퀴와 억새꽃이 자라서
승냥이의 굴과
타조의 처소가 될 것이다.

14 들짐승이 하이에나와 만나며
들 염소가 그 친구들을 부르며
야생 들짐승들이 거기에 살면서
쉬는 장소로 삼는다.

15 부엉이가 거기에 깃들이고
알을 낳아 까서 그 그늘에 모으며
솔개들도 각각 제 짝과 함께
거기에 모일 것이다.

16 너희는 야웨의 책에서 찾아 읽어보라.
이것들 가운데서 빠진 것이 하나도 없고
제 짝이 없는 것이 없을 것이다.
야웨의 입이 이것을 명령하셨고
그의 영이 이것들을 모으셨기 때문이다.

17 야웨께서 그것들을 위하여 제비를 뽑으시며
그의 손으로 줄을 띄워 그 땅을 그것들에게 나누어주셨으니
그들이 영원히 차지하며
대대로 거기에 살게 될 것이다.

두 폭짜리 병풍

이사야 34장을 살펴보기에 앞서 이사야서의 전체 구조 속에서 34장과 35장을 평가해보겠습니다. 앞으로 다루겠지만 이사야 36-39장은 히스기야 왕 때 일어났던 아시리아의 유다 침공과 히스기야 왕의 발병으로 인한 국가적 위기에 대한 역사적 내러티브입니다. 그리고 이사야 1-33장은 하나님의 심판 신탁으로 가득했지만 이사야 40장 이후는 심판에 뒤따르는 회복을 다룹니다. 이사야 34-35장은 이런 대조적인 큰 단락—1-33장과 40-66장—사이에 놓여 있습니다. 그래서 학자들은 34-35장이 대(大)이사야서의 앞부분과 뒷부분을 연결해주는 회전축과 같다고 이야기합니다.[1]

그 이유는 이사야 34-35장의 내용을 살펴보면 더 분명해집니다. 이사야 1-33장에서 줄기차게 제시되었던 하나님의 심판이 34장에서 절정을 이루는 반면, 35장은 40장부터 시작되는 영화로운 회복을 시사회라도 하듯이 먼저 보여주기 때문입니다. 달리 말해 34장이 뒤를 돌아보는 회고적 특성을 보인다면 35장은 앞으로 될 일들을 바라보는 예기적 특성을 보입니다. 전자가 종말론적 심판의 결정판이라면 후자는 종말론적 회복의 예고편이라 하겠습니다. 따라서 이사야 34장과 35장은 이사야서 전체 내용을 아우르는 두 폭짜리 병풍으로 생각하면 좋을 것입니다.

분노의 포도주잔

이사야 34장 전체는 하나님이 열방을 향해 부으시는 분노의 포도주잔을 생생하게 그려냅니다. 먼저 예언자 이사야는 증인들을 불러내어 이러한 무시무시한 심판을 두 눈으로 보라고 합니다. 누가 증인들입니까? 누가 하나님의 최후 심판과 집행의 메시지를 보존해야 할 증인입니까? "열국들과 민족들, 땅과 땅에 거주하는 모든 피조물, 세상과 세상에 있는 모든 것들"입니다(사 34:1). 그들은 하나님의 엄중한 심판 메시지를 들어야 합니다. 이사야 34:1은 1:2을 떠올리게 합니다. 이사야 1장이 어떻게 시작했는지 기억하십니까? "하늘이여! 들으라. 땅이여! 귀를 기울이라"라고 시작했습니다. 그리고는 유다와 예루살렘의 반역과 무지가 얼마나 극에 달했는지 다음과 같은 탄식조의 넋두리가 이어집니다.

> 내가 열성을 다해 기르고 양육한 것은 개나 돼지가 아니라 내 자식이었지. 그런데 그 자식들이 내게 덤벼들고 내가 싫어하는 일만 골라서 했던 거야! 아이고! 이 개자식들을 어떻게 해야 한단 말인가!(참조. 사 1:2-4)

이렇게 시작한 하나님의 탄식과 분노의 메시지는 이사야 1-33장에서 점진적 형태를 띠며 계속되었습니다. 처음 시작은 유다와 예루살렘을 향해(사 1-12장), 그리고는 이방 열국으로 확대되다가(사 13-23장) 결국에는 세계적인 차원에서의 심판 선언(사 24-27장)으로 치닫게 되었습니다. 예언자 이사야는 잠시 숨을 고르며 이사야 28-33장에서 6번의 "'아이고!' 탄식 재앙 선언"을 쏟아냅니다. 그중 5번은 이스라엘과 유다에 대한 것이었습니다. 하지만 이사야 33장 첫 절부터 나오는 마지막 "'아이고!' 탄식 재앙 선언"은 앞의 5개 선언에 정점을 찍기라도 하듯이 아시리아와 바벨론 제국 같은 "파괴자들", "학대자들"을 향합니다. 그렇다면 이사야 35장과 한 쌍을 이루는 34장은 이사야서 문헌 내에서 앞선 장들에 선언되었던 하나님의 심판을 종합적으로 묶어주는 기능을 한다고 볼 수 있습니다.

이사야 34장 전체를 읽어보신 소감이 어떠십니까? 종말에 일어날 일들을 이보다 더 실감 나게 묘사하는 곳이 또 어디 있을까 하는 생각이 듭니다. 정말 이런 일이 일어날 것인가 하는 의문마저 생깁니다. 너무도 혹독하고, 잔인하고, 끔찍하고, 무섭고, 소름 끼치고, 역겹기까지 합니다. 묵시록적 공포 영화의 한 장면을 보는 것 같은 기분입니다. 하늘의 별들이 사라지고, 하늘의 하늘들은 두루마리처럼 말리고 천체는 시들어버리며, 땅에는 시체들이 뒹굴어 그 시체 썩는 냄새가 사방에서 진동하고, 산들과 바다가 걸쭉한 피로 뒤덮이는 날이 온다는 선언은 너무 무섭습니다.

거룩과 분노

왜 이런 일이 일어난다는 말입니까? 하나님이 분노하시기 때문입니다. 분노하시는 하나님! 너무 잔혹한 것 아닌가요? 아닙니다! 하나님을 탓할 것이 아니라 인간의 죄가 얼마나 크고 중하기에 하나님이 이렇게까지 분노하실까를 생각해야 합니다. 죄의 본질은 무궁하신 하나님을 대적하고 반역하는 일이기 때문에 그 깊이 역시 거의 무한하다고 생각해야 합니다. 죄인들이 받을 재앙을 그들의 죄악에 견준다면 오히려 가볍다고도 할 수 있습니다.

우리는 하나님이 죄를 철저하게 미워하신다는 사실을 기억해야 합니다. 오늘날 많은 그리스도인이 죄를 가볍게 생각하는 경향이 있습니다. 죄를 그저 가벼운 감기 정도로 치부하는 듯합니다. 하지만 죄를 우습게 여긴다는 것은 하나님을 가볍게 여긴다는 뜻입니다. 이사야는 하나님을 종종 "이스라엘의 거룩한 자"로 부릅니다. 우리는 이사야의 소명 이야기를 기억합니다(사 6장). 이사야는 거룩하신 하나님을 보자마자 자신의 죄악을 먼저 발견하게 됩니다. 빛에 가까이 갈수록 더러움이 드러나듯이 하나님의 거룩하심을 깊이 깨달으면 깨달을수록 우리 자신의 초라함과 더러움과 죄악이 선명하게 나타나기 시작합니다.

하나님의 분노는 세상 나라의 오만한 군대들과 잔혹한 군사들을 향합니다. 특히 하나님의 분노는 그의 백성을 괴롭히는 세력에게 더욱 집중됩니다. 이런 의미에서 본문은 "에돔"을 하나님의 백성을 괴롭히고 조롱하는 대표적인 나라로 특정화해 말합니다(사 34:5-15). "때리는 남편보다 말리는 (척하는) 시누이가 더욱 밉다"는 속담이 있습니다. 이 속담은 유다와 에돔의 경우에도 잘 들어맞습니다.

하나님의 최상급 포도원과 같았던 유다가 하나님에 대해 반역하며 곁길로 나가기 시작하자 하나님은 이방의 강대국을 들어서 몽둥이로 삼았습니다. 그 결정판이 바벨론 제국에 의한 예루살렘의 함락이었습니다. 그러나 바벨론은 하나님이 허락하신 수위를 넘어서 지나치게 가혹했습니다. 따라서 바벨론은 마땅히 하나님의 강력한 보복을 받아야 했습니다. 그러나 성경에 따르면 하나님의 분노는 바벨론보다 에돔에 더욱 심하게 내리쏟아 졌습니다. 이번 강론의 본문이 이 사실을 웅변적으로 보여줍니다. 그 이유는 무엇일까요? 예루살렘이 비참하게 멸망할 때 그 현장에 있던 에돔이 비아냥대며 온갖 조롱과 모욕을 퍼부었기 때문입니다. 사실 에돔은 혈통적으로 유다와 형제 나라가 아닙니까? 그러니 유다의 배신감과 굴욕감, 분노와 복수심이 얼마나 심했겠습니까? 에돔은 참 치사하게 굴었습니다. "때리는 남편보다 옆에서 [살금살금 웃어대며] 말리는 시누이가 더욱 밉다"는 속담은 꼭 에돔을 두고 하는 말 같습니다. 오죽했으면 예루살렘의 함락과 바벨론에서의 유형 기간을 기억하기 위한 다음과 같은 시편에서까지 에돔을 저주했겠습니까?(참조. 애 4:21-22; 옵 1장)

> 야웨여! 예루살렘이 멸망하던 날을 기억하시고 에돔 자손을 치소서. 그들의 말이 "헐어버리라! 헐어버리라! 그 기초까지 헐어버리라!" 하였나이다(시 137:7).

하나님의 심판은 정의의 표현

종말에 하나님은 교회를 박해하는 사탄의 세력을 징벌하실 것입니다. 그날은 보복하는 날인 동시에 신자들의 억울함을 풀어주는 날입니다(사 34:8). 대적들의 화려했던 거처들은 황폐화되고 적대적 세력들은 패망하여 영원히 사라질 것입니다. 하나님의 백성에게 적대적인 나라의 대표격인 에돔의 숲과 들은 아귀와 귀신의 그림자로 뒤덮일 것이며, 온갖 날짐승들만이 폐허가 된 성터를 돌아다닐 것입니다. 그 땅은 한마디로 "혼돈과 공허"로 뒤덮인 땅이 될 것입니다(사 34:11). 여기서 "혼돈과 공허"라는 용어는 창세기 1:2의 천지 창조 상황을 연상케 하는 단어임이 틀림없습니다.[2] 말 그대로 아무런 형태도 없는 텅 빈 상태로부터 뭔가 상상치 못할 창조 행위가 시작될 것입니다.

시인의 상상력을 빌려 다음과 같은 야생 짐승들을 떠올려보십시오. 음산한 숲 사이를 어슬렁거리는 승냥이, 타조, 하이에나, 이리, 들 염소, 깜깜한 밤에 숲 속 어디선가 나뭇가지에 올라앉아 울어대는 올빼미와 부엉이들, 하늘을 날며 사체를 찾아 헤매는 솔개와 독수리 떼들…. 인적은 전혀 찾아볼 수 없고 모든 것이 폐허가 된 상태에서 들짐승만이 거주하는 곳이라면 묵시록적 재앙이 임한 장소가 아니고 무엇이겠습니까? 그 짐승들은 그곳에 "부동산 소유권 문서"(title deeds)를 합법적으로 가진 거주자들이 된 셈입니다.[3]

재앙을 선언한 이사야의 말씀을 훗날 누군가가 점검해보면(사 34:16a),[4] 여기서 언급된 온갖 들짐승들과 새들이 하나도 빠짐없이 모두 짝을 이뤄 그 땅을 온통 뒤덮었다는 사실을 알게 될 것입니다. 이사야의 재앙 선언이 그대로 성취되었다는 말입니다(사 34:16). 그렇습니다! 지혜로운 사람은 하나님이 말씀 사역자를 통해 경고하실 때 귀 기울여 듣습니다. 하나님의 말씀을 경홀히 여기지 마십시오. 죄를 가볍게 생각하지 마십시오. 하나님의 거룩성을 마음에 담아 유념(留念)하고 착념(着念)하십시오.

기도 하나님의 말씀은 반드시 성취된다는 것을 기억하고 깨어 있게 하소서. 아멘.

제50강

거룩한 길 다니리라

이사야 35:1-10

"오직 구속함을 받은 자만 그리로 행할 것이며
야웨께 속량 받은 자들만이 돌아오되"(사 35:9-10).

35:1 광야와 메마른 땅이 기뻐하며

사막이 즐거워하리니

2 백합화 같이 무성하게 피어나고

기쁜 노래로 즐거워하리라.

그곳에 레바논의 영광이 임할 것이며

갈멜과 사론의 찬란함이 있으리라.

그들이 야웨의 영광을 보리니,

곧 우리 하나님의 광휘(光輝)를 보리로다.

3 너희는 약한 손을 강하게 하며

떨리는 무릎을 굳게 하며

4 겁내는 자들에게 이르기를

"굳세어라, 두려워하지 말라.

보라! 너희 하나님이 오시는데

보복하러 오신다.

그가 갚아주시리니

하나님이 오사 너희를 구하시리라" 하라.

5 그때 눈먼 자의 눈이 뜨일 것이며

못 듣는 사람의 귀가 열릴 것이며

6 그때 저는 자는 사슴처럼 뛸 것이며

말 못하는 자의 혀는 노래하리니

이는 광야에서 물이 솟겠고

사막에서 시내가 흐를 것임이라.

7 뜨거운 모래밭이 변하여 수영장이 될 것이며

메마른 땅이 변하여 물이 솟구치는 원천(源泉)이 될 것이며

승냥이의 눕던 곳에

풀과 갈대와 부들(파피루스)이 날 것이라.

8 거기에 대로(大路)가 있어

그 길을 "거룩한 길"이라 부르리니

오직 그 길로 걷는 자들만을 위한 대로라.

깨끗하지 못한 자는 그 길로 지나가지 못하겠으니

악하고 어리석은 자들은 그 길로 다니지 못할 것이라.

9 거기에는 사자가 없고

사나운 짐승이 없으리니

그런 날짐승들을 거기서 만나지 못할 것이라.

오직 구속함을 받은 자들만 그리로 행할 것이며

10 야웨께 속량 받은 자들만이 돌아오되

노래하며 시온에 이르러

그들의 머리 위에 영원한 기쁨의 관을 쓰리라.

기쁨과 즐거움이 그들을 사로잡으리니

슬픔과 탄식이 사라지리로다.

해저의 강

영원히 지속되는 것은 아무것도 없습니다! 모든 것에는 끝이 있는 법

입니다! 이러한 메시지는 우리의 주변에서 종종 들려오는 소리입니다. 세계사적인 초강대국의 역사를 살펴보아도 그렇습니다. 근대 이후 대제국을 이룩한 영국이 세계의 많은 부분을 지배하던 때가 있었습니다. 한때 일본 역시 우리나라를 포함하여 극동 지역을 지배했습니다. 많은 사람이 천 년 이상 지속될 영원한 제국을 세우겠다는 히틀러의 선언을 알고 있습니다. 소련이 미국과 함께 세계를 양분했던 때를 우리는 기억합니다. 그런데 도대체 이런 제국들은 모두 어디로 가버렸나요? 모두 바람과 함께 사라졌습니다. 그들 위에 주님의 입 기운이 한번 스치자 모두 시들어버렸습니다. 이는 모두 비교적 최근에 발생한 역사적 사건들이었습니다.

그렇습니다! 아무것도 오래 지속되는 것은 없습니다! 이 메시지는 심지어 머나먼 은하계에서도 들려옵니다. 은하계에는 상대적으로 젊은 별들이 많습니다. 물론 늙은 별도 많이 있고 태양보다 더 오래된 별도 많습니다. 그러나 모든 별이 결국에는 다 죽을 것입니다. 시야를 좁혀 보겠습니다. 수억, 수십억의 많은 별 가운데 우리의 작은 행성(行星)인 지구가 떠 있습니다. 이 작은 행성 위에 당신과 내가 짧은 인생을 살아가는 중입니다. 장구한 세계 역사와 우주적 공간이라는 광활한 틀 안에서 70이나 80세를 사는 우리 인생이 도대체 무슨 지속적인 중요성을 지닐까요? 이에 대해 우리는 종종 놀라기도 하고 궁금해하기도 합니다. 우리가 지금 존재한다는 사실이 무슨 큰 의미가 있는가 하고 생각해보는 것입니다.

이러한 질문에 대해서 역사나 우주는 "아무 의미 없다"라고 대답합니다. 사실 장엄한 인류 역사 안에서 우리가 지니는 중요성은 길거리 먼지만도 못할 것입니다. 또한 광활한 우주 안에서 우리의 존재란 너무나 미미하고 보잘것없습니다. 그러나 성경은 놀랍게도 우리의 삶에 매우 큰 의미가 있다고 말씀합니다. 물리적이고 인본적인 차원의 삶이 전부가 아닙니다. 그 표면 밑에는 좀 더 깊은 삶이 있습니다. 우리는 이 삶을 가리켜

"해저의 강"이라고 부를 수 있습니다. 바다 밑에 흐르는 강력한 물줄기 말입니다. 이 강에 뛰어드는 사람에게는 참된 소망이 있습니다.

많은 사람이 해변을 거닐면서 철썩거리는 파도를 바라보는 것을 좋아합니다. 그러나 이렇게 하기를 얼마 정도 하면 일종의 권태감이 밀려옵니다. 모든 파도는 언제나 해변을 향해 들어옵니다. 파죽지세로 달려오지만 결국 거품을 일으키며 사라져버립니다. 어떻게 보면 우리 인생도 파도와 비슷합니다. 유아기를 거쳐 소년기, 청년기, 장년기, 노년기에 접어듭니다. 각 단계는 마치 파도가 몰아치듯 밀려들어 오다 결국 거품을 뒤로하고 사라져버립니다. 인생의 파도가 해안가로 들이닥치더니 깨어져 버립니다. 아무것도 남는 것이 없습니다. 남는 것이 있다면 죽음의 가면, 죽은 얼굴에서 벗겨낸 가면, 한때는 살아 있던 존재가 남긴 흔적뿐입니다.

그렇습니다! 인생은 깨어지는 파도가 남기는 거품과 물방울 같습니다. 파도가 너울거리는 바다 앞에 서거나 파도가 해안가 바위에 부딪히는 모습을 보고 있노라면 참으로 황홀해집니다. 그러한 삶을 살아보는 것은 더더욱 황홀하고 매혹적일 수도 있습니다. 파도와 같은 삶 말입니다. 그러나 기억하십시오! 그러한 삶에는 소망이 없습니다. 오직 죽음이 기다리는, 아무 데로도 갈 수 없는 삶입니다.

죽음을 통과하여 지속되는 삶은 수면의 파도와는 다른 삶입니다. 해저에 도도하게 흐르는 해류와 같은 삶입니다. 해저의 해류는 파도와는 달리 너울거림도, 부딪혀 깨어짐도, 하얀 거품도, 우는 듯한 소리도 없습니다. 그러나 해저의 해류와 같은 삶은 파도보다 훨씬 더 강력합니다. 해류와 같은 삶은 죽음이 기다리는 해변이 아닌 넓게 트인 대양을 향해 우리를 인도할 것입니다.

우리의 영혼 저 깊은 곳, 저 아래에 해수면의 파도를 역류하며 흐르는 해류가 있습니다. 우리를 하나님의 새로운 창조 속으로 이끌어가는 거대한 흐름입니다. 그것은 매우 깊이 흐르기 때문에 그것이 존재한다는 사실조차 놓치기 쉽습니다. 너무도 깊이 흐르기 때문에 그것을 따라가기보다 파도에 몸을 맡기고 싶을 때가 많습니다.

이제 이사야 35장을 읽어보십시오! 이사야가 해변에 서서 해안으로 밀려들어 오는 역사의 파도들을 보고 있다고 생각해보십시오! 다른 사람들은 단지 파도나 물거품을 보지만, 이사야는 해안으로부터 멀리 떨어져서 끌어당기는 해저의 해류를 분별해냅니다. 그는 표면적 역사의 흐름을 읽습니다. 그리고 동시에 역사를 꿰뚫고 면면히 흘러가는 강력한 힘, 다시 말해서 썩어짐과 죽음으로부터 우리를 끌어당기는 권능을 바라봅니다. 그는 하나님이 의도하신 방식으로 세계가 움직이고 있다는 사실을 인식합니다. 그는 눈먼 자의 눈이 열리고, 귀먹은 자의 귀가 뚫리고, 절름거리는 자들이 사슴처럼 뛰고, 말 못하는 자의 혀가 기쁨의 노래를 부르는 세상을 바라봅니다. 뜨거운 모래밭이 수영장이 되고 메마른 땅에 샘물이 솟구쳐 오르는 세상을 믿음의 눈으로 응시합니다. 새로운 세상을 꿰뚫어 볼 수 있는 눈이 얼마나 복된 눈인지요!

사막에 뚫린 고속도로

어렸을 적 시골 교회당에서 겨울철 사경회가 열리면 긴 두루마기를 입으신 목사님이 설교하시던 광경이 떠오릅니다. 모두가 어렵고 힘들었던 시기라 강사 목사님은 종말에 관한 설교를 즐겨 하셨습니다. 그러고는 찬송가 하나를 선창하셨습니다. 그 가사가 얼마나 멋지고 꿈 같은 세상을 그려내는지, 저는 비록 어린 나이였지만 말로 표현할 수 없는 감동을 느낄 수 있었습니다. 찬송가 242장입니다.

황무지가 장미꽃 같이 피는 것을 볼 때에
구속함의 노래 부르며 거룩한 길 다니리

약한 자, 겁내는 자, 두려워하는 자, 말 못하는 자, 다리를 저는 자, 가난한 자…. 이들은 모두 이 험한 세상에서 살아가기 힘든 사람들입니다. 약육강식의 세상, 정글의 법칙만 있는 세상, 억울한 일이 너무 많은 세상, 힘 있는 자들만 어깨에 힘을 주고 거들먹거리며 활보하는 세상, 학벌·출신·가문이 좋고 연줄이 있는 사람만 살기 좋은 세상! 이런 세상은 들짐승이 사는 거친 광야요, 황량한 들판입니다. 이곳에서는 황야의 무법자들이 판을 치지만 정의로운 보안관은 어디에도 보이지 않습니다.

이런 세상에도 새날이 밝아올까요? 실낙원(失樂園, Paradise Lost)이 변하여 복낙원(復樂園, Paradise Regained)이 될 수 있을까요? 억울함이 풀리고, 약한 자들도 활보할 수 있고, 소경의 눈이 밝아지고, 저는 자가 달리게 되고, 말 못하는 자가 큰 소리로 노래를 부르는 날이 과연 올까요? 예언자는 확신에 찬 목소리로 "그런 날이 오리라! 희망의 끈을 놓지 마라. 하나님이 반드시 오시리라!"라고 대답합니다.

하나님은 이사야에게 파도를 보고 두려워하는 백성들을 위로하라고 명령하셨습니다.

두려워하는 사람을 격려하여라. 굳세어라! 두려워하지 말라! 너희의 하나님이 오신다. 그가 너희를 구원하실 것이다(사 35:4).

하나님은 우리에게 강력하게 흐르는 당신의 해류를 인식함으로써 담대하고 두려워하지 말라고 말씀하십니다. 눈먼 자가 시력을 회복하고, 귀먹은 자가 듣게 되고, 절름거리는 자가 다리에 힘을 얻고, 사막에 물이 흐를 것입니다. 이 모든 말씀은 해수면의 파도가 아니라 해저의 해류, 즉 하나님이 마지막 결정권을 쥐고 계시다는 사실을 보여주는 방식들입니다. 풀은 죽고 꽃은 시들 것입니다. 그러나 우리 하나님의 말씀은 영원히 설 것입니다. 나사렛 예수라는 분을 통하여 육신이 된 하나님의 말씀은 모든 것을 넘어서서 영원할 것입니다. 모든 것을 새롭게 하실 분은 하나님이십니다. 하나님이 그리스도 안에서 모든 것을 하나로 묶으실 것입니다. 그 시간이 점점 다가옵니다. 그 시간은 반드시 옵니다. 마치 물이 바다를 덮음 같이 그때 이 땅에 하나님의 영광이 가득 차게 될 것입니다.

그렇습니다! 참된 신자는 하나님이 반드시 오시리라고 믿습니다. 그가 정의와 공의로 허리띠를 띠시고, 신실함과 공평으로 막대기를 삼으시며, 굽은 것을 곧게 하시고, 억울한 눈물을 씻겨주시며, 절름거리는 자의 손을 붙잡아 일으켜 세우실 날이 반드시 올 것입니다. 그가 세우실 새로운 나라에는 옛것들, 옛날 방식들이 설 자리가 없습니다. 압제, 착취, 교만, 사나움, 폭력, 소외, 낙오, 두려움, 메마름, 날짐승, 슬픔, 탄식이 사라진다는 말입니다.

그 나라를 관통하는 중앙 도로가 있습니다. 길이 없는 광야에 새로 생겨난 대로(大路)입니다. 대로 끝이 지평선에 닿아 마치 하늘로 이어지는 에스컬레이터처럼 보입니다. 하늘로 올라가는 길입니다. 천사들이 오르락내리락하는 사다리입니다. 그 길은 더 이상 구불구불하지 않습니다. 힘센 자들만 다니는 골목길도 아니고 들짐승들이 배회하는 숲속 길도 아닙니다. 뱀과 전갈이 기어 다니는 사막의 모랫길도 아닙니다. 그 길은 광야에 뻥 뚫린 하늘 고속도로(Highway)입니다. "거룩한 길"이라는 팻말이 붙은 그 길은 오직 구속받은 하나님의 사람들만 통행하는 도로입니다.

> 오직 구속함을 받은 자들만 그리로 행할 것이며
>
> 야웨께 속량 받은 자들만이 돌아오리라(사 35:9-10).

여기서 "구속함을 받은 자들"에 해당하는 히브리어 "게울림"(גאולים) 과 그와 상응하는 "속량 받은 자들"에 해당하는 히브리어 "페두임"(פרויים) 은 모두 값을 지불하고 찾아온다는 뜻을 내포하는 히브리어 동사들—"가알"(גאל)과 "파다"(פרה)—에서 유래한 명사들입니다. 이는 그들이 자기가 저지른 죄의 값을 지불할 능력이 없는 도덕적 파산자들이라는 것을 보여줍니다. 그들은 영적 신용불량자들입니다. 아무도 더 이상 그들을 신뢰할 수 없을 만큼 영적으로나 도덕적으로 파산한 자들이며, 그 형벌을 머나먼 이국땅에서 치르는 수형자들입니다.

이제 누군가 그들을 파산의 구렁텅이에서 건져내야 합니다. 구약성경은 파산으로 인해 옥살이하는 누군가를 대신해 그 빚을 갚을 때, 그 돈을 "속전"(贖錢)이라 부르고 그 속전을 지불하는 행위를 "속량"(贖良) 혹은 "구속"(救贖)이라고 부릅니다.[1] 신약의 그리스도인들은 하나님의 구속을 다음과 같이 노래합니다. 찬송가 257장 2절을 소리 내어 불러보십시오.

금이나 은 같이 없어진 보배로 속죄함 받은 것 아니오
거룩한 하나님 어린 양 예수의 그 피로 속죄함 얻었네
속죄함 속죄함 주 예수 내 죄를 속했네
할렐루야 소리를 합하여 함께 찬송하세
그 피로 속죄함 얻었네

예언자 이사야가 노래한 광야 한가운데 난 길은 하나님의 은혜를 입은 자, 죄 용서를 받은 자, 겸손하고 온유한 자가 다니는 길입니다. 그 길은 하나님의 거룩한 길이기 때문입니다. 우리 함께 사막이 변하여 초록의 정원이 되고 광야에 대로가 있게 될 날을 꿈꿉시다.[2]

기도 주님, 낮과 같이 맑고 밝은 거룩한 길이 속히 열리게 하옵소서. 아멘.

제 5 부

시온의 운명

이사야 36-39장

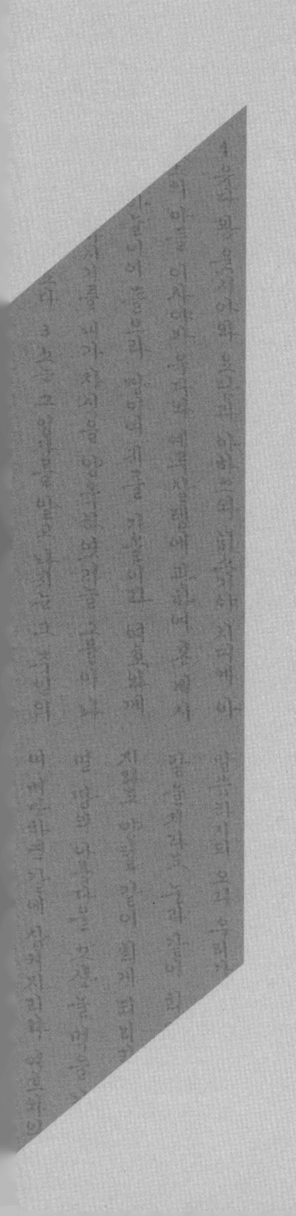

제51강

이제 누구를 믿을 것인가?

이사야 36:1-22

"야웨께서 반드시 우리를 건지시리니
이 성이 아시리아 왕의 손에 넘어가지 아니하리라"(사 36:15).

36:1 히스기야 왕 십사 년에 아시리아 왕 산헤립이 올라와서 유다의 모든 견고한 성을 쳐서 취하였다. 2 아시리아 왕이 라기스에서부터 랍사게를 예루살렘으로 보내되 대군을 거느리고 히스기야 왕에게로 가게 하매 그가 윗연못 수도 곁 세탁자의 밭 큰길에 섰다. 3 그러자 힐기야의 아들로서 왕궁 맡은 자 엘리아김과 서기관 셉나와 아삽의 아들로서 사관인 요아가 그에게 나아갔다. 4 랍사게가 그들에게 말했다. "이제 히스기야에게 말하라. 대왕이신 아시리아 왕이 이같이 말씀하신다. '네가 믿는 바 그 믿는 것이 무엇이냐? 5 내가 말하노니 네가 족히 싸울 계략과 용맹이 있노라 함은 입술에 붙은 말뿐이다. 네가 이제 누구를 믿고 나에게 반역하느냐? 6 보아하니 네가 애굽을 믿는구나. 그것은 상한 갈대 지팡이와 같은 것이다. 사람이 그것을 의지하면 손이 찔리리니 애굽 왕 바로는 그를 믿는 모든 자에게 이와 같을 것이다. 7 혹시 네가 내게 말하기를 우리는 우리 하나님 야웨를 신뢰하노라 한다마는 그는 그의 산당과 제단을 히스기야가 제하여버리고 유다와 예루살렘에 명령하기를 너희는 이 제단 앞에서만 예배하라 하던 그 신이 아니더냐?' 8 그러므로 이제 부탁한다. 내 주 아시리아 왕과 내기하라. 내가 네게 말 이천 필을 주어도 너는 그것을 탈 군사를 능히 모집하지 못할 것이다. 9 그런즉 네가 어찌 내 주의 종 가운데 극히 작은 총독 한 사람인들 물리칠 수 있겠느냐? 어찌 애굽을 믿고 병거와 기병을 얻으려 하느냐? 10 내가 이제 올라와서 이 땅을 멸하는 것이 야웨의 뜻이 아니겠느냐? 야웨께서 내게 말하기를 '올라가 그 땅을 쳐서 멸하라' 하셨다". 11 이에 엘리아김과 셉나와 요아가 랍사게에게 말했다. "우리가 아람 방언을 아오니 청하건대 그 방언으로 당신의 종들에게 말하고 성 위에 있는 백성이 듣는 데에서 우리에게 유다 방언으로 말하지

마소서". 12 랍사게가 대답했다. "내 주께서 이 일을 네 주와 너희들에게만 말하라고 나를 보내신 것이냐? 너희와 함께 자기의 대변을 먹으며 자기의 소변을 마실, 성 위에 앉은 사람들에게도 하라고 보내신 것이 아니냐?" 13 이에 랍사게가 일어서서 유다 방언으로 크게 외쳐 말했다. "너희는 대왕이신 아시리아 왕의 말씀을 들어라. 14 왕의 말씀에 '너희는 히스기야에게 미혹되지 말라. 그가 능히 너희를 건지지 못할 것이니라. 15 히스기야가 너희에게 야웨를 신뢰하게 하려는 것을 따르지 말라. 그가 말하기를 야웨께서 반드시 우리를 건지시리니 이 성이 아시리아 왕의 손에 넘어가지 아니하리라 할지라도 16 히스기야의 말을 듣지 말라.' 아시리아 왕이 또 이같이 말씀하신다. '너희는 내게 항복하고 내게로 나아오라. 그리하면 너희가 각각 자기의 포도와 자기의 무화과를 먹을 것이며 각각 자기의 우물물을 마실 것이요, 17 내가 와서 너희를 너희의 본토와 같이 곡식과 포도주와 떡과 포도원이 있는 땅에 옮기기까지 하리라. 18 혹시 히스기야가 너희에게 이르기를 야웨께서 우리를 건지시리라 할지라도 속지 말라. 열국의 신들 중에 자기의 땅을 아시리아 왕의 손에서 건진 자가 있느냐? 19 하맛과 아르밧의 신들이 어디 있느냐? 스발와임의 신들이 어디 있느냐? 그들이 사마리아를 내 손에서 건졌느냐? 20 이 열방의 신들 중에 어떤 신이 자기의 나라를 내 손에서 건져냈기에 야웨가 능히 예루살렘을 내 손에서 건지겠느냐?' 하셨다." 21 그러나 그들이 잠잠하여 한 마디도 대답하지 아니하였으니 이는 왕이 그들에게 "대답하지 말라"고 명령했기 때문이었다. 22 그때 힐기야의 아들로서 왕궁 맡은 자 엘리아김과 서기관 셉나와 아삽의 아들로서 사관인 요아가 자기의 옷을 찢고 히스기야에게 나아가서 랍사게의 말을 전하였다.

히스기야 내러티브

지금까지 이사야서는 주로 신탁으로 채워졌습니다. 성경에서 "신탁"은 하나님이 예언자를 통해서 당신의 뜻을 나타내시거나 사람들이 예언자를 통해서 하나님께 여쭌 것에 대해 대답하시는 것을 기록한 문학적 형식입니다. 반면 제5부에서 다룰 이사야 36-39장은 이야기체 형식(내러티브)으로 기록되었습니다. 다시 한 번 말하지만 이사야서는 6-8장과 36-39장의 이야기체(내러티브)를 제외하면 모두 신탁 형식으로 기록되었습니다.

복습하는 의미에서 이사야서 전반부의 구조를 정리해보겠습니다. 이사야 1-12장은 유다와 예루살렘을 향한 하나님의 애끓는 탄식과 심판 및 회복의 메시지를 담고 있습니다. 이어지는 이사야 13-23장은 유다를 둘러싼 열국에 대한 하나님의 주권을 선언하며 하나님이 그들에게 베푸실 심판과 은혜에 관해 이야기합니다. 열국에 대한 하나님의 주권적 심판은 이사야 24-27장에서 빅뱅과도 같은 우주적 심판의 날로 확대되어 나타납니다. 특별히 묵시 문학적 언어가 집중적으로 사용되는 이 단락은 이사야의 "소 묵시록"(little apocalypse)이라고 불립니다. 소 묵시록 단락이 끝나고 시작되는 이사야 28-35장은 아시리아 제국이 유다를 침공한 사건을 배경으로 살펴보아야 하는 신탁들을 기록하고 있습니다. 그리고 마지막으로 이사야 36-39장은 아시리아 제국의 침공 사건을 이야기체 형식으로 전해줍니다. 따라서 이사야 36장의 첫 구절이 특정한 역사적 배경을 언급하는 것은 매우 자연스럽습니다. 이사야 36-39장을 읽은 후에 다시 28-35장을 읽는다면 그 신탁의 의미를 좀 더 선명하게 이해할 수 있을 것입니다.

역사적 내러티브가 기록된 이사야 36장의 첫 어구는 "히스기야 왕 **십사 년**"입니다. 여기서 십사 년이란 히스기야가 왕으로 즉위한 715년부터

14년째가 되는 기원전 701년을 가리키는데,[1] 이때 유다는 심각한 국가적 위기에 봉착하게 됩니다. 유다를 침공한 아시리아가 예루살렘을 포위한 채 항복을 종용했기 때문입니다. 이에 대한 역사가들의 기록이 열왕기하 18:13-27과 역대기하 32:1-19에 있으니 따로 읽어보시기 바랍니다.

위기가 올 때

기원전 701년, 유다 왕국에 위기가 닥쳤습니다. 그 해는 히스기야(기원전 715-686년 재위)가 유다의 왕으로 재위한 지 14년째 되던 해였습니다. 아시리아의 왕 산헤립(기원전 705-681년 재위)은 서방 원정길에 올라 승승장구하며 지중해 연안 라기스에 진을 치고 있었습니다. 이미 유다의 수많은 요새와 성읍도 아시리아 군대의 수중에 떨어진 상태였습니다. 그리고 마침내 산헤립은 사령관 랍사게를 보내 예루살렘을 공략하게 한 것입니다.

랍사게는 총공격을 감행하기 전, 예루살렘 서쪽에 자리한 윗연못 수도 곁 세탁자의 밭 큰길에서 유다 왕국의 대표들과 만나 협상을 했습니다. 우리에게는 이 협상 장소가 낯설지 않습니다. 이는 바로 설교자 이사야가 유다 왕국의 선왕인 아하스를 만나 시리아-에브라임 동맹군을 두려워하지 말고 하나님만 의지하라고 권고하던 장소이기 때문입니다(사 7:3-9). 그 당시 아하스는 이사야의 권고를 듣지 않고 아시리아의 힘을 빌리려고 애를 썼습니다. 그런데 바로 그곳에 아시리아의 사령관이 대군을 이끌고 나타난 것입니다. 아시리아의 도움을 바랐던 그곳이 아시리아의 공격이 시작되는 지점이 될 줄을 누가 알았겠습니까?

오만불손한 아시리아의 고위 사령관 랍사게는 최소한의 예의도 갖추지 않은 채 히스기야 왕을 거칠게 몰아붙이며 모욕합니다. 애굽을 의지해도 소용이 없고 야웨를 의지해도 소용이 없을 것이라면서 빈정댑니다. 그런데 그의 빈정거림 속에는 일면 진실이 담겨 있었습니다. 그는 애굽이 상한 갈대 지팡이 같아서 거기에 의지하면 앞으로 고꾸라질 뿐이라고 정확하게 지적했습니다. 이는 예언자 이사야가 수없이 경고했던 내용과 일치했습니다.

물론 결론적으로 보면 히스기야 왕은 애굽을 의지하지 않았습니다. 그러나 그의 참모들과 백성들 사이에서는 애굽을 의지하려는 움직임이 끊이지 않았습니다. 여기서 우리는 예나 지금이나 지도자는 참모를 잘 두어야 한다는 사실을 확인할 수 있습니다. 히스기야 왕의 참모들은 하나님의 경고를 가볍게 여기고 무시했습니다. 그런데 이제 그들은 부끄럽게도 이방인 랍사게 앞에서 굽실거리며 똑같은 이야기를 듣게 된 것입니다. 이 얼마나 창피한 일입니까?

그렇습니다! 신자인 우리가 하나님의 경고를 가볍게 여기거나 무시하면 이방인이 나서서 우리를 부끄럽게 할 것입니다. 요즘 한국교회와 기독교계는 불신자들에게 얼마나 많이 수치를 당하고 욕을 먹습니까? 세상의 소금과 빛이 되어야 할 교회와 그 지도자들이 하나님의 영광과 명예를 더럽히는 일이 도를 넘어선 것 같습니다. 교회 안에서 오랫동안 제기되었던 자성과 회개의 요청이 열매를 맺지 못하자 불신자들이 교회를 향해 비난하기 시작했습니다. 그들이 교회와 신자들을 욕하며 모욕적인 언사를 퍼부을 때 우리는 먼저 우리 자신을 돌아보아야 합니다. 한국교회와 우리 자신의 죄와 악행이 무엇인지 곰곰이 생각하고 가슴을 치며 돌이켜 죄를 자백하고 하나님께 머리 숙여 복종해야 합니다. 회개하지 않고 계속해서 고집을 부리면 멸망을 자초하게 될 것입니다.

원수가 내뱉은 말속에서, 혹은 가까운 친구가 나에게 던진 쓰라린 충고 속에서 하나님의 음성이 들려올지도 모릅니다. 또한 개인적으로나 가정적으로, 혹은 교회적으로 어려움과 환난이 찾아올 때가 있을 것입니다.

그때를 자신과 가정과 교회를 되돌아볼 수 있는 성찰의 시간으로 삼으면 어떨까요? 어디서부터 잘못되었는지, 언제부터 신앙의 고도가 낮아졌는지, 무엇이 문제인지, 하나님의 음성이 어디서 들려오는지 살펴보아야 할 때가 바로 그때가 아니겠습니까? 누군가의 입을 통해 말씀하시는 하나님의 세미한 음성에 귀를 기울이시기 바랍니다. 위기 속에서 하나님의 뜻과 음성을 분별하는 능력을 구하십시오. 하나님이 우리에게 예상치 못한 곳에서 들려오는 하나님의 음성을 들을 수 있는 귀를 허락해주시기를 기도합니다.

마귀의 양면 작전

C. S. 루이스가 쓴 책 중에 『스크루테이프의 편지』라는 책이 있습니다. 이 책은 선임 악마가 신참 악마에게 그리스도인을 유혹할 때 주의해야 할 점을 적어준 편지 형식으로 되어 있으며 악마가 인간을 유혹하는 방식과 인간의 본성에 대한 여러 가지 분석이 돋보이는 흥미로운 책입니다. 이 책을 보면 악마는 하나님의 백성이 하나님을 믿지 못하게 하려고 온갖 방법을 다 동원합니다. 때로는 강하게, 때로는 부드럽게, 때로는 달콤한 협박으로, 때로는 강력한 유혹으로 신자들의 마음을 어지럽히고 무너뜨립니다. 화전(和戰) 양면 전술을 사용하는 것입니다.

본문에서 아시리아도 비슷한 전술을 사용했습니다. 아시리아의 사령관 랍사게는 유다 왕국을 대표하는 3명의 고위 관료들과 회담을 시작합니다. 사실 말이 회담이었지, 항복을 강요하는 협박에 가까운 일방적 통보였습니다. 그런데 아시리아 사람인 랍사게는 특이하게도 히브리어로 말하기 시작했습니다. 유다 관료들은 예루살렘 백성들이 랍사게의 말을 듣고 동요할 것을 우려해 히브리어를 사용하지 말아달라고 요청했지만 랍사게는 심리전에 탁월한 지략가로서 그 요청을 무시했습니다. 그는 계속해서 히브리어를 사용해 "너희는 히스기야를 믿지 말라. 그는 너희를 구원하지 못한다. 히스기야가 너희에게 야웨를 믿으라고 말하는 것은 다 속임수다"라고 말했습니다(참조. 사 36:14-16). 랍사게의 말은 전장에 울려 퍼지는 심리전 방송과도 같았습니다.

그런데 유다의 관료들은 회담 내용이 일반인에게 공개될까 봐 두려워하는 모습만 보여주었습니다. 나라가 존망의 갈림길에 섰는데도 여론의 동향과 그로 인한 후폭풍에 대해서만 신경을 쓰는 그들이야말로 잔머리가 빨리 돌아가는 정치꾼들이었습니다. 그들은 차라리 문제의 실체를 드러내고 백성들의 협조를 구해야 하지 않았을까요? 그들이 책임감 있는 지도자들이었다면, 정말로 히스기야 왕을 생각하는 신하들이었다면, 혹은 유다 왕국의 신앙 역사를 정확하게 파악했더라면, 그리고 무엇보다 그들에게 하나님의 말씀을 선포하고 국가가 나아갈 방향을 알려주었던 설교자 이사야의 외침을 귀중하게 생각했다면 그렇게 궁색하게 행동하지는 않았을 것입니다. 위기 앞에서 보여준 그들의 태도는 매우 실망스러웠습니다. 우리가 만일 그런 상황에 놓인다면 우리는 어떻게 행동할까요? 곰곰이 생각해보시기 바랍니다.

랍사게는 막강한 군사력을 과시하는 동시에 부드러운 말로 유다 백성의 마음을 흔들려고 했습니다. 그는 우선 유다 왕국이 아시리아에 대적할 만한 능력이 없다는 사실을 장황하게 늘어놓았습니다. 그리고는 항복을 요구하면서 달콤한 선물을 꺼내 보입니다. "각각 자기의 포도와 자기의 무화과를 먹을 것이며 각각 자기의 우물물을 마실 것이다"라고 말하면서 항복하면 평안과 번영을 약속하겠다고 회유했습니다(사 36:16-17). 유다의 태도에 따라 점령군이 아닌 우군(友軍)으로서 유다 백성의 개인 재산권을 보장해주고 평안한 삶을 영위하도록 해줄 수도 있다는 것이었습니다.

다른 한편 랍사게는 위협적인 말도 잊지 않았습니다. 그는 아시리아의 칼과 창에 굴복한 나라들을 열거하며 "이 열방의 신 중에 어떤 신이 자기 나라를 아시리아의 손에서 건져냈더냐? 야웨가 예루살렘을 아시리아의 손에서 구출할 수 있을 것 같으냐?"라고 빈정대며 위협했습니다(참조. 36:18-20).

하지만 신학자 월터 브루그만(Walter Brueggemann)의 말대로 "이스라엘의 신앙에서 보면, 아시리아는 신학적 '범주 오류'를 범했습니다."[2] 랍사게가 이스라엘의 야웨 하나님을 아시리아에 의해 패망한 다른 나라들이 섬겼던 신들과 같은 유형의 신으로 생각한 것은 성경의 주장과 명백히 배치되는 잘못이었다는 것입니다. 즉 랍사게의 방자한 언사는 이스라엘의 신앙의 핵심 조항인 야웨의 현저성(顯著性)과 불가해성(不可解性), 야웨의 유일성과 독특성을 완전히 무시한 신성모독적인 발언이었습니다. 이에 대해 하나님이 어떻게 반응하셨는지가 궁금하지 않으십니까?

여하튼 랍사게의 경우처럼 악마는 화전 양면 전술을 구사하면서 신자들을 공격합니다. 어떤 때는 건강과 성공을 약속하면서 자기에게 머리를 숙여 경배하라고 부드럽게 말합니다. 또 다른 때는 저주와 재앙으로 강하게 위협하면서 신자들을 굴복시키려 듭니다. 어느 경우든 신자는 악마의 수작에 넘어가서는 안 됩니다. 우리는 야웨 하나님께만 구원이 있음을 믿고 끝까지 견뎌야 합니다.

기도 하나님, 악마의 책략을 분별하여 이길 수 있게 해주소서. 아멘.

제52강

위기와 기회와 기도

이사야 37:1-20

"나를 능욕한 말로 인하여 두려워하지 말라"(사 37:6).

"우리 하나님 야웨여!
이제 우리를 그의 손에서 구원하여
천하 만국이 주님만이 야웨이신 줄을 알게 하옵소서"(사 37:20).

37:1 히스기야 왕이 듣고 자기 왕복을 찢고 굵은 베옷으로 갈아입고 야웨의 전으로 갔으며 2 왕궁 살림을 맡은 자 엘리아김과 서기관 셉나와 제사장 중 원로들도 굵은 베옷을 입었다. 왕이 그들을 아모츠의 아들 예언자 이사야에게로 보내었더니 3 그들이 이사야에게 와서 말했다. "히스기야 왕의 말씀에 '오늘은 환난과 책벌과 능욕의 날입니다. 아이를 낳으려 하나 해산할 힘이 없는 것 같습니다. 4 당신의 하나님 야웨께서 랍사게의 말을 들으셨을 것입니다. 그가 그의 상전 아시리아 왕의 보냄을 받고 살아 계시는 하나님을 모욕하였으니 당신의 하나님 야웨께서 혹시 그 말로 인해 견책하시지 않을까 합니다. 내가 바라기는 당신은 여기에 남아 있는 자를 위하여 기도해주십시오' 하시더이다." 5 히스기야 왕의 신하들이 이사야에게 나아가매 6 이사야가 그들에게 말했다. "당신들은 당신들의 주인에게 이렇게 말하시오. 야웨께서 말씀하시기를 '너희가 들은 바, 아시리아 왕의 신하들이 나를 능욕한 말로 인하여 두려워하지 말라. 7 보라! 내가 영을 그의 속에 둘 것이니 그가 소문을 듣고 그의 고국으로 돌아갈 것이며 또 내가 그를 그의 고국에서 칼에 죽게 할 것이다' 하셨습니다." 8 아시리아 왕이 라기스를 떠났다 함을 듣고 랍사게가 돌아가다가 그 왕을 만났는데 왕이 립나를 치던 중이었다. 9 그때 아시리아 왕이 구스 왕 디르하가의 일에 관하여 들었는데, 사람들이 말하기를 "그가 나와서 왕과 싸우려 한다" 하였다. 이 말을 듣고 사자들을 히스기야에게 보내며 말했다. 10 "너희는 유다의 히스기야 왕에게 이같이 말하라. '너는 네가 신뢰하는 하나님이 예루살렘은 아시리아 왕의 손에 넘어가지 아니하리라 하는 말에 속지 말라. 11 아시리아 왕들이 모든 나라에 어떤 일을 행하였으며 그것을 어떻게 멸절시켰는지 네가 듣지 않았느냐? 그러니 네가 구원을 받겠느냐? 12 나의 조상들이 멸하신 열방 고산과

하란과 레셉과 및 들라살에 있는 에덴 자손을 그 나라들의 신들이 건졌더냐? 13 하맛 왕과 아르밧 왕과 스발와임 성의 왕과 헤나 왕과 이와 왕이 어디 있느냐?'" 14 히스기야가 그 사자들의 손에서 글을 받아 보고 야웨의 전에 올라가서 그 글을 야웨 앞에 펴놓고 15 야웨께 이렇게 기도하였다. 16 "그룹 사이에 계신 이스라엘 하나님 만군의 야웨여! 주는 천하 만국에 유일하신 하나님이십니다. 주께서 천지를 만드셨습니다. 17 야웨여! 귀를 기울여 들으십시오. 야웨여! 눈을 뜨고 보십시오. 산헤립이 사람을 보내어 살아 계시는 하나님을 훼방한 모든 말을 들어보십시오. 18 야웨여! 아시리아 왕들이 보다시피 열국과 그들의 땅을 황폐하게 하였고 19 그들의 신들을 불에 던졌습니다만 그들은 신이 아니라 사람의 손으로 만든 것일 뿐이요, 나무와 돌입니다. 그러므로 멸망을 당한 것입니다. 20 우리 하나님 야웨여! 이제 우리를 그의 손에서 구원하여 천하 만국이 주님만이 야웨이신 줄을 알게 하옵소서."

위기를 기회로

개인적으로나 가정적으로, 혹은 교회적으로 견디기 힘든 환난의 때를 만나면 어떻게 하시겠습니까? 폐에 악성 종양이 생겼다는 조직 검사 결과를 듣게 된다면, 자녀가 나쁜 친구들과 돌아다닌다면, 잘 나가던 사업이 어느 날 파산 위험에 처한다면, 믿었던 친구나 배우자가 배신한다면, 갓 결혼한 자녀가 이혼할 생각을 한다면 어떻게 하시겠습니까? 아마 해결책을 찾아 동분서주할 것입니다. 좋은 의사를 소개받거나 상담사를 찾아 조언을 듣고, 혹은 학교 동창을 찾아가 회사의 위기를 벗어날 길을 찾아보려고 할 것입니다. 배신자에게 통쾌하게 보복할 생각을 하며 은밀한 계획을 세우기도 합니다. 자녀 때문에 근심하다 보니 수척해지기도 합니다.

이것이 보통 우리가 위기에 처했을 때 대응하는 방식입니다. 세상을 살면서 위기를 만나지 않는 사람은 없습니다. 신앙인이라고 해서 어려운 일을 당하지 않는다는 법도 없습니다. 누구나 고난과 역경의 바다에서 표류할 때가 있습니다. 역설적으로 우리의 신앙이 제대로 작동하는지가 제대로 드러날 기회가 바로 이때입니다.

히스기야는 심각한 위기에 봉착했습니다. 국가의 존립이 풍전등화의 위기에 처했습니다. 막강한 군사력을 동원하여 예루살렘 코앞까지 밀고 들어온 아시리아의 군대와 오만불손한 랍사게, 아시리아와의 협상에서 빈손으로 돌아온 무기력한 신하들, 소동하는 민심 등은 히스기야를 가로막은 심각한 위기였습니다. 사방을 둘러보아도 도움이 올 만한 곳은 없었습니다. 보통 이 정도가 되면 왕이나 대통령 같은 국가 지도자는 긴급 국가 안전보장회의를 소집하여 참모들과 머리를 맞대고 위기를 타개해나갈 방도를 모색하려 할 것입니다.

그러나 히스기야 왕은 알고 있었습니다. 어디로 가야 하는지, 어떻게 일을 해야 하는지를 알았다는 말입니다. 그는 먼저 자기 옷을 찢고 굵은 베옷으로 갈아입었습니다. 이는 슬픔과 애통을 표현하는 방식이었습니다. 그러나 이런 행위는 자신과 국가를 돌아보는 성찰의 시간을 갖겠다는 의미이기도 했습니다. 성찰은 결국 회개에 이르는 길로 이어지게 됩니다. 그는 지금의 위기를 하나님의 징계로 인식했습니다. 이는 그가 대신들을 예언자 이사야에게 보내어 전한 말 속에서 잘 드러납니다. 그는 "오늘은 환난과 징계와 굴욕의 날입니다", "아이를 낳으려 하나, 낳을 힘이 없는 산모와도 같아 당신께 도움을 구하려 지금 왔습니다" 하며 하나님 앞에 무릎을 꿇고 엎드렸습니다(참조. 사 37:3). 히스기야 왕의 상황 인식이 돋보인 순간입니다.

왕복을 찢고 굵은 베옷으로 갈아입은 히스기야 왕은 야웨의 전을 찾아갔습니다. 한 나라의 왕이 문제를 들고 하나님의 왕궁으로 나아간 것입니다. 이는 하나님이 진정한 왕이시라고 고백하는 상징적 행위였습니다. 그분께 자신의 모든 문제를 낱낱이 고하고 그분의 지시를 받기 위해서였습니다. 아시리아의 사령관 랍사게는 유다가 하나님을 떠나도록 여러 번 충동질했지만, 유다의 왕 히스기야는 어려울 때일수록 하나님께 더 가까이 나아간 것입니다.

그는 "하나님! 깜깜한 날입니다. 물이 목까지 차오릅니다. 하늘이 무너져 내립니다. 어찌해야 합니까?"라고 기도하며 시편의 탄식시 기자처럼 하나님께 부르짖었습니다. 그뿐 아니라 그는 참모들을 예언자 이사야에게 보내어 중보 기도를 부탁했습니다. 이제 예루살렘 성은 무원고립(無援孤立) 상태가 되었고 가까스로 살아남은 자들도 깜깜한 미래 앞에서 희망을 잃어버렸습니다. 그때 히스기야 왕은 대신들을 이사야에게 보내어 "예언자 이사야여! 당신은 남은 자들을 위하여 기도해주시기를 간절히 부탁드립니다"(사 37:4)라고 요청했습니다. 그의 마음은 얼마나 절박했겠습니까? 그는 자신이 직접 이사야에게 갈 수도 있었지만 하나님께 매달려 기도하는 일을 중단할 수는 없다고 생각한 듯합니다.

위기가 닥쳤을 때, 마귀의 방해가 있을 때, 신자는 하나님의 은혜의 보좌를 찾아가야 합니다. 궁핍과 환난의 때에 그에 맞는 도움을 주시는 하나님 앞으로 담대하게 나아가야 합니다. 우리는 하나님이 계신 곳을 시은소(施恩所) 혹은 시은좌(施恩座)라고 부릅니다. 이는 각각 "은혜를 베푸는 장소", "은혜를 베푸는 왕좌"라는 뜻입니다(참조. 히 4:16). 랍사게가 그랬듯이, 마귀의 방해와 협박과 위협도 하나님의 큰 은혜에 대응해 더욱 강하게 밀려오곤 합니다. 이 사실을 기억하며 뜻있는 신자들은 마귀의 방해에 위축되지 말고 오히려 기도에 전념하여 하나님과의 교통이 막히는 일이 없도록 해야 할 것입니다.

> 하나님께 가까이함이 내게 복입니다. 내가 주 하나님을 나의 피난처로 삼고 주님께서 이루신 모든 일을 전파하렵니다(시 73:28).

그렇습니다! 키질을 하면 할수록 키질하는 사람 쪽으로 알곡들이 점점 더 가까이 모이듯이, 하나님이 세차게 키질을 하실 때 그분의 품으로 좀 더 다가가 안겨야 합니다. 위기는 우리에게 하나님을 가까이할 기회를 제공합니다. 위기(crisis)가 기회(chance)라는 말입니다. 한편 기회(chance)는 변화(change)로 이어집니다. 위기에서 기회로, 기회에서 변화로 나아갑니다. 굳이 언어유희를 하자면 영어로 기회(chance)와 변화(change)는 C와 G에서 차이가 날 뿐입니다. 게다가 C와 G는 생김새도 아주 비슷하고 서로 잘 어울리는 "도"와 "솔" 음을 가리키기도 합니다. 어쨌든 위기(Crisis)는 하나님(God)이 우리에게 가장 가까이 다가오시는 기회입니다.

시편에서 탄식시를 자세하게 살펴보면 다음과 같은 일정한 패턴을 발견할 수 있습니다. 시인은 자신의 비참함과 괴로움에 대해 하나님이 침묵하고 계심을 괴로워하며 탄식합니다. 시간이 흐르면서 이런 탄식은 점차 탄원으로 바뀌어갑니다. 하나님께 무엇인가를 간절히 바라는 단계로 접어든다는 것입니다. 그리고 그다음에는 하나님의 구원 신탁이 주어집니다. 구약의 예전에 대입하여 말하자면 이스라엘 백성들이 탄식과 탄원으로 하나님께 호소하면 제사장은 하나님의 구원 신탁을 선언함으로써 그들의 탄식과 탄원에 응답하는 것입니다. 이런 패턴이 이번 강론의 본문에서도 발견됩니다. 히스기야 왕은 국난의 위기를 맞아 하나님께 탄식하고 탄원합니다. 그러자 하나님은 예언자 이사야를 통해 구원 신탁을 선언하십니다.

너희는 아시리아 왕의 야전 사령관 랍사게가 신성모독적인 발언을 하면서 지껄여댄 소리에 대해 두려워 말라! 내가 그의 주인인 산헤립 왕을 그의 고국 땅에 돌아가게 하고 거기서 칼에 죽게 하리라(참조. 사 37:6-7).

이 구원 신탁의 핵심 어구는 무엇일까요? 다름 아닌 "두려워 말라"입니다. 이 어구는 이사야서에서 가장 중요한 "믿음 문구"입니다.[1] 각종 위기에 직면할 때마다 하나님을 신뢰하면서 기억해야만 하는 문구라는 말입니다. 이 문구의 뒤에는 "하나님은 이스라엘을 위해 싸우시는 전쟁의 용사이시다", "전쟁은 야웨께 속한 것이니 너희는 가만히 있어라", "오늘날 너희를 위해 대승을 거두실 하나님의 승리를 보라", "하나님을 신뢰하는 너희는 무슨 일을 당하여도 두려워 말라" 등의 뜻이 숨어 있습니다. 신약성경에서도 예수님은 풍랑 속에서 어쩔 줄 모르는 그의 제자들에게 "두려워 말라"라고 말씀하신 사실을 우리는 잘 알고 있습니다. 그렇습니다. 아무리 상대하기 버거운 대적이 버티고 서 있어도 하나님을 신뢰하는 이들은 절대 두려워하지 말아야 합니다. 두려움은 마귀가 주는 가장 치명적인 독이기 때문입니다.

기회를 기도로

현실은 이쪽을 가리키지만 믿음은 저쪽을 가리킬 때, 우리는 어느 쪽을 선택해야 할까요? 대답은 쉽습니다. 그러나 현실에 부딪치면 이야기는 달라집니다. 머리로는 알지만 손과 발이 따라주지 않기 때문입니다. 아브라함과 그의 조카 롯의 이야기를 기억해보십시오. 부득불 갈라서야 할 형편이 되었을 때 그들에게는 오로지 두 가지 선택지밖에 없었습니다. 네게브 광야를 택할 것인가, 아니면 야웨의 정원처럼 비옥한 소돔과 고모라 지역을 택할 것인가? 아브라함은 매력적인 소돔과 고모라 대신에 황량한 광야를 택했습니다. 하나님과 함께한다면 그 어디나 하늘나라, 하나님 왕국이라는 확신이 있었기 때문입니다.

히스기야 왕은 지금 아시리아의 강력한 군대와 교전 중입니다. 그라고 해서 어찌 두렵지 않겠습니까? 그러나 그는 하나님이 역사의 주권자이심을 믿는 신자였습니다. 그는 둘 중 하나를 선택해야만 했습니다. 아시리아 왕이 편지를 보내왔기 때문입니다.

> 그대는 아시리아 제국이 주변 모든 나라를 어떻게 정복했는지 듣지 못했는가? 우리 대왕들이 멸망시킨 나라가 얼마나 많은지 알지 못하는가? 고산, 하란, 레셉, 들라살 왕국들이 지금 남아 있는가? 하맛 왕, 아르밧 왕, 스발와임 왕, 헤나 왕, 이와 왕들이 지금 어디 있는가? 다 아시리아의 말발굽에 멸망하지 않았는가? 한 나라의 왕이라면 이런 사실쯤은 잘 알 텐데. 그런데 쥐뿔도 없는 당신의 나라가 안전할 거라고? 당신이 믿는다는 야웨가 구원해줄 거라고? 말도 안 되는 소리!(참조. 사 37:11-13)

사실 아시리아 왕 산헤립이 유다의 왕 히스기야에게 이런 협박을 하게 된 것은 구스 왕 디르하가가 아시리아의 패권주의와 영토 확장 전략에 제동을 걸었기 때문이었습니다. 즉 구스 왕이 아시리아 왕과 전쟁을 벌인다는 소문을 유다 왕 히스기야가 들으면 새롭게 힘을 얻어 아시리아에게 계속해서 저항하게 될지도 모른다고 우려한 것이었습니다. 아시리아의 입장에서는 유다의 영토를 거의 정복하였고 이제는 예루살렘 성만 무너뜨리면 되는 마당인데, 구스의 갑작스러운 개입은 탐탁스럽지 않은 변수였습니다. 따라서 아시리아 왕은 이번 기회에 심리적으로 확실하게 히스기야를 누르고 싶었습니다. 그래서 장문의 "항복 강요 문서"를 보낸 것입니다.

조롱 섞인 산헤립 왕의 항복 강요 문서를 받아든 히스기야는 그 글을 가지고 또다시 성전에 올라가 하나님 앞에 펼쳐놓습니다. 그는 전심전력하여 하나님만 바라보고 기도합니다. 국가 안전보장회의를 소집한 것도, 전군 비상령을 내린 것도, 지하 벙커에 들어가 상황 보고를 받은 것도 아니었습니다. 그는 이런 비상사태에 대처할 수 있는 유일한 길이 무엇인지 분명히 알았습니다. 하나님께 매달리기로 한 것입니다. 평소에 쌓았던 신앙의 내공이 드러나는 순간입니다!

물론 위기의 때에 우리가 할 수 있는 일들을 하지 말라는 것은 아닙니다. 마땅히 최선을 다해야 합니다. 그러나 더 중요한 것은 이 모든 사태의 궁극적 종결자, 모든 일을 끝내실 수 있는 분이 누구인지를 확실하게 해두는 일입니다. 성전에 올라간 히스기야는 이렇게 기도를 시작합니다.

> 그룹 사이에 계신 이스라엘 하나님 만군의 야웨여! 주는 천하 만국에 유일하신 하나님이십니다. 주께서 천지를 만드셨습니다(사 37:16).[2]

이사야 37:16-17의 기도문에는 히스기야의 견실한 신앙과 확고한 신학이 고스란히 담겨 있습니다. 그 내용을 살펴보면 다음과 같은 고백들로 요약될 수 있을 것 같습니다.

① 하나님은 천상의 대왕이십니다.
② 하나님은 이스라엘의 언약의 하나님이십니다.
③ 하나님은 역사의 주인이십니다.
④ 하나님은 창조주이십니다.

하나님에 대한 이러한 4가지 고백들은 상호 보충하면서 각각의 심오한 의미를 강화합니다. 세상의 어떤 권력과 왕도 영원할 수 없습니다. 아무리 뭇 나라가 술렁거리며 뭇 민족이 헛된 일을 꾸며도, 세상의 임금들이 전선을 펼치고 통치자들이 음모를 함께 꾸며 주님을 거역하고 주님과 그의 기름 부음 받은 이를 거역한다 하더라도 하늘 보좌에 앉으신 이가 박장대소하며 그들을 비웃으실 것입니다(참조. 시 2:1-2). 그러므로 하나님을 신뢰한다면 결코 두려워할 필요가 없습니다. 히스기야는 왕으로서 이 사실을 그 누구보다 깊이 이해하지 않았을까요? 이사야의 소명 이야기에 따르면(사 6장) 예언자 이사야는 자기에게 소명과 사명을 주신 분이 "천상의 대왕"이심을 알게 되었습니다. 그런 설교자 이사야가 히스기야 왕에게 하나님의 왕 되심(Kingship), 하나님의 주 되심(Lordship)을 얼마나 자주 가르치고 설교했을까요? 아마 히스기야 왕의 진솔한 고백은 설교자 이사야의 신앙 교육 없이는 불가능했을 것입니다. 설교자 이사야 역시 세상 역사를 주관하고 만들어가시는 분이 천상의 대왕이시며 만물의 창조주이신 하나님이심을 깨달은 사람이었습니다.

앞서 제시된 4가지 주요 신앙고백문은 지금도 우리에게 적실성이 있으며 매우 유용합니다. 신앙생활 중에 닥치는 위기나 환난의 때에 무엇을, 어떻게 하나님께 고백하고 기도해야 할지를 가르쳐주기 때문입니다. 부디 각각의 고백들이 우리 삶에서 구체적으로 어떤 의미인지 잘 씹고 뜯고 맛보며 영적 유익을 얻으십시오. 신앙은 탁상의 교리로만 구성되지 않습니다. 언제나 모진 현실 가운데서 자라납니다.

기도 하나님, 당신께서 우리 삶의 모든 문제의 궁극적 종결자가 되심을 믿습니다. 아멘.

제53강

우리의 구원과 하나님의 열정

이사야 37:21-38

"만군의 야웨의 열정이 이것을 이루실 것이다"(사 37:32).

37:21 아모츠의 아들 이사야가 사람을 보내어 히스기야에게 말하기를 "이스라엘의 하나님 야웨께서 말씀하시기를 '네가 아시리아의 산헤립 왕의 일로 내게 기도하였구나' 하셨습니다. 22 지금부터 하는 말은 산헤립을 쳐서 하시는 말씀이니 잘 들으십시오.

'산헤립아! 처녀 딸 시온이
　너를 멸시하며 조롱한다.
딸 예루살렘이
　네가 도망칠 때 너를 향해 머리를 흔들며 비웃는다.

23 네가 모욕하고 욕지거리한 것은 누구에게 한 줄 아는가?
　네가 목청을 높이고
거만스럽게 눈을 치켜뜬 것이 누구에게 한 줄 아는가?
　이스라엘의 거룩한 자에게 한 것이야!

24 네가 네 전령들을 통해서
　야웨를 겁 없이 조롱하였고
또 말하기를
　〈나는 내 전차부대를 거느리고
산들의 꼭대기까지 올라가며
　레바논의 가장 깊숙한 곳 높은 정상까지 들어갔었다.
나는 레바논의 하늘을 찌르는 우람한 백향목과
　쭉 뻗은 최상급 향나무를 베어버린 적이 있었다.
또 나는 사람의 발길이 닿지 않는 험산 준령에 들어갔으며
　울창한 삼림 속에 이르기도 하였다.

25 나는 외국 땅 여러 곳에 우물들을 파서

거기서 물을 마셨으니
내 발바닥으로
애굽의 모든 강물을 말렸다〉 하였다.

26 네가 듣지 못했느냐?
이 일들은 내가 태고(太古)부터 계획했던 것이다.
아주 오랜 옛날부터 내가 계획한 바로서
이제 내가 이루게 한 것이니
즉 내가 너를 사용해 네가 견고한 성읍들을 무너뜨려
돌무더기가 되게 한 것이었다.
27 힘이 다 빠진 성읍들의 주민들이
두려움에 사로잡혀 수치를 당하게 되었다.
그들은 들의 풀 같이,
푸른 나물 같이,
지붕에 돋는 풀 같이,
자라나기도 전에 뜨거운 태양에 바싹 시들었다.

28 그러나 나는 네가 머무는 장소와
네가 언제 오고 언제 떠나는지
네가 어떻게 나를 거슬러 분노하는지 알고 있다.
29 네가 나를 거슬러 분노함과
네 오만함이 내 귀에 들렸으므로
내가 갈고리로 네 코를 꿰며
재갈을 네 입에 물려
너를 오던 길로

돌아가게 하리라.'

30 히스기야여! 이것이 당신에게 주는 징조가 될 것입니다.

'올해는 땅에서 난 것으로 그럭저럭 먹을 것이며

둘째 해에도 별로 다르지는 않을 것이다.

그러나 셋째 해에는 심고 거둘 것이며

포도나무를 심어서 그 열매를 먹게 될 것이다.

31 유다 족속 중에 피하여 남은 자는

다시 아래로 뿌리를 내리고 위로는 열매를 맺으리니

32 이는 남은 자가 예루살렘에서 나오며

생존자들이 시온 산에서 나올 것이기 때문이다.

만군의 야웨의 열정이

이것을 이룰 것이다.'

33 그러므로 야웨께서 아시리아 왕에 대하여 이같이 말씀하셨습니다.

'그는 이 성에 들어오지 못하며

화살 하나도 이리로 쏘지 못할 것이다.

그가 방패를 가졌으나 성에 가까이 오지 못하며

공격용 축대를 쌓고도 성을 넘어오지 못할 것이다.

34 그가 왔던 길 바로 그 길로 돌아가리니

그는 결코 이 성에 들어오지 못할 것이다.

—나 야웨의 말이니라.

35 내가 나를 위하여, 그리고 내 종 다윗을 위하여

이 성을 지키며 구원할 것이다.'"

36 그때 야웨의 천사가 나가서 아시리아 진영에서 십팔만 오천 명의 병사를 쳤다. 사람들이 아침에 일찍이 일어나 본즉 시체뿐이었다. 37 이런 와중에 아시리아의 산헤립 왕은 재빨리 빠져나와 자기의 고국으로 돌아가서 니느웨에 거주하였는데 38 자기 신 니스록의 신전에서 경배할 때에 그의 아들 아드람멜렉과 사레셀이 그를 칼로 죽이고 아라랏 땅으로 도망하였고 그의 아들 에살핫돈이 이어 왕이 되었다.

무례한 아시리아

아시리아의 침공으로 위기에 처했던 히스기야 왕은 야웨의 전을 찾아가 간절하게 기도를 드렸습니다. 하나님은 그의 간절한 기도에 응답하셔서 이사야 예언자를 통해 유다에게 "구원 신탁"(salvation oracle)을 전해 주셨습니다. 그 구원 신탁의 핵심 내용을 정리하면 "악한 자들이 하나님의 자녀들에게 행한 못된 짓들은 궁극적으로 하나님께 저지른 반역 행위다, 하나님의 교회를 향한 공격은 궁극적으로 하나님을 향한 공격이다"라고 할 수 있습니다. 아시리아가 시온과 이스라엘 백성을 향해 거들먹거리고 비웃고 조롱한 행위들은 곧 "이스라엘의 거룩하신 분"께 한 것입니다(사 37:23). 그렇습니다! 하나님의 백성을 압제하고 경멸하고 조롱하는 것은 곧 하나님을 대적하는 교만한 행동입니다.

하나님은 피조물에게 조롱받지 않으십니다. 하나님은 자신의 거룩성에 대한 침범을 결코 좌시하거나 용납하지 않으십니다. 하나님은 하나님 앞에서 교만한 자를 그냥 두지 않으십니다. 당신의 명예와 거룩성을 위해서 하나님은 대적들과 싸우실 것입니다. 그러므로 우리는 하나님 뒤에 숨어 있기만 하면 됩니다. 마치 아빠 뒤로 피한 어린 자녀처럼 말입니다.

하나님 앞에서 오만불손했던 아시리아의 언사를 다시 살펴보겠습니다.

> 나는 병거와 군마를 이끌고 험산 준령을 넘었고 레바논 심산유곡의 철벽 요새까지 돌파했으며 그 우람한 전나무들을 쓰러뜨렸고 장대한 소나무들을 찍어내었다. 내가 수많은 군마와 병사를 몰아 사방에 우물을 파서 마시며 발로 한 번 짓누르니 애굽의 모든 유명한 강물이 마르게 되었다(사 37:24-25).

이 얼마나 오만하고 표독스러운 말투입니까? 여기에는 자신이 역사의 주인이며 역사를 만들어가는 주체라는 자만이 가득합니다. 하나님은 안중에도 없고 무례합니다. 그들은 자신이 이룬 성취 뒤에 하나님이 계신다는 사실을 몰랐습니다. 그 모든 역사적인 사건들은 하나님이 아시리아를 도구로 사용하셨기 때문에 일어난 것이었습니다. 도구가 자기를 사용하는 주인의 뜻을 거슬러 행동하면 어떻게 됩니까? 대답은 간단합니다. 용도 폐기 처분이 내려집니다! 하나님은 오만한 아시리아를 "무"(無)로 돌려버리실 것입니다. 이것이 "너를 오던 길로 돌아가게 하리라"(사 37:29)라는 말의 뜻입니다. 하나님은 교만한 아시리아가 쌓았던 모든 업적과 성취를 깡그리 없는 것으로 만들겠다고 말씀하십니다.

한편 하나님이 내리시는 심판의 풀무 속에서 연단을 받고 살아남은 자들은 회복의 즐거움을 선물로 받게 될 것입니다. 그들은 끝까지 신앙의 지조를 지키고 살아남은 자들입니다. 이 사실은 우리에게 찬송 한 구절을 떠오르게 합니다. 찬송가 336장 1절입니다.

> 환난과 핍박 중에서 성도는 신앙 지켰네
> 이 신앙 생각할 때에 기쁨이 충만하도다
> 성도의 신앙 따라서 죽도록 충성하겠네

성도는 환난과 핍박 중에도 신앙을 지킬 책임이 있습니다. 하지만 그 모든 회복과 구원은 궁극적으로 하나님께 달린 일입니다. 사실 유다와 예루살렘이 맹수 같은 아시리아의 발톱에서 구출된 것도 히스기야로 대표되는 신실한 "남은 자들"의 신앙과 기도 때문이었을 것입니다. 본문의 구원 신탁도 히스기야 왕의 탄식과 탄원 기도에 대한 응답으로 주어졌습니다.

그런데 본문이 강조하는 핵심은 따로 있습니다. 이사야 37:24-25에 기록된 산헤립의 위협을 다시 살펴보면 "내가, 내가, 내가"라는 1인칭 주격 대명사가 얼마나 자주 반복되는지 모릅니다. 오만불손한 산헤립은 안하무인이며 자랑질의 선수입니다. 자신의 위력과 권세와 힘이 얼마나 센지를 젠체하며 나열하지 않습니까? 그는 자신이 세상 역사를 만들어가는 주인인 줄로 착각합니다. 그의 눈에는 하나님이 어느 시골 구석의 변변치 않은 신으로 보일 뿐입니다. 이게 교만이 아니고 무엇이겠습니까? 그런 산헤립에 대해 하나님은 뭐라고 대답하셨던가요? 바로 여기에 본문의 핵심이 있습니다.

하나님이 주어(主語)다!

하나님의 대답 역시 온통 1인칭 주격 대명사로 수놓아져 있습니다.

> 네가 막강한 군사력으로 국제 무대의 정상에 올라 여러 나라를 정복하고, 이제 나의 백성 유다를 치게 된 것은 **내가** 태고(太古)부터 계획했던 일이다. 아주 오랜 옛날부터 **내가** 계획한 바로서 이제 **내가** 이루게 한 것이니 이것은 **내가** 너를 사용해 네가 견고한 성읍들을 무너뜨려 돌무더기가 되게 한 것이었다.…그러나 **나는** 네가 머무는 장소와 네가 언제 오고 언제 떠나는지 네가 어떻게 나를 거슬러 분노하는지 다 알고 있어!…**내가** 네 코를 갈고리로 꿰고

재갈을 네 입에 물려 너를 오던 길로 돌아가게 할 것이다!(사 37:26-29)

여기서 산헤립의 "나-발언"과 하나님의 "나-발언"이 첨예한 대조를 이룹니다. 달리 말해 구원 신탁은 유다의 운명이 누구의 손에 달려 있는지를 분명한 목소리로 알려줍니다. "구원은 하나님으로부터다!", "구원은 하나님의 전적 은혜의 계획 안에서 시작된다!", "예루살렘의 구원을 위해 열정적으로 일하시는 하나님을 보라!" 그렇습니다! 만군의 하나님이 품으신 열정과 열심 때문에 예루살렘의 구원이 가능해집니다(사 37:32). 하나님이 남은 자들을 보호하시다가 때가 되면 "다시 아래로 뿌리를 내리고 위로는 열매를 맺게 하실"(사 37:31) 것입니다. 하나님은 당신의 명예를 위하여, 그리고 다윗과 맺은 언약을 기억하시기 때문에 당신의 백성을 지키고 구원하실 것입니다(사 37:35). 아시리아 군대 18만 5천 명의 갑작스러운 (간밤) 몰살과 아시리아 왕 산헤립의 피살은 이 진리를 천하에 과시하는 위대한 사건이었습니다.

여기서 우리는 한 천사(使者, angel)가 나타나 아시리아 군사 18만 5천 명을 "쳤다"(사 37:36)는 말씀과 "내가 내 영을 그(산헤립 왕)의 속에 둘 것이니 그가 소문을 듣고 그의 고국으로 돌아갈 것이며 그가 고국에 있을 때 내가 그를 칼에 죽게 할 것이다"(사 37:7)라는 말씀을 함께 묶어서 살펴볼 필요가 있습니다. 하나는 "천사"에 대해 말하지만 다른 하나는 "영"을 언급하기 때문입니다. 사실 천사나 영이나 모두 우리의 일상과 자연의 세계에서는 경험할 수 없는 존재들로서 논리나 과학으로 설명할 수 없는 것들입니다. 그렇다면 예언자 이사야가 이런 것들에 관해 이야기하는 이유는 무엇일까요? 왜 성경은 여기서 아무런 부담 없이 자연스럽게 천사와 영에 대해 말하는 것일까요? 우리는 이러한 성경의 진술에 대해 어떻게 반응해야 할까요? 이에 대한 월터 브루그만의 설명은 신학적으로 매우 적절해 보입니다.

> "영"과 "사자"(천사) 모두 아시리아 군대의 몰살 사건이 상황의 비상한 급변이며, 따라서 세밀한 비평적 설명의 대상이 아님을 암시하는 것이다. 고대 이스라엘 사회에서 이러한 말하기 형식("영을 보내다", "천사가 쳤다")은 강대국의 무력주의와 그 잔혹성이 판을 치는 세상에서 야웨의 헤아리기 어려운 통치가 분명하게 드러나는 방식들에 대해 강력하게 증언하는 방식이다.[1]

강대국 아시리아에 대한 놀라운 승리와 예루살렘의 기적적인 구원은 사람의 인식과 이해를 넘어서는, 참으로 손에 잡히지 않고 이성적 기관으로도 포착하기 어려운 하나님의 불가해한 통치의 현시(demonstration)라는 것입니다. 브루그만은 한 걸음 더 나아가 히스기야가 절망적인 상황에서 드렸던 간절한 기도가 얼마나 신앙적이었는지를 다음과 같이 설명합니다.

> 히스기야의 기도(왕하 19:15-19)는 무력 외교의 한가운데서 나온 아주 특별한 기도다. 공포에 사로잡힌 백성들과 아시리아 제국의 강력한 군사력에 직면한 히스기야는 신앙의 사람으로서 행동하고 말한다. 그는 강력한 힘과 무력에 대해 무기력하게 인습적으로 받아들이거나 이 세상이 인식하는 방식대로 받아들이는 것을 거절하시는 그분과 그분의 의지에 호소하는 기도의 사람이었다. 위기에 대한 적절한 반응은 히스기야가 군사력을 동원하는 것이 아니었다. 모든 인간의 인습을 훨씬 뛰어넘어 일하시는 야웨의 개입이 어떻게 역사적 과정을 통해 열리는지에 대해, 그 역사적 과정의 개방성에 대해 증거하는 난해성(elusiveness)이야말로 위기에 대한 참된 반응이다. 이 본문이 말하는 가장 중요한 약속은 기도를 우리에게 친숙하고 익숙한 삶의 영역

에만 한정하지 말라는 것이다. 또한 이 본문이 우리에게 가르치는 교훈이 있다. 그것은 우리가 기도할 때 쉽게 빠져드는 가장 강력한 유혹이, 기도의 힘을 현재 상황에 무비판적으로 얽어매기 쉽다는 것임을 기억해야 한다는 사실이다.[2]

아시리아 군대 18만 5천 명이 어떻게 하룻밤 사이에 전멸했는지, 그 과정에 대한 자세한 설명은 필요하지 않습니다. 성경은 군사 전략적 차원이 아니라 신학적 차원에서 대군의 몰살을 서술할 뿐입니다. "야웨의 천사가 쳤다!"는 말은 일종의 "증언"입니다. "예루살렘이 구원받았다!"는 말도 일종의 증언입니다. 유다와 히스기야 왕이 잠들어 있던 한밤중에 하나님이 아시리아 대군을 몰살시키셨다는 것입니다. 그렇습니다! 아시리아와의 전쟁에서 승리를 얻기 위해 유다와 히스기야 왕이 한 일은 아무것도 없었습니다. 그들의 승리는 전적으로 하나님의 개입에 의한 것으로서 일방적 호의와 은혜의 결과였습니다. 달리 말해 아시리아가 전쟁을 치른 대상은 유다가 아니라 야웨 하나님의 군대였습니다. 하나님의 백성들은 이 사실을 예루살렘 성전에서의 예배 의식을 통해 다음과 같이 노래하곤 했습니다.

문들아! 너희 머리를 들지어다.
　　너 고대의 문들아! 들릴지어다.
　　영광의 왕이 들어가신다.
영광의 왕이 누구시냐?
　　힘세고 강력한 야웨,
　　전쟁에 능한 야웨다.
영광의 왕이 누구시냐?

만군의 야웨,

그가 영광의 왕이시다(시 24:7-10).

기원전 701년에 자신만만하게 예루살렘을 침공했으나 쓰라린 대패를 맛본 아시리아의 왕 산헤립은 남은 병사들을 추슬러 본국으로 돌아갔습니다. 그는 아시리아의 수도인 니느웨에 거주하며 20년간 복수의 칼을 갈며 재기를 꿈꾸었습니다. 그러나 그 꿈은 허망하게 물거품이 되어버렸습니다. 배신을 당해 비참하게 죽어버렸기 때문입니다. 성경은 산헤립의 죽음을 다음과 같이 기록합니다.

> 그가 자기의 신 니스록의 신전에서 경배할 때에 그의 아들 아드람멜렉과 사레셀이 그를 칼로 죽이고 아라랏 땅으로 도망하였으므로 그의 아들 에살핫돈[기원전 681-669년 재위]이 이어 왕이 되었다(사 37:38).

산헤립은 자기 아들들의 궁중 모반으로 살해당했습니다. 게다가 죽음의 장소가 어디입니까? 니스록 신전입니다! 성경의 저자는 산헤립이 본국으로 돌아간 후 20년간 지속해서 니스록 신전에서 경배했다는 사실을 보고함으로써 야웨의 성전에서 경배하고 기도한 히스기야 왕과 극명한 대조를 이루게 합니다. 이런 의도적인 대조의 이유는 분명합니다. "누가 참 신인가? 아시리아의 니스록인가, 유다의 야웨 하나님인가?" 하는 수사학적 질문을 던지기 위해서입니다. 그렇습니다. 산헤립의 죽음 이야기는 우리 신앙인들에게 야웨 하나님만이 온 천하에 유일하신 참 신임을 기억하라는 강력한 경고를 전해줍니다.

기도 하나님, 당신의 언약을 기억하시고 당신의 명예를 위하여 우리를 고난 가운데서 구원해주소서. 아멘.

제54강

진정성 있는 기도

이사야 38:1-8, 21-22

"히스기야가 얼굴을 벽으로 향하고 야웨께 기도하였다.
…히스기야가 대성통곡했다"(사 38:2-3).

38:1 그때 히스기야가 병이 들었다. 죽을병이었다. 아모츠의 아들 예언자 이사야가 그에게로 가서 말했다. "야웨께서 이같이 말씀하시되 '유언을 남겨라. 주변을 정리하라. 네가 죽고 살지 못하리라' 하셨습니다." 2 그러자 히스기야가 얼굴을 벽으로 향하고 야웨께 기도하였다. 3 "야웨여! 간청합니다. 나는 주님 앞에서 온 마음을 다하여 진실하게 살아왔습니다. 주님의 눈으로 보시기에 내가 어떻게 살았는지, 무슨 선을 행했는지 기억해주십시오" 하고 히스기야가 대성통곡했다. 4 이에 야웨의 말씀이 이사야에게 임하였다. 5 "너는 가서 히스기야에게 말해라. '네 조상 다윗의 하나님 야웨께서 이같이 말씀하신다. 내가 네 기도를 들었고 네 눈물을 보았다. 내가 네 수명에 십오 년을 더하고 6 너와 이 성을 아시리아 왕의 손에서 구출해내겠고 내가 또 이 성을 보호하겠다.'" 7 한편 야웨께서 약속하신 말씀을 야웨께서 반드시 이루시겠다는 징조가 있었는데 이것이었다. 8 "'아하스의 해시계에 나아갔던 해 그림자를 뒤로 십 도 물러가게 하겠다'고 하라." 정말로 해시계에 나아갔던 해의 그림자가 십 도를 뒤로 물러갔다.…21 이사야가 말했다. "무화과로 만든 반죽을 가져다가 종기가 난 자리에 붙여라. 그러면 왕이 나을 것이다." 22 히스기야도 말하기를 "내가 야웨의 전에 올라갈 징조가 무엇이냐?" 하였다.[1]

먼저 본문의 역사적 배경을 설명하겠습니다. 본문은 특정한 시기를 가리키는 "그때"라는 문구로 시작합니다. "그때"가 정확히 언제 즈음인지 추정하려면 먼저 6절에 "너와 이 성을 아시리아 왕의 손에서 건져내겠고 내가 또 이 성을 보호하리라"라는 말씀을 살펴보아야 합니다. 이 말씀에 따르면 히스기야가 중병에 걸려 죽게 된 때는 기원전 701년에 발생한 아시리아의 대규모 침공이 있기 전입니다.

그런데 히스기야가 죽은 때를 알아보면 좀 더 정확한 연대를 추정할 수 있습니다. 본문에서 하나님이 히스기야의 수명을 15년 연장해주셨기 때문입니다. 히스기야 왕이 그의 선왕 아하스로부터 독립하여 독자적으로 유다를 다스리게 되었을 때는 그의 나이 25살경인 기원전 715년이었습니다. 히스기야는 그 후로 29년 동안 남유다를 통치하고 54세에 죽었습니다. 따라서 본문의 사건은 히스기야가 38살 때, 즉 기원전 703년경에 일어났다고 할 수 있습니다. 참고로 이런 계산은 히스기야가 이 사건을 돌아보며 "나의 중년" 혹은 "나의 한창때"라고 설명하는 부분과 잘 들어맞습니다(사 37:10). 말 그대로 히스기야는 한창 일할 나이에 중병에 들고 말았습니다. 그리고 주변을 정리하라는 예언자 이사야의 청천벽력과 같은 말을 전해 들었습니다. 그에게 그 순간은 참으로 하늘이 무너져 내리는 듯이 깜깜하고 암울했을 것입니다.

메멘토 모리

"메멘토 모리"(*memento mori*)라는 라틴어 경구가 있습니다. "죽음을 기억하라"는 말입니다. 모든 사람이 언젠가는 죽습니다. 왕도 죽고 평민도 죽습니다. 영웅도 죽고 촌부도 죽습니다. 빈부귀천에 상관없이 모든 사람이 죽음을 맞습니다. 죽음이야말로 모든 사람을 평등하게 만드는―죽음과 재물에 관한 유명한 지혜시인 시편 49편을 읽어보라―궁극적 평형 장치(great equalizer)입니다.

그런데 사람마다 죽음을 맞이하는 태도는 다 다릅니다. 자연스럽게 수용하는 사람, 마지막까지 죽음과 싸우는 사람, 살려달라고 몸부림치는 사람, 체념하고 순순히 받아들이는 사람, 억울하다고 고래고래 소리치는 사람, 분노하는 사람…. 또 죽는 이유도 다양합니다. 병고, 교통사고, 자연재해, 노환, 산업재해 등 다양한 이유가 있습니다. 죽음은 어느 날 예기치 않은 시간에 낯설게 찾아옵니다. 사람은 한 번 죽기에 아무리 준비를 한대도 죽음은 느닷없이 찾아오는 것처럼 느껴질 수밖에 없습니다.

우리도 언젠가 죽음과 직면하게 될 것입니다. 어느 날 누군가 우리에게 "이제 주변을 정리하시는 것이 좋을 것 같습니다"라고 말한다고 생각해보십시오. 그 말을 하는 사람은 의사일 수도 있고 친구나 가족일 수도 있습니다. 그 말을 듣는 순간 무슨 생각이 떠오를까요? "어떻게 그런 소릴 할 수 있단 말입니까?" 하고 소리를 지르는 사람도 있고 조용히 눈물을 삼키는 사람도 있을 것입니다. 죽을병에 걸린다면 운명으로 순순히 받아들여야 할까요, 아니면 병과 사투를 벌이며 끝까지 싸워야 할까요? 자신이 그런 상황에 처한다면 어떻게 하겠습니까? 참으로 어려운 질문입니다. 고민을 안겨주는 물음이 아닐 수 없습니다.

유다 왕국의 위대한 왕 히스기야가 어느 날 병이 들었습니다. 어떤 병에 들었는지는 자세히 모릅니다. 성경은 그저 "종처"(腫處)에 대해서만 말할 뿐입니다. 히스기야에게 종기(부스럼)가 생겼는데 매우 심하게 악화되어 목숨을 위협할 지경이 되었습니다. 그런데 궁중 설교자인 이사야가 찾아와서 말합니다. "이제 모든 것을 정리할 때가 되었소. 가족에게도 준비를 시키시오. 당신은 죽을 것이오. 유언을 남기시오. 어떻게 왕위를 넘겨줄지, 장례는 어떤 식으로 치를지, 그리고 후대를 위해 꼭 남기고 싶은 말도 생각해보도록 하시오." 날벼락과 같은 사망 선고를 받은 히스기야는 어떻게 했을까요? 놀랍게도 그는 얼굴을 벽으로 향하고 하나님께 기도했습니다.

목숨을 담보로 한 기도

얼굴을 벽으로 향하고 기도한다는 것은 세상과 단절하고 하나님께만 마음을 기울이는 태도를 말합니다. 히스기야는 기도에 방해되는 모든 것을 제쳐놓았습니다. 죽음의 위협에 직면한 그는 모든 인간적 방도나 의료적 치료와는 철저하게 담을 쌓았습니다. 물론 여기서 성경이 병원이나 의사를 통한 치료를 부정한다는 의미는 아닙니다. 의료 기술도 하나님이 사용하시는 도구가 될 수 있기에 치료를 무조건 거부할 필요는 없습니다. 병원과 의학은 하나님이 제정하신 중요한 치료 방식입니다. 이사야도 히스기야의 병에 대해 의학적 처방을 내려주었습니다(사 38:21). 그러나 히스기야는 죽을병을 하나님께 직접 가져가기로 결심한 것입니다. 이런 결정에 대해서는 누구도 막을 수 없고 막아서도 안 됩니다. 당사자의 의견을 존중해서 결정해야 합니다.

히스기야는 야웨께 매달려 사생결단의 기도를 드립니다. 그는 하나님께 자신이 지나온 발걸음을 살펴봐 달라고 청원합니다. 하나님 앞에서 진실했던 삶과 선하고 착한 일들을 추구해온 신실한 삶을 기억해달라는 간청이었습니다. "하나님, 제가 어떻게 살아왔는지 기억해주십시오. 저는 당신의 면전에서 성실하고 신실하게 살아왔습니다. 당신은 제가 어떻게 살아왔는지, 제가 행한 선한 일들이 무엇인지 아시지 않습니까?" 이는 자신의 공로를 알아달라는 식의 바리새인적 기도와는 차이가 있었습니다. 물론 히스기야가 모든 일에 항상 신실한 삶을 살아왔다는 뜻은 아닙니다. 그도 우리처럼 때때로 실수하고 잘못을 저질렀을 것입니다. 그러나 중요한 것은 우리가 율법 조항들을 철저하게 지켰느냐가 아니라 우리의 마음이 진정으로 하나님과 연결되어 있느냐입니다. 하나님은 사람의 외모를 보시는 것이 아니라 마음의 중심을 보시기 때문입니다. 이처럼 신앙인에게 "마음의 습관"은 매우 중요합니다. 그 마음이 누구를 향하고, 그 마음에 어떤 간절함이 있는지, 그 마음이 얼마나 순수하고 진실한지가 관건이라는 말입니다.

히스기야는 자신의 삶 전체를 놓고 볼 때 하나님을 향한 일관성 있는 태도를 견지해왔다는 점을 하나님께 말씀드렸습니다. "내가 주의 앞에서 진실과 전심으로 행하였습니다"라는 말이 바로 그런 뜻입니다. 또한 히스기야는 대성통곡하며 기도했습니다(사 38:3). 그의 기도는 진실했고 진정성이 묻어났습니다. 아마도 그의 평소 경건 생활이 그의 기도를 뒷받침한 것 같습니다. 그렇습니다! 평소에 정직하고 진실하게 살고 선행을 베풀며 늘 하나님의 면전에서 사는 것처럼 살아야 도덕적 순결성과 신앙적 일관성을 유지할 수 있습니다. 기도의 힘과 능력은 어느 날 갑자기 주어지지 않습니다. 오직 하나님 앞에서 일관성 있는 삶의 태도가 우리의 기도를 힘 있게 만듭니다.

하나님은 히스기야의 눈물을 보시고 기도를 들어주셨습니다(사 38:5). 그의 기도는 뜨거운 눈물과 간절한 요청의 기도였습니다. 그리고 마침내 기도의 응답이 하나님으로부터 예언자 이사야를 통하여 히스기야에게 임했습니다. 기억하십시오! 진정성이 없는 기도는 하나님의 보좌를 움직일 수 없습니다. 참된 기도는 하나님께 솔직하고 진실하게 다 드러내 보이는 것입니다. 우리가 드리는 기도가 얼마나 솔직하고 진실한지 되돌아보아야 할 것입니다.

덤으로 사는 인생

히스기야의 통곡 기도에 대한 응답의 내용은 두 가지였습니다. 첫째, 히스기야의 질병이 치유되고 수명이 15년 연장되리라는 것이었습니다.

둘째, 예루살렘 성이 아시리아 왕의 손에서 구출되고 하나님이 친히 예루살렘 성을 방어하며 보호해주시리라는 것이었습니다. 하나님이 이 두 가지를 하나로 묶어서 말씀하신 이유는 히스기야 왕의 죽을병이 단지 개인의 죽음뿐 아니라 왕국의 멸망을 상징적으로 보여주기 때문이었습니다.

여기서 특이한 점은 두 경우 모두 "연장된 생명"을 하사받았다는 것입니다. 히스기야도 그렇고 예루살렘도 그렇습니다. 그들에게 "덤으로 사는 생명"이 주어졌습니다. 예고된 죽음 앞에 낙심한 자들에게 이런 소식은 얼마나 기쁘고 감사한 일인지 모릅니다. 하지만 곰곰이 생각해보십시오. 우리 역시 하나님의 은혜 가운데 "덤으로 주어진 인생"을 사는 것이 아닙니까? 문제는 이렇게 은혜로 주어진 "연장된 생명"을 어떻게 사용하는가입니다. 앞으로 히스기야의 말년 이야기를 살펴볼 우리는 히스기야 왕과 유다 왕국이 그들에게 주어진 "은혜의 기간"(grace period)을 무책임하게 낭비했다는 사실에 쓰린 아픔을 느끼지 않을 수 없습니다. 히스기야는 덤으로 주어진 15년을 살면서 오히려 판단력이 흐려지고 신앙이 후퇴했습니다. 유다 왕국 역시 아시리아로부터 구원받은 후 110여 년을 존속했지만 기원전 587년에는 결국 예루살렘이 함락되는 비극적 결말을 맞았습니다.

여하튼 본문으로 돌아가 마지막 부분을 살펴보겠습니다. 히스기야의 간절한 기도에 하나님이 응답하셨고(사 38:1-8) 그에 대한 부연 설명이 이사야 38:21-22에 기록되어 있습니다. 예언자 이사야는 "한 뭉치 무화과를 가져다가 종기가 난 곳에 붙여라. 그리하면 왕이 나을 것이다"라고 말했습니다. 아마도 예언자 이사야가 왕의 건강을 책임지던 왕궁의 의사(어의[御醫])들에게 적절한 치료 방법에 대해 조언한 것 같습니다. 한편 히스기야는 이사야에게 "무엇이 내가 야웨의 전에 올라간다는 징조가 되겠습니까?"라고 물었습니다. 히스기야는 예언자가 전해준 하나님의 말씀을 그대로 믿지 않고 징조를 요구했지만, 선하신 하나님은 그림자가 뒤로 물러가는 징조를 허락하셔서 확신을 심어주셨습니다. 병들고 허약한 사람이 치료되는 과정에서 마음의 안정과 확신이 큰 역할을 하기 때문일 것입니다.

이번 강론에서 우리는 "질병(죽음)과 기도"에 대해 살펴보았습니다. 이 둘 사이에 어떤 의학적 방정식이 있는지는 아직까지 그 누구도 정확히 모릅니다. 심지어 그 둘 사이에 어떤 신학적 방정식이 있는지도 분명치 않습니다. 또한 본문을 통해 모든 병이 기도를 통해서 치유된다고 추론할 수도 없습니다. 본문은 그런 주제를 가르치는 말씀이 아니기 때문입니다. 하지만 히스기야가 죽을병에서 고침 받은 이야기에서 분명한 최소한의 진리는, 어떤 질병이나 불행이나 죽음도 하나님의 손길을 벗어나 있지 않다는 것입니다. 동전 한 닢에 팔리는 참새도 하나님 없이, 하나님이 모르시는 가운데 그렇게 되는 것이 아니라는 예수님의 말씀을 기억하십시오. 그러므로 그리스도인들은 모든 것—삶과 죽음까지—을 그분 앞에 놓아야 합니다. 히스기야가 그랬던 것처럼 말입니다. 그분의 손에서 우리의 간구가 어떤 화학 반응을 일으킬지는 아무도 모릅니다. 단지 우리는 그분께서 우리의 이해를 초월해 가장 좋은 방식으로 최상의 선을 이루시리라 믿을 뿐입니다.

마지막으로 사도 바울의 고백적 생사관(生死觀, world-and-life view)을 살펴보면 좋겠습니다.

> 내가 살게 되면 다른 사람들을 위해 유익이 될 삶을 살게 되니 좋은 것이고, 내가 죽게 되면 주님과 함께 있게 되니 좋은 것이니, 사는 것이나 죽는 것이나 내겐 매한가지로 좋은 것입니다!(빌 1:20-24)

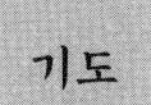

하나님, 우리의 기도가 언제나 솔직하고 진실한 기도가 되도록 도와주소서. 아멘.

제55강

내 평생 당신의 신실하심을 노래하리라

이사야 38:9-20

"내가 그런 큰 고통을 겪게 된 것은 분명히 나에게 유익이었습니다"

(사 38:17).

38:9 유다 왕 히스기야가 병들었다가 그의 병이 나은 후 기록한 글이다.

10 내가 말하기를 "나의 한창때에
내가 죽음(스올)의 문턱에 들어가
나의 여생을 그곳에 빼앗겨야 한다는 말인가?" 하였다.

11 내가 또 말하기를 "내가 다시는 야웨를 뵈옵지 못하리니
산 자의 땅에서 다시는 야웨를 뵈옵지 못하겠고
내가 더 이상 사람을 보지 못하고
이 세상에 사는 사람들과 함께 있지 못하게 되는구나.

12 목동들의 천막처럼 나의 거처는
뽑혀 나를 떠나 옮겨졌고
직공이 베를 걷어 맒 같이 내가 내 생명을 말았구나.
주께서 나를 틀에서 끊어내셨으니
아침저녁으로 당신은 나를 끝내셨습니다.

13 내가 아침까지 신음을 내며 견디었지만
사자처럼 주께서 내 모든 뼈를 꺾으셨으니
아침저녁으로 당신은 나를 끝내셨습니다.

14 나는 제비 같이, 학 같이 지저귀며
비둘기 같이 슬피 울며
내 눈이 쇠약하도록 하늘을 쳐다보았습니다.
야웨여! 고통당하고 있는 나를 도와주소서!

15 그러나 내가 무슨 말을 하겠습니까?
주께서 내게 말씀하시고 또 이렇게 하셨으니 말입니다!

내 영혼의 고통으로 말미암아
　　내가 평생토록 겸손하게 걷겠습니다.
16　주여! 사람은 그런 일들을 경험하며 사는 것이고
　　내 영혼도 그런 일들 속에서 인생을 발견합니다만,
바라옵기는 나를 치료하여 건강을 회복시켜주시고
　　나를 살려주시옵소서.
17　내가 그런 큰 고통을 겪게 된 것은
　　분명히 나에게 유익이었습니다.
주님은 나를
　　멸망의 구덩이에서 구해주셨으며
주님은 내 모든 죄들을
　　주님의 등 뒤로 숨기셨습니다.
18　스올(음부)이 당신을 찬양할 수 없으며
　　죽음이 주님을 찬송하지 못합니다.
구덩이로 내려간 자들은
　　주님의 신실하심을 바랄 수 없습니다.
19　산 자, 오직 산 자 그들만이 오늘 내가 하는 것과 같이
　　주께 찬양합니다.
부모들이 그들의 자녀들에게
　　주님의 신실하심에 대해 말할 것입니다.

20　야웨께서 나를 구원하시리니
　　우리가 평생 사는 날 동안
야웨의 전에서
　　수금을 타며 노래할 것입니다" 하였다.

죽을병이 들자 모든 것을 다 내려놓고 통곡의 기도를 올렸던 히스기야는 하나님의 은혜로 생명 연장의 약속을 받고 병에서 회복되었습니다. 그 생명 연장 약속에는 구체적인 징조까지 수반되었습니다. 해시계에 드리웠던 그림자가 거꾸로 10도 물러나는 초자연적인 징조였습니다(사 38:1-8). 히스기야가 징조를 구하는 장면은 선왕 아하스가 시리아-에브라임 동맹군의 침공에 대한 구원의 징조를 구하지 않은 것과 매우 대조적입니다. 예언자 이사야는 두려움 가운데 있는 아하스에게 하나님의 구원 약속을 전하며 징조를 구하라고 권면했지만 아하스는 이를 우습게 여기고 듣지 않았습니다(사 7:10-12).

이사야서는 하나님을 신뢰하지 않고 눈에 보이는 현실 앞에 부들부들 떨면서 무릎을 꿇었던 아하스(사 7:12)와, 죽을병 가운데서도 하나님을 전적으로 의뢰하고 그분께 매달렸던 히스기야(사 38:2)를 극명하게 대조시킵니다. 특히 이사야서에서 내러티브 형태로 기록된 내용은 아하스 시대에 시리아-에브라임 동맹군의 남침 사건(사 7-8장)과 히스기야 시대에 아시리아 대군의 예루살렘 침공 사건(사 36-39장)뿐입니다. 이 사실을 고려한다면 이런 대조가 독자들의 시선을 끌기에 충분하다는 사실을 알 수 있습니다. 달리 말해 이사야서는 두 사건을 비교하면서 국난이 찾아왔을 때 유다의 두 지도자가 각각 어떻게 반응했으며 그런 반응이 어떤 결과를 초래했는지 세심하게 살펴보라고 요청합니다.

왕으로서 히스기야는 두 전선(戰線)에서 사투를 벌이는 장수와 같았습니다. 앞의 전선에서는 자기 육체의 죽을병과 전쟁을 치르고, 뒤의 전선에서는 아시리아의 침공으로 인한 유다의 죽을병과 싸워야 했습니다. 그는 한 개인인 동시에 국가의 왕이었기 때문에 이 두 전선에서 죽을힘을 다해 이겨야 했습니다. 그는 "전쟁은 야웨께 속했다"라는 이스라엘의 오래된 신앙고백 전승에 따라 이 두 가지 문제를 기도라는 채널을 통해 하나님께 가져갔습니다. 하나님은 히스기야의 간절한 기도에 응답하셨습니다. 이사야는 히스기야에게 죽을병으로 인한 개인적 위기뿐 아니라 아시리아의 침공으로 인한 국가적 위기에서 건져줄 것이라는 하나님의 "구원 신탁"을 전해줍니다.

이렇게 하여 히스기야는 개인과 국가의 죽을병에서 온전한 치유와 회복을 얻게 됩니다. 그리고 히스기야는 이에 대하여 감사의 시를 지어 노래했습니다. 그런데 흥미롭게도 히스기야의 "감사시"(사 38:9-20)는 히스기야의 병듦과 그로부터의 회복 이야기가 서술되는 중간에 샌드위치처럼 끼어 있습니다. 문학적 구조 측면에서 볼 때 아래위는 내러티브 형식이고, 그 가운데 히스기야의 감사는 시의 형태로 삽입되어 강조되고 있는 것입니다.

간증 형식의 감사시

히스기야는 죽을병에서 건져주신 하나님께 감사시를 올려드렸습니다. 일명 "히스기야의 시"(Psalm of Hezekiah)입니다. 이는 간증 형식의 감사시인데 히브리 문학에서 감사시의 일반적 패턴은 다음과 같습니다. 첫째, 앞이 깜깜한 고난 가운데 있을 때, 특별히 죽음의 문턱에 이르렀을 때, 시인은 하나님께 간절히 도움을 요청하며 자신의 처지를 탄식합니다. 둘째, 하나님이 시인의 부르짖음을 들으시고 그를 죽음의 웅덩이에서 끌어올려 구출하십니다. 셋째, 시인은 이러한 하나님의 구원에 대해 감사하며 하나님의 신실하심을 찬송합니다(참조. 시 18, 30, 32, 34편; 욘 2장).

히스기야는 분명히 죽을병에서 치유된 후에 하나님께 감사의 시를 올려드렸을 것이기 때문에 사건을 전하는 내러티브 중간에 이런 감사시가 등장하는 것은 매우 독특한 구조입니다. 즉 원래 이야기와 상관없이 독립적으로 존재했던—어쩌면 히스기야의 일기 속에 기록으로 남았을—감사시는 이사야서가 최종적인 형태를 갖추게 되었을 때 현재의 위치에 배치되었다는 것입니다. 그렇다면 이런 배치는 무엇을 의미할까요? 어떤 신학적 메시지를 던지는 것일까요? 그 답은 자못 분명합니다. 앞서 말한 것처럼 히스기야의 시는 단순히 히스기야의 개인적 시가 아님을 보여주는 것입니다.

히스기야의 시는 후일에 유다 민족이 극심한 고난, 예를 들어 바벨론 포로기와 같은 민족의 죽음을 경험하는 때에 어떻게 탄식하고 감사해야 하는지를 가르쳐주는 지침서였습니다. 달리 말해 히스기야의 시는 신앙 공동체의 감사시로 사용되었습니다. 히스기야의 죽을병은 이스라엘의 죽을병이고, 히스기야의 구원은 하나님 백성의 구원과 연결됩니다. 이것을 암시하는 단어가 이사야 37:20의 1인칭 복수 대명사 "우리"입니다. 히스기야의 시는 처음부터 거의 끝까지 1인칭 단수형인 "나"로 서술됩니다. 그러나 마지막에 이르러 "나"는 하나님의 백성 유다의 제의 공동체인 "우리"로 확대됩니다. 이는 시편에서 개인 감사시가 종종 이스라엘의 제의(예배)를 통해 공동체적 감사시로 확대되는 것과 같은 이치입니다. 한 걸음 더 나아가 오늘날의 신앙 공동체(교회)는 히스기야의 시를 "우리의 감사시"로 받아들여 하나님께 탄식하고 감사하고 찬송해야 합니다.

이에 덧붙여 한 가지 더 기억해야 할 사실은 차일즈(B. S. Childs)가 제대로 지적한 것처럼 이사야서의 최종 편집자는 히스기야의 시를 현재의 위치에 놓음으로써, 이사야 38-39장이 유다 민족의 재난과 불행—예를 들어, 아시리아의 침공, 바벨론의 침입과 포로 됨—만을 기록하는 것이 아니라 그 너머에 있을 회복의 때를 가리키는 조명 장치처럼 기능하도록 했을 것입니다.[1] 즉 이사야 40장 이후에 등장하는 "유다의 회복"이라는 주제는 38, 39장에서 이미 그 싹을 틔웠다고 할 수 있습니다.

살아 숨 쉬는 것이 복인 줄을

이제 히스기야의 시를 자세히 살펴볼 차례입니다. 히스기야는 먼저 병중에 있었을 때의 만감을 회고합니다. 인생의 절정기(중년)에 찾아온 병으로 인해 죽음으로 내몰린 그는 아쉽고 억울하고 두려운 감정을 느꼈습니다. 그래서 그의 시는 "나의 한창때에 내가 죽음(스올)의 문턱에 들어서고 나의 여생을 빼앗겨야 한단 말인가?"라는 장탄식으로 시작합니다. 구약에서는 "스올"이나 "무덤", "죽은 자의 땅"이나 "지하 세상", "죽음"이라는 용어들이 모두 같은 의미로 사용됩니다. 한글 성경에서는 스올을 종종 한자어를 사용해 "음부"(陰府)라고 번역하는데 그 뜻은 "어둠의 세력", "어둠이 권력을 휘두르는 관청"입니다. 즉 죽음이 강력한 힘을 행사하는 곳을 가리키는 것입니다.

히스기야도 다른 모든 사람처럼 죽음을 두려워하며 죽은 자들이 있는 "지하 세계", 즉 스올로 들어가는 것을 겁냈습니다. 그런데 그는 죽음을 탄식하는 이유에 대해 무엇보다 살아생전 누리던 하나님과의 친밀한 교제가 끊어지는 것이 아쉬워서라고 말합니다. 그뿐 아니라 살면서 사람들과 사귀고 교제하는 즐거움을 누릴 수 없다는 사실을 크게 서운해합니다. 살아 있다는 것이 얼마나 복된 선물인지요! 성경은 생명과 삶 자체가 하늘에서 온 선물이라고 누누이 강조합니다. 가장 현세적이고 현실적인 동시에 염세주의자처럼 보이기까지 하는 "코헬렛"(전도서의 화자인 전도자)조차도 삶은 하나님의 선물이라고 수차례 이야기할 정도입니다(전 2:24; 3:13; 5:19; 9:7-10). "살아 있는 개가 죽은 사자보다 낫다"(전 9:4)는 것입니다.

그러나 그냥저냥 사는 것은 참된 삶이 아닙니다. 하나님과 교제하고 사귀면서 함께 길을 걷는 것이 진짜 제대로 사는 삶입니다. 사는 날 동안 "야웨를 뵙고 사는 것"(사 38:11)이 사람으로서의 행복입니다. 바꿔 말하면 신자들이 죽었을 때 주님과 더불어 영원히 살기를 원한다면 이 세상에서 사는 동안에도 주님과 깊이 교제하는 삶을 살아야 한다는 것입니다. 또한 사람들과 참된 교제를 누리며 사는 삶이 제대로 사는 삶입니다. 그런데 아쉽게도 수많은 사람이 이러한 소박한 진리를 잊은 채 살아갑니다.

신자들은 사귐과 교제의 즐거움을 아는 사람들입니다. 사도신경 가운데 "우리는 성도의 교통을 믿습니다"라는 문구가 있습니다. 여기서 "성도의 교통"(communion of saints)은 구체적으로 성찬을 통한 교제를 가리키는 용어입니다. 신자들은 성찬을 통해 하나님과 교제하고 다른 신자들과도 교제합니다. 성찬은 신자들이 하나님의 가족으로서 그리스도를 통하여 하나가 되었음을 드러내는 예식입니다. 하나님과의 사귐과 교제, 그리고 이웃과의 사귐과 교제는 우리의 삶에 얼마나 큰 활력소가 되는지요! 하나님을 예배하는 것과 일상에서 사람들을 사귀는 일은 언제나 함께 가야 하는 쌍두마차와 같습니다.

어떤 사람들은 재물을 모으고 성공의 사다리에 올라 사회적 성취를 얻는 일에 몰두하다 보니 하나님과 사람이 안중에도 없습니다. 그러나 분주함을 핑계 삼아 하나님과의 교제를 게을리하는 것만큼 어리석은 일도 없습니다. 또 사랑하는 사람들과 함께하지 못할 정도로 바쁘게 살아가는 삶만큼 허무한 삶도 없습니다. 신자들은 살아생전 하나님을 즐거워하고 성도들과 이웃을 진심으로 사랑하고 교제하는 습관을 기르기에 힘써야 합니다.

언젠가 우리에게도 육신이라는 장막을 거둘 날이 찾아올 것입니다. 이는 마치 캠프장에서 텐트를 치고 놀다 집에 갈 때가 되어 텐트를 접는 것과 같습니다(참조. 사 38:12). 시인 천상병 씨는 그의 시 "귀천"(歸天)에서 이 세상에서의 삶을 소풍 놀이라고 표현했는데, 아마도 그것은 사람들에게 삶에 대한 낙천적 태도를 가르쳐주고 싶었던 시인의 희망이 투영된 결과인 듯합니다. 실상 대다수 사람들의 세상살이는 천상병 시인의 말처럼 늘 즐거운 것도, 소풍 온 기분이 드는 것도 아닙니다. 오히려 어둡고 음산하고 폭풍우 치는 날이 더 많은 것이 우리네 인생살이입니다. 오죽하면 시편의 기도문 중 상당수가 탄식시이겠습니까?

주님께 가까이 가는 시간

그리스도인은 고난과 환난의 시간을 하나님께 가까이 가는 시간으로 삼습니다. 고난과 고통은 하나님을 깊게 알아가는, 일종의 대학원 과정 같은 고된 수업입니다. 히스기야는 질병으로 죽어가는 시간을 하나님께 훈련받는 수업 시간으로 바라보았습니다. 달리 말해 세상의 모든 것이, 그것이 비록 불행이나 고난이나 질병이라 할지라도 하나님의 손안에 있음을 확인하는 시간으로 삼은 것입니다. 그와 같은 이유로 우리는 환난 중에 하나님께 기도합니다. 하나님이 "나를 짓누르고 내 뼈를 꺾으신다 하더라도"(사 38:13) 나를 치료하고 구원하실 분은 하나님밖에 없다는 믿음을 놓지 않는 것입니다.

왜 우리는 고난 중에 기도합니까? 왜 절망 가운데서 하나님께 부르짖습니까? 왜 제비 같이, 학 같이 지저귀며 비둘기 같이 슬피 울며 눈이 쇠약해지도록 하늘을 바라봅니까?(사 38:14) 그것은 바로 구원이 하늘에서, 회복이 하나님으로부터 온다는 사실을 믿기 때문입니다. 히스기야는 다음과 같이 고백합니다.

> 이 모든 고난을 통과하는 것이 제게 유익한 것 같습니다. 풍랑을 통과하는 동안 당신이 제 생명 줄을 꼭 붙잡고 계시기 때문입니다. 당신은 결코 저를 내버려두지 않으십니다(참조. 사 38:17).

그렇습니다! 고난의 풀무를 통과하면서도 하나님의 신실하심을 신뢰하는 것이 진정한 믿음입니다. 이런 의미에서 히스기야는 믿음으로 구원을 받았습니다. 그와 같이 우리도 믿음으로 구원받을 것입니다.

우리를 구원으로 인도하는 것은 어떤 믿음, 누구에 대한 믿음, 무엇에 대한 믿음입니까? 우리는 우리 자신의 신앙 행위나 열정, 믿음의 외형적 크기 자체를 믿어서는 안 됩니다. 그런 것들에 따라 우리의 구원이 결정되는 것이 아니기 때문입니다. 여기서 우리는 "믿음 만능주의"를 경계해야 합니다. 믿음 만능주의에 빠진 사람은 잘못된 교만과 오만으로 흘러갈 위험이 큽니다.

하나님의 신실하심에 기대는 것이 우리의 믿음이어야 합니다. 하나님의 신실하심을 전적으로 신뢰하는 것이 참된 믿음입니다. 신실하신 하나님으로부터 구원이 온다는 사실을 믿는 것이 참된 믿음입니다. 이사야 38:18, 19에 반복해서 사용된 하나님의 "신실하심"이란 용어에 집중해보십시오. 우리는 이 세상을 살아가는 동안에 신실하신 하나님을 희망하며 그분의 신실하심에 우리의 소망을 두어야 합니다. 우리가 부모라면 자녀들과 후손들에게 하나님이 우리를 향해 얼마나 신실하셨는지에 대해 계속해서 말해주어야 할 것입니다. 이런 확신 가운데 있을 때 우리는 다시금 하나님의 구원을 바라고 노래할 수 있습니다.

> 야웨께서 나를 구원하시리니 우리가 종신토록 야웨의 전에서 수금으로 노래하겠습니다(사 38:20).

기도 하나님, 우리에게도 간증과 감사의 시를 지을 기회를 주소서. 아멘.

제56강

끝마무리를 잘해야 하는데

이사야 39:1-8

"'당신이 전한 야웨의 말씀이 그렇다면 좋습니다.' 그러나 속으로는 '내가 사는 동안에는 평안과 안정을 누린다는 뜻이구나'라고 생각하였다" (사 39:8).

39:1 그때 발라단의 아들, 바벨론 왕 므로닥발라단이 히스기야가 병들었다가 나았다는 소식을 듣고 사신들을 보내어 히스기야에게 편지 한 통과 예물을 전달했다. 2 히스기야가 반갑게 사신들을 영접했다. 그리고 그들에게 보물 창고를 보여주었는데, 곧 은과 금, 향료와 진귀한 향유들을 보여주었을 뿐 아니라 모든 무기와 왕궁의 창고에 있는 모든 것을 다 보여주었으니 히스기야가 왕궁과 그의 왕국 안에 있는 것 가운데 그들에게 보여주지 않은 것이 없었다. 3 그때 예언자 이사야가 히스기야 왕에게 나아와 물었다. "그 사람들이 당신에게 뭐라고 말했습니까? 그들이 어디서 온 사람들입니까?" 히스기야가 대답하기를 "그들은 아주 먼 나라 바벨론에서 내게 온 사람들입니다"라고 하였다. 4 그러자 이사야가 물었다. "그들이 왕의 궁전에서 무엇을 보았습니까?" 히스기야는 이렇게 대답하였다. "그들이 내 왕궁에 있는 것을 모두 다 보았습니다. 내 왕궁의 창고에 있는 모든 것을 하나도 빠짐없이 다 보여주었습니다."

5 그러자 이사야가 히스기야에게 말했다. "왕은 만군의 야웨의 말씀을 들으십시오. 6 '보라! 날이 올 것이다. 네 왕궁에 있는 모든 것들, 즉 네 조상들이 오늘까지 쌓아둔 모든 것들이 다 바벨론으로 옮겨지게 될 것이다. 하나도 남을 것이 없게 될 것이다. 야웨의 말씀이다. 7 또 너에게서 태어날 친자녀 중에 얼마가 포로로 사로잡혀 바벨론 왕의 왕궁에서 내시 노릇을 하게 될 것이다.'" 8 이 말을 듣자 히스기야가 이사야에게 말했다. "당신이 전한 야웨의 말씀이 그렇다면 좋습니다." 그러나 속으로는 '내가 사는 동안에는 평안과 안정을 누린다는 뜻이구나'라고 생각하였다.

우리는 히스기야 왕의 이야기에 비추어 인생의 마지막을 어떻게 마감해야 하는지를 배울 수 있습니다. 인생은 시작도 좋아야겠지만 끝마무리를 잘하는 것이 훨씬 더 중요합니다. 어릴 때부터 유종(有終)의 미(美)를 거두라는 말을 많이 들어보았을 것입니다. 목련 꽃을 생각해보십시오. 봄이면 어느 꽃보다 일찍 꽃이 만개하는 목련의 모습은 얼마나 화사하고 아름다운지요! 그러나 그 꽃잎이 비바람에 떨어져 추하게 뒹구는 모습은 지저분하기 짝이 없습니다. 그래서 그런지 목련을 봄꽃 중 여왕이라고 부르는 경우는 별로 없습니다. 정말 "끝이 좋으면 모든 것이 좋다"라고 말하는 이유를 알 만합니다.

아쉬움이 남는 마무리

히스기야 왕의 말년 이야기는 진한 아쉬움을 남깁니다. 인생의 마지막을 어떻게 그렇게 끝낼 수 있다는 말입니까? 히스기야가 어떤 왕인가요? 아시리아의 침공으로 풍전등화의 위기에 처한 나라를 하나님에 대한 견고한 믿음으로 구원해내고, 개인적으로는 병마와의 싸움에서 불굴의 믿음과 끈질긴 기도로 승리한 사람이었습니다. 죽을병에서 회복된 그는 후대를 위해 자신이 겪었던 절망과 분투를 담담한 필체에 담아 "히스기야의 감사시"(사 38:9-20)로 남겼습니다. 죽음을 마주했을 때의 심정과 그것을 견디면서 겪었던 고뇌, 필사적으로 하나님께 매달려 기도했던 순간들, 그리고 마침내 구원받았을 때의 감격과 기쁨 등을 진솔한 시어로 표현한 그 감사시에는 히스기야의 위대한 신앙이 담겨 있었습니다. 그는 선왕(先王) 아하스와는 대조적이었습니다. 아하스는 하나님에 대한 신앙이 없이 살았던 정치인으로서 국가적 난관이 닥쳤을 때 부들부들 떨던 심약한 사람이었습니다. 그러나 히스기야는 대제국 아시리아가 침공해와도 성전에 가서 하나님께 부르짖고 이사야에게 중보 기도를 부탁하며 돌파구를 찾았던 사람이었습니다.

거기까지는 좋았습니다. 그러나 그의 말년 모습은 정말 실망스럽습니다. 히스기야가 죽을병에서 회복되었다는 소식을 들은 바벨론 왕이 특사를 통해 친서와 더불어 값진 예물들을 보내왔습니다. 이는 물론 정치적 제스처였습니다. 그런데 히스기야는 어리석게도 이것에 한껏 고무되었습니다. 자신을 알아보는 바벨론의 태도가 마음에 들었던 것입니다. 우쭐대는 기분에 사로잡힌 그는 바벨론의 사절단에게 나라의 살림을 까발려 보여주기 시작했습니다. 보물 창고를 열어 재정 상황을 노출시키고 예루살렘 광장에서 대규모 열병식까지 열어 각종 신무기와 최첨단 방어 시스템을 공개했습니다. 히스기야의 마음속에는 은밀한 교만이 똬리를 틀었습니다(참조. 대하 32:25). 자만과 교만이 어느 순간 남모르게 싹을 틔운 것입니다. 자신이 이미 죽었어야 하는 존재임을 까맣게 잊어버리고 오히려 죽었던 자아가 다시 살아나 활동하기 시작했습니다.

사실 우리 같은 보통 그리스도인들도 이와 같은 망각 증상을 반복적으로 겪습니다. 그러나 생각해봅시다. 지금의 삶을 누리게 된 것이 누구의 덕입니까? 유다 왕국의 견고함이 군사력이나 경제력에서 비롯된 것입니까? 누군가가 정치를 잘해서 강성하게 되었습니까? 엊그제까지만 해도 하나님의 바짓가랑이를 붙잡고 살려달라고 애원했던 자가 이제는 하나님을 뒷방에 가둬두고 자신의 명함과 업적을 내세우는 모습은 정말 꼴불견입니다. 혹시 오늘날에도 그런 자가 있다면 하나님은 순식간에 그가 쌓아놓은 모든 것을 허물어뜨리실 것입니다(사 39:6-7). 자만과 교만에 사로잡힌 히스기야도 결국에는 예언자 이사야로부터 최후의 통첩을 받게 됩니다.

두 얼굴을 가진 우리

히스기야의 담담한 반응은 우리에게 참 색다르게 느껴집니다. 히스기야는 심판 선언에 대해 "당신이 전한 야웨의 말씀이 그렇다면 좋습니다"라고 대답합니다. 이 대답은 하나님의 심판 선언(사 39:6-7)을 그대로 순순히 받아들이겠다는 겸허한 말인지, 어찌할 수 없으니 체념하듯이 순응하겠다는 말인지 분명하지가 않습니다. 아마 두 가지 의미가 복합적으로 섞여 있을 가능성이 큽니다. 우리도 그럴 때가 많기 때문입니다.

그러나 성경은 히스기야가 속으로는 '내가 사는 동안에는 평안과 안정을 누린다는 뜻이구나'라고 생각했다고 기록합니다. 히스기야가 안도의 한숨을 내쉬는 모습이 선합니다. 달리 말해 그는 이사야를 통해 전해진 하나님의 엄중한 심판의 메시지에 대해 "그렇게 하십시오. 그러나 내 생전에는 모든 것이 괜찮을 것입니다"라고 중얼거렸다는 것입니다. 이게 말이나 되는 소리입니까? 인생의 퇴장을 이런 식으로 하다니 너무나 안타깝습니다. 귀가 있는 사람은 히스기야의 말년 모습이 들려주는 경고를 귀 기울여 들어야 할 것입니다!

여기서 잠깐 멈추어 생각해볼 문제가 있습니다. 앞장(사 38장)에서 보았던 히스기야의 모습과 이사야 39장에서 드러난 히스기야의 모습 사이에 존재하는 이 엄청난 간극을 도대체 어떻게 이해해야 할까요? 신중하고 사려 깊던 왕, 하나님께 매달릴 줄 알던 경건한 왕이 어떻게 그렇게 갑자기 유치하고 치졸하게 허세를 부리는 왕이 되었을까 하는 의구심을 해결해야 할 듯합니다. 그는 어떻게 보면 자기모순의 결정체와 같은 인물입니다. 물에 빠진 놈을 살려주니 가방을 내놓으라고 대드는 적반하장(賊反荷杖)이 따로 없습니다. 아니면 그동안 눌려 있거나 숨겨져 있던 교만끼가 갑자기 발동했을지도 모릅니다. 어쨌든 인간은 알다가도 모를 신비한 존재임이 틀림없습니다. 사실 우리도 마찬가지입니다. 우리도 얼마든지 그렇게 변할 가능성이 있습니다. 많은 사람이 자기 자신에 대해서 잘 모릅니다. 그런데도 자기 자신을 믿고 신뢰한다는 것은 어불성설입니다. 그 누구도 자신을 과신해서는 안 될 것입니다.

이사야서의 편집과 배열

이사야 39장이 히스기야를 이런 사람으로 특징지어 묘사하는 근본적 이유는 무엇일까요? 그 답은 본문에 숨겨져 있습니다. 해답의 열쇠는 히스기야가 자기 왕궁과 왕국에 있는 모든 것을 바벨론의 사신들에게 다 보여주었다는 사실을 묘사하는 문구들입니다. 읽기도 거북스러울 만큼 "모두", "다", "하나하나 일일이", "남김없이"라는 문구가 반복해서 등장합니다. 이에 대해 하나님도 예언자 이사야를 통해 거의 똑같은 패턴으로 말씀하십니다. "모두", "다", "하나도 빼놓지 않고", "남김없이" 바벨론으로 사로잡혀 가게 하시겠다는 것입니다. 즉 이 본문은 유다를 향한 하나님의 경륜이 앞으로 어떻게 전개될지를 암시해주는 역할을 합니다.

차일즈 교수의 말에 의하면 히스기야와 유다에게 임할 "하나님의 심판은 단순히 우연히 일어나는 것도 아니고 심지어 히스기야 왕의 잘못된 행동에 직접적 원인이 있는 것이 아니라 하나님의 계획에 따라 전개되어 갑니다."[1] 유다 백성은 바벨론에 끌려가 포로 생활을 하게 될 것입니다. 이는 하나님의 경륜에 따른 재앙입니다. 하나님은 지금까지 유다가 완고하게 집착한 우상 숭배와 불의를 해결할 놀라운 계획을 세우셨습니다. 그 계획에 따라 하나님은 이방 나라를 심판의 도구로 삼아 유다를 철저하게 부수고 멸망시킨 후 다시 새롭게 하실 것입니다. 히스기야의 말년 이야기는 이러한 하나님의 경륜이 그 모습을 드러내는 과정 중 하나입니다.

사실 이사야 1장부터 시작된 유다와 예루살렘에 대한 고발과 심판의 메시지는 축적되고 정제되어 오늘 히스기야에게 주어진 심판에서 그 절정을 이루었습니다. 따라서 우리는 "하나님의 계획"이라는 커다란 틀 안에서 이사야 39장의 위치와 목적을 이해해야 합니다. 우리는 이런 조사의 과정을 통해 유치하기 짝이 없고 어리석기 그지없는 사람으로 히스기야를 그려내는 본문의 문학적 묘사 속에 담긴 심오한 신학적 메시지를 감지할 수 있습니다. 이제부터 그 내용을 자세히 살펴보겠습니다.

먼저 본문이 가리키는 역사적 배경을 짚는 것으로 시작하겠습니다. 발라단의 아들이자 바벨론 왕인 므로닥-발라단—"마르둑(바벨론의 신)이 나에게 계승자를 주었다"는 뜻이다—은 기원전 722-710, 704-703년에 바벨론을 통치했던 왕입니다. 아시리아 제국의 유다 침공과 그에 대한 히스기야의 저항이 기원전 701년의 사건이기 때문에 아마도 히스기야의 발병은 그보다 약간 앞선 기원전 703년쯤의 사건이 아닐까 추정합니다. 달리 말해 기원전 703년경에 히스기야는 죽을병에 걸려 사경을 헤매다가 목숨을 건 간절한 기도와 하나님의 응답하시는 은혜로 생명을 연장받게 되었고, 그 후 2년이 지난 701년에 아시리아가 대규모 침공을 감행하여 예루살렘을 포위했다가 물러간 사건이 발생했다는 말입니다.

따라서 이사야 36-39장은 히스기야 왕이 겪은 사건들을 기록했지만 연대기적으로 배열하지는 않았음이 분명합니다. 즉 이사야 36-37장은 아시리아 침공 사건을 기록했고, 38-39장은 그보다 2년 정도 앞선 시점에 발생한 히스기야의 발병과 회복 사건을 기록했습니다. 이사야서의 최종 편집자들이 연대기적 편찬을 거부한 이유는 무엇일까요? 이런 배열을 통해 전달하려는 신학적 메시지라도 있다는 말일까요? 예, 있습니다. 이사야 36-39장에서 반복되는 이야기의 핵심 주제는 "심판과 구원", "침공과 구출", "발병과 치유"입니다. 하나님의 심판으로 발생한 아시리아의 침공과 그로부터 구출받게 된다는 구원 신탁, 히스기야 왕의 죽을병과 그로부터의 치유와 회복이 이 단락의 주제입니다. 다시 말해 이사야서는 연대기적으로 앞선 사건인 히스기야의 발병과 회복 이야기를 시간상 뒤에 일어난 아시리아의 침공과 구원 신탁 이야기보다 나중에 배치함으로써 심판과 멸망과 침략과 파괴와 죽을병이 유다를 다루어가시는 "하나님의 경륜(계획)"의 마지막 언어가 아님을 강력하게 선포합니다.

하나님의 놀라운 경륜

이사야서를 열면서부터 확연하게 드러났듯이 하나님의 집이라고 불리는 유다 왕국은 우상 숭배와 불의한 행실로 더럽혀져서 그 부패의 냄새가 하늘까지 닿았습니다. 개선과 회생이 도저히 불가능해 보이는 지경이었습니다. 이에 하나님은 이방 세력을 심판의 도구로 삼아 자기의 집을 때려 부수고 새롭게 세우시고자 마음을 먹습니다. 불가마에서 고철을 정련하듯이 정화의 과정을 통해 유다를 새롭게 하시려는 하나님은 먼저 뽑고, 허물어뜨리고, 부서뜨리고, 넘어뜨리십니다(참조. 렘 1:10). 그렇습니다! 재건축은 언제나 부수는 일이 앞섭니다. 단지 파괴와 진멸이 최종 목적이 아닙니다. 새롭게 짓는 일이 최종 목적입니다. 이것을 우리는 하나님의 "구원 경륜"(economy of salvation)이라고 부릅니다. 이를 다른 말로 하면 하나님의 "회복 프로젝트", "재건축 프로젝트"라고 할 수 있습니다.

"하나님의 구원 경륜"이라는 특이한 신학 용어에 대해 잠시 살펴보겠습니다. "경륜"이란 용어는 "집"과 관련이 있습니다. "경륜", "계획"에 해당하는 그리스어 "오이코노미아"(οικονομία)는 "오이코스"(집)와 "노모스"(규칙, 법)에서 나온 단어입니다. 우리가 잘 아는 영어 "이코노미"(economy)의 어원 역시 "오이코노미아"입니다. 또한 동일한 어근에서 파생한 "오이코노모스"는 "집안 살림살이", "청지기", "집사", "매니저", "규칙과 질서가 있는 집", "규모 있게 살림살이하는 집", "깨끗하고 깔끔하게 정리정돈이 잘된 집", "가구의 배치부터 집안의 구성원들이 각자의 위치에서 제 역할을 잘하는 집", "살림살이가 어지럽게 널려 있거나 지저분하지 않은 집", 그래서 "살고 싶은 집", "행복한 집"을 연상시키는 용어입니다.

사실 이것이야말로 하나님이 이 세상을 만드실 때 바라셨던 상태가 아니겠습니까? 그뿐 아니라 하나님은 당신의 백성 역시 그러한 하나님의 집이 되기를 바라셨습니다. 그러나 하나님의 집을 잘 관리하라고 부르심을 받은 사람들, 즉 유다의 왕과 백성은 자기중심적인 온갖 욕심과 교만과 방종으로 하나님의 집을 엉망진창으로 만들어버렸습니다. 불의, 부정, 자랑, 탐욕, 잔재주, 이기심, 우상 숭배, 불신앙 등으로 하나님의 집을 폐가처럼 만들어 방치해놓은 것입니다. 이는 마치 걸어 다니는 하나님의 성전인 우리 자신을 우리가 스스로 더럽히거나 흉물스럽게 만드는 것과 같은 이치입니다.

그러나 진짜 집주인이신 하나님이 이 집을 더럽고 흉물스럽게 그냥 두실 리 없습니다. 그는 회복 프로젝트를 계획하고 실행에 옮기십니다. 이 "회복 프로젝트", "재건축 프로젝트", "다시 세움 프로젝트"를 우리는 하나님의 구원 경륜(오이코노미아)이라 부릅니다. 여기에 해당하는 영어 신학용어는 "이코노미 오브 셀베이션"(economy of salvation)인데, 이에 대한 올바른 번역은 "구원의 경제학"이 아니라 (하나님의) "구원 경륜"입니다!

결론적으로 말하자면 연대기를 무시하면서 기록한 이사야 36-39장의 내러티브는, 이후에 이사야 40장부터 전개될 하나님의 구원 경륜을 예기하는 가교 구실을 한다고 할 수 있습니다. 물론 히스기야가 살았던 시대와 바벨론 포로 시대는 매우 멀리 떨어져 있습니다. 예루살렘은 실제로 히스기야가 죽고 백 년이 지난 기원전 587년이 되어서야 함락되었습니다. 그러나 이사야 39장은 히스기야의 죽음과 바벨론 유수(幽囚, 잡아 가둠)를 곧바로 연결함으로써 바벨론 포로 기간을 전제하고 희망의 메시지를 선포하는 이사야 40장으로 자연스럽게 넘어가게 합니다.

어쨌든 이사야 36-39장은 죽음 너머에, 폐허와 사로잡힘 너머에, 절망 너머에 있는 하나님의 놀라운 은혜의 시현(示現)을 바라보게 하는 단락입니다. 이 단락은 옛것은 지나가고 새것이 올 것을 기대하게끔 하는 희망 지향적 "문"(門)입니다.[2] 그러나 이 책에서는 이사야서 후반부에 묘사되는 기상천외한 하나님의 일들, 이전 것은 다시 기억됨이 없고 새로운 일을 행하시는 거룩하신 하나님, 제2의 출애굽을 이루실 전능자 하나님을 설레는 마음으로 기대하는 것으로 만족하고 일단 여기서 멈추어야 할 것 같습니다. 아듀! 이사야 1-39장이여!

기도 하나님, 우리 삶의 끝마무리가 더없이 아름답고 경건하게 하옵소서. 아멘.

부록

두 편의 설교[1]

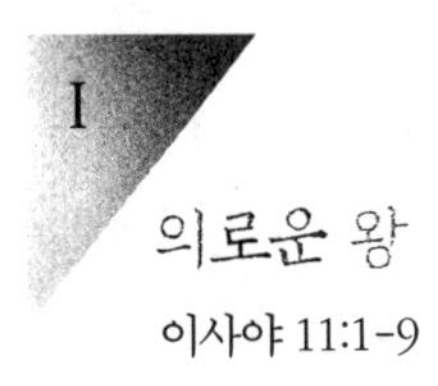

의로운 왕

이사야 11:1-9

크리스마스의 휘황찬란한 조명들과 종소리는 우리의 감각을 자극합니다. 어디 가나 들려오는 캐럴 소리와 사람들의 웃음소리는 성탄절의 감흥을 돋우기에 충분합니다. 그러나 우리의 어두운 현실을 모두 벗겨내기에는 충분치 않을 것입니다.

우리가 발 딛고 살아가는 이 땅으로부터 신음 소리가 끊임없이 들려옵니다. 때때로 절규에 가까운 비명이 하늘을 향해 올라갑니다. 그 끔찍한 소리를 듣지 못하는 사람은 거의 없습니다. 너무 어리거나 무지하거나 무정한 사람이 아니고서는 그 소리를 외면할 수 없을 것입니다. 이런 비명과 절규는 어디에서 들려오는 것일까요? 셀 수 없이 많은, 죽은 자들의 무덤으로부터 들려옵니다.

① 20세기 러시아의 피 묻은 땅에서부터
② 나치 독일에 의해 죽어간 사람들의 끔찍한 시체더미에서
③ 폭탄에 맞아 초토화된 도시의 잔해 속에서
④ 마오쩌둥 치하 중국의 시골 마을에서

⑤ 캄보디아와 르완다의 홀로코스트 현장에서

⑥ 아프리카 난민들의 무덤에서

⑦ 발칸반도 보스니아의 공동묘지에서

또한 이 비명과 절규는 전 세계에 살아 있는 사람들의 가슴으로부터도 들려옵니다. 버려진 자, 착취당하는 자, 무시당하는 자, 위협받는 자, 압제당하는 자, 고향을 잃고 뿌리가 뽑혀버린 자, 가난한 자, 납치당해 노예노동에 시달리는 자들이 소리를 지르고 있습니다. 하지만 사회의 기득권층은 아랑곳하지 않습니다. 정치, 경제, 사회, 문화 할 것 없이 삶의 모든 영역에서 힘이 없는 개인들은 무시당하면서 살아갑니다. 비정한 사회 시스템은 사람들의 고통에 무심합니다. 무자비한 자본주의 체제 안에서 수많은 무명의 피해자들이 소리 없이 절규하며 고통을 당합니다.

죽은 자들과 산 자들의 비명과 부르짖음이 하늘에 사무칩니다. 정의와 평화를 갈구하는 목소리가 점점 높아집니다. 고통을 안고 살아가는 피해자들은 정의가 대중적인 지지를 받는 가치가 아니라는 사실을 가슴 깊이 알고 있습니다. 건전한 사회에서조차 정의는 일반적으로 받아들여지지 않습니다. 강한 자들이 보여주는 알량한 자산도 정의와는 거리가 멉니다. 법정에서 배심원들이 내리는 결정도 정의를 대변해주지 못합니다.

고통당하는 자들이 갈구하는 정의는, 모든 인간의 필연적인 권리입니다. 고통당해본 사람은 이 사실을 잘 알고 있습니다. 정의는 우리가 들이마시는 공기와 같습니다. 물에 빠진 사람이 살기 위해 허우적거리면서 들이마시는 공기가 얼마나 소중합니까? 정의는 우리에게 공기처럼 소중합니다. 정의가 없이는 개인의 삶에도, 사회에도 복리와 평온이 깃들 수 없습니다.

사랑받지 못하는 사람은, 사람이 사랑 없이는 그저 한없이 무력하게

울 수밖에 없는 존재, 아니면 무정한 돌처럼 강퍅해질 수밖에 없는 존재임을 압니다. 사랑받지 못하고 사는 사람은 마치 버려진 자동차처럼 점점 부서져 갑니다. 그들은 세상의 어두운 곳으로 점점 기어들어 가게 됩니다.

물론 이러한 부르짖음과 비명이 지금 시대만의 현상은 아닐 것입니다. 그것은 검게 변해버린 아벨의 피만큼이나 오래된 문제입니다. 예언자 이사야도 그의 시대에, 이스라엘 사회 안에서 사람들의 탄식과 비명을 들었습니다. 아하스 왕이 다스리던 남유다 왕국에서 이사야는 사방에서 들려오는 신음 소리와 비명과 부르짖음을 들어야만 했습니다. 그것은 누가, 왜 부르짖는 소리였을까요?

① 가난한 자들의 오두막집과 소외 계층의 쓰러져가는 천막집에서 들려오는 소리였습니다. 이스라엘의 부유한 자들이 그들을 착취하며 부를 축적했기 때문입니다.

② 법정에서 정의로운 판결을 받지 못한 자들, 힘없고 무죄한 사람들이 부르짖었습니다. 억울한 판결이 비일비재했기 때문에 그들의 부르짖음이 하늘에 다다를 지경이었습니다. 부유한 자들은 뇌물과 사회적 지위를 이용해 천박하고 탐욕스러운 재판장들을 부패시켜 재판을 굽게 했습니다.

③ 경건한 사람들의 호소와 절규도 있었습니다. 그들은 국가의 이방 종교 숭배 정책에 위협을 받았습니다. 하나님을 떠난 왕은 경건한 자들에게 배역(背逆)을 강요했습니다.

④ 일반 백성들도 부르짖었습니다. 잔인하고 무서운 아시리아 왕의 야욕과 국제적인 음모에 의해 개인의 생명과 국가의 안전이 위협받았기 때문입니다.

예언자 이사야는 그런 부르짖음을 들었습니다. 그러나 더욱 중요한 것은 하나님 자신이 그런 신음과 절규에 귀를 기울이고 계신다는 사실이었습니다. 그리고 하나님은 이사야를 그의 백성에게 보내 말씀하셨습니다. 이사야에게 희망의 말씀을 맡겨 전파하게 하신 것입니다. 이사야가 전한 희망의 메시지는 무엇이었습니까?

① "이새의 그루터기"인 다윗의 무너진 왕조로부터 진정으로 의로운 왕 한 분이 다시 나오신다는 것입니다. 여기서 아하스 왕은 다윗 왕조의 몰락과 폐허를 상징하는 인물로 묘사됩니다.

② 다윗 가문에 속한 이전 왕들은 향유로 기름 부음을 받았습니다. 하지만 새로이 나타날 왕에게는 하나님의 영이 부어질 것입니다. 그와 함께하는 하나님의 영은 3가지 특성이 있습니다.

첫째, 지혜와 명철의 영입니다. 따라서 새로운 왕은 솔로몬의 지혜보다 더 위대한 지혜로 백성을 다스릴 것입니다.

> 그의 눈에 보이는 대로 심판하지 아니하며 그의 귀에 들리는 대로 판단하지 아니하며 공의로 가난한 자를 심판하며 정직으로 세상의 겸손한 자를 판단할 것이며(사 11:3b-4a).

둘째, 모략과 권능의 영입니다. 따라서 새로운 왕은 전쟁 시에 다윗이 보여주었던 능력이나 힘보다 더 큰 능력과 힘으로, 위협하고 압제하고 억압하는 모든 악한 세력을 극복할 것입니다.

> 그의 입의 막대기로 세상을 치며 그의 입술의 기운으로 악인을 죽일 것이며(사 11:4b).

셋째, 지식과 야웨 경외의 영입니다. 따라서 새로운 왕은 모세가 지녔던 것보다 더 위대한 지식을 가지고 하나님께 헌신함으로써 그를 따르는 백성이 천상의 왕에게 신실하게 충성하도록 인도할 것입니다

그가 여호와를 경외함으로 즐거움을 삼을 것이며(사 11:3a).

간단하게 말하면, 새로운 왕은 이 세상의 일들을 정의롭고 올바르게 하는 데 필요한 모든 것을 소유할 것입니다.

③ 그는 의로움과 성실로 "허리띠"를 두를 것입니다. 이 표현은 특별합니다. 성경의 다른 곳에서는 "의로움"과 "구원"으로 옷을 입는 제사장이 등장합니다(시 132편). 욥기에서 욥은 자신이 "의로움"과 "정의"로 옷을 입었다고 말합니다(욥 29:14). 잠언 31장의 "덕 있는 여인"은 힘과 위엄으로 옷을 입습니다. 그리고 새로운 왕은 왕적 사명을 수행하기 위해 의로움과 성실함으로 "허리띠"를 두를 것입니다. 이는 그가 언제나 믿을 만한 사람이라는 사실을 말해줍니다. 다시 말해서 그는 모든 악한 것에 대해 그가 가진 왕적 권위를 전부 다 행사할 것입니다. 특별히 옳은 사람들을 위한 변호에 힘쓸 것이며, 그들이 내세우는 정당한 이유와 목적들을 지켜주기 위해 노력할 것입니다.

새로운 왕의 새로운 다스림을 통해 나타나는 효과는 어떤 것들입니까?

① 평화의 낙원이 도래할 것입니다.
② 모든 사람이 참된 하나님을 알게 될 것입니다.

③ 모든 나라가 다윗의 자손에게로 몰려올 것이며 그의 왕도(王都)는 이 세상에서 가장 아름다운 도시가 될 것입니다.

이 세상의 상태를 전적으로 바꾸어놓을 의로운 왕이 오실 것이라는 약속과 그에 대한 환상은 사람들에게 희망을 주었습니다. 사실 이사야의 예언 이후에도 이스라엘 역사는 계속해서 어둡고 암울했습니다. 하지만 새로운 왕에 대한 기대는 그 힘든 시기를 뚫고 나갈 희망과 믿음을 지속적으로 공급해주었습니다. 그리고 마침내 위대한 선언이 만방에 선포되었습니다!

"보라! 내가 온 백성에게 미칠 큰 기쁨의 좋은 소식을 너희에게 전하노라. 오늘 다윗의 동네에 너희를 위하여 구주가 나셨으니, 곧 그리스도 주시니라.… 지극히 높은 곳에서는 하나님께 영광이요, 땅에서는 하나님이 기뻐하신 사람들 중에 평화로다" 하니라(눅 2:10-11, 14).

이 사실이 바로 오늘 우리가 축하하고 즐거워하는 바입니다. 구약이 약속했던 의로우신 왕이 하나님의 의와 평화를, 혼란스럽고 고통스러운 이 세상에 가지고 오셨습니다! 그분은 악과 죄로 찌든 인류의 신음과 절규에 대한 하나님의 응답입니다. 이사야의 장엄한 환상이 실체가 된 것입니다. 그분이 오셨습니다! 지저분하고 칙칙한 역사 속에 하나님의 응답이 임했습니다.

그러나 오늘날 많은 사람이 하나님이 약속하신 의와 평화를 도대체 어디서 찾아볼 수 있느냐고 질문합니다. 이는 교회를 향해 던지는 질문이기도 합니다. 어떤 이들은 교회가 가르치고 선포하는 복음이 거짓이라고 비난하기 위하여 그런 질문을 합니다. 그들은 삶의 어두운 측면을 잠시 피하려고 자기들 방식대로 크리스마스를 즐깁니다. 그러나 그들의 삶은 지속적인 열매가 없는 삶이요, 지나가는 순간을 위한 도피의 연속일 뿐입니다. 그들의 삶에서 발생하는 문제들, 세상 속에서 발생하는 오늘날의 긴박한 문제들은 정작 그들 자신에게 별로 상관이 없는 듯이 보입니다.

오늘날 교회가 선포하는 복음은 배척당하고 있습니다. 세상은 깨어지고 피를 흘리면서도 예언자의 환상은 바라보지 않으려고 합니다. 그들은 하나님의 말씀이 거짓이라고 믿는 것 같습니다. 교회가 외치는 소위 "좋은 소식"은 사실이 아닌, 꿈과 같은 소리로 여겨집니다. 그들에게 크리스마스의 진정한 의미는 사탕발림이며 속임수일 뿐입니다. 이 문제에 대해 여러분은 무엇이라고 말하겠습니까? 당황하며 침묵하고 있겠습니까?

우리는 불신자들에게 "당신들은 이해하지 못한다"라고 말해야 합니다. 물론 그들은 이해하려는 시도조차 하지 않을지도 모릅니다. 왜냐하면 예수님이 스스로 말씀하셨듯이, 예수님은 대홍수 같은 심판을 내리거나 모든 죄인을 싹쓸이해버리기 위해 이 땅에 오신 것이 아니기 때문입니다. 만일 그분이 그런 심판을 위해 오셨다면 누가 구원을 받을 수 있겠습니까?

또한 그가 세상에 오신 것은 세속적인 권력을 휘둘러 사람들이 악을 저지르지 못하게 하시려는 것도 아니었습니다. 그는 사람들 사이의 분쟁을 중재하러 오신 것도 아니었습니다. 어떤 사람이 예수님께 나아와서 유산 분배 문제를 해결해달라고 요청했을 때, 예수님이 무엇이라고 말씀하셨던가요? "이 사람아! 누가 나를 너희의 재판장이나 물건 나누는 자로 세웠느냐?"(눅 12:14)라고 질책하지 않으셨습니까?

반면 예수님이 최초로 공적 설교를 하시면서 외치신 첫마디는 "회개하라! 하나님의 나라가 가까이 왔다"는 것이었습니다. 그렇습니다! 의로운 왕은 모든 불의로부터 사람들을 구원하시러 오셨습니다. 엄밀히 말하면 예수님은 형제의 잘못 때문에 착취당하고 고통당하며 불의에 놓인 이들을 자유롭게 하시려고 오신 것이 아니었습니다. 오히려 그는 다른 형제에게 잘못을 저지르도록 하는 모든 죄로부터 우리를 구원하기 위해 오셨습니다.

그렇다면 예언자가 말하고 사도들이 설교했던 의로움과 평화는 어디에 있습니까? 의의 왕께 항복한 사람들이 있는 곳, 베옷을 입고 재를 뒤집어쓰고 그분 앞에 회개하는 사람들이 있는 바로 그곳에 의와 평화가 있습니다! 의와 평화는 사람들이 예수 그리스도를 그들의 주님으로 영접하는 곳에 있습니다. 의와 평화는 사람들이 예수 그리스도 안에 있는 하나님의 은혜로우신 사랑을 맛보는 곳에 있습니다. 의와 평화는 사람들이 인간관계를 맺으면서 충만한 사랑으로 서로를 사랑할 줄 알기 시작하는 곳에 있습니다.

이러한 일이 시작되는 곳은 다름 아닌 교회입니다. "그리스도 같은 사랑"이 접착제 역할을 하고, "하나님 같은 의로움"이 삶의 기준이 되는 예수 그리스도의 제자들이 이루는 교제 속에서 이러한 일이 시작됩니다.

그러나 만일 의와 평화가 그곳에 없다면 어떻겠습니까? 만일 세상과 마찬가지로 인간이 다른 인간을 향하여 대적하고 적대시하는 악들이 교회 안에도 존재한다면 어찌해야 합니까? 자만, 이기심, 질투, 불신, 수군거림, 탐욕, 차별과 같은 악들이 교회 안에 있다면 어찌해야 합니까? 그리스도인 정치가들이 원칙도 없이 불의를 주창하고, 그리스도인 사업가들이 불순하게 재정을 운용하고, 그리스도인 직장인들이 게으르게 일을 한다면 어찌해야 합니까? 스스로 그리스도인이라고 말하면서도 다른 사람들과의 사회적 관계가 순결치 못하다면, 그의 마음이 시기로 가득 차 있고, 그의 삶의 목표가 고상하지 못하다면 어찌해야 한단 말입니까? 만일 그리스도인들이 우리 시대의 막강한 악과 불의를 극복하려는 노력에 주도적으로 참여하지 않고 뒤에 처져 방관만 하고 있다면 어찌해야 합니까?

만일 그리스도를 따르는 자가 되겠다고 공적으로 고백한 사람들이 세상을 병들게 하는 원인의 일부가 된다면 어찌해야 합니까?

그러한 그리스도인들은 복음에 대해 거짓말하는 것밖에 안 됩니다. 그리스도의 제자 중 하나가 다른 인간에 대하여 저지르는 모든 죄는, 그것이 태도이든, 말이든, 행동이든 상관없이, 아직 믿지 않는 자들이 복음의 진리에 반대하는 조건과 이유가 됩니다.

기독교 공동체는 "새로운 인류"임이 모든 사람에게 분명하게 각인되어야 합니다. 다시 말해서 교회 공동체는 의로우신 왕 예수를 따라, 선을 위해서 근본적으로 변화된 새로운 인류여야 합니다. 만일 모든 사람에게 그렇게 드러나지 않는다면, 믿지 않는 사람들은 그들의 불신을 정당화할 수밖에 없습니다.

오늘날 이 세상의 많은 사람이 복음에 대해서는 "아니오!"라고 부정하면서도 크리스마스를 축하하며 즐깁니다. 그렇다면 우리는 어떻게 해야 합니까? 이러한 세상을 향해 우리는 그리스도의 오심이 근본적이고 혁신적인 회개를 촉구하는 하나님의 부르심이라고 담대하게 말할 수 있어야 합니다. 그리고 우리의 삶을 통하여 예수님이 주님으로 선포되는 그곳에서 예언자 이사야가 보았던 장엄한 환상이 실현됨을 보여줌으로써 복음의 진리를 분명하게 증거해야 합니다. 그리고 우리는 구원의 사역을 시작하러 오신 그리스도께서 그 사역을 마치시기 위하여 다시 오실 것이라는 좋은 소식을, 고통받으며 신음하는 이 세상에 힘써 전해야 할 것입니다. 의로우신 왕과 새로운 창조세계는 반드시 도래할 것입니다!

II

하나님의 놀라운 계획

이사야 25:1-12

이사야서는 종종 "이스라엘 예언서 중의 왕자"라고 불립니다. 그 이유는 이사야서에 기록된 유려한 시(詩)의 매력과 힘 때문만은 아닙니다. 이사야서가 다루는 주제들의 장엄함과 광대함, 이사야서가 꿈꾸고 그려내는 환상의 위대성, 이사야서가 내다보는 지평선의 광활함이 그런 명예로운 칭호를 부여한 것입니다.

사실 이사야서는 쉽게 읽을 만한 책도, 쉽게 읽히는 책도 아닙니다. 또한 가벼운 마음으로 한입에 집어넣을 수 있는 진미(珍味)도, 큐티(QT)를 위한 가벼운 재료도, 재미있는 토막 뉴스거리도 아닙니다. 이사야서를 포함한 성경 66권 모두는 분주한 여행객이 잠깐 멈추어서 먹는, 영혼을 위한 "패스트푸드"(fast food)가 될 수 없습니다. 오늘 여러분은 품위 있게 앉아 정찬(正餐)을 먹기 위해 이곳에 오셨습니다. 특별히 대림절(Advent)을 기념하기 위한 본문으로 이사야 25장보다 더 좋은 본문은 없을 것입니다.

오늘 설교의 제목에는 "놀라운 계획"이라는 표현이 들어 있습니다. 이 표현은 성경 가운데 유일하게 이사야서에서만 사용되는 독특한 표현입니다. 이사야 28장의 끝 부분에서 이사야는 창조 질서에 대해 언급합니다.

> 이도 만군의 여호와께로부터 난 것이라.
> 그의 경영(עֵצָה)은 기묘(פלא)하며
> 지혜(תּוּשִׁיָּה)는 광대(גדל)하니라(사 28:29).

예언자 이사야는 농부가 일하는 모습을 유심히 관찰합니다. 모든 것이 때에 맞고 알맞은 방법이 있습니다. 그래서 그는 "창조주여! 당신의 경영은 기묘합니다"라고 고백합니다. 여기서 "경영"은 "모략"이라고도 할 수 있습니다. 이 세상을 만드신 하나님의 설계와 계획이 기묘하기 이루 말할 수 없다는 것입니다. 신묘막측(神妙漠測)이라는 말이 여기에 어울립니다. 누가 감히 하나님의 마음을 읽을 수 있고, 누가 그분의 계획을 수정할 수 있겠습니까? 그런데 하나님의 기묘한 모략은 창조세계에서만 드러나는 것이 아닙니다.

이사야는 다윗의 가문에서 장차 오실 위대한 왕, 메시아를 "기묘한 모사"(Wonderful Counselor)[2]라고 일컫습니다. 그가 메시아를 "기묘한 모사"라 부른 까닭은 무엇일까요? 메시아가 오시면 사람들은 그의 업적을 보면서 놀라게 됩니다. 그는 이 세상 누구도 상상치 못할 엄청난 계획, 즉 위대한 왕이신 "야웨의 계획"을 실행하기 위해 오시기 때문입니다. 그는 이 세상 어떤 군왕이 이룬 업적보다도 훨씬 더 위대한 일들을 행하실 것입니다. 이것이 이사야가 메시아를 "기묘한 모사"라고 부른 이유입니다. 그가 행하는 모든 "놀라운 일들"(奇事), 혹은 "기적과 같은 일들"을 보고 사람들은 "경이로움"을 느끼며 놀라게 될 것입니다.

또한 이사야는 위대한 왕이신 야웨 하나님의 계획을 일컬어 "모략"(counsel)이라고 부릅니다. 여기서 "모략"은 "권고"나 "상담", "자문"이 아니라 왕이 그 마음속에 실행하려고 계획한 "프로그램"입니다. 다시 말해 그분의 계획과 프로그램이 완성될 때 사람들은 상상을 초월한 놀라운 일들을 보게 된다는 것입니다. 이사야는 그 놀라운 일들이 가득한 환상적인 시대를 다음과 같이 묘사합니다.

그때에 이리가 어린 양과 함께 살며

표범이 어린 염소와 함께 누우며
송아지와 어린 사자와 살진 짐승이 함께 있어
어린아이에게 끌리며
암소와 곰이 함께 먹으며
그것들의 새끼가 함께 엎드리며
사자가 소처럼 풀을 먹을 것이며
젖 먹는 아이가 독사의 구멍에서 장난하며
젖 뗀 어린아이가 독사의 굴에 손을 넣을 것이라.
내 거룩한 산 모든 곳에서
해 됨도 없고 상함도 없을 것이니
이는 물이 바다를 덮음 같이
여호와를 아는 지식이 세상에 충만할 것임이니라(사 11:6-9).

이 말씀은 마치 잃어버렸던 에덴의 회복을 그려주는 듯하지 않습니까? 그분의 계획과 프로그램이 온전하게 이루어질 때, 이 세상은 더 이상 맹수들의 날카로운 이빨과 발톱으로 인해 피로 물든 정글이 아니라 평화의 낙원이 될 것입니다. 그리고 하나님의 그 프로그램은 세계 역사 속에서 실현될 것입니다.

이사야와 상처받고 찢어진 이스라엘 자손들은 인간이 세운 거대 제국들이 칼과 창으로 이 세상을 유린하는 것을 무력하게 바라보면서 약속된 인물, 곧 메시아를 열망할 수밖에 없었습니다. 그러나 후대의 사람들은 육체를 입고 오셨다가 다시 살아나신 이 놀라운 "기묘자", "모사"의 경이와 기사를 실제로 보았습니다. 게다가 그것으로 끝이 아닙니다! 그들이 보았던 경이와 기사는 미래에 대한 위대한 약속이 실현되기 시작했음을 알리는 것이었습니다. 경이와 기사를 본 이들은 세상을 향한 "희망"을 갖게 되었습니다. 그리고 자신들이 보았던 것 때문에 세상을 향해 좋은 소식을 전하기 시작했습니다.

그들의 메시지는 분명했습니다. "놀라운 기묘자이며 모사이신 예수 그리스도 안에서, 세상을 위한 하나님의 놀라운 계획이 실현되고 있다"는 것입니다. 이 복음을 들은 수많은 사람이 마음으로 믿고 그 말씀을 다른 사람들에게도 전하기 시작했습니다. 이것이 2천 년이 지난 오늘까지도 전 세계에서 예수님의 탄생을 축하하는 이유입니다.

그러나 이 세상은 아직도 피를 흘리며 고통당하고 있습니다. 사람들은 점점 더 잔인하고 악해져만 갑니다. 지난 20세기는 그 어떤 시대보다 인간의 잔혹함과 잔악함이 철저하게 드러난 기간이었습니다. 전 세계를 뒤덮은 포연 속에서 무수한 사람이 속절없이 죽고 만 것입니다. 이러한 문제는 우리 신앙에도 커다란 질문을 던졌습니다. 과연 복음의 능력은 어디 있느냐는 것입니다.

이 질문 앞에서 어떤 이들은 예언자의 우주적 환상을 그들의 이해와 믿음의 크기에 맞게 축소시켜 주머니 안에 소유하기 시작했습니다. 그들은 성경에 "약속된 평화"를 개인적인 것으로 전락시켰습니다. 그들에게 하나님이 주시는 평화란 환란과 난관 속에서도 평정심을 잃지 않는, 자기중심적이고 내면적인 경험일 뿐입니다. 하나님이 자신의 죄를 용서해 주신다는 확신에서 오는 내적인 평화 정도로 하나님의 우주적 환상을 축소해버린 것입니다. 물론 그들에게는 그런 평화 역시 "기사"이며 "경이"일 것입니다. 그러나 그것은 너무도 축소된 "기사이며 경이"입니다. 또 다른 사람들은 크리스마스 이야기를 인류에 대한 낙관주의가 담긴 신화에 불과하다고 생각합니다. 그런 면에서 크리스마스가 현대인들에게 깊은 의미가 있다는 정도로만 생각합니다. 그들은 복음이 아닌 인간의 가능성 속에서 새 세상을 창조해나갈 용기를 획득합니다.

오늘 저는 "놀라운 기묘자, 모사"(Wonderful Counselor)의 계획을 이사야 24-27장에서 이사야가 말하는 하나님의 "놀라운 계획"(wonderful counsel)의 관점에서 설명하려고 합니다. 특별히 이사야 25장을 24:21-23과 26:1-3과 함께 오늘의 본문으로 선택했습니다.

본문에서 이사야는 하나님의 놀라운 모략을 즐거워하며 축하합니다. 이 세상이 목표로 두어야 할 과정과 결과를 모두 담고 있는 하나님의 놀라운 계획과 프로그램이야말로 우리 인류에게 진정한 희망을 줄 것입니다. 이사야는 하나님의 놀라운 계획을 세 가지로 나누어 말합니다.

① 하나님이 계획하신 "해체"
② 하나님이 준비하신 "잔치"
③ 이러한 계획이 우리에게 던져주는 "희망"

하나님이 계획하신 "해체"

이사야는 세상이 "두 도시"로 구성된다고 보았습니다. "두 도시"의 이미지는 우리에게 친숙합니다. 냉전 시대 동안 모스크바와 워싱턴은 세계 지도에서 두 개의 주요한 좌표를 차지했습니다. 냉전 시대가 종식되었음에도 우리는 여전히 다양한 "두 도시 이야기들" 속에서 살고 있습니다.

이사야에게 두 도시는 하나님의 도시인 시온과 거대 제국 아시리아의 수도 니느웨였습니다. 이사야가 예언자로 사역하고 있었을 때, 이미 아시리아는 동쪽 지역을 제패하고 지중해 쪽을 향하여 서진해 왔습니다. 북이스라엘의 수도인 사마리아도 이때 파괴되었습니다. 물론 이사야는 구체적으로 니느웨를 거명하지는 않습니다. 하지만 그에게 니느웨는 이 세상에서 힘과 세력을 함부로 행사하고, 하늘에 자신의 이름을 내려는 교만한 꿈을 꾸며, 하나님 나라에 거침없이 대항하는 모든 도시의 상징이었습니다.

이사야는 믿음의 눈으로 두 도시의 세계를 바라보고, 계시의 안경으로 이 세상 역사를 바라보았습니다. 그의 삶은 그의 내면의 눈에 비친 환상에 사로잡힌 삶이었습니다. 하늘 보좌에 관한 환상 말입니다(사 6장). 그는 사역 초기에 천상의 보좌에 좌정하셔서 스랍들의 찬양 속에 거하시는 만군의 하나님을 뵈었습니다. 그는 "거룩하도다! 거룩하도다! 거룩하도다! 만군의 야웨 하나님이여! 온 땅이 그의 영광으로 가득 차 있도다!"라는 천사들의 선포를 잊을 수 없었습니다. 그런 그에게 세상 역사의 종국, 두 도시 역사의 마지막은 너무도 분명해 보였습니다. 그래서 그는 하나님이 보여주시는 환상을 노래하고 축하하는 찬송시를 지을 수 있었던 것입니다.

세상 나라들이 아무리 떠들어대도, 위대한 왕에게 대항하기 위해 아무리 많은 나라가 모여도 별 소용이 없습니다. 이 세상의 권력이 현재 어디에 집중되어 있는지와 관계없이 그 세력보다 훨씬 더 위대하신 분이 자신의 손안에 궁극적 힘과 최종적인 권한을 쥐고 계십니다. 따라서 그의 왕국은 마침내 승리할 것입니다. 시편 2편 기자도 이 사실을 웅변적으로 노래했습니다.

> 어찌하여 이방 나라들이 분노하며
> 민족들이 헛된 일을 꾸미는가?
> 세상의 군왕들이 나서며
> 관원들이 서로 꾀하여
> 여호와와 그의 기름 부음 받은 자를 대적하며
> "우리가 그들의 맨 것을 끊고 그의 결박을 벗어버리자" 하는도다.
> 하늘에 계신 이가 웃으심이여
> 주께서 그들을 비웃으시리로다.

"…네가[야웨의 아들이] 철장으로 그들을 깨뜨림이여
질그릇 같이 부수리라" 하시도다(시 2:1-4, 9).

하나님은 세속적 힘의 집합체요, 세상 권력의 상징인 "도시"(성읍)를 돌무더기와 폐허가 되게 하시고, 다시는 재건하지 못할 영원한 파멸에 거하게 하실 것입니다. 인간의 도시와 성읍들을 무너뜨려 철저하게 해체하실 것입니다. 지구 상에서 가장 힘센 강대국들조차 자신들이 헛된 꿈을 꾸었다는 사실을 비참하게 고백하게 될 것입니다. 그들의 엄청난 군대와 탁월한 무기들, 치밀한 정보기관과 넘치는 돈은 적들의 성벽과 방어벽을 무너뜨리는 데 유용할 수 있겠지만, 그런 것들을 가지고 역사를 통제하거나 역사의 결과를 조작할 수는 없습니다. 겉으로 보기에 힘이 없고 연약하며 "가난하고 비천한" 하나님의 백성들을 압제하고 짓누르려는 그들의 모든 시도 역시 실패로 돌아갈 것입니다. 위대한 보좌에 앉아계신 왕이 그들을 폭풍으로부터 막아주시는 대피소요, 한낮의 뜨거운 태양의 열기를 막아주는 그늘이요, 압제자의 손으로부터 보호하시는 피난처가 되시기 때문입니다.

이사야 25장에서 이사야는 세상 역사를 지배하고 통제하려는 꿈을 꾸었던 세상의 거만한 군왕들과 나라들에 대해 다시금 입을 열어 외칩니다. 여기서 이사야는 "모압"이라는 이름으로 그들을 가리킵니다. 이스라엘의 원수 나라인 모압은 하나님께 적대적인 세상 권력이나 나라들을 대표합니다.

여호와의 손이 이 산에 나타나시리니
모압이 거름물 속에서 초개가 밟힘 같이
자기 처소에서 밟힐 것인즉

그가 헤엄치는 자가 헤엄치려고 손을 폄 같이
그 속에서 그의 손을 펼 것이나
여호와께서 그의 교만으로 인하여
그 손이 능숙함에도 불구하고
그를 누르실 것이라.
네 성벽의 높은 요새를 헐어 땅에 내리시되
진토에 미치게 하시리라(사 25:10-12).

여기에 하나님의 "놀라운 모략"이 분명하게 드러납니다. 하나님의 성읍을 압제하는 "도시"는 마침내 훼파될 것입니다. 마치 소돔과 고모라, 니느웨와 바벨론처럼 말입니다. 아우구스티누스(St. Augustine)가 그의 위대한 저술인 『신의 도성』(*The City of God*)에서 말한 것처럼, 인류의 역사는 "두 도시에 관한 이야기"입니다. 하나님의 도시를 멸망시키려고 수 세기에 걸쳐 그렇게도 애썼던 도시 바벨론에 관하여 이사야는 이렇게 노래합니다.

야웨여! 주는 옛적에 계획(모략[謀略])하신 대로
놀라운 일들(기사[奇事])을 행하셨습니다.
완벽한 성실함으로 그 일들을 행하셨습니다.
주께서 성읍으로 무더기를 이루시며
견고한 성읍으로 황무하게 하시며
외인의 궁성으로 더 이상 성읍이 되지 못하게 하셨으니
다시는 그 도시가 재건되지 못할 것입니다(사 25:1-2, 사역).

인류 역사는 자만하고 거만하던 도시 바벨론이 무너져 내린 것을 기억합니다. 바벨론에 애착을 갖거나 매력을 느끼는 사람들은 경고를 받아야 할 것입니다.

하나님이 준비하신 "잔치"

그렇습니다! 하나님 나라에 대항하고 저항하는 모든 세력은 반드시 무너져 내릴 것입니다. 이것이 하나님의 놀라운 모략이며 계획입니다. 그러나 더 놀라운 모략(계획)이 남아 있습니다. 마치 명암의 극명한 대조를 즐기는 렘브란트처럼, 이사야는 그가 사용할 수 있는 모든 대조법을 다 동원합니다. 그는 지금까지 파괴와 파멸, 해체와 폐허를 묘사했습니다. 잔인하고 포악한 자의 노래를 잠재웠습니다. 그리고 이제부터 밝아오는 새날을 축하하는 위대한 잔치를 묘사합니다.

이사야가 묘사하는 것을 따라가며 그림을 그려보겠습니다. 그는 우리에게 그 잔치의 3가지 특징과 잔치를 열게 될 때 이루어질 3가지 영광스러운 모습들을 보여줍니다. 먼저 3가지 특징입니다.

① 장엄한 연회석이 "이 산", 즉 예루살렘 성읍이 있는 시온 산에 차려질 것입니다. 요한계시록이 분명하게 밝히듯이 하나님이 다스리시는 도시, 하늘에서 땅으로 내려오는 도시에서 큰 잔치가 열릴 것입니다.
② 그 연회는 하나님이 주인이 되시는 축제입니다. 그 잔치는 그분의 선한 마음과 자비로운 가슴, 그분의 끝없는 풍성함과 부요함을 통해 준비될 것입니다. 이는 인류에게 주시는 하나님의 좋은 선물입니다.
③ 하나님은 "모든 사람"을 초청하실 것입니다. 놀라운 기묘자, 모사의

복음이 선포된 곳 어디든지, 온 세상 모든 사람에게 잔치의 초대장이 보내질 것입니다.

다음은 이 잔치가 축하하는 3가지 영광스러운 모습을 살펴보겠습니다.

① 그 잔치에서는 하나님 나라의 승리를 성대하게 축하할 것입니다. 모든 나라와 민족들이 참여하는 화려한 대관식에 필요한 모든 것이 다 갖추어질 것입니다.
② 모든 민족을 감쌌던 절망의 휘장이 제거될 것입니다. 엄청나게 큰 입으로 모든 것을 다 삼켜버렸던 죽음이 삼킴을 받을 것입니다. 죽음 자체와 죽음에 이르게 하는 모든 것들, 삶의 충만함과 싱싱함과 향연을 빼앗아버리는 모든 것들, 반역하는 인류가 사는 도시 위로 엄습하는 공포의 그림자들이 반역하는 도시와 함께 사라질 것입니다.
③ 이 세상에서 하나님의 백성이 겪어야만 했던 굴욕과 수치와 압제가 벗겨질 것입니다. 그들은 마침내 자유로운 몸이 되어 만왕의 왕이요, 만주의 주이신 분이 베푸는 대연회에 초청받는 영광을 얻게 될 것입니다. 이사야가 그리는 축제의 잔치는 요한계시록 7, 19장이 묘사하는 어린 양의 혼인 잔치가 보이는 모든 특징을 다 담고 있습니다.

어쩌면 이것은 옛날 옛적의 환상적인 이미지로 치부될지도 모르겠습니다. 우리가 알다시피 중세 후기나 르네상스 초기의 화가들은 이러한 환상적인 장면들을 화폭에 담아 고딕 성당이나 오래된 교회당들의 천장과 벽에 그려 넣었습니다. 그런 그림들을 보면 우리는 매우 생소하게 느낄 수밖에 없습니다.

그러나 그러한 장엄한 축제는 지금 우리의 실제 삶 속에서 이미 시연되고 있습니다. 어디서 그렇다는 말입니까? 언제 그렇다는 말입니까? 그것은 다름 아닌 주님의 만찬(성찬)을 시행할 때입니다! 놀랍지 않습니까? 주님의 만찬은 그러한 축제의 잔치를 미리 보여주는 시사회(試寫會, preview)라고 할 수 있습니다. 더 나아가 그리스도인의 모든 축제와 기독교적인 축제들은 나름대로 장차 올 위대한 축제의 잔치를 미리 맛보는 기회들입니다. 크리스마스, 부활절, 성령 강림절, 심지어 신년 예배, 교회의 결혼식, 어떤 기념일이나 어떤 형태의 잔치도 그런 기회가 될 수 있습니다. 만일 그러한 종말론적 축제의 잔치가 실제로 오지 않는다면, 그리스도인들의 모든 축제는 결국 바보들의 잔치일 뿐입니다. 역사는 반드시 축제의 잔치로 끝날 것입니다!

이러한 계획이 우리에게 던져주는 "희망"

우리가 살아가는 이 시대는 그러한 잔치를 기대하며 살아가는 사람을 이상하게 여깁니다. 오늘날을 살아가는 사람들 대다수는 앞으로 다가올 축제의 연회를 소망하는, 아무런 대가나 조건 없이 열리는 잔치를 거북스러워합니다. 이사야가 살아가던 당시는 더더욱 그러했습니다. 그 시대에는 세계 전체가 대제국의 횡포로 무너져 내렸으며 모든 것이 혼란과 혼돈의 상태에 있었기 때문입니다. 희망은 사라진 지 오래였고, 미래는 현재와 철저하게 단절되어 있었습니다. 우리에게 놀라운 잔치의 환상을 제시한 이사야는 옛 세상의 죽음을 경험하는 시대를 살았던 것입니다.

그러나 이사야는 그 모든 비극 너머를 바라보았습니다. 역사의 지평선 저쪽에서 부상하는 새로운 세상을 꿰뚫어 본 것입니다. 그는 모든 혼란과 혼돈과 무질서 위에 계신 주님이신 하나님을 보았습니다. 그리고 하나님의 "놀라운 모략", "놀라운 기묘"가 그에게 계시되었습니다. 바로 그곳에서만이 "희망"과 "노래"가 나올 수 있었습니다. 그는 믿기 어려울 정도의 담대함과 당당함을 가지고 역사의 소용돌이 한가운데에 서서 노래하기 시작했습니다. 역사의 끝에 불릴 장엄한 노래를, 다가올 왕국의 힘찬 국가(國歌)를 부르기 시작한 것입니다.

> 여호와여! 주는 나의 하나님이시라.
> 내가 주를 높이고 주의 이름을 찬송하오리니
> 주는 기사[놀라운 일들]를
> 옛적에 정하신 뜻[모략]대로
> 성실함과 진실함으로 행하셨음이라(사 25:1).

> "이는 여호와시라. 우리가 그를 기다렸으니
> 우리는 그의 구원을 기뻐하며 즐거워하리라" 할 것이며(사 25:9).

많은 사람이 눈앞의 사건들에 일희일비하며 눈물을 흘리거나 노래를 부릅니다. 이것은 신앙이 없는 사람들, 하나님의 주 되심을 믿지 못하는 사람들의 모습입니다. 우리도 종종 그런 사람들 곁에서 인생의 악기를 연주할 때가 있습니다. 그러나 우리가 연주하는 신앙의 현(絃)은 다른 곳으로부터 신호를 받아야 합니다. 우리는 왕이신 하나님의 지휘에 따라 최후의 위대한 잔치에 참여할 오케스트라의 단원으로서 음을 잡아갑니다.

예수님은 이사야의 격정적인 음조를 건네받아 그의 제자들에게 "세상에서는 너희가 환난을 당하나 담대하라! 내가 세상을 이기었노라!"(요 16:33)라고 말씀하셨습니다. 그러한 희망 때문에 바울은 빌립보 감옥의 어둠 속에서도 노래를 부를 수 있었습니다. 그러한 희망 때문에 믿음의 선조들은 사자에게 물려 죽거나 화형을 당하면서도 노래를 부를 수 있었습니다.

희망을 갖고 산다는 것이 항상 쉽지는 않을 것입니다. 그러나 바울이 아브라함에 대해 말한 것을 기억해보십시오.

> 아브라함이 바랄 수 없는 중에 바라고 믿었으니 이는 "네 후손이 이 같으리라" 하신 말씀대로 많은 민족의 조상이 되게 하려 하심이라(롬 4:18).

그렇습니다! 모든 희망이 사라져가는 가운데서도, 아니 절망의 한복판에서도 아브라함은 희망하고 믿었습니다. 그리하여 아브라함은 우리의 "믿음의 조상"이 되었습니다. 우리 함께 그 뒤를 따라갑시다. 아멘.

참고 문헌

구약 총론 및 구약신학 안내

브루그만, 월터. 『구약신학: 증언, 논쟁, 옹호』. 류호준, 류호영 옮김, CLC, 2003.

슈미트, 한스-크리스토프. 『구약, 어떻게 공부할 것인가?: 구약학 연구 안내서』. 차준희, 김정훈 옮김, 대한기독교서회, 2014.

Bandstra, Barry L. *Reading the Old Testament: An Introduction to the Hebrew Bible*. Cengage Learning, 2008.

Boadt, Lawrence. *Reading the Old Testament: An Introduction*. Paulist Press, 1984.

Brettler, Marc Zvi. *How to Read the Bible*. Jewish Publication Society, 2010.

Brueggemann, Walter. *An Introduction to the Old Testament: the Canon and Christian Imagination*. Louisville: Westminster John Knox Press, 2003.

Childs, Brevard S. *Introduction to the Old Testament As Scripture*. Philadelphia: Fortress, 1979(대한기독교서회 역간, 『구약정경개론』).

Cohn-Sherbok, Dan. *The Hebrew Bible*. Cassell, 1996.

Coogan, Michael D. *A Brief Introduction to the Old Testament*. Oxford University Press, 2009.

Fee, Gordon D., Douglas Stuart. *How to Read the Bible For All Its Worth: A Guide to Understanding the Bible*. Grand Rapids: Zondervan, 1982(성서유니온선교회 역간, 『성경을 어떻게 읽을 것인가』).

Lemche, Niels Peter. *The Old Testament Between Theology and History: A Critical Survey*. Louisville: Westminster John Knox Press, 2008.

Soggin, J. Alberto. *Introduction to the Old Testament: From its Origins to the Closing of the Alexandrian Canon*. Louisville: Westminster John Knox Press, 1989.

Westermann, Claus. *A Thousand Years and A Day: Our Time in the Old Testament*. Philadelphia: Muhlenberg Press, 1962.

예언서 안내

스위니, 마빈 A. 『예언서: 구약학입문시리즈 5』. 홍국평 옮김, 대한기독교서회, 2015.
윌리엄스, 마이클 J. 『예언자와 그의 메시지: 교회는 구약 예언을 어떻게 읽어야 하는가?』. 류호준, 방정열 옮김, 대서, 2013.
치즈홀름, 로버트. 『예언서개론: 베이커 구약 개론 시리즈 3』. 강성열 옮김, 크리스천다이제스트, 2006.
Gowan, Donald E. *Theology of the Prophetic Books: The Death & Resurrection of Israel*. Louisville: Westminster John Knox Press, 1998.
Petersen, David L. *The Prophetic Literature: An Introduction*. Louisville: Westminster John Knox Press, 2002.

이사야서 안내

김근주. 『이사야가 본 환상』. 비블리카아카데미아, 2010.
김회권. 『이사야 I: 대한기독교서회 창립 100주년 기념 성서주석 21』. 대한기독교서회, 2006.
장세훈. 『한 권으로 읽는 이사야서』. 이레서원, 2004.
한정건. 『이사야의 메시아 예언 I: 임마누엘의 메시아』. CLC, 2006.
소여, 존 F. A. 『제5복음서: 이사야서』. 김근주 옮김, 크리스천다이제스트, 2003.
잭맨, 데이비드. 『티칭 이사야: 배우고 가르치는 이들을 위한 단단한 이사야 안내서』. 성서유니온선교회, 2013.
칼뱅, 장. 『이사야서 주석』. 성서원, 1999.
콘래드, 에드가. 『이사야서 읽기』. 장세훈 옮김, 기독교문서선교회, 2002.
Barker, Margaret. "Isaiah." in *Eerdmans Commentary on the Bible*, edited by James D. G. Dunn, John W. Rogerson, Grand Rapids: Eerdmans, 2003.
Barth, Hermann. *Die Jesaja-Worte in der Josiazeit*. Neukirchen, 1977.
Barton, John. *Isaiah 1-39: Old Testament Guide*. Sheffield: Sheffield Academic Press, 1995.
Beuken, W. A. M. *Jesaja, Deel IIA*. POT, Nijkerk: Callenbach, 1979.
_______. *Jesaja, Deel IIB*. POT, Nijkerk: Callenbach, 1982.
_______. *Jesaja, Deel IIIA*. POT, Nijkerk: Callenbach, 1989.
_______. *Jesaja, Deel IIIB*. POT, Nijkerk: Callenbach, 1989.

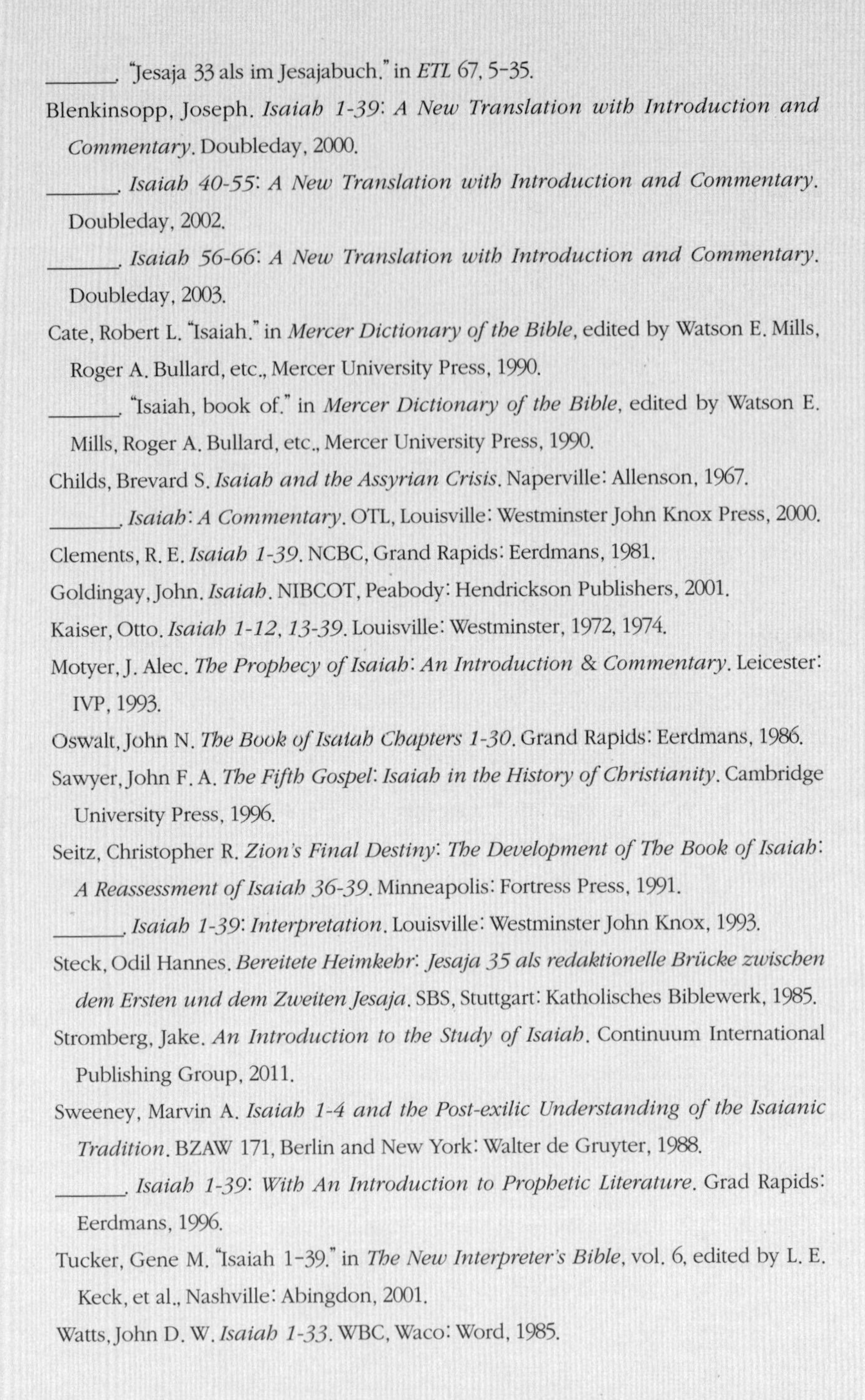

______. "Jesaja 33 als im Jesajabuch." in *ETL* 67, 5–35.

Blenkinsopp, Joseph. *Isaiah 1-39: A New Translation with Introduction and Commentary*. Doubleday, 2000.

______. *Isaiah 40-55: A New Translation with Introduction and Commentary*. Doubleday, 2002.

______. *Isaiah 56-66: A New Translation with Introduction and Commentary*. Doubleday, 2003.

Cate, Robert L. "Isaiah." in *Mercer Dictionary of the Bible*, edited by Watson E. Mills, Roger A. Bullard, etc., Mercer University Press, 1990.

______. "Isaiah, book of." in *Mercer Dictionary of the Bible*, edited by Watson E. Mills, Roger A. Bullard, etc., Mercer University Press, 1990.

Childs, Brevard S. *Isaiah and the Assyrian Crisis*. Naperville: Allenson, 1967.

______. *Isaiah: A Commentary*. OTL, Louisville: Westminster John Knox Press, 2000.

Clements, R. E. *Isaiah 1-39*. NCBC, Grand Rapids: Eerdmans, 1981.

Goldingay, John. *Isaiah*. NIBCOT, Peabody: Hendrickson Publishers, 2001.

Kaiser, Otto. *Isaiah 1-12, 13-39*. Louisville: Westminster, 1972, 1974.

Motyer, J. Alec. *The Prophecy of Isaiah: An Introduction & Commentary*. Leicester: IVP, 1993.

Oswalt, John N. *The Book of Isaiah Chapters 1-30*. Grand Rapids: Eerdmans, 1986.

Sawyer, John F. A. *The Fifth Gospel: Isaiah in the History of Christianity*. Cambridge University Press, 1996.

Seitz, Christopher R. *Zion's Final Destiny: The Development of The Book of Isaiah: A Reassessment of Isaiah 36-39*. Minneapolis: Fortress Press, 1991.

______. *Isaiah 1-39: Interpretation*. Louisville: Westminster John Knox, 1993.

Steck, Odil Hannes. *Bereitete Heimkehr: Jesaja 35 als redaktionelle Brücke zwischen dem Ersten und dem Zweiten Jesaja*. SBS, Stuttgart: Katholisches Biblewerk, 1985.

Stromberg, Jake. *An Introduction to the Study of Isaiah*. Continuum International Publishing Group, 2011.

Sweeney, Marvin A. *Isaiah 1-4 and the Post-exilic Understanding of the Isaianic Tradition*. BZAW 171, Berlin and New York: Walter de Gruyter, 1988.

______. *Isaiah 1-39: With An Introduction to Prophetic Literature*. Grad Rapids: Eerdmans, 1996.

Tucker, Gene M. "Isaiah 1–39." in *The New Interpreter's Bible*, vol. 6, edited by L. E. Keck, et al., Nashville: Abingdon, 2001.

Watts, John D. W. *Isaiah 1-33*. WBC, Waco: Word, 1985.

Wildberger, H. *Isaiah: A Commentary*, 3 vols. Minneapolis: Fortress, 1991-2002.
Williamson, H. G. M. *The Book Called Isaiah: Deutero-Isaiah's Role of Composition and Redaction*. Oxford: Clarendon, 1994.

히브리시 안내

김진규. 『히브리 시인에게 설교를 배우다』. 생명의말씀사, 2015.
제이콥슨, 롤프 A., 제이콥슨, 칼 N. 『시편으로의 초대: 시편 독자를 위한 가이드』. 류호준, 방정열 공역, 대서, 2014.
푸타도, 마크 D. 『시편을 어떻게 해석할 것인가?』. 류근상, 류호준 공역, 그리스도인출판사, 2008.

스터디 바이블

『독일성서공회 해설』. 대한성서공회, 2004.
NIV Study Bible. Zondervan, 2011.
ESV Study Bible. 부흥과개혁사, 2014.
Jewish Study Bible. Oxford University Press, 2004.

성경번역본

개역개정 한글 성경. 대한성서공회, 2006.
새번역 한글 성경. 대한성서공회, 1993.
유진 피터슨. 『메시지』. 복있는사람, 2015.

ESV(English Standard Version). 2011.
KJV(King James Version). 1611.
NASB(New American Standard Bible). 1995.
NEB(New English Bible). 1970.
NIV(New International Version). 2011.
NRSV(New Revised Standard Version). 1989.
REB(Revised English Bible). 1989.

JB(Jerusalem Bible). 1966.
NJB(New Jerusalem Bible). 1985.

JPS(Jewish Publication Society of America Version). 1917.
NJPS(New Jewish Publication Society of America Version). 1985.

SV(De Statenvertaling). 1637.
HSV(Herziene Statenvertaling). 2010.
NBG(Nieuwe Vertaling van het Nederlands Bijbelgenootschap). 1951.
NBV(De Nieuwe Bijbelvertaling). 2004.
LB(Lutherbible). 1545.
EB(Revidierte Elberfelder Bibel). 1985.

그 외

권영진. 『성경, 오해에 답하다』. 새물결플러스, 2015.
류호준. 『통일의 복음: 에베소서』. 새물결플러스, 2014.
_____. 『아모스: 시온에서 사자가 부르짖을 때』. 크리스천다이제스트, 1999.
_____. 『우리의 기도가 천상의 노래가 되어: 시편 사색 I』. 이레서원, 2006.
신원하. 『죽음에 이르는 7가지 죄』. IVP, 2012.
채영삼. 『십자가와 선한 양심: 베드로전서의 이해』. 이레서원, 2014.
미들턴, J. 리처드. 『새 하늘과 새 땅: 변혁적-총체적 종말론 되찾기』. 이용중 옮김, 새물결플러스, 2015.
바빙크, 헤르만. 『개혁파 교의학: 단권 축약』. 김찬영, 장호준 옮김, 새물결플러스, 2015.
브루그만, 월터. 『구약의 위대한 기도』. 전의우 옮김, 성서유니온선교회, 2012.
비일, 그레고리 K. 『예배자인가, 우상 숭배자인가?: 성경신학적으로 바라본 우상 숭배와 하나님의 형상의 의미』. 김재영, 성기문 옮김, 새물결플러스, 2015.
월터스토프, 니콜라스. 『정의와 평화가 입 맞출 때까지』. 홍병룡 옮김, IVP, 2007.
Conrad, Edgar. *Fear Not Warrior: A Study of 'al tira Pericopes in the Hebrew Scriptures*, Brown Judaic Studies 75. Scholars Press, 1985.
Brueggemann, Walter. *Finally Comes the Poet: Daring Speech for Proclamation*. Minneapolis: Augsburg Fortress Press, 1989(겨자씨 역간, 『설교자는 시인이 되어야 한다』).
_______. *Great Prayers of the Old Testament*. Louisville: Westminster John Knox Press, 2008(성서유니온선교회 역간, 『구약의 위대한 기도』).
Engelhard, David H. "The Lord's Motivated Concern for the Underprivileged." in *Calvin Theological Journal* 15, 5-26.

Gunkel, H., J. Begrich. *Einleitung in die Psalmen: Die Gattungen der religiösen Lyrik Israels*. Göttingen, 1933.

Keel, Othmar. *Die Welt der altorientalischen Bildsymbolik und das Alte Testament: Am Beispiel der Psalmen*. Göttingen, 1995.

Kline, M. G. *Treaty of the Great King: The Covenant Structure of Deuteronomy: Studies and Commentary*. Grand Rapids: Eerdmans, 1963.

_______. *The Structure of Biblical Authority*, Revised Edition. Grand Rapids. Eerdmans, 1981(크리스천다이제스트 역간, 『성경의 권위의 구조』).

McCarthy, D. J. *Treaty and Covenant*. Rome: Pontifical Biblical Institute, 1963.

Mendenhall, G. E. "Covenant Forms in Israelite Tradition." in *Biblical Archaeologist* 17/3, 1954.

_______. *Law and Covenant in Israel and the Ancient Near East*. Pittsburgh: The Biblical Colloquium, 1955.

Nelson, Richard D. *Raising Up a Faithful Priest: Community and Priesthood in Biblical Theology*. Louisville: Westminster John Knox Press, 1981.

Ryou, Daniel Hojoon. *Zephaniah's Oracles Against the Nations*. Biblical Interpretation Series. Leiden: E. J. Brill, 1995.

Schuman, Niek. *Verbonden voor het Leven: Bijbeltheologische opstellen, afgewisseld met preken en personalia*. Delft: Meinema, 1988.

Stapert, Calvin R. *Handel's Messiah: Comfort for God's People*. Grand Rapids: Eerdmans, 2010.

Wolterstorff, Nicholas. "Justice as a Condition of Authentic Liturgy." in *Theology Today* 48(April), 1991.

Wolfe, Thomas Clayton. *You Can't Go Home Again*. New York: Harper & Row, 1940.

미주

서문

1. 일반적인 신자들도 쉽게 이해할 수 있도록 예언서의 전반에 대해 친절하게 설명한 입문서로는, 마이클 윌리엄스, 『예언자와 그의 메시지: 교회는 구약 예언을 어떻게 읽어야 하는가?』(류호준, 방정열 옮김, 대서, 2013)를 추천한다. 또 류호준, "예언서를 어떻게 이해하고 설교할 것인가?", 『아모스: 시온에서 사자가 부르짖을 때』(크리스천다이제스트, 1999), 23-46을 참고하라.
2. 히브리 시에 관한 입문서로는 롤프 A. 제이콥슨, 칼 N. 제이콥슨, 『시편으로의 초대: 시편 독자를 위한 가이드』(류호준, 방정열 옮김, 대서, 2014); 마크 D. 푸타도, 데이빗 하워드, 『시편을 어떻게 해석할 것인가?』(류근상, 류호준 옮김, 크리스찬출판사, 2008); 김진규, 『히브리 시인에게 설교를 배우다: 청중의 가슴을 뛰게 하는 생생한 설교 언어』(생명의말씀사, 2015)를 추천한다.
3. 참조한 성경 번역본들은 책 뒤의 "참고 문헌" 목록에서 확인할 수 있다.
4. 히브리 시의 평행대구법(parallelism)에 관한 연구에서 중요한 저술을 소개하자면, W. Popper. "Notes on Parallelism," in *Hebrew Union College Annual 2* (1925), 63-85; G. B. Gray, *The Forms of Hebrew Poetry* (New York: Ktav, 1972); A. Baker, "Parallelism: England's Contribution to Biblical Studies," in *Catholic Biblical Quarterly 35*(1973), 429-440; J. L. Kugel, *The Idea of Biblical Poetry* (New Haven: Yale University Press, 1981); R. Alter, "The Dynamics of Parallelism," in *Hebrew University Studies in Literature and the Arts IL/i* (1983), 91-101; S. A. Geller, *Parallelism in Early Biblical Poetry* (Missoula: Scholars Press, 1979); A. Berlin, *The Dynamics of Biblical Parallelism* (Bloomington: Indiana University Press, 1985); D. Pardee, *Ugaritic and Hebrew Poetic Parallelism: A Trial Cut* (Leiden: Brill, 1988).
5. Walter Brueggemann, *Finally Comes the Poet: Daring Speech for Proclamation*

(Minneapolis: Augsburg Fortress Press, 1989), 1-12.

6. "예언자들은 일차적으로 당대의 설교자들이었으며 때론 거리의 행위자이기도 했다"(In feite traden zij in hun dagen vooral op als predikers. Vaak ook als een soort straatacteurs). Niek Schuman, *Verbonden voor het Leven: Bijbeltheologische opstellen, afgewisseld met preken en personalia* (Delft: Meinema, 1988), 125.
7. 물론 "구스"의 정확한 위치에 대한 학계의 논란이 없는 것은 아니다. "구스"는 일반적으로 현대 이집트의 남쪽에 자리한 에티오피아를 가리킨다고 보지만, 다른 한편에서는 "구스"가 지금의 아라비아 반도를 지칭한다는 학설도 설득력을 더하고 있다.
8. 최근의 이사야서 연구는 주로 상호텍스트성(Intertextuality)에 집중하는 비평 방법론을 사용한다. 예를 들어, Willem A. M. Beuken, *Jesaja IIA*, *Jesaja IIB*, *Jesaja IIIA*, *Jesaja IIIB* (POT; Nijkerk, 1979, 1972, 1989, 1989); J. Blenkinsopp, *Isaiah* 1-30, AB(New York: Doubleday, 2000); B. S. Childs, *Isaiah*, OTL(Louisville: Westminster John Knox, 2001); O. Kaiser, *Isaiah 1-12*, *Isaiah 13-39* (Philadelphia: Westminster, 1972, 1974); H. Wildberger, *Isaiah: A Commentary*, 3 vols(Minneapolis: Fortress Press, 1991-2002); H. G. M. Williamson, *The Book Called Isaiah: Deutero-Isaiah's Role of Composition and Redaction* (Oxford: Clarendon, 1994). 최근 이사야서 연구 동향을 개관하려면, 김회권, 『이사야 I: 대한기독교서회 창립 100주년 기념 성서주석 시리즈 21』(대한기독교서회, 2006), 56-82를 참조하라.
9. 한상미 권사의 이사야서 필사본 이미지는 이 책의 각 부 표제지에 사용되었다.
10. Henk Leene, *De vroegere en de nieuwe dingen bij Deuterojesaja* (Amsterdam: VU Uitgeverij, 1987).

소고1 이사야 1-39장의 조감도

1. 비교하여 읽을거리로는, 로버트 치즈홀름, 『예언서 개론: 베이커 구약개론 시리즈 3』(강성열 옮김, 크리스천다이제스트, 2006), 40-138; 마빈 A. 스위니, 『예언서: 구약학입문시리즈 5』(홍국평 옮김, 대한기독교서회, 2015), 70-94; 이사야서 전반부에 관한 학문적 토론을 안내해주는 책으로는, John Barton, *Isaiah 1-39*, OTG(Sheffield: Sheffield Academic Press, 1995).
2. 학계에서는 사 1:1의 "환상"(계시)의 내용이 어디까지인지에 대해 의견이 분분하다. 어떤 학자들은 사 2:1과 13:1에도 같은 단어가 나오기 때문에 사 1:1이 말하는 환상의 내용은 이사야 1장에만 국한된다고 주장한다. 예를 들어, John Goldingay, *Isaiah*, NIBCOT(Peabody, MA.: Hendrickson, 2001), 33. 그러나 다른 학자들은 이사야서 최종 편집자가 사 1:1을 이사야서 전체에 대한 표제어로 사용했을 가능성이 높다고 주장한다. 예를 들어, Childs, *Isaiah*, 11-12; 스위니, 『예언서』, 70-71.

3. 첫째는 유다의 아하스 왕 당시에 다메섹(시리아)과 에브라임(북이스라엘)이 동맹을 맺고 남유다를 침공한 사건(기원전 735-733년, 사 7-8장과 왕하 16장을 보라)이고, 둘째는 히스기야 왕 때 아시리아 왕 산헤립이 유다를 침공하여 예루살렘을 포위 공략한 사건(기원전 701년, 사 36-37장과 왕하 18-19장을 보라)이다.
4. 사 24-27장이 그에 앞선 자료들을 재사용하여 현재의 형태에 이르게 되었다고 보는 연구 방법론이 현재 이사야 학계의 대세다. 이 방법론은 특정 해당 본문들이 시기적으로 앞선 본문들과 상호적으로 어떤 관계를 맺는지를 집중적으로 연구한다. 이 연구 주제를 우리나라 말로는 "상호텍스트성"(intertextuality)이라고 부른다. 대표적 연구 사례를 보자면, J. Todd Hibbard, *Intertextuality in Isaiah 24-27: The Reuse and Evocation of Earlier Texts and Traditions*, FAT 2. Reihe(Tübingen: Mohr Siebeck, 2006); Hendrik Jan Bosman, Harm van Grol(eds.), *Studies in Isaiah 24-27: The Isaiah Workshop-De Jesaja Werkplaats*, OTS 43(Leiden: Brill, 1999); J. Todd Hibbard, Hyun Chul Paul Kim(eds.), *Formation and Intertextuality in Isaiah 24-27*, Society of Biblical Literature Ancient Israel and its Literature 17(SBL, 2013).
5. 편집비평적으로 보면 역사적 내러티브인 사 36-39장과 함께 34, 35장은 40장 이후에 묘사되는 바벨론 포로기를 전제로 한 후기 자료들이라고 한다. 즉 후기의 자료가 이사야서의 최종 편집자에 의해 현재의 위치에 놓이게 되었다는 말이다. 이런 위치 변화를 통해 기원전 8세기를 배경으로 하는 이사야서 전반부가 기원전 6세기를 배경으로 하는 이사야서 후반부(40장 이후)로 자연스럽게 넘어가도록 이음매 역할을 해준다고 한다.
6. 이러한 주장들과 논의들은 이사야서 편집에 관한 문제에 집중한다. 최근의 이사야 편집비평학계의 경향은 대체로 기원전 7세기경 요시아 왕 시대에 이사야서 전반부가 33장 즈음에서 끝나도록 편집되었다고 보는 것이다. 대표적인 논의를 이끄는 학술서로는, Hermann Barth, *Die Jesaja-Worte in der Josiazeit* (Neukirchen: Neukirchener Verlag, 1977); John D. W. Watts, *Isaiah 1-33*, WBC(Waco: Word, 1985); Marvin A. Sweeney, *Isaiah 1-39: With an Introduction to Prophetic Literature*, FOTL XVI(Grand Rapids: Eerdmans, 1996). 이에 따르면 사 1-33장은 예루살렘과 유다와 열국들에 임할 하나님의 강력한 비난과 경고와 재앙 선언, 그리고 그런 심판 후에 임하게 될 회복에 대해서 언급하는 반면에 사 34-66장은 하나님의 심판이 이미 이루어진 것을 전제로 하여 그에 따른 회복의 시대에 대해 말씀한다. Marvin A. Sweeney, "The Latter Prophets," in Steven L. McKenzie, Matt Patrick Graham, *The Hebrew Bible Today: An Introduction to Critical Issues* (Westminster John Knox Press, 1998), 78-80; 스위니, 『예언서』, 60-70.

소고2 이사야와 예언, 그리고 이사야서

1. 참조, John F. A. Sawyer, *The Fifth Gospel: Isaiah in the History of Christianity* (Cambridge University Press, 1996), 1-2.
2. 오라토리오 메시아에 관한 최근의 음악-신학적 해설로는 미국 칼빈대학교의 음악학 은퇴 교수인 Calvin R. Stapert, *Handel's Messiah: Comfort for God's People* (Grand Rapids: Eerdmans, 2010)을 추천한다.
3. 사 7:14-17에 언급된 정체불명의 여인에게서 태어날 아들(임마누엘)은 누구의 아들로 보아야 할까? 학계는 이 질문에 대해 아직 논쟁 중이다. 여기에는 아하스 왕의 아내에게서 태어날 왕자로 보는 견해와 예언자 이사야의 아들로 보는 견해가 있다. 그러나 본문은 그 여인의 정체에 관해 함구한다. 우리가 확실하게 말할 수 있는 것은 "처녀"로 번역된 이 젊은 여인이 이사야가 국난에 어쩔 줄 몰라 하던 아하스 왕에게 구원 신탁을 말하면서 언급한 "어떤 여인"이라는 것뿐이다. 보수주의의 안목으로 이 문제를 해석하는 한국 학자로는 한정건이 있다. 한정건, 『이사야의 메시아 예언 I: 임마누엘의 메시아』(CLC, 2006), 127-140를 참조하라.

제1강 개만도 못한 자식!

1. 이러한 논의를 촉발한 대표적인 학자는, G. E. Mendenhall, "Covenant Forms in Israelite Tradition," in *Biblical Archaeologist* 17/3(May 1954), 50-76; *Law and Covenant in Israel and the Ancient Near East* (1955). 복음주의적 입장에서 이 논의의 신학적 중요성을 부각한 학자는, M. G. Kline, *Treaty of the Great King: The covenant structure of Deuteronomy: studies and commentary* (Grand Rapids: Eerdmans, 1963); *The Structure of Biblical Authority*, Revised Edition(Grand Rapids: Eerdmans, 1981). 언약과 조약에 관한 대표적인 학술 연구로서는, D. J. McCarthy, *Treaty and Covenant* (Rome: Pontifical Biblical Institute, 1963).
2. Kline은 이상과 같은 종주 조약 문서 형식(suzerainty type of treaty)의 테두리 안에서 신명기의 구조를 이해하려 하였다. 그에 따르면 ① 신 1:1-5는 조약 문서 전문에 해당, ② 신 1:6-4:49는 역사적 회고문으로 언약의 역사를 기술, ③ 신 5:1-26:19는 각종 규례로서 언약적 삶과 생활을 다룸, ④ 신 27:1-30:20은 언약의 인준에 해당하는 부분으로 축복과 저주를 포함, ⑤ 신 31:1-34:12은 언약의 계속성을 다루는 부분으로 왕조를 이어가면서 보관되어야 할 언약을 언급한다. M. G. Kline, "Deuteronomy," in *The Wycliffe Bible Commentary*를 보라.
3. John H. Hayes, Stuart A. Irvine, *Isaiah, The Eighth-century Prophet: His Times and His Preaching* (Nashville: Abingdon Press), 71.

4. 법정 소송 양식에 관한 연구로서는, B. Gemser, "The Rîb-or Controversy-Pattern in Hebrew Mentality," in M. Noth, D. W. Thomas(ed.), *Wisdom in Israel and in the Ancient Near East, SVTQ* 3(1955), 120-137; J. Harvey, "Le rîb Pattern, requisitoire prophetique sur la rupture de l'alliance," *Bib* 43(1962), 172-196; H. Huffman, "The Covenant Lawsuit in the Prophets," *JBL* 78(1959), 285-95; G. E. Wright, "The Lawsuit of God: A Form-Critical Study of Deuteronomy 32," in B. W. Anderson, W. Harrelson(ed.), *Israel's Prophetic Heritage* (New York: Harper, 1962); K. Nielsen, *Yahweh as Prosecutor and Judge: An Investigation of the Prophetic Lawsuit: Rîb-Pattern*, JSOTSup 9(Sheffield: Sheffield Press, 1978).
5. 이것은 예언서에 어떻게 접근할 것인가 하는 해석학적 열쇠를 제공한다. 즉 이스라엘 내에서 하나님의 언약이 어떻게 집행되고 유지되는가 하는 시각에서 예언자들이 자신들의 사역을 이해하였다는 관점은 일명 예언서 연구에 대한 "언약적 접근방법"이라 불릴 수 있으며, 이러한 접근은 예언서 연구에 가장 적절한 방법이기도 하다. Stuart가 그의 성경 해석학 저서에서 예언서를 "이스라엘 내의 언약 시행"이란 관점에서 저술하고 있음은 주목할 만하다. Gordon D. Fee, Douglas Stuart, *How to Read the Bible For All Its Worth: A Guide to Understanding the Bible* (Grand Rapids: Zondervan, 1982). 209-256을 보라.
6. H. Wildberger, *Isaiah 1-12: A Continental Commentary* (Minneapolis: Fortress Press, 1991), 10.
7. 이사야서를 "하나님의 가족"이라는 은유적 창문을 통해 보려는 시도로는, Katheryn P. Darr, *Isaiah's Vision and the Family of God: Literary Currents in Biblical Interpretation* (Louisville: Westminster / John Knox Press, 1994). 특히 아버지와 반항적 자녀의 관계를 통한 이사야의 선포를 이해하기 위해서는 46-84를 보라.
8. "반항의 수사법"(Rhetoric of Rebellion)이란 용어는 Darr가 그녀의 저서 *Isaiah's Vision and the Family of God*, 56에서 사용했다.

제2강 아이고, 어쩌다 이 지경이 되었나!

1. 탄식조의 "슬프다!"로 번역된 히브리어는 "호이"(הוי)인데, 이는 장례식에서 들을 수 있는 곡소리를 표현한 의성어다. 구약성경에서 이 탄식조의 영탄사는 51번 나오는데 한 경우(삼상 13:30)를 뺀 나머지 50번은 모두 예언서에 등장한다. 이것만 보아도 이스라엘 백성을 향한 예언자들의 탄식이 얼마나 강도가 높았는지를 어렴풋하게나마 알 수 있다. 우리말로는 "슬프다!", "화 있을지어다!", "재앙이로다!", "불행이로다!" 등으로 번역하거나 아예 "아이고!"라고 번역할 수도 있다. 히브리어 "호이"의 용례에 관해서는 나의 책 *Zephaniah's Oracles Against the Nations*, Biblical Interpretation Series(Leiden: E. J.

Brill, 1995), 334-343. 이 부분의 번역은 류호준, "구약성서의 '호이' 탄식", 『정의와 평화가 포옹할 때까지』(대서, 2006), 118-132를 보라.

2. 아시리아의 왕 산헤립에 대한 유다 왕 히스기야의 봉기는 기원전 705-701년 사이에 일어났는데, 학자들은 사 1:4-9; 22:1-14와 28-32장에 나오는 아시리아 심판 신탁이 이 시기와 연관이 있다고 추정한다. 예를 들어, 한스-크리스토프 슈미트, 『구약, 어떻게 공부할 것인가?: 구약학 연구 안내서』(차준희, 김정훈 옮김, 대한기독교서회, 2014), 471-472.

제3강 신실한 도시와 창녀의 도시

1. 병렬적으로 사용되는 "상수리나무"와 "제단 정원"은 가나안의 토착 종교인 바알 숭배 풍습이 이스라엘의 야웨 종교 안에 깊숙이 들어와 혼재했음을 보여준다(참조. 사 57:5; 65:3; 66:17).
2. 참조, David H. Engelhard, "The Lord's Motivated Concern for the Underprivileged," in *Calvin Theological Journal* 15(1980), 5-26.
3. 사 1-39장은 "처녀"로 의인화된 시온/예루살렘의 운명을 은유적으로 해설해가려고 시도한다. Darr, *Isaiah's Vision and the Family of God*, 124-165.

제4강 예언자가 꿈꾸는 세상

1. 사 2:2-4의 문구는 미 4:1-3과 거의 일치한다. 아마도 이전부터 내려온 신앙고백적 전승들의 저수지에서 두 예언자가 두레박질한 것으로 추정한다.

제5강 인생은 한 줌의 흙

1. 사 2:22에 "인생을 의지하지 말라"는 문장 속의 "인생"은 히브리어로 "아담"(אדם)이다. 한편 먼지나 땅이나 흙을 가리키는 히브리어는 "아다마"(אדמה)다. "아다마"로 지음을 받은 것이 "아담"이다. 쉽게 말해서 "인간은 흙덩어리"라는 것이다. 이는 성경적 인간론의 핵심이다.

제8강 정련의 불을 통과하면서

1. 히브리어 "루아흐"(רוח)는 "바람"(미풍, 광풍, 호흡, 숨), "영", "영혼", "정신", "기상" 등 다양하게 번역된다. 영어로는 보통 단순하게 Spirit/spirit이라고 번역한다.

제9강 포도원의 노래

1. "나의 사랑하는 자"라는 문구는 두 가지 해석을 낳는다. ① 화자인 예언자가 사랑하는 어떤 이가 있다. ② 지금 누군가를 사랑하는 자가 있다. 물론 사랑하는 자는 야웨 하나님을 가리킨다. 일반적으로 사람들이 생각하는 것은 ①의 경우다. 그러나 본문("포도원의 노래")은 ②의 의미로 이해해야 한다. 즉 하나님이 자기의 포도원과 같은 이스라엘을 너무도 사랑하시는데, 그를 대신해서 예언자가 이야기하겠다는 뜻이다.

제10강 재앙이 너희에게 내린다!

1. 히브리어 "호이"의 용례에 관한 양식비평적 개관으로는, Ryou, *Zephaniah's Oracles Against the Nations*, 334-343.

제12강 하나님의 부르심을 받을 때

1. 보통 학자들은 사 6장이 예언자의 소명 이야기(Call Narrative)에 해당하는 것으로 본다. 여기서 문제는 일반적으로 소명 이야기가 예언서의 첫머리에 나온다는 것이다. 이에 대해 어떤 이들은 사 1-5장에 잘 드러나듯이 예루살렘과 유다의 죄악이 너무 심해서 예언자에게 주어졌던 최초의 소명을 그대로 지속시킬 수 없었고, 하나님이 사 6장에서 예언자를 다시 불러 사명 위임에 변화를 준 것이라고 주장한다. 그러나 대다수 학자는 사 6장을 일반적인 소명 이야기로 간주한다. 예언자 소명 내러티브에 대한 대표적인 양식비평학적 논의로는, Norman Habel, "The Form and Significance of the Call Narratives," in *ZAW* 77(1965), 297-323; B. O. Long, "Prophetic Call Traditions and Reports of Visions," in *ZAW* 84(1972), 494-500.
2. 참조, Seyoon Kim, *The Origin of Paul's Gospel* (Grand Rapids: Eerdmans, 1981); *Paul and the New Perspective: Second Thoughts on the Origin of Paul's Gospel* (Grand Rapids: Eerdmans, 2001). 김세윤에 따르면 바울은 다메섹에서의 급진적 전향 사건을 통해서 그의 신학의 근본적 내용을 계시받았으며, 그 가운데는 예수 전승이 중요한 자리를 차지한다고 주장한다.
3. 천상의 어전 회의에 관한 대표적 내러티브는 왕상 22:19-23이며, 예언서에선 암 3:7, 렘 23:18, 21-22에 사용되는 "쏘드 야웨"(סוד יהוה, 야웨의 비밀, 야웨의 회의)를 참조하라. "천상 회의"(divine council) 개념에 대한 선도적 연구서로는, E. Theodore Mullen, *The Divine Council in Canaanite and Early Hebrew Literature* (Chico, Calif.: Scholars Press, 1980).
4. Claus Westermann, *A Thousand Years and A Day: Our Time in the Old Testament*

(Philadelphia: Muhlenberg Press, 1962), 218.

5. *Cor meum tibi offero, Domine, prompte et sincere* = My heart I offer, Lord, promptly and sincerely.
6. 사 6:9-10을 유다의 "우상 숭배"에 대한 하나님의 심판 구절로 이해하는 Beale의 논의를 참조하라. 그레고리 K. 비일, 『예배자인가, 우상 숭배자인가?: 성경신학적으로 바라본 우상숭배와 하나님 형상의 의미』(김재영, 성기문 옮김, 새물결플러스, 2015), 59-72.
7. 히브리어 원문을 번역하면서 13a에서 닫는 인용 부호를 삽입한 영어 성경은 NRSV다. 나의 번역과 해석은 NRSV의 히브리어 구문 이해와 같다.
8. 대다수 학자는 그루터기를 하나님의 은혜로 남게 된 "남은 자", 즉 희망의 상징으로 본다. 반면에 Beale은 그루터기를 멸망하는 우상의 이미지로 본다. 비일, 『예배자인가, 우상 숭배자인가?』, 75-93을 보라. 그러나 나는 이 두 입장과는 전혀 다른 제3의 해석을 제시했다.
9. Westermann, *A Thousand Years and A Day*, 218.

제13강 위기 속에서 빛나는 믿음

1. 이사야서에서 "두려워 말라"는 문구를 거룩한 전쟁의 문맥으로 읽어내는 대표적 저술로는 Edgar Conrad, *Fear Not Warrior: A Study of 'al tira Pericopes in the Hebrew Scriptures*, BJS 75(Chico: Scholars Press, 1985). 그가 중점적으로 다루는 이사야서의 "두려워 말라" 본문은 사 7:4-9; 10:24-27; 37:6-7; 41:8-13, 14-16; 43:1-4, 4-7; 44:1-5이다.

제14강 어리석은 사람

1. 마태복음은 처녀 마리아의 임신과 출생 이야기를 전하면서 사 7:14의 아기 "임마누엘"을 예수 출생에 적용한다. 그러나 마태복음 전체를 놓고 볼 때에서도 사 7:14의 인용은 처녀 임신과 출산에 대한 관심보다는 성육신하신 하나님으로서 "우리와 함께 계시는 하나님"을 강조하기 위해서임을 알게 된다. 즉 마태복음은 임마누엘 내러티브로 시작하고 임마누엘 문구("보라! 내가 세상 끝날까지 너희와 함께 있으리라")로 마침으로써 수미쌍관을 이룬다. 예수님이 처녀를 통해 출생했다는 사실은 오히려 마태복음 족보 자체가 증언하고 있다. 마 1:16에 사용된 "신적 수동태"를 참고하라. 달리 말해 족보의 일반적 패턴은 "A가 B를 낳다"인데 반해 예수의 출생에 관한 족보 패턴은 "마리아에게서 그리스도라 칭하는 예수가 나셨다"라는 문장을 사용함으로써 하나님이 예수 출생의 능동적 에이전트임을 암시한다.

제15강 잔잔히 흐르는 물

1. 아하스 왕 때 착수하여 히스기야 왕 때(왕하 20:2)에 완성된 이 수도(水道)는 예루살렘

성 동남쪽에 있던 기혼 샘(왕상 1:33, 38)에서 도시의 성벽 안에 있는 실로암 저수지(대하 32:30)로 물을 끌어들이는 수로로서, 전쟁 시 성이 포위되었을 때 성안에 갇힌 사람들을 위한 생명줄이나 마찬가지였다. 이 수로는 단단한 바위를 뚫어서 만든 것으로서 길이는 약 534m이고 높이는 1.2-3.6m로 다양하며 너비는 평균 60.6cm정도가 된다고 한다.

2. 앞서도 이야기했지만, 임마누엘이 누구의 아들인지에 대한 논의는 끝이 없고 어느 대답도 결정적이지 않다. 그러나 이사야서에서 "징조-이름"(sign-name)이 7장과 8장에 세 번 나오는 것을 보면, 그리고 그중 "스알야숩"과 "마헬살랄하스바스"가 이사야의 아들들임이 분명하다면, 그 가운데 끼어 있는 "임마누엘"도 이사야의 아들일 가능성이 높다. 이에 동의하는 한국 학자로는 김회권이 있다. 김회권, 『이사야 I』, 199-201를 보라.

제17강 지옥으로 가는 길

1. 학자들은 이사야서가 현재의 상태로 최종 결집된 것은 이사야의 신실한 제자들의 헌신과 노력 때문이었을 것으로 추측한다. 그들은 스승 이사야의 메시지를 신실하게 수집하고 보관하고 후대에 전수하는 일을 했을 것이다. 그들은 전승의 전수자들인 셈이다.

제19강 하나님의 펼쳐진 손

1. 이 단락은 기원전 722년 북이스라엘의 수도인 사마리아가 아시리아의 침공으로 함락당한 사건을 배경으로 한다. 북이스라엘의 멸망에 대한 자세한 내러티브는 왕하 17장을 보라.

제21강 남겨진 사람들

1. "거룩한 전쟁"(聖戰)과 관련이 있는 전문 용어 "두려워 말라"는 유다의 왕 아하스의 치세 당시 "시리아-에브라임 전쟁"을 배경으로 하는 사 7:4-9에서 처음으로 사용되었고, 두 번째가 이번 본문에서다. 이사야서 전반부(1-39장)에서 이 구절은 마지막으로 사 37:6-7에 등장하는데, 여기서는 히스기야 당시 아시리아의 유다 침공을 배경으로 한다.

제22강 정의와 평화가 입을 맞출 때

1. 이는 미국의 저명한 작가 Thomas C. Wolfe(1900-1938)의 유작 제목이다. Edward Aswell(ed.), *You Can't Go Home Again* (New York, London: Harper & Row, 1940). 같은 제목의 설교문 "당신은 집에 다시 돌아갈 수 없습니다"(창 3:24; 눅 9:57-62)을 보려면 다음 누리집에 들어가 보라. 〈http://rbc2000.pe.kr/index.php?mid=essay&page=14&document_srl=7533〉.

2. 포털사이트 "네이버"에서 검색 인용.
3. 사 11장을 본문으로 삼은 설교의 예는 이 책의 부록에 실린 "의로운 왕"(사 11:1-9)을 참고하라.

제23강 갈보리 산 위의 십자가

1. 유진 피터슨, 『메시지』(복있는사람, 2015), 사 2:2-5.

제24강 하나님은 나의 구원이십니다

1. 이에 대해 자세히 알아보려면 이 책의 제1강을 참조하라.
2. Westermann, *A Thousand Years and A Day*, 196. Westermann은 사 12장의 찬양시를 다음과 같이 설명한다. 오늘날 예배에서 목사의 설교가 끝이 나면 자연스레 회중들의 찬송으로 이어지는 것 같이 설교자 이사야의 다양한 설교 선집인 사 1-11장은 사 12장의 찬송시로 끝을 맺게 되었다는 것이다. 달리 말해 신앙공동체의 예배에서 하나님의 말씀(설교)은 기도와 찬양으로 이어지게 되는 것과 같은 이치라는 것이다.

제25강 교만은 패망으로 가는 지름길입니다

1. 참조, 신원하, 『죽음에 이르는 7가지 죄』(서울: IVP, 2012).

제26강 운명의 반전

1. 한글 성경은 보통 "계명성"(啓明星)으로 번역한다. 새벽의 밝음을 열어주는 별이라는 뜻의 한자어인데, 순수 우리말로 "샛별"이라 부른다. 샛별은 새벽 동쪽 하늘에 반짝이는 금성(金星)을 가리킨다.
2. 참조, 월터 브루그만, 『구약신학: 증언, 논쟁, 옹호』(류호준, 류호영 공역, CLC, 2003), 357-362.
3. "우주적 산", "북쪽(짜폰)의 산", "신들의 집회의 산", "만신전" 등과 같은 가나안(우가릿) 신화에 나오는 신들에 관해서는, Karel van der Toorn, Bob Becking, Pieter W. van der Horst(eds.), *Dictionary of Deities and Demons in the Bible*, 2nd ed.(Leiden: Brill, 1999)를 참조하라.

제27강 하나님의 경영

1. 이사야 학자들은 종종 "야웨의 계획"을 이사야서의 핵심적 주제로 삼는다. 예를 들면, J. Fichtner, "Jahves Plan in der Botschaft des Jesaja," in *ZAW* 63(1965), 16-33; Joseph Jensen, "Yahweh's Plan in Isaiah and In the Rest of the Old Testament," in *CBQ* 48(1986), 443-455; Hae Kwon Kim, "The Plan of Yahweh"(Ph.D. Dissertation, Princeton Theological Seminary, 2001). 한편 Conrad는 "야웨의 계획"이 이사야서의 중요주제라는 주장에 전적으로 동의하면서, 한 걸음 더 나아가 야웨의 계획을 군사적 전략으로 이해할 것을 주문한다. 이런 주장 속에는 만군의 야웨를 이방 열국과 전쟁을 치르시고 마침내 예루살렘을 구원해내시는 위대한 전쟁의 용사로 보는 시각이 드러난다. 에드가 콘래드, 『이사야서 읽기』(장세훈 옮김, 기독교문서선교회, 2002), 87-127.

제28강 피난처는 어디에?

1. 히브리어로 9절의 "디몬"(דימון)은 2절의 "디본"(דיבן)과 발음이 비슷하다. 2절의 디본을 9절에 디몬으로 바꾼 것은 아마도 9절에서의 히브리 시의 음성 효과를 나타내기 위함이 아닌가 추정한다. 디몬의 자음 "ㅁ"과 피를 뜻하는 히브리어 "담"(דם)의 "ㅁ"이 상응하기 때문이다.
2. 본문에 언급되는 다윗 왕국에 대해 김회권은 "하나의 고유명사적 기능을 하기보다는 일반명사적 기능을 한다"고 적절하게 해석한다. 김회권, 『이사야 I』, 378.

제30강 하나님의 지혜

1. 피터슨, 『메시지』, 사 19:11, 13, 14.
2. 김회권, 『이사야 I』, 409.
3. 참고로, 개역한글 성경은 "복의 근원"으로 번역했지만 개역개정 성경은 올바르게 "복"으로 번역했다. 즉 하나님은 아브라함을 "복의 근원"이라고 하신 것이 아니라 "복"(blessing)이라고 하신 것이다.
4. 구약의 제사장직에 대한 성경신학적 입문서로는, Richard D. Nelson, *Raising Up a Faithful Priest: Community and Priesthood in Biblical Theology* (Louisville, Kentucky: Westminster John Knox Press, 1981). 특히 39-54쪽을 보라.
5. 참조, 권영진, "기업(基業) vs 기업(企業)", 『성경, 오해에 답하다』(새물결플러스, 2015), 125-132.
6. 참조, 류호준, 『통일의 복음: 에베소서』(서울: 새물결플러스, 2014), 140-154.

제31강 역사의 주권자

1. 슈미트, 『구약학 연구 안내서』, 471. 아시리아의 황제 사르곤 2세에 대한 아스돗 왕 야마니의 반란은, 당시 에티오피아(구스)의 이집트(애굽) 바로 왕족 출신인 샤바카(Schabaka, 기원전 716-702년 재위)의 군사 지원을 약속받은 상태에서 감행되었을 것이다. 이 사건에 대한 기록은 고대 근동 기록 문헌에도 있다. 참조, J. B. Pritchard(ed.), *Ancient Near Eastern Texts Relating to the Old Testament* (Princeton: Princeton University Press, 1969), 287-288.
2. 참고로, 아시리아의 유다 침공과 예루살렘 포위 기간이었던 기원전 705년부터 701년까지, 유다 왕 히스기야는 친애굽 정책을 펼치고 있었다. 이에 대해 예언자 이사야는 허수아비에 불과한 애굽을 의지하는 것이 얼마나 어리석은 일인지 지적하며 히스기야 왕과 그의 조정(朝廷)을 질타했다(사 30:1-5; 31:1-3).

제32강 회개할 기회를 놓치지 마시오

1. 참고로, 사 22:6에 등장하는 엘람 출신 궁수들과 기르 지역 출신의 방패 병들에 관한 언급은 공수 양면에 출중한 군대의 예루살렘 침공을 시적으로 표현한 것이다. 아마 그들은 아시리아 제국의 용병들일 것이다.
2. 피터슨, 『메시지』, 사 22:8-10.

제33강 권력과 인간의 욕망

1. 사 22:15에 관한 NIV Study Bible(Zondervan, 2011)을 보라.
2. 이 부분에 대한 자세한 신학적 주석은, 류호준, 『아모스』, 374-410.
3. 한글 성경은 벽에 박힌 "못"으로 번역했지만, 성경이 가문이나 왕조를 종종 "천막" 혹은 "장막"에 비유한다는 점에서 "말뚝"으로 번역하는 것이 더 낫다. 물론 못이든 말뚝이든 중요한 점은 엘리아김에게 상당한 무게의 도덕적·행정적·정치적 짐이 지워졌다는 것이다.

제35강 영원한 언약을 깨뜨리면

1. 물론 앞선 단락과의 전적 불연속성을 말하는 것은 아니다. 전통적으로 이사야 학계에선 사 24-27장이 독립된 장르로서 존재했기 때문에 이사야서 안에서 본 단락은 앞뒤로 어떠한 연결 고리도 갖지 않는다는 주장이 대세였다. 그러나 최근 들어서는 상황이 많이 달라졌다. 다른 예언서들에서 사용되는 비슷한 문구들이 사 24-27장에서도 사용된다는 사실이 발견되었고, 또한 사 24-27장의 앞 단락들에 들어 있는 특정한 본문들을 여기서 새롭

게 재사용하고 있다는 사실이 연구되었기 때문이다. 이에 대해서 스위니, 『예언서』, 84는 다음 구절들을 언급한다. 사 24:2과 호 4:9; 사 24:17-18a과 렘 48:43-44a; 사 24:20과 암 5:2; 사 24:23과 미 4:7; 사 26:21a과 미 1:3. 한편 사 24-27장에 관한 해석학적 계파 분류를 보려면 Childs, *Isaiah*, 171-174를 참조하라.

제37강 하나님을 기다림

1. 참고로, 모압에 관한 심판 신탁은 이미 사 15:1-16:14에 길게 기록되어 있기에 비평학자들은 이곳에 등장하는 모압에 관한 갑작스러운 언급을 이상하게 여긴다.
2. 사 25장을 본문으로 삼은 설교 예시가 "하나님의 놀라운 계획"이라는 제목으로 부록에 실려 있다.

제38강 영원한 반석

1. 주기도문을 히브리 시의 형태로 이해하는 유익에 대해서는, 류호준, 『우리의 기도가 천상의 노래가 되어: 시편 사색 I』(이레서원, 2006), 26-29.
2. 교회법의 책벌 가운데 "수찬(受餐) 정지"라는 것이 있다. 부도덕하거나 죄를 지은 교인에게 성찬에 참예하는 권리를 빼앗는 법이다. 이는 상당히 무거운 책벌임에도 현대의 교회는 성찬 참예의 영광을 상실한 나머지 수찬 정지의 늦조차 이해하지 못하는 형편이 되었다.
3. "이 절은 구약성서에서 발견되는 가장 명백한 부활 사상을 함축하고 있다"(김회권, 『이사야 I』, 501). 한편 "죽은 자들이 다시 살아나고 시체들이 일어난다"는 표현은 분명 시적 표현이지만, 이 표현이 어떤 종류의 부활을 가리키는지에 대해선 학자들 사이에 의견이 갈린다. 한쪽에선 개인의 부활 사상을 가리키는 것으로, 다른 한쪽에선 이스라엘 민족의 역사적 부활을 가리키는 것으로 이해한다. 여기에 따른 논의는, Robert Martin-Achard, *From Death to Life: A Study of the Doctrine of the Resurrection in the Old Testament* (Edinburgh: Oliver & Boyd, 1960), 130-138; D. G. Johnson, *From Chaos to Restoration: An Integrative Reading of Isaiah 24-27*, JSOTSup 61(Sheffield: Sheffield Academic Press, 1988), 80-81.

제39강 하나님의 포도원을 다시 노래하다

1. 고대 근동의 신화와 상징들이 구약성경과 어떤 연관성이 있는지에 대한 고전적 연구서로는, O. Keel, *Die Welt der altorientalischen Bildsymbolik und das Alte Testament* (Göttingen, 1995). 고대 근동의 신화적 괴물 이름으로는, "리워야단", "라합", "테홈"(깊음들), "탄닌"(바다 괴물, 창 1:21)등이 있다.

2. 칼뱅, 『이사야서 주석』, 해당 본문 해석.

제40강 비틀거리는 세상

1. 사 28:10의 인용문은 이사야가 자기들을 어린애 취급한다며 그에 대해 빈정거리는 이들이 이사야의 말을 흉내 내는 소리를 담고 있는데, 독일성서공회의 해설에 따르면 "그보다 더 그럴듯하기는, 선생이 어린아이들에게 알파벳의 발음을 가르치려고 애쓰는, 보육원의 수업을 흉내 내었다는 추측이다."
2. 데이비드 잭맨, 『티칭 이사야: 배우고 가르치는 이들을 위한 단단한 이사야 안내서』(서울: 성서유니온선교회, 2013), 136.
3. 칼뱅, 『이사야 주석』, 해당 본문 해석.

제41강 견고한 반석 위에

1. 이는 전쟁의 용사로서 야웨 하나님이 이스라엘을 위해서 브라심 산에서 블레셋 인들과(삼하 5:17-21), 기브온 계곡에서 아모리 인들과 싸우셨던 사건(수 10:1-11)에 대한 언급이다.
2. 피터슨, 『메시지』, 습 3:3-4.
3. 칼뱅, 『이사야 주석』, 해당 본문 해석.
4. Childs, *Isaiah*, 211.
5. Schuman, *Verbonden voor het Leven*, 133.
6. 참조, John N. Oswalt, *The Book of Isaiah Chapters 1-30* (Grand Rapids: Eerdmans, 1986), 524.
7. 이사야서 28장에 언급된 "돌"에 관한 베드로전서에서의 사용에 대해서는, 채영삼, 『십자가와 선한 양심: 베드로전서의 이해』(이레서원, 2014), 132-138을 보라.

제42강 마음이 떠난 사람들

1. "아리엘"(אריאל)이란 용어는 구약에 16번 나오는데, 용어의 뜻에 대해서는 논란이 많다. 어원학적 연구에 따르면 그 뜻에 대한 두 가지 학설이 있다. 첫째, 아리엘은 "아리 + 엘"의 합성어로, 히브리어 "아리"(ארי)는 사자(lion)고 "엘"(אל)은 하나님이라고 보는 입장이다. 따라서 아리엘 속에는 신의 호칭(theophoric name)이 들어 있다. 후대에는 사자의 얼굴을 한 신의 모습을 가리키기는 경우도 있다고 한다. 둘째, "아리엘"의 "아르"가 "불 못", "제단의 화덕"으로 번역되는 "아리야트"에서 나왔다고 보는 입장이다. 사 29:1, 2, 7에서 아리엘은 분명히 예루살렘을 가리키지만 그 의미는 불명하기에 일반적으로 "아리엘"이라고 그대로 사용한다. S. Münger, "Ariel, אריאל," in *Dictionary of Deities and Demons in the*

Bible, 88-89.
2. 피터슨, 『메시지』, 사 29:7-8.

제43강 하나님의 기이한 계획

1. 김회권, 『이사야 I』, 570.

제44강 언제까지 갈팡질팡할 것인가?

1. "급진적 제자도"를 표방하는 두 권의 책을 추천한다. 하나는 영국 복음주의의 대부인 Stott의 책이고, 다른 하나는 미국의 재세례파의 대표적 신학자이며 평화주의자인 Yoder의 책이다. 비교해서 읽으면 도움이 될 것이다. 존 스토트, 『제자도: 변함없는 8가지 핵심 자질』(김명희 역, IVP, 2010); 존 하워드 요더, 『급진적 제자도』(홍병룡 옮김, 죠이선교회 출판부, 2015).

제45강 하나님을 따라 어디든지!

1. 인도자, 지도자, 선생, 스승 등으로 번역한 히브리어는 "모레"(מורה)는 가르치다, 인도하다, 교훈하다는 뜻을 지닌 히브리어 동사에서 파생된 명사다. 문제는 본문에 등장하는 2인칭 소유격 접미형이 붙은 "모레이카"(מוריך)다. 이는 문법상 단수와 복수를 모두 가리키기에, "너의 스승들"이나 "너의 스승" 어느 쪽으로도 번역할 수 있다. 복수형으로 번역하면 하나님의 말씀을 전해주는 "예언자들"을 가리킨다고 보아야 하고, 단수로 번역하면 "하나님"으로 해석해야 한다. 여기서는 후자를 택했다.
2. 참고로, 도벳은 예루살렘 근처 힌놈의 아들 골짜기에 자리한 제의 장소로, 종종 인신(人身) 희생제사가 행해진 곳이다(왕하 23:10; 렘 7:31; 19:4-9).

제46강 "군사적 수학"을 신봉하는 사람들

1. 김회권, 『이사야 I』, 599.

제47강 샬롬의 시대는 오리라

1. 갈릴리 호수 동북쪽에 자리한 바산 지역은 울창한 삼림과 넓고 비옥한 초원으로 유명했다. 풍부한 목초지가 있었던 바산 지역은 목축업으로도 유명했는데, 특별히 암소의 고기는 그 지방 특산물이었다. 바산의 암소는 우리말로 하자면 "횡성 한우" 정도가 될 것이다.

2. 니콜라스 월터스토프, 『정의와 평화가 입 맞출 때까지』(홍병룡 옮김, IVP, 2007).

제48강 인생에서 가장 소중한 보물

1. "평안함"으로 번역한 히브리어 "에무나"(אמונה)는 보통 "신실함", "성실함"으로 번역되지만, 문맥상 하나님은 우리가 신뢰하고 기댈 수 있는 든든한 분임을 말해준다. 그러나 본문에서는 시간과 때를 가리키는 용어와 함께 사용되기 때문에 개역개정 성경은 "평안함"이라고 번역했다. 한편 NIV는 "확실한 기초"(sure foundation)로, NRSV는 "안정"(stability)이라고 번역했다.
2. 히브리어 원문을 직역하면 "야웨 경외는 그의 보배"라고 할 수 있는데, 의미가 불명확하여 NIV처럼 "보물함을 여는 열쇠"로 번역했다.
3. 이 책에서 사 34장을 해설하는 부분 초반에 잠시 언급하지만, 사 34, 35장이 이사야서 전반부(1-39장)와 후반부(40-66장)를 이어주는 다리라고 한다면, 그리고 사 36-39장이 역사적 내러티브이기 때문에 실제로 사 1-33장이 이사야서의 전반부를 이룬다. 따라서 학자들은 사 33장을 이사야서 전반부의 실제적 끝 부분이라고 이야기한다. 이런 사실은 쿰란 제1번 동굴에서 발견된 두루마리에서 더욱 분명해진다. 쿰란 이사야서 두루마리는 33장 끝에서 특정한 여백을 두었다.
4. 이사야 학계에선 이것을 "거울 본문"이라고 부른다. 미국 예일 대학교의 Childs는 그의 이사야서 주석(OTL)에서 사 33장을 해설할 때, 벨기에 루방 대학교(가톨릭 신학부)의 Beuken의 제안을 따라 "상호텍스트 분석 방법론"(inter-textual analysis)을 사용했다. W, A. M. Beuken, "Jesaja 33 als im Jesajabuch," ETL 67(1991), 5-35; Childs, *Isaiah*, 244-249.
5. 참고로, 구약과 신약을 관통하는 신학적 주제 음조가 있다면 그것은 "오고 있는 하나님 나라"다. 그리스도의 초림으로 하나님 나라가 도래했고, 그리스도의 재림으로 하나님 나라의 도래는 완성될 것이다. 네덜란드의 저명한 신약학자인 Ridderbos는 공관복음서 신학 전체를 총망라하는 제목이 "[하나님] 왕국의 도래"라고 보았다. Herman Nicolaas Ridderbos, *De komst van het Koninkrijk: Jezus' prediking volgens de synoptische evangeliën* (Kampen: J. H. Kok, 1950). 그리고 이 책은 후에 영어로 번역되었다. Raymond O. Zorn(ed.), H. de Jongste(tr.), *The Coming of the Kingdom* (Philadelphia: Presbyterian and Reformed, 1962). 우리말 역본은 여러 곳에서 출간되었는데 아쉽게도 종종 "도래"(옴)를 뺀 채 "하나님 나라"라고만 제목을 붙인 경우도 있다.
6. 흥미로운 점은 사 33:21에 동일한 히브리어 "아디르"(אדיר)가 두 번 사용되었다는 사실이다. "아디르"는 "장엄하다", "위용이 있다", "위엄이 있다", "강력하다"와 같은 뜻으로 사용되는데(예. 시 8:1), 사 33장에서는 한 번은 하나님을 수식하고, 다른 하나는 군함을 수식한다. 이사야서의 저자는 전쟁에서 누구를 신뢰하고 의지할 것인지를 우회적으로 질문한 것

이다. "하나님을 신뢰할 것인가, 아니면 군사력을 신뢰할 것인가?"

7. 참고로 하나님에 대한 이스라엘의 다양한 신앙고백적 증언들에 관해서는, 브루그만, 『구약신학』, 248-353, 380-438을 보라.
8. 죄를 하나님께 대한 "반역"(rebellion)과 하나님으로부터의 "도피"(flight)로 정의한 학자는 미국 칼빈 신학대학원의 전설적 윤리철학자인 Stob이다. Henry Stob, *Sin Salvation Service* (Grand Rapids: The Board of Publications of the Christian Reformed Church, 1984), 16. "Sin is either rebellion or flight, and when persisted in it leads either to the fiery furnace or to the cold and desolate night." 이 사상은 그의 제자이자 칼빈 신학교의 명예총장인 조직신학자 Plantinga에게 전수되었고, 또다시 그의 제자인 나에게까지 전해졌다. Cornelius Plantinga, Jr., *Not the Way It's Supposed to Be* (Grand Rapids: Eerdmans, 1995)를 참조하라. Plantinga의 책은 2017년에 복있는사람에서 역간될 예정이다.
9. 구속(救贖, "대신 값을 지불하고 구원해냄")과 속량(贖良, "몸값을 받고 종을 풀어주어서 양민[良民]이 되게 함")은 모두 "대신 돈을 지불한다"는 내용을 품은 전문 용어다. "대속"(代贖)이라는 용어의 의미도 비슷하다.
10. "성전 입장 예전"이라는 개념과 그것에 관한 양식비평학적 연구는 누가 뭐라 해도 양식비평학의 창시자인 Gunkel(1862-1932)에게 귀착된다. H. Gunkel, J. Begrich, *Einleitung in die Psalmen: Die Gattungen der religiösen Lyrik Israels* (Göttingen, 1933), 11:14. Gunkel은 시 15, 24편을 "토라-예식"(Tora-Liturgien)이라 부르는데, 이는 성전 예배 의식에서 제사장이 성전 제의 참여자들에게 성전 입장 자격에 대해 교육했을 것이라는 추측에서 붙여진 이름이다. 이런 전통은 예언자들의 글 속에서도 발견된다. 예를 들어, 렘 7:1-10; 미가 6:6-8; 사 33:15-16. "토라-예식"은 종종 성전 입장 예식이기 때문에 "성문 입장 예식"(Gateliturgies)라고도 부른다.
11. Nicholas Wolterstorff, "Justice as a Condition of Authentic Liturgy," in *Theology Today* 48(April 1991), 6-21.

제49강 죄를 가볍게 여기지 마시오

1. 참조, Childs, *Isaiah*, 255. "나는 사 34장과 35장이 사 1-33장과 사 40-66장 사이를 이어주는 다리임을 설득력 있게 주장할 수 있다고 생각한다."
2. 창 1:2의 "토후"(תהו)와 "보후"(בהו), 즉 혼돈과 공허는 아직 뭔가 최종적인 상태에 이르지 아니한 과도기적 상태를 지칭하지만, 분위기상 음산하고 공포를 느끼게 하는 문구다. 사 34:11에도 동일한 단어가 사용되었다.
3. Goldingay, *Isaiah*, 195.
4. "너희는 야웨의 책에서 찾아 읽어보라"(사 34:16a)는 구절은 다양한 해석을 낳는다. 통시

론적 연구에 의하면, 이 구절은 후대의 누군가가 그의 제자들에게 성경을 찾아보고 이사야의 예언이 그대로 성취되었는지를 살펴보라는 권면의 말씀이다. 사실 사 34:16a를 빼면 사 34:15(특히 솔개들의 "제 짝"에 관한 문구)에서 사 34:16("제 짝")로 이어지는 흐름이 자연스러워진다. 야웨의 책이 어디를 가리키느냐에 대해서는, Childs의 제안에 따라 이사야의 앞선 예언들(예. 사 13장)을 지목할 수 있다. Childs, *Isaiah*, 257.

제50강 거룩한 길 다니리라

1. "속량"(贖良)이란 한자어는 말 그대로 몸값을 받고 종을 풀어주어서 양민(良民)이 되게 한다는 의미다. 예수님이 대속적인 죽음으로 십자가를 지심으로써 우리가 마땅히 지불해야 할 죗값을 대신 치르고 우리들을 하나님 나라의 선량한 백성이 되게 한 것이 바로 "속량" 혹은 "대속"이다.
2. 여기서 우리는 이사야서의 최종 편집 과정에서 사 35장이 현재의 위치에 자리하게 된 것은 사 35장의 내용이 죄악과 그에 대한 심판을 이야기하는 이사야서 전반부와, 희망과 회복의 미래를 노래하는 이사야서 후반부를 연결하는 다리 역할을 하기 때문임을 기억해야 한다. 참조, Odil Hannes Steck, *Bereitete Heimkehr: Jesaja 35 als redaktionelle Brücke zwischen dem Ersten und dem Zweiten Jesaja*, SBS(Stuttgart: Katholisches Biblewerk, 1985).

제51강 이제 누구를 믿을 것인가?

1. 참고로 히스기야 왕은 그의 아버지 아하스 왕과 함께 공동 통치를 하다가 715년부터 왕국을 단독으로 다스렸다.
2. Walter Brueggemann, *Great Prayers of the Old Testament* (Louisville: Westminster John Knox Press, 2008), 80. 이 부분의 번역은 『구약의 위대한 기도』(전의우 옮김, 성서유니온선교회, 2012), 141를 참고하라.

제52강 위기와 기회와 기도

1. 특별히 이사야서의 독특한 역사 기록 내러티브에 포함된 사 7:4-9과 37:6-7이 "두려워 말라"는 문구를 사용하는 것은 이 문구가 양식비평학적으로 "거룩한 전쟁"의 정황과 관련이 있음을 잘 보여준다.
2. "만군의 야웨"는 히브리어로 "야웨 체바오트"(יהוה צבאות)인데 구약성경에서 "체바오트"는 종종 전쟁 시의 무수한 군대나 하늘의 수많은 별을 가리킨다. 그러나 문자적으로는 단순히 "무리들", "군중들"을 의미한다. 이 단어가 야웨와 연계형으로 사용될 때는 무리를 이

룬 수많은 천사 사이에 좌정하신 왕으로서의 하나님을 영상화한다. 개혁파 교의학자인 Bavinck는 "만군의 야웨"를 다음과 같이 바르게 정의한다. "'야웨 체바오트'는 하나님을 자기 영광의 충만한 가운데 계신 왕으로, 대열을 맞춘 천사들의 무리에 둘러싸여 전능하신 이로서 온 세상을 통치하시는 분으로, 자기의 성전에서 모든 피조물로부터 존경과 환호를 받으시는 분으로 묘사된다." 헤르만 바빙크, 『개혁파 교의학: 단권 축약』(존 볼트 엮음, 김찬영, 장호준 옮김, 서울: 새물결플러스, 2015), 331

제53강 우리의 구원과 하나님의 열정

1. Brueggemann, *Great Prayers of the Old Testament*, 86. 이 부분의 번역은 『구약의 위대한 기도』, 149를 참고하라.
2. Brueggemann, *Great Prayers of the Old Testament*, 87. 이 부분의 번역은 『구약의 위대한 기도』, 149를 참고하라.

제54강 진정성 있는 기도

1. 참고로, 같은 사건이 왕하 20:1-11에 기록되어 있다.

제55강 내 평생 당신의 신실하심을 노래하리라

1. 참조, Childs, *Isaiah*, 284.

제56강 끝마무리를 잘해야 하는데

1. Childs, *Isaiah*, 287.
2. 참고로, 사 36-39장의 "히스기야-이사야 내러티브"가 이사야서의 전반부뿐 아니라 후반부의 최종 형성에 결정적인 영향을 끼쳤다는 Seitz의 주장은 매우 설득력 있어 보인다. Christopher R. Seitz, *Zion's Final Destiny: The Development of The Book of Isaiah: A Reassessment of Isaiah 36-39* (Minneapolis: Fortress Press, 1991).

부록: 두 편의 설교

1. 부록에 실린 두 편의 설교문의 출처는 다음과 같다. 첫 번째 설교문은 나의 은사인 Stek이 성탄절 기간에 미국 미시간 주 그랜드래피즈의 풀러 기독개혁교회(CRC)에서 행한 설교로, 존 H. 스텍, 『구약신학: 본문과 해석』(류호준 편역, 솔로몬, 2000), 645-653에 수록되어

있다. 두 번째 설교문은 류호준, 『뒤돌아서서 바라본 하나님: 류호준 교수의 문예·신학적 에세이 3』(이레서원, 2006), 237-251에 있다. 부록에 인용된 성경 본문은 설교자들의 상황을 고려하여 개역개정 성경을 기본으로 삼았다.

2. 우리말 성경은 대부분 이 두 단어를 "기묘자", "모사(謀士)"라는 두 개의 메시아적 호칭으로 나누어 번역한다.

이사야서 I

예언서의 왕자

1쇄 발행 2016년 7월 26일
2쇄 발행 2020년 2월 14일

지은이 류호준
펴낸이 김요한
펴낸곳 새물결플러스

편 집 왕희광 정인철 박규준 노재현 한바울 정혜인
이형일 서종원 나유영 노동래 최호연
디자인 윤민주 황진주 박인미 이지윤
마케팅 박성민 이원혁
총 무 김명화 이성순
영 상 최정호 조용석 곽상원
아카데미 차상희

홈페이지 www.holywaveplus.com
이메일 hwpbooks@hwpbooks.com
출판등록 2008년 8월 21일 제2008-24호
주 소 (우) 04118 서울시 마포구 마포대로19길 33
전 화 02) 2652-3161
팩 스 02) 2652-3191

ISBN 979-11-86409-67-1 04230

책값은 뒤표지에 있습니다.

이 도서의 국립중앙도서관 출판예정도서목록(CIP)은 서지정보유통지원시스템 홈페이지(seoji.nl.go.kr)와 국가자료공동목록시스템(nl.go.kr/kolisnet)에서 이용하실 수 있습니다. CIP2016017767